ACCESO GRATIS *a la Lectura en la Nube*

Para visualizar el libro electrónico en la nube de lectura envíe junto a su nombre y apellidos una fotografía del código de barras situado en la contraportada del libro y otra del ticket de compra a la dirección:

ebooktirant@tirant.com

En un máximo de 72 horas laborables le enviaremos el código de acceso con sus instrucciones.

INTELIGENCIA ARTIFICIAL JURÍDICA E IMPERIO DE LA LEY

INTELIGENCIA ARTIFICIAL JURÍDICA E IMPERIO DE LA LEY

JOSÉ IGNACIO SOLAR CAYÓN
Universidad de Cantabria

tirant lo blanch
Valencia, 2025

En caso de erratas y actualizaciones, la Editorial Tirant lo Blanch publicará la pertinente corrección en la página web www.tirant.com.

La presente obra ha sido sometida a la revisión de pares ciegos según el protocolo de publicación de la editorial a efectos de ofrecer el rigor y calidad correspondiente tanto en su contenido como en su forma, aplicándose los criterios específicos aprobados por la Comisión Nacional E 016 (BOE num. 286, de 26 de noviembre de 2016).

Esta publicación es parte del proyecto de I+D+i "Inteligencia artificial jurídica y Estado de Derecho" [PID2022 – 139773OB-I00], financiado por MICIU/AEI/10.13039/501100011033 y por FEDER, UE.

EDITA: TIRANT LO BLANCH
C/ Artes Gráficas, 14 - 46010 - Valencia
TELFS.: 96/361 00 48 - 50
FAX: 96/369 41 51
Email: tlb@tirant.com
www.tirant.com
Librería virtual: www.tirant.es
DEPÓSITO LEGAL: V-4595-2024
ISBN: 978-84-1095-228-7
MAQUETA: Innovatext

Si tiene alguna queja o sugerencia, envíenos un mail a: *atencioncliente@tirant.com*. En caso de no ser atendida su sugerencia, por favor, lea en *www.tirant.net/index.php/empresa/politicas-de-empresa* nuestro procedimiento de quejas.

Responsabilidad Social Corporativa: http://www.tirant.net/Docs/RSCTirant.pdf

Índice

Introducción: el impacto de la inteligencia artificial en el Estado de Derecho

Bien puede afirmarse que los derechos humanos, la democracia y el imperio de la ley constituyen la "fórmula trinitaria" de nuestra fe en el constitucionalismo liberal[1]. Así queda reflejado de forma muy elocuente en el Preámbulo del Estatuto del Consejo de Europa, en el que se declara que aquellos elementos constituyen los tres pilares esenciales sobre los que se asientan los Estados de Derecho que conforman dicha organización. Los derechos humanos buscan proteger a los individuos de las interferencias arbitrarias y excesivas en su esfera de libertad y garantizar la dignidad humana. La democracia se refiere a la implicación de los ciudadanos en los procesos de toma de decisiones públicas. Y el imperio de la ley trata fundamentalmente de limitar y someter a control y revisión el ejercicio de los poderes públicos[2].

Hoy, el extraordinario desarrollo de la inteligencia artificial[3], en conjunción con otras tecnologías asociadas, como *big data* y las nuevas tecnologías de la información y comunicación —particularmente las redes sociales—,

---

1 Cfr. KUMM, M., "The Cosmopolitan turn in Constitutionalism: An integrated conception of Public Law", *Indiana Journal of Global Legal Studies*, vol. 20, nº 2, 2013, págs. 606.

2 Cfr. EUROPEAN COMMISSION FOR DEMOCRACY THROUGH LAW (VENICE COMMISSION), *Rule of Law Checklist*, Strasbourg, 18 March 2016, pág. 9.

3 El término «inteligencia artificial» es una etiqueta genérica, alusiva a la idea básica de máquinas capaces de realizar tareas cognitivas que requieren inteligencia humana, bajo la que se engloba un conjunto de técnicas y disciplinas muy diversas, como el *machine learning* o aprendizaje automático (incluyendo el aprendizaje profundo o *deep learning*), procesamiento del lenguaje natural, sistemas expertos, robótica, visión artificial, reconocimiento del habla, análisis predictivo... Debido a esa variedad y a la rápida aparición de nuevas técnicas, enfoques metodológicos y áreas de desarrollo, hoy se opta generalmente por ofrecer una definición funcional de inteligencia artificial. Así, THE ALAN TURING INSTITUTE, *Artificial Intelligence, Human Rights, Democracy and the Rule of Law: A Primer*, June 2021, define los sistemas de inteligencia artificial como "modelos algorítmicos que llevan a cabo funciones cognitivas o perceptivas en el mundo que anteriormente estaban reservadas para el pensamiento, el juicio y el razonamiento humanos" (pág. 7).

está generando riesgos sistémicos que impactan directamente en todos y cada uno de aquellos pilares de la arquitectura político-jurídica del Estado de Derecho. Riesgos que, debido a su alcance global y, sobre todo, a la peculiar forma en que estas herramientas tecnológicas interfieren en nuestra esfera de libertad e inciden en nuestra conducta, no siempre pueden ser adecuadamente afrontados desde las regulaciones y los mecanismos de garantía jurídicos actualmente vigentes.

En este sentido es particularmente significativa su extraordinaria capacidad de intrusión en nuestra privacidad. Y, de hecho, esta es la perspectiva desde la que inicialmente, y de forma prioritaria, ha sido abordada la regulación de los efectos de la inteligencia artificial. Un avance fundamental en esta dirección, pionero a nivel internacional, fue la aprobación en el ámbito de la Unión Europea del *Reglamento General de Protección de Datos*, en abril de 2016[4]. Sin embargo, los esquemas regulativos y los mecanismos de garantía establecidos en dicho instrumento jurídico se revelan hoy insuficientes para otorgar una protección efectiva frente a los riesgos derivados de la inteligencia artificial. Fundamentalmente, porque el régimen jurídico contenido en el Reglamento solo alcanza al procesamiento de «datos personales», cuya cesión, por otra parte, a menudo autorizamos —de manera más o menos consciente— cuando accedemos a determinados contenidos o servicios digitales. Pero es que, además, la inteligencia artificial no siempre, o no solo, utiliza datos encuadrables bajo aquella categoría jurídica. Precisamente una de sus características más singulares y disruptivas respecto de los esquemas actuales de regulación es su formidable capacidad para generar predicciones, recomendaciones o decisiones

---

4 Recientemente hemos asistido a diversas actuaciones de Estados europeos contra la empresa estadounidense *Open AI* por la posible vulneración de la privacidad de los usuarios de su popular sistema ChatGPT. A finales de marzo de 2023, después de que el sistema sufriera una falla de seguridad que ocasionó la pérdida de información de sus usuarios, incluyendo información relativa a los pagos que estos realizan, el gobierno italiano bloqueó con efecto inmediato el acceso a dicha herramienta al considerar que viola el régimen jurídico europeo de protección de datos personales. El Garante para la Protección de Datos Personales de Italia apreció la ausencia de una base jurídica que justificase la recogida y conservación masiva de datos personales con el objetivo de adiestrar los algoritmos con los que funciona la plataforma. A raíz de dicha decisión, Alemania y Francia han decidido estudiar la situación de ChatGPT. Y el 13 abril de 2023 la Agencia Española de Protección de Datos anunció también la iniciación de oficio de actuaciones de investigación después de solicitar al Comité Europeo de Protección de Datos que se incluyera el tratamiento de este asunto en su próxima sesión plenaria, al objeto de adoptar acciones armonizadas y coordinadas a nivel europeo.

que influyen en nuestro entorno y nuestras conductas a partir del análisis de enormes volúmenes de información (*big data*) extraídos de todo tipo de fuentes públicas, abiertas y disponibles en internet. Unos datos que cada vez son más numerosos y precisos a medida que se expande el Internet de las Cosas. La capacidad de las grandes plataformas para rastrear, recopilar y analizar nuestras omnipresentes huellas digitales, detectar conexiones y correlaciones, y compararlas con las informaciones recabadas de millones de personas para elaborar perfiles que permiten identificar (y modelar) nuestras preferencias como usuarios y consumidores, nuestras tendencias políticas o cualquier otro aspecto de nuestra actividad, permite franquear prácticamente cualquier barrera protectora. En 2010 Mark Zuckerberg, fundador de *Facebook*, no tuvo reparo alguno en declarar públicamente que "la era de la privacidad ha acabado"[5].

Otro tipo de práctica con un extraordinario impacto en nuestra privacidad es el empleo de sistemas biométricos y de reconocimiento facial con fines de vigilancia, una de las cuestiones que han sido más debatidas en la recta final de la elaboración del Reglamento de Inteligencia Artificial de la Unión Europea. En este contexto, Hungría es probablemente el país que hasta ahora ha ido más lejos en su utilización, habiendo autorizado su empleo para fines de aplicación del Derecho. A tal objeto ha desarrollado, con la implicación de agentes públicos y privados, una base de datos nacional como parte de su proyecto *Szitakötö* («Libélula») para recopilar, almacenar y buscar en tiempo real datos sobre vigilancia masiva en espacios públicos a una escala sin precedentes. Además, esta base, gestionada por la policía, se halla interconectada con los datos procedentes de otros sistemas biométricos y de información —registro de vehículos, sistemas de gestión del tráfico, sistemas de monitorización y vigilancia en el transporte público, y cámaras de compañías de transporte, bancos, ayuntamientos...—, conformando una densa arquitectura tecnológica de control social. La llegada de la pandemia de COVID-19 fue, además, una ocasión que propició la implementación de herramientas de este tipo, y en mayo de 2020 Hungria —al igual que Polonia— desarrolló una *app* de cuarentena domiciliaria (*Házi Karantén Rendszer*) que empleaba tecnología de reconocimiento facial para verificar que las personas que debían guardar confinamiento permanecían en sus casas[6]. Por otro lado, el

---

5 Cfr. "Mark Zuckerberg: «La era de la privacidad ha acabado»", *ABC*, 11 de enero de 2010.

6 Cfr. RAGAZZI, F. *et al.*, *Biometric and Behavioural Mass Surveillance in EU Member States*, Report for the Greens/EFA in the European Parliament, October 2021, págs. 98-105.

empleo de estos sistemas de identificación biométrica y reconocimiento facial con fines de vigilancia pública no solo puede invadir nuestra privacidad sino también menoscabar el ejercicio de libertades esenciales para garantizar nuestra participación en los asuntos públicos y, en definitiva, el correcto funcionamiento del sistema democrático, como las libertades de reunión, de expresión y de manifestación.

Tampoco los derechos sociales escapan a la incidencia de la inteligencia artificial. Muy al contrario. La complejidad de las tareas que comporta la gestión del enorme aparato burocrático del Estado Social y la exigencia de racionalización en el uso de unos recursos públicos limitados ha impulsado extraordinariamente el empleo, por parte de las administraciones públicas, de una amplia panoplia de sistemas algorítmicos para la automatización de distintas funciones, como la vigilancia y detección de potenciales incumplimientos de las condiciones o exigencias legales (por ejemplo, la detección del fraude fiscal, laboral o en la percepción de ayudas y subvenciones públicas), la optimización en la distribución de sus recursos materiales y humanos (determinación de las áreas a vigilar preferentemente por la policía o de los restaurantes a inspeccionar por los servicios de sanidad e higiene, por ejemplo), el diseño de políticas públicas y la toma de decisiones administrativas para su ejecución.

En relación a este último aspecto, en particular, la inteligencia artificial está siendo ya utilizada en muchos países de la Unión Europea para la toma, o la asistencia en la toma, de decisiones sobre la distribución de los recursos y la provisión de servicios públicos que tienen un impacto directo y significativo sobre los derechos económicos, sociales y culturales de los ciudadanos, especialmente de aquellos que se hallan en condiciones de mayor vulnerabilidad. Así, cada vez es menos infrecuente que cuestiones tales como la concesión de becas académicas, la asignación de prestaciones de la seguridad social, el acceso a servicios de salud, la selección de los beneficiarios de ayudas gubernamentales o de servicios sociales y asistenciales, la determinación del alcance o la cuantía de las prestaciones a las cuales tiene derecho cada beneficiario, y otras similares, sean decididas, bien directamente por sistemas de inteligencia artificial, o bien por decisores humanos sobre la base de los resultados proporcionados por aquellos sistemas. Esta creciente y rápida proliferación de los sistemas de inteligencia artificial para gestionar los sistemas de protección y asistencia social —automatizando, prediciendo, identificando, seleccionando, priorizando, vigilando e incluso sancionando— ha llevado a la Asamblea General de Naciones Unidas a afirmar que "el Estado de bienestar digital ya es una realidad o está en vías de serlo en muchos países de diferentes partes del mundo", subrayando "el grave riesgo de desembocar, sin ser conscientes de ello, en una distopía de bienestar digital"[7].

Dentro de este contexto del Estado social, también el ámbito de los derechos laborales es uno de los que más se está viendo afectado por estas nuevas tecnologías. En este campo es cada vez más habitual el empleo, tanto por parte de las propias administraciones públicas como, sobre todo, de las empresas privadas, de sistemas de inteligencia artificial para contratar, para organizar y distribuir el trabajo sin necesidad de intervención humana, para monitorizar las tareas de los trabajadores y evaluar su rendimiento, etc. De manera que los sistemas algorítmicos pueden determinar la contratación o no —o la renovación o no del contrato— de un trabajador, o aspectos tan esenciales de la relación laboral como la determinación de su carga de trabajo o de su horario, la fijación de su salario, su promoción profesional u otras condiciones laborales. La posibilidad de ejercitar estas potestades de dirección y organización que corresponden al empleador mediante sistemas algorítmicos ha sido aprovechada incluso por plataformas digitales, especialmente en el ámbito de la denominada «economía colaborativa», para difuminar la tradicional distinción entre empleador y empleado sobre la que se asienta la regulación tradicional de la relación laboral e imponer unas condiciones de trabajo precarias a sus falsos autónomos sin vulnerar formalmente los derechos laborales[8].

---

7 ASAMBLEA GENERAL DE LAS NACIONES UNIDAS, *Informe del Relator Especial sobre la extrema pobreza y los derechos humanos*, 11 de octubre de 2019.

8 España fue pionera en la regulación de las condiciones laborales de los trabajadores de estas plataformas digitales mediante la promulgación de la conocida como «Ley Rider», denominación que hace referencia al *Real Decreto-ley 9/2021, de 11 de mayo, por el que se modifica el texto refundido de la Ley del Estatuto de los Trabajadores para garantizar los derechos laborales de las personas dedicadas al reparto en el ámbito de plataformas digitales*. En él se introduce la presunción de laboralidad a favor de los prestadores de servicios en el ámbito de las plataformas digitales de reparto y, entre otros deberes de estas plataformas, se establece la exigencia de transparencia de los algoritmos utilizados para asignar el trabajo. Inspirándose en la ley española, en diciembre de 2023 el Consejo y el Parlamento Europeo alcanzaron un acuerdo para la regulación de este tema a nivel europeo, que ha cristalizado finalmente en la *Directiva (UE) 2024/2831 del Parlamento Europeo y del Consejo, de 23 de octubre de 2024, relativa a la mejora de las condiciones laborales en el trabajo en plataformas*. Esta directiva establece que toda decisión de restringir, suspender o poner fin a la relación contractual o a la cuenta de una persona que realice trabajo en plataformas, o cualquier otra decisión que cause un perjuicio equivalente, será adoptada por un ser humano.

Asimismo, en los últimos años estamos siendo testigos de cómo el desarrollo de la inteligencia artificial puede ser aprovechado para generar riesgos significativos en el funcionamiento del sistema democrático y en el correcto desenvolvimiento de los procesos de participación y deliberación democrática. Sin duda, diseñada y empleada adecuadamente, la inteligencia artificial es una herramienta formidable para mejorar la calidad de nuestras instituciones de gobierno, promoviendo su eficiencia, la transparencia y la rendición de cuentas. En combinación con las nuevas tecnologías de la información y la comunicación puede contribuir a generar nuevos foros y espacios de información y discusión, y abrir nuevos cauces para facilitar la participación ciudadana en los asuntos públicos. Pero también posibilita nuevas formas de desinformación y de manipulación, más sutiles y eficientes, prácticamente indetectables[9]. Motores de búsqueda, sistemas de recomendación, agregadores de noticias y contenidos, y todo tipo de plataformas digitales utilizan herramientas de inteligencia artificial para seleccionar y priorizar contenidos, a menudo en función de la promoción de determinados intereses políticos y económicos, así como para suprimir aquellos que contravengan sus términos de servicio. Además, la capacidad de la inteligencia artificial, en combinación con las técnicas de análisis de macrodatos —monitorización y rastreo de datos y elaboración de perfiles— y el empleo de las redes sociales, puede ser utilizada para generar y difundir masivamente informaciones —verdaderas o supuestas— y mensajes absolutamente personalizados, diseñados para ajustarse a los sentimientos, preferencias, intereses, necesidades y condiciones particulares de cada destinatario con el objetivo de orientar en un determinado sentido su opinión y su voto, como se ha revelado en algunos procesos electorales y referéndums llevados a cabo en los últimos años. El empleo de estas prácticas de *microtargeting* para influir indebidamente en los mecanismos de participación política mina la confianza en los procesos democráticos, especialmente cuando los datos y las herramientas necesarias para llevar a cabo tales operaciones se hallan en poder de unas pocas compañías privadas[10].

---

9 Cfr. SÁNCHEZ MARTÍNEZ, M. O., "La fragilidad de la verdad en la sociedad digital", en LLANO ALONSO, F. H. (dir.), *Inteligencia artificial y Filosofía del Derecho*, Ediciones Laborum, Murcia, 2022, págs. 115-139.

10 Sin duda, el episodio más conocido es el escándalo provocado por la actuación de *Cambridge Analytica* en las elecciones presidenciales estadounidenses de 2016 para promover la candidatura de Donald Trump. Escándalo que saltó a los titulares de la prensa de todo el mundo en 2018. *Cambridge Analytica* es una consultora que, como señala en su página web, usa el análisis de datos para desarrollar campañas para marcas y partidos políticos que buscan "cambiar el comportamiento de la

Estos riesgos de manipulación de la opinión pública se han agudizado con la reciente irrupción de la denominada inteligencia artificial generativa, con herramientas tan poderosas como el popular *Generative Pre-trained Transformer* (GPT) u otras similares, como *Bidirectional Encoder Representations from Transformers* (BERT), *Claude 2, Stable Diffusion, Amazon Titan* y otros modelos fundacionales[11]. Los productos y contenidos generados por estos modelos (textos, pero sobre todo audios, imágenes, videos...) resultan tan veraces e indistinguibles de los generados por los humanos que son capaces de difuminar completamente las fronteras entre lo real y lo imaginario, entre lo verdadero y lo falso, por lo que se trata de herramientas que pueden ser fácilmente utilizadas para crear y difundir desinformación a gran escala.

Preocupados por los potenciales peligros de estos sistemas, en marzo de 2023 un nutrido grupo de expertos mundiales en inteligencia artificial publicó una carta abierta en la que se cuestionaban si debemos "permitir

---

audiencia". Y la historia de este escándalo ejemplifica muy bien la ya mencionada capacidad de la inteligencia artificial para invadir la privacidad de los ciudadanos e influir en sus decisiones políticas. El inicio se remonta a la realización, en 2013, de un test de personalidad en formato de aplicación de *Facebook* por parte del profesor Aleksandr Kogan, de la Universidad de Cambridge. Este test fue completado por 265.000 usuarios estadounidenses de esta red social que consintieron el acceso a su información y la de su red de amigos. De este modo, Kogan accedió a la información de 50 millones de usuarios de la red social (más del 15% de la población de Estados Unidos), que posteriormente vendió a *Cambridge Analytica.* Esta compañía cruzó los datos del test de Kogan con la información de *Facebook* para inferir perfiles psicológicos de cada usuario, al objeto de conocer cuál debía ser el contenido, tema y tono de los mensajes para orientar la forma de pensar de cada votante. Una vez efectuado dicho análisis, no solo envió publicidad personalizada a cada usuario sino que generó noticias falsas que fueron replicadas a través de redes sociales, blogs y otros medios digitales. La propia compañía describió este trabajo como «decisivo» en la elección de Trump. También ha sido muy cuestionada su actuación en la campaña *Leave.EU* en favor del *Brexit.*

11 La noción de inteligencia artificial generativa hace referencia a una clase de sistemas de inteligencia artificial que pueden crear o generar nuevos datos, tales como imágenes, documentos de texto o música, que son similares a los datos con los que fueron entrenados. La inteligencia artificial generativa parte de los denominados modelos fundacionales. Se trata de sistemas basados en *deep learning* que son entrenados con ingentes volúmenes de información sin estructurar extraída de internet (textos, imágenes, vídeos...), aprenden a reconocer patrones y correlaciones en los datos de entrada y, después, utilizan este conocimiento para generar nuevos datos similares, pero no idénticos, a aquellos, pudiendo adaptarse fácilmente a la realización de múltiples tareas específicas.

que las máquinas inunden nuestros canales de información con propaganda y mentiras". Y urgían a empresas y gobiernos a adoptar una moratoria pública y verificable de al menos seis meses en la investigación y desarrollo de todos los sistemas más poderosos que GPT-4 por los riesgos que comportan para la sociedad y el futuro de la humanidad. Riesgos entre los que destacaban las potenciales disrupciones del sistema democrático. Aquella moratoria tendría por objeto acelerar el desarrollo de robustos sistemas de regulación y gobernanza de este tipo de tecnologías, completamente opacas e impredecibles, así como desarrollar e implementar un conjunto de protocolos para su diseño y desarrollo que garanticen una "seguridad más allá de toda duda razonable"[12]. Y es que, como afirma Paul Nemitz, hoy "vivimos en un mundo que es modelado por la tecnología tanto o en mayor medida que lo es por el Derecho y la democracia", de manera que la opción de "no regular jurídicamente estas omnipresentes y a menudo decisivas tecnologías significaría el fin de la democracia"[13].

Sujetar estas potentes tecnologías al Derecho: este es, sin duda, uno de los retos más acuciantes del momento histórico presente. Pero el Derecho tampoco se halla inmune al impacto de la inteligencia artificial. Gracias a los espectaculares avances en *machine learning* y procesamiento del lenguaje natural, en la última década estamos asistiendo a un progresivo desarrollo de los sistemas de inteligencia artificial jurídica. Esto es, de sistemas basados en inteligencia artificial que son diseñados, desplegados y utilizados específicamente para la realización de tareas de carácter jurídico, ya sea al objeto de automatizarlas, sustituyendo así al profesional jurídico, o de asistir a este en su realización. Inicialmente, el desarrollo de este tipo de sistemas se orientó fundamentalmente hacia el sector de la abogacía, donde en la actualidad ya se pueden apreciar claramente sus efectos disruptivos en relación a aspectos como la redistribución del trabajo legal, los nuevos modelos de negocio, el impacto en el mercado laboral, la irrupción de formas innovadoras de prestación de los servicios legales, la aparición de proveedores alternativos de tales servicios y los cambios en la estructura

---

12 Entre los firmantes iniciales de la carta se hallan personas como Elon Musk, el historiador Yuval Noah Harari, Steve Wozniak (fundador de *Apple*), Emad Mostaque (director de *Stability AI*), miembros del laboratorio de inteligencia artificial *Deep Mind*, de *Google*, ingenieros ejecutivos de *Microsoft* y cientos de expertos y académicos. La carta, abierta el 23 de marzo de 2023, se halla publicada en https://futureoflife.org/open-letter/pause-giant-ai-experiments/ y en la actualidad cuenta con casi 34.000 firmas.

13 NEMITZ, P., "Constitutional democracy and technology in the age of artificial intelligence", *Philosophical Transactions of the Royal Society A*, nº 376, 2018, pág. 10.

del mercado legal. Pero su empleo se ha ido extendiendo también a diversos ámbitos de la actuación de las administraciones públicas y en algunos países comienza a ser también una realidad incipiente en la Administración de Justicia. E incluso en la actividad legislativa. De manera que la aplicación de la inteligencia artificial a los procesos de elaboración, acceso, interpretación y aplicación del Derecho puede incidir —está incidiendo ya de hecho en algunos ámbitos— en la realización de los principios y valores inherentes al ideal del imperio de la ley.

Como indica su título, este es justamente el dominio en el que se ubica este trabajo: el análisis del impacto de la inteligencia artificial jurídica en el imperio de la ley. Nos movemos, sin duda, en un dominio especialmente sensible, porque un uso inadecuado de la inteligencia artificial jurídica puede menoscabar los fundamentos mismos del orden jurídico, perturbando gravemente una serie de valores, principios y presupuestos que se hallan en la base de nuestras concepciones sobre el Derecho y sobre su recto funcionamiento. Cuando aplicamos la inteligencia artificial a los procesos de creación, acceso, interpretación y aplicación del Derecho, lo que puede estar en juego es, ni más ni menos, que la preservación del orden jurídico. O, al menos, de un cierto modo de entender el orden jurídico como un mecanismo de regulación de la conducta social sujeto a una serie de exigencias de carácter «interno» —esto es, relativas a su propio desarrollo y funcionamiento— que están orientadas a proteger a los ciudadanos frente a potenciales actuaciones abusivas de los poderes públicos.

El imperio de la ley es, como señala Joseph Raz, una «virtud» o un ideal específico del Derecho al que consideramos que este debe conformarse, pero una virtud de la que un ordenamiento jurídico determinado puede carecer o puede poseer en un mayor o menor grado[14]. Se trata de una especie de principio o ideal regulativo, en el sentido kantiano de un estándar que permite contrastar y evaluar la realidad con relación al ideal construido por la razón. Y, en este sentido, puede "ser entendido como un ingrediente de la idea de justicia, es decir, como uno de los ideales ético-políticos que nos dicen cómo «debe ser» el Derecho positivo"[15]. Idea que Lon L. Fuller expresó muy acertadamente cuando se refirió al conjun-

---

14 Cfr. RAZ, J., *La autoridad del Derecho,* trad. de R. Tamayo, Ediciones UNAM, México, 1985, pág. 264.

15 LAPORTA, F. J., *El imperio de la ley. Una visión actual,* Trotta, Madrid, 2007, pág. 84.

to de principios que en su opinión lo conforman como constitutivos de "la moral del Derecho", esto es, "la moral que hace posible el Derecho"[16].

Sin embargo, más allá de esta caracterización básica, existen en la doctrina posiciones muy diferentes respecto al alcance de este ideal y la identificación de sus elementos constitutivos. Heterogeneidad que viene motivada, en buena medida, por la propia versatilidad del ideal para incorporar exigencias de diverso tipo, e incluso tendencialmente contrapuestas, a ese «deber ser» del Derecho positivo procedentes de distintas concepciones político-jurídicas. En este sentido se ha afirmado incluso que "no sería difícil demostrar que la noción del *rule of law* ha perdido todo significado debido al abuso ideológico y a su uso excesivo general"[17].

A grandes rasgos, podría efectuarse una distinción muy básica entre concepciones formales y concepciones sustantivas del imperio de la ley. Las primeras estarían centradas fundamentalmente en el modo en que un ordenamiento jurídico debe ser construido y administrado, con independencia de los contenidos materiales o de los fines sustantivos que aquel persiga. Una concepción formal arquetípica nos la proporciona el ya mencionado Fuller. También J. Raz, para quien los principios que conforman el ideal del imperio de la ley "no se refieren al contenido del Derecho sino a su modo de creación y aplicación"[18]. El Derecho puede ser utilizado como un instrumento para la consecución de muy diferentes fines sociales, buenos o malos. Y la doctrina del imperio de la ley no se refiere a tales fines, sino que nos protege, por decirlo así, contra los riesgos generados por la propia existencia del Derecho. Este constituye una estructura muy poderosa y quienes la controlan ejercen un poder que puede ser utilizado de forma abusiva. El ideal del imperio de la ley nos ayuda a protegernos

---

16 FULLER, L. L., *The Morality of Law*, Yale University Press, 1969. Existe traducción castellana de esta obra: FULLER, L. L., *La moral del Derecho*, trad. de F. Navarro, Editorial F. Trillas, México, 1967. No obstante, citaré aquella edición inglesa (la segunda edición de la obra, en la que se contiene la réplica de Fuller a las críticas de Hart).

17 Esta es la opinión de SHKLAR, J., "Political Theory and the Rule of Law", en HUTCHINSON, A. C. y MONAHAN, P. (eds.), *The Rule of Law: Ideal or Ideology?*, Carswell, Toronto, 1987, pág. 1.

18 RAZ, J., *The Law's Own Virtue*, King's College London Dickson Poon School of Law Legal Studies Research Paper nº 2019-17, 2019, pág. 2. En una dirección similar, WALDRON, J., "The Concept and the Rule of Law", *Georgia Law Review*, vol. 43, nº 1, 2008, afirma que los principios que conforman la doctrina del imperio de la ley representan "las aspiraciones incorporadas en un ideal asociado con las operaciones de un sistema jurídico" (pág. 45).

de ese riesgo, pero un Derecho que se conforme suficientemente al mismo puede, no obstante, servir o perseguir propósitos injustos[19].

Con todo, como se puede comprobar, no se puede decir que los intereses de los defensores de estas concepciones sean exclusivamente «formalistas», puesto que detrás de la defensa de los aspectos formales normalmente se halla la pretensión de proteger dimensiones materiales de la libertad individual y la justicia. Como subraya Fuller, cuya concepción viene configurada por ocho principios de carácter exclusivamente estructural y procedimental (generalidad, publicidad, irretroactividad, inteligibilidad, consistencia, realizabilidad, estabilidad y congruencia), la vulneración de los mismos, aun no refiriéndose a fines sustantivos o materiales del Derecho, representa una afrenta a la dignidad del individuo como agente moralmente responsable, en tanto impide u obstaculiza gravemente su capacidad de autodeterminación[20].

Por otro lado, nos encontramos concepciones doctrinales sustantivas del imperio de la ley, en las que se incrustan también principios de moralidad política sustantiva. Es decir, principios que formarían parte de una teoría sustantiva de la justicia. Tal vez el caso más paradigmático sea la concepción de Dworkin, para quien dicho ideal incluye, además de dimensiones formales, el respeto a aquel conjunto de principios y derechos morales susceptibles de constituir la mejor expresión del sistema político liberal-democrático. Su ideal del imperio de la ley vendría así a equipararse con el *Law's Empire* que define su concepción del Derecho (justo)[21]. No es infrecuente incluso que desde determinadas instituciones políticas se defiendan concepciones del imperio de la ley de carácter sustantivo. Así, la Comisión europea para la democracia a través del Derecho (Comisión de Venecia), del Consejo de Europa, en su *Report on the Rule of Law*, subraya explícitamente que el cumplimiento de dicho ideal requiere la satisfacción de una serie de principios que no son solo formales —como la legalidad, la seguridad jurídica, la interdicción de la arbitrariedad, el acceso a la justicia

---

19 Cfr. RAZ, J., *The Law's Own Virtue*, cit., pag. 15. Como afirma HART, H. L. A., *El concepto de Derecho*, trad. de G. R. Carrió, Abeledo-Perrot, Buenos Aires, 1990, en relación específicamente a la concepción de Fuller, la moral interna del Derecho es perfectamente compatible con una enorme iniquidad en cuanto al contenido de las normas (pág. 256).

20 Cfr. FULLER, L. L., *The Morality of Law*, cit., págs. 162-163.

21 DWORKIN, R., *Law's Empire*, Harvard University Press, 1986. Existen diversas ediciones y traducciones al castellano de esta obra, en la editorial Gedisa, tanto bajo el título *El imperio del Derecho* como *El imperio de la justicia*.

ante tribunales independientes e imparciales y la igualdad ante la ley— sino también sustantivos o materiales, como el respeto de los derechos humanos y la no discriminación[22].

Más allá, sin embargo, de esta distinción entre concepciones formales y sustantivas del imperio de la ley, sería tal vez mejor —y quizás nos proporcione una perspectiva más útil de aproximación a este tema— hablar de la existencia de un *continuum* que va desde unas a otras[23]. Desde este punto de vista, a pesar de la diversidad de concepciones existentes, se puede constatar la existencia de un muy amplio consenso entre todas ellas respecto a los aspectos formales y procedimentales más básicos. Consenso que va progresivamente debilitándose a medida que transitamos a lo largo de esa línea, sin solución de continuidad, hacia concepciones con exigencias cada vez más rigurosas de carácter sustantivo.

A lo largo de este *continuum*, Richard Fallon alinea las diversas concepciones existentes sobre el imperio de la ley reconduciéndolas a cuatro tipos ideales, en el sentido weberiano. Tipos a los que cada concepción puede adherirse en mayor o menor medida, pues es difícil encontrar en la doctrina tipos «puros». A estos tipos ideales les denomina historicista, formalista, procedimental y sustantivo[24]. Dejando de lado, a efectos de nuestro análisis, las concepciones de carácter historicista, Fallon denomina formalistas a aquellas doctrinas que sitúan el epicentro del imperio de la ley en la noción de «norma», entendida fundamentalmente en el sentido de lo que denominamos «regla», como forma ideal de Derecho. De conformidad

---

22 Cfr. EUROPEAN COMMISSION FOR DEMOCRACY THROUGH LAW (VENICE COMMISSION), *Report on the Rule of Law*, Strasbourg, 4 April 2011, pág. 10. Nos encontramos así con que, al mismo tiempo que el Consejo de Europa establece el respeto a los derechos humanos, la democracia y el *rule of law* como elementos nucleares de los Estados que conforman dicha organización, la Comisión de Venecia, en el seno de la misma, considera el respeto a los derechos humanos como un principio incluido dentro del ideal del *rule of law*, asumiendo así una concepción del mismo que lo hace prácticamente equiparable a la noción de «Estado de Derecho» (aunque entre aquellos principios falta un elemento fundamental del Estado de Derecho: la separación de poderes). Sin embargo, curiosamente, la propia Comisión de Venecia no incluye el respeto a los derechos humanos en su *checklist* de los criterios de verificación de los requisitos del *rule of law*, elaborada cinco años después.

23 Cfr. KENNEDY, R. "The Rule of Law and algorithmic governance", en BARFIELD, W. (ed.), *The Cambridge Handbook of the Law of the Algorithms*, Cambridge University Press, 2020, pág. 218.

24 Cfr. FALLON, R., "«The Rule of Law» as a concept in constitutional discourse", *Columbia Law Review*, vol. 97, nº 1, 1997, págs. 1-56.

con este tipo ideal, el Derecho se hallaría conformado por un conjunto de prescripciones generales claras, preexistentes a su aplicación y conocidas públicamente, que determinan la conducta apropiada o las consecuencias jurídicas, lo que conduce a una división nítida entre las funciones legislativas y judiciales[25]. Los requisitos o exigencias que estas concepciones adscriben al ideal del imperio de la ley tienen que ver con lo que el Derecho, formalmente o estructuralmente, «es», o, al menos, con lo que «es» un Derecho de cierta calidad. Se trata del estrato más básico o, si se quiere decir así, menos «exigente», dentro de las concepciones doctrinales del imperio de la ley, cuyos requisitos raramente provocan controversia y son generalmente aceptados como exigencias constitutivas de dicho ideal por la mayoría de aquellas.

Las concepciones procedimentales subrayan la importancia de los elementos procedimentales e institucionales del Derecho. Desde esta perspectiva se constituirían en elementos centrales del imperio de la ley exigencias tales como la justicia procedimental en el desarrollo y aplicación de las normas jurídicas, la existencia de una conexión interna entre las nociones de Derecho y de razonabilidad, la elaboración razonada de la conexión entre las fuentes reconocidas y preexistentes de Derecho y la determinación de los derechos y las responsabilidades en casos particulares, y la revisión judicial como garantía de justicia procedimental y deliberación racional en la toma de decisiones jurídicas. En consecuencia, se hace hincapié en el diseño de procedimientos abiertos y generales para la creación de las normas, la existencia de tribunales independientes e imparciales que sean fácilmente accesibles, la contestabilidad de las decisiones y su posibilidad de revisión judicial, y la existencia de garantías como la presunción de inocencia, el derecho al debido proceso, etc. Exigencias que tienen que

---

25 Un buen ejemplo de esta posición lo encontramos en LAPORTA, F. J., *El imperio de la ley. Una visión actual*, Trotta, Madrid, 2007, para quien es una exigencia central del imperio de la ley que la mayoría del ordenamiento jurídico esté compuesto por «reglas», como oposición a todo tipo de «particularismo». Lo cual supone el rechazo tanto del «decisionismo» como del «principialismo», ya que en un Derecho compuesto fundamentalmente por principios los destinatarios no podrían saber con antelación la regla jurídica que les atañe. Cfr. en este sentido las págs. 84, 107 y 125-126. Asimismo, la concepción de Fuller se ajusta fundamentalmente a este tipo ideal. Y, más recientemente, también RUNDLE, K., *Revisiting the Rule of Law*, Cambridge University Press, 2022, considera la idea del gobierno a través de reglas generales como el elemento esencial y definitorio del imperio de la ley, en tanto implica la negación de la arbitrariedad y conecta dicho ideal con el principio de igualdad ante la ley.

ver, fundamentalmente, con la forma en la que el Derecho es aplicado. Un ejemplo de doctrina ubicada en la zona central de este tipo ideal sería la concepción de Waldron. A su juicio, la inclusión de dimensiones procedimentales e institucionales en el imperio de la ley supone enriquecer el concepto de Derecho y traerlo a la vida, porque no se puede tener un entendimiento adecuado del mismo si es considerado simplemente como un conjunto de disposiciones normativas que poseen determinadas características formales. El Derecho se realiza a través de instituciones que tienen encomendada su aplicación mediante una serie de procedimientos, y una concepción del imperio de la ley que incorpore esta dimensión procedimental nos proporciona una comprensión más rica de los valores y exigencias que el Derecho y el principio de legalidad representan en el pensamiento político-jurídico moderno[26].

Por último, en el extremo menos concurrido de esta línea continua nos encontraríamos el tipo ideal de las doctrinas sustantivas, cuya expresión más plena sería probablemente la ya mencionada de Dworkin. Conforme a este tipo de concepciones, además de determinados requisitos formales y procedimentales, el imperio de la ley implica la inteligibilidad del Derecho como una guía moralmente autoritativa de la conducta humana, de manera que se exige que aquel satisfaga un test sustantivo de corrección moral o, al menos, de aceptabilidad. Por eso mismo no son solo las concepciones menos habituales sino también las más problemáticas, en tanto es difícil que quienes las sostienen se hallen de acuerdo en las exigencias sustantivas que han de cumplirse.

Después del análisis de cada uno de estos tipos ideales, Fallon concluye que, aunque los mismos nos ayudan a esclarecer los presupuestos de determinadas demandas o exigencias basadas en la defensa del imperio de la ley, ninguno de ellos puede proporcionarnos una visión completa de dicho ideal, y que "una adecuada teoría del imperio de la ley debe incluir múltiples hilos complejamente entretejidos"[27]. Hilos que, a menudo, pueden hallarse en tensión y cuyos respectivos pesos pueden variar en diferentes contextos. Por ejemplo, en el Derecho penal, e incluso en el ámbito administrativo, parece justificada la preeminencia de los valores inherentes a las concepciones de tipo formalista, con su énfasis en los valores asociados al principio de legalidad, mientras que en el ámbito del

---

26 Cfr. WALDRON, J., "The Rule of Law and the importance of procedure", *Nomos*, vol. 50, 2011, especialmente las págs. 13-14.

27 FALLON, R., "«The Rule of Law» as a concept in constitutional discourse", cit., pág. 26.

Derecho Constitucional parecerían encajar mejor las demandas de concepciones de carácter procedimental e incluso, en su caso, sustantivo. Y es que cada tipo de concepción prioriza de manera diferente unos u otros valores asociados a dicho ideal. De este modo, la doctrina del imperio de la ley se configura como "un ideal arquitectónico" complejo, en tanto incorpora y trata de ordenar y priorizar una serie de valores y elementos —a menudo en tensión— que se considera que idealmente debe reflejar un sistema jurídico[28]. Y ello en atención a tres fines fundamentales: proteger a los ciudadanos del gobierno de los más fuertes, proporcionar un mecanismo mediante el cual los ciudadanos puedan determinar *ex ante* la legalidad de sus conductas y erigir garantías contra las decisiones arbitrarias de los poderes públicos.

En este contexto, y sin pretender adherirnos o defender un determinado tipo de concepción del imperio de la ley frente a otros posibles, dado el objeto de la investigación, nuestra atención a lo largo del trabajo se focalizará prioritariamente en las dimensiones formales y procedimentales asociadas a aquel ideal, en tanto estas son las que potencialmente pueden resultar más afectadas por la utilización de sistemas de inteligencia artificial en los procesos de creación, interpretación y aplicación del Derecho. Y ello con independencia de cuáles sean los contenidos materiales o los fines sustantivos de este.

Como veremos a lo largo de la exposición, la aplicación de la inteligencia artificial a las tareas de creación jurídica puede afectar significativamente a la textura normativa del Derecho, con el riesgo de que la normatividad textual que define los principales rasgos de nuestra concepción del Derecho y del razonamiento jurídico en la cultura jurídica moderna sea suplantada por una normatividad tecnológica. Normatividad tecnológica que podría, incluso, llegar a poner en cuestión la propia noción de Derecho como conjunto de normas generales y públicamente conocidas, al posibilitar la emergencia de un Derecho absolutamente personalizado y ajustado a cada situación específica. Pero, sobre todo, donde los riesgos se agudizan es en la fase de la aplicación del Derecho. El momento aplicativo del Derecho es, probablemente, el instante en el que se proyectan con mayor intensidad gran parte de los valores y principios que conforman el ideal del imperio de la ley, especialmente cuando nos movemos en el ámbito de la adjudicación judicial, donde las garantías han de extremarse. Si bien la inteligencia artificial puede contribuir a generar decisiones más consistentes y prede-

---

[28] Cfr. *Ibidem*, pág. 42.

cibles, su aplicación en este ámbito plantea importantes desafíos y riesgos en relación a cuestiones tales como la determinación de la responsabilidad en la toma de decisiones, la falta de transparencia y potencial arbitrariedad de determinados tipos de sistemas, la ininteligibilidad de las decisiones, la pérdida de contestabilidad de las mismas o su potencial impacto negativo en determinados principios y garantías procesales, especialmente en el ámbito penal (debido proceso, presunción de inocencia, igualdad de armas…). Riesgos que, en opinión de Stanley Greenstein, suponen "una amenaza existencial para el imperio de la ley". A su juicio, "hay una línea psicológica que, cuando es rebasada, coloca a la inteligencia artificial en rumbo de colisión con el imperio de la ley". Y esta línea viene marcada por el momento "en que permitamos que las máquinas tomen decisiones sobre los seres humanos sin que los humanos entendamos realmente cómo funcionan estas máquinas"[29].

La inteligencia artificial jurídica ha venido así no solo a introducir nuevos elementos para el debate en el ya de por sí complejo puzle del imperio de la ley sino también a operar algunos giros e inversiones en nuestra comprensión del mismo. Y es que aquel ideal ha estado animado tradicionalmente por el objetivo de excluir, en la medida de lo posible, la interferencia de todo elemento subjetivo en la operatividad del Derecho. Como afirma Melero de la Torre, la construcción doctrinal del imperio de la ley, en sentido estricto, "significa la posibilidad de que gobiernen las leyes, no los individuos"[30]. A lo largo de la historia del pensamiento jurídico el ideal del *rule of law* se ha ido configurando en oposición dialéctica al *rule of men*. Y, por esta razón, la imagen de dicho ideal ha venido asociada frecuentemente, bajo diversas formas y al cobijo de diferentes teorías jurídicas, a la pretensión de construir un orden jurídico que se desenvuelva de una manera cuasi-mecánica. Pretensión que ha encontrado su expresión más patente en la defensa de una concepción declarativa de la función judicial, según la cual los jueces únicamente deben descubrir, mediante procedimientos cognitivos más o menos complejos, la respuesta contenida en el ordenamiento jurídico. Y que recorre toda la cultura jurídica moderna, o al menos gran parte de ella, desde aquel juez-autómata que encarnaba el ideal ilustrado expresado por Montesquieu y Beccaria, el cual se limitaba a realizar una operación lógico-deductiva, hasta el juez Hércules de Dwor-

---

29 GREENSTEIN, S., "Preserving the rule of law in the era of artificial intelligence", *Artificial Intelligence and Law*, nº 30, 2022, pág. 309.

30 MELERO DE LA TORRE, M., "El imperio de la ley como ideal político independiente", *Eunomía. Revista en Cultura de la Legalidad*, nº 7, 2015, pág. 67.

kin, cuyas portentosas capacidades cognitivas para identificar la respuesta jurídica correcta de cada problema solo se hallan al alcance de un juez transhumanista. Y si bien esa pretensión —como todo ideal— se ha revelado irrealizable, en su persecución la teoría del Derecho y del método jurídico no han cejado en el empeño de acotar en la mayor medida posible los márgenes de discrecionalidad, al objeto de reducir al máximo la incidencia del elemento subjetivo.

Hoy, la inteligencia artificial jurídica ofrece una posibilidad, más al alcance de la mano que en ningún otro momento histórico, de materializar aquella secular aspiración de construir un sistema jurídico que opere de un modo automático o semi-automático. Aspiración que la inteligencia artificial parece capaz de extender, incluso, al propio proceso de creación del Derecho. Ante esta perspectiva, no debe sorprendernos que, como afirma Kristen Rundle, emerja la preocupación por la posibilidad de que el péndulo que marca la progresión en la realización de aquella aspiración vaya demasiado lejos, reclamándose que "el ser humano y las capacidades cognitivas y morales distintivamente humanas sean traídas al primer plano de la discusión sobre las implicaciones de tales tecnologías para el imperio de la ley". Particularmente, el creciente empleo de sistemas algorítmicos para la toma automatizada de decisiones jurídicas "nos invita a reflexionar acerca de cómo y en qué modos el imperio de la ley depende fundamentalmente de sus personas, tanto en términos de quiénes se espera que sean como de cómo se espera que actúen"[31]. De este modo, paradójicamente, la garantía postrera del ideal del *rule of law* descansaría ahora, en última instancia, en la exigencia de un gobierno de personas (*rule of persons*) en contraposición a un gobierno de las máquinas[32].

Este desplazamiento de categorías viene a mostrarnos cómo, en el análisis de la relación entre la inteligencia artificial jurídica y el imperio de la ley, la cuestión con un significado más profundo no es, tal vez, tanto si el empleo de aquella es compatible o no, o hasta qué punto, con las exigencias del imperio de la ley, sino las implicaciones que la inteligencia artificial puede tener en relación a nuestras actuales concepciones sobre el modo

---

31 RUNDLE, K., *Revisiting the Rule of Law*, cit., pág. 53.

32 Como afirma PASQUALE, F., "A Rule of Persons, not Machines: The limits of legal automation", *The George Washington Law Review*, vol. 87, nº 1, 2019, en la actualidad, la posibilidad de adopción de decisiones jurídicas automatizadas hace que "el adagio «un gobierno de leyes, no de hombres» haya de ser complementado con un nuevo compromiso por «un gobierno de personas, no de máquinas»" (pág. 5).

en que dicho ideal es entendido e implementado. Y es que, sumándonos a la reflexión de Aziz Z. Huq, un momento de brusco cambio tecnológico como el actual "es, finalmente, una oportunidad para reconsiderar algunos presupuestos básicos, y habitualmente inexplorados, en las teorías del imperio de la ley"[33]. Reconsideración a la que esperamos contribuir en alguna medida con el presente trabajo.

---

33 HUQ, A. Z., "Artificial Intelligence and the Rule of Law", *Public Law and Legal Theory Working Paper Series*, nº 794, 2021, pág. 10.

Hacia un marco jurídico europeo de la inteligencia artificial

A la luz de lo expuesto no resulta difícil comprender el extraordinario interés, y preocupación, que el desarrollo de la inteligencia artificial ha suscitado en las instituciones europeas. Sin duda, su regulación constituye actualmente uno de los grandes desafíos de los Estados europeos y, dada la naturaleza y el alcance de estas tecnologías, este desafío solo puede ser afrontado de una manera eficaz a nivel transnacional. Se trata además de un reto complicado, pues la sujeción del desarrollo de la inteligencia artificial a unas normas que eviten sus efectos adversos sobre los derechos humanos, la democracia y el imperio de la ley ha de ser compatible con el margen de innovación necesario para aprovechar sus extraordinarias potencialidades, el cual podría verse sumamente restringido por el diseño de un marco jurídico demasiado reglamentista. Especialmente si se tiene en cuenta que estas tecnologías se hallan en un proceso de constante y rápida evolución.

Con el objetivo de intentar delimitar el marco y los fines de la necesaria regulación en materia de inteligencia artificial, en los últimos años hemos asistido a una hiperinflación en la producción de documentos de muy diverso tipo conteniendo fundamentos, principios y directrices de carácter ético[34], así como de una vastísima y prácticamente inabarcable plétora de estudios, informes, análisis y todo tipo de documentación complementaria y de apoyo para la toma de decisiones en el plano legislativo[35]. Como resultado de esta labor de estudio y análisis, las instituciones europeas han producido ya una buena cantidad de instrumentos jurídicos no vinculantes

---

[34] Para hacernos una idea, ya en un estudio llevado a cabo en 2020 por dos consultores independientes para el *Ad Hoc Committee on Artificial Intelligence* del Consejo de Europa al objeto de conocer el estado de la cuestión, se revisaron hasta 116 documentos sobre «Ética de la inteligencia artificial» elaborados por organizaciones del sector público, asociaciones académicas y compañías privadas, mayoritariamente en Europa, Norteamérica y Asia. Cfr. *AI Ethics Guidelines: European and Global Perspectives*, 15 June 2020.

[35] Solo en el ámbito de la Unión Europea, a finales de abril de 2021, en el repositorio *Think Tank* del Parlamento Europeo, que contiene los estudios, análisis, *briefings* y otros documentos de apoyo al trabajo parlamentario, se recogían ni más ni menos que 531 documentos relacionados con la inteligencia artificial.

(*soft law*) e incluso algunos instrumentos jurídicos vinculantes en los que se aborda de manera sectorial el impacto de la inteligencia artificial en determinados ámbitos específicos. Y, recientemente, tanto en el ámbito del Consejo de Europa como de la Unión Europea, los esfuerzos han culminado en la elaboración de sendos instrumentos de carácter transversal que establecen un marco general de regulación de la inteligencia artificial.

I. EN EL ÁMBITO DEL CONSEJO DE EUROPA

El 11 de septiembre de 2019 el Comité de Ministros del Consejo de Europa mandató la creación de un Comité Ad Hoc sobre Inteligencia Artificial (CAHAI) con la función de analizar la viabilidad y, en su caso, los elementos potenciales de un marco legal adecuado para el desarrollo, diseño y aplicación de la inteligencia artificial, basado en los estándares establecidos por el Consejo de Europa para la protección de los derechos humanos, la democracia y el imperio de la ley.

1. *El impacto de la inteligencia artificial en el actual régimen jurídico de protección de los derechos humanos, la democracia y el imperio de la ley*

Es indudable que las disposiciones del *Convenio Europeo de Derechos Humanos* (en adelante, *CEDH*) resultan aplicables tanto en el contexto *offline* como *online*, y con independencia de las tecnologías que hayan podido ser utilizadas para provocar la interferencia en los derechos y libertades protegidos en el mismo. En este sentido, la creciente expansión del empleo de sistemas basados en inteligencia artificial en prácticamente todos los ámbitos de la actividad humana tiene un impacto directo sobre diversos derechos y libertades reconocidos en dicho instrumento jurídico:

a) Derecho al respeto a la vida privada y familiar (artículo 8).

   La noción de «vida privada» protegida por el Convenio es un concepto muy amplio, que abarca múltiples aspectos de nuestra vida que pueden ser agrupados en tres categorías generales: privacidad personal, integridad física y psicológica o moral, e identidad y autonomía personal[36]. Son, por tanto, diversos los tipos de sistemas

[36] Sobre el amplio abanico de cuestiones y aspectos personales que comprende cada una de estas categorías, cfr. EUROPEAN COURT OF HUMAN RIGHTS, *Guide on Article 8 of the European Convention on Human Rights*, updated on 31 August 2022, págs. 25-76.

de inteligencia artificial susceptibles de interferir en este dominio privado.

Se incluye aquí cualquier tipo de sistema cuyo diseño, desarrollo, despliegue y/o funcionamiento implique el procesamiento de datos personales. Este es seguramente el área que ha centrado la mayor atención de los reguladores y la perspectiva principal desde la que hasta ahora se ha abordado la regulación de la inteligencia artificial, tanto a nivel nacional como internacional, en tanto los datos constituyen la materia prima de la que aquella se alimenta. En el ámbito digital, el derecho a la privacidad se ha transmutado fundamentalmente en un derecho a la protección de los datos personales.

Fruto de esta preocupación nació la *Convention for the protection of individuals with regard to the automatic processing of personal data*, de 1981, que fue revisada en 2018 para responder a los nuevos desafíos tecnológicos (*Convention 108+*). Con ocasión de dicha revisión se introdujeron el derecho de toda persona a no estar sujeta a una decisión que le afecte significativamente basada exclusivamente en el procesamiento automático de datos sin que sus puntos de vista sean tomados en consideración —salvo si la decisión es autorizada por una ley que establece medidas adecuadas para salvaguardar los derechos del titular de los datos— y el derecho a conocer el razonamiento subyacente al procesamiento de los datos cuando los resultados de dicho procesamiento le sean aplicados. Derechos que son particularmente importantes en relación al perfilado y a la toma automatizada de decisiones. Adicionalmente, en los últimos años, tanto el Comité de Ministros del Consejo de Europa como el Comité Consultivo de dicha Convención han elaborado diversos instrumentos de *soft law* relativos a la protección de los datos personales en diferentes contextos de aplicación de las nuevas herramientas tecnológicas: inteligencia artificial y análisis de *big data*[37], recono-

---

[37] *Guidelines on the protection of individuals with regard to the processing of personal data in a world of big data*, Consultative Committee of the Convention for the protection of individuals with regard to the automatic processing of personal data, 23 January 2017; y *Guidelines on artificial intelligence and data protection*, Consultative Committee of the Convention for the protection of individuals with regard to the automatic processing of personal data, 25 January 2019.

cimiento facial[38], privacidad de la infancia[39], perfilado[40], campañas políticas[41] e identidad digital[42].

Sin embargo, los mecanismos de protección desplegados al amparo de la *Convención 108+* se revelan insuficientes en relación al funcionamiento de los sistemas de inteligencia artificial, en tanto un rasgo específico de estos es su capacidad para invadir la esfera de privacidad del individuo a partir del procesamiento y análisis masivo de todo tipo de datos que no siempre pueden ser considerados «personales», y que, por tanto, caen fuera del campo de aplicación de aquella.

Uno de los ejemplos más prominentes de esta capacidad invasiva nos lo proporcionan los sistemas de reconocimiento facial y otro tipo de sistemas basados en el análisis de diferentes tipos de datos biométricos —expresiones, tono de voz, forma de andar, temperatura corporal, datos relativos a la actividad fisiológica registrados en todo tipo de dispositivos electrónicos…—, que pueden ser utilizados con fines que claramente inciden en la esfera protegida por el artículo 8 del *CEDH*, como, por ejemplo, la vigilancia masiva, la evaluación, predicción, control y manipulación de la conducta de una persona, o la elaboración de perfiles y la clasificación de personas para los más diversos propósitos —policía predictiva, uso por parte de compañías aseguradoras, etc.—. Incluso la información extraída mediante el rastreo indiscriminado a través del análisis de nuestra huella digital de todo tipo de datos, en sí mismos banales, generados en nuestras actividades más cotidianas —hábitos de

---

38 *Guidelines of Facial Recognition,* Consultative Committee of the Convention for the protection of individuals with regard to the automatic processing of personal data, 28 January 2021.

39 *Declaration by the Committe of Ministers on the need to protect children's privacy in the digital environment,* Adopted by the Committe of Ministers on 28 April 2021.

40 *Recomendation of the Committee of Ministers on the protection of individuals with regard to automatic processing of personal data in the context of profiling,* Adopted by the Committee of Ministers on 3 November 2021.

41 *Guidelines on the Protection of Individuals with regard to the Processing of Personal Data by and for Political Campaigns,* Consultative Committee of the Convention for the protection of individuals with regard to the automatic processing of personal data, 19 November 2021.

42 *Guidelines on National Digital Identity,* Consultative Committee of the Convention for the protection of individuals with regard to the automatic processing of personal data, February 2023.

ocio y consumo, geolocalizaciones, interacciones en redes sociales, comunicaciones y relaciones sociales...— puede ser utilizada por aplicaciones de inteligencia artificial para monitorizar, influenciar e incluso manipular la conducta del individuo, vulnerando así su identidad y autonomía personal e incluso su integridad psicológica o moral[43].

b) Libertad de pensamiento (artículo 9), libertad de expresión (artículo 10), libertades de reunión y asociación (artículo 11) y derecho a elecciones libres (artículo 3 del Protocolo nº 1).

Agrupamos aquí un núcleo de derechos y libertades que, como ha venido remarcando insistentemente el Tribunal Europeo de Derechos Humanos, constituyen presupuestos esenciales para garantizar el pluralismo, la tolerancia y el espíritu de apertura que caracterizan el modelo de sociedad democrática contemplada en el *CEDH*. Una democracia sana precisa un espacio de debate público, abierto y pluralista, y una ciudadanía bien informada que pueda conformar y manifestar libremente sus opiniones y preferencias políticas. Pero estas condiciones pueden verse alteradas sustancialmente mediante determinadas prácticas basadas en la tecnología digital.

Como ya se señaló, la inteligencia artificial, en conjunción con otras tecnologías como el *big data* y las nuevas tecnologías de la información y comunicación (internet, redes sociales...), tiene un enorme potencial para intervenir de manera muy eficiente en aquel espacio y alterar el flujo de las comunicaciones e interacciones sociales, determinando qué información es mostrada y viralmente amplificada y cuáles son los contenidos que son excluidos del debate público. Ello puede tener efectos adversos sobre el derecho a recibir y difundir informaciones e ideas, y sobre la capacidad de los individuos para formar libremente sus opiniones, especialmente si se tiene en cuenta que el conocimiento experto, la tecnología y el poder necesarios para alterar y modelar los flujos de información —y desinformación— se hallan concentrados en manos de muy pocas compañías privadas.

Este potencial de la inteligencia artificial para influir en la conformación de las opiniones de los ciudadanos e interferir en el co-

---

43 Aspectos que movieron al Comité de Ministros del Consejo de Europa a emitir la *Declaration of the Committee of Ministers on the manipulative capabilities of algorithmic processes,* 13 February 2019.

rrecto funcionamiento de los mecanismos democráticos alcanza probablemente su manifestación más dañina cuando se pretende orientar en un determinado sentido la toma de decisiones de los electores mediante técnicas de *microtargeting* basadas en la monitorización de su rastro digital y su perfilado. Riesgo de manipulación de la opinión pública que se ha visto notablemente acentuado con la reciente irrupción de los modelos de inteligencia artificial generativa, capaces de generar contenidos de audio, imagen y video falsos pero completamente verídicos. Adicionalmente, como advierte el Comisionado del Consejo de Europa para los derechos humanos, la utilización de sistemas de reconocimiento facial y de otro tipo de sistemas de vigilancia basados en inteligencia artificial también puede tener un impacto negativo en los procesos democráticos de conformación y manifestación de las distintas opciones políticas, en tanto la capacidad de dichos sistemas para identificar individuos y rastrear su actividad puede coartar el libre ejercicio de las libertades de reunión y asociación[44].

Al objeto de hacer frente a estas y otras prácticas propias de la era digital que suponen un riesgo significativo para la conformación de un ecosistema informativo independiente, diverso y plural, y la generación de una voluntad política genuinamente democrática, el Comité de Ministros del Consejo de Europa ha elaborado recomendaciones sobre las funciones y responsabilidades de los intermediarios de internet[45], la calidad periodística en el ámbito digital[46], las comunicaciones electorales y la cobertura de campañas electorales[47], el impacto de las tecnologías digitales en la libertad de expresión[48], la gobernanza de los medios de comunicación[49], la

---

44 *Recommendation on "Unboxing Artificial Intelligence: 10 steps to protect Human Rights"*, Council of Europe Commissioner for Human Rights, May 2019.

45 *Recommendation of the Committee of Ministers to member States on the roles and responsibilities of internet intermediaries*, 7 March 2018.

46 *Recommendation of the Committee of Ministers to member States on promoting a favourable environment for quality journalism in the digital age*, 17 March 2022.

47 *Recommendation of the Committee of Ministers to member States on electoral communication and media coverage of election campaigns*, 6 April 2022.

48 *Recommendation of the Committee of Ministers to member States on the impacts of digital technologies on freedom of expression*, 6 April 2022.

49 *Recommendation of the Committe of Ministers to member States on principles for media and communication governance*, 6 April 2022.

lucha contra el discurso del odio[50]; la lucha contra la difusión *online* de desinformación[51] y la promoción de un uso adecuado de las tecnologías digitales, incluida la inteligencia artificial, por parte de los profesionales de la información[52].

c) Derecho a un remedio efectivo ante una autoridad nacional en caso de violación de alguno de los derechos y libertades reconocidos en el Convenio (artículo 13).

Como es lógico, este derecho de toda persona a disponer de un remedio accesible y suficiente que pueda reparar con prontitud los daños injustamente ocasionados por la violación de sus derechos resulta también aplicable en aquellos casos en que dicha violación haya sido causada por el despliegue y uso de sistemas basados en inteligencia artificial. Pero, dadas las peculiares características de este tipo de sistemas, los mecanismos tradicionales de prevención y reparación de daños resultan en ocasiones claramente inapropiados e insuficientes para abordar de manera efectiva sus potenciales impactos negativos sobre los derechos de los ciudadanos.

Como señala el CAHAI, la escala, conectividad y alcance de los sistemas basados en inteligencia artificial puede amplificar ciertos riesgos que también son inherentes a otras tecnologías y a la propia toma de decisiones humanas. Aun si las tasas estadísticas de error de un sistema aplicado a millones de personas son significativamente bajas, incluso próximas a cero, miles de ciudadanos pueden verse negativamente afectados en sus derechos debido a la escala de despliegue y la interconectividad de sistemas. Estos efectos pueden ser, además, especialmente adversos sobre determinados grupos en contextos sociales donde existen factores de discriminación estructural. En este caso se corre el riesgo de que los sesgos sociales, embebidos en los ingentes volúmenes de información procedentes de casos pasados con los que es entrenado el sistema, sean proyectados en sus resultados. Resultados que, en los sistemas basados en aprendizaje

---

50 *Recommendation of the Committee of Ministers to member States on combating hate speech*, 20 May 2022.

51 Cfr. *Guidance Note on countering the spread of online mis- and disinformation through fact-checking and platform design solutions in a human rights compliant manner*, Committee of experts on the integrity of online information (MSI-INF).

52 *Guidelines on the responsible implementation of artificial intelligence systems in journalism*, Steering Committee on Media and Information Society (CDMSI), 30 November 2023.

automático reforzado, son a su vez tenidos en cuenta como *feedback* por el propio sistema para recalibrarse, pudiendo generarse así un bucle que refuerce los estereotipos y amplifique de manera desproporcionada el impacto negativo sobre los derechos de los individuos pertenecientes a los grupos socialmente más vulnerables.

De ahí la insuficiencia de los mecanismos tradicionales de prevención y reparación de daños individuales y la importancia que en este ámbito adquiere el establecimiento de remedios colectivos para hacer frente a posibles daños sociales, como la exigencia de auditorías que evalúen *ex ante* los potenciales efectos negativos de los sistemas —especialmente cuando estos son desarrollados y utilizados por agentes privados— sobre los derechos de los distintos grupos afectados y la posibilidad de entablar acciones de clase por los daños efectivamente causados[53].

d) Prohibición de discriminación (artículo 14 y Protocolo nº 12).

También en este caso es necesaria una contextualización y adaptación del Derecho a los desafíos específicos suscitados por la inteligencia artificial al objeto de que pueda garantizarse la protección adecuada, en tanto los sistemas basados en aprendizaje automático, especialmente aquellos que emplean redes neuronales de *deep learning*, con su extraordinaria capacidad para detectar correlaciones entre múltiples indicadores o variables, pueden generar nuevas formas de discriminación o producir resultados discriminatorios mediante métodos que desafían los mecanismos de protección actualmente contemplados en el Derecho antidiscriminatorio[54]. Así sucede característicamente cuando las predicciones, recomendaciones o decisiones que son arrojadas por el sistema y generan efectos discriminatorios derivan de la detección por parte del algoritmo de correlaciones entre múltiples variables personales, socio-económicas, culturales, laborales, policiales, judiciales, etc., que no hacen referencia a ninguna de las categorías protegidas por el artículo 14 del Convenio y otras cláusulas antidiscriminatorias convencionales

---

53 Cfr. AD HOC COMMITTEE ON ARTIFICIAL INTELLIGENCE (CAHAI), *Feasibility Study*, Council of Europe, 2020, págs. 5-6 y 39.

54 Sobre las insuficiencias del actual Derecho antidiscriminatorio para hacer frente a los efectos sociales de los modelos algorítmicos, cfr. AÑÓN ROIG, M. J., "Desigualdades algorítmicas: conductas de alto riesgo para los derechos humanos", *Derechos y Libertades*, nº 47, 2022, págs. 17-49.

—sexo, etnia, raza, edad, religión...— pero que, en algunos casos, pueden funcionar como *proxies* de aquellas.

Esta discriminación *proxy*, generada a partir de la toma en consideración por parte del algoritmo de caracteres neutrales, pero que suelen aparecer con mayor frecuencia en las categorías protegidas, suscita nuevos problemas respecto de la interpretación de la distinción entre discriminación directa e indirecta, cuestionando incluso la pertinencia de esta distinción tal como ha sido tradicionalmente entendida. El riesgo de que se produzca este tipo de discriminación es especialmente acusado cuando los datos de entrenamiento y validación del sistema son extraídos de contextos sociales en los que, por razones históricas o de otra índole, existen factores de discriminación estructural que impactan negativamente en los derechos de los miembros de determinados grupos relacionados con las categorías protegidas. Además, esta extraordinaria capacidad para detectar múltiples correlaciones entre innumerables indicadores propicia la discriminación interseccional, esto es, la discriminación generada a partir de la toma en consideración de diversas variables personales y sociales que operan e interactúan entre sí.

Este es, sin duda, uno de los aspectos más críticos a tener en cuenta en los procesos de diseño, desarrollo y utilización de aquellos sistemas de inteligencia artificial cuya funcionalidad se basa en el perfilado de los individuos sobre los que recaerá la predicción, recomendación o decisión: su capacidad para reproducir y amplificar los sesgos y estereotipos sociales, particularmente en relación a los grupos más vulnerables. Estos sesgos pueden introducirse a través de distintas vías en las diversas fases de implementación de los sistemas. Puede suceder en la fase de selección de los datos de entrenamiento, ya sea porque estos no son suficientemente representativos de la población a la que se van a aplicar los resultados del sistema o, muy al contrario, por reflejar los sesgos sociales existentes en un contexto de discriminación estructural. También, en el caso de los sistemas de aprendizaje automático supervisado, en el proceso de etiquetamiento de la información por parte del entrenador del sistema. O en las decisiones metodológicas relativas al diseño del algoritmo o a los procesos de optimización de su función, debido a los sesgos —conscientes o inconscientes— de los desarrolladores del sistema. Incluso, en el modo en que son empleados sus resultados en el contexto específico de aplicación por parte de quienes utilizan el sistema. Por ello, resulta imprescindible asegurar la ausencia de factores discriminatorios a lo largo de todas las etapas del ciclo de vida del sistema —diseño, desarrollo, despliegue y uso—.

A tal efecto son imprescindibles las evaluaciones de impacto sobre los derechos fundamentales previas al despliegue y puesta en funcionamiento de aquellos sistemas susceptibles de afectarles negativamente, especialmente en relación a sus efectos sobre aquellos grupos respecto de los cuales exista un mayor riesgo de verse desproporcionadamente impactados por su uso[55].

Por otra parte, en una dirección similar, la inteligencia artificial genera nuevos tipos de diferenciación entre personas en base a variables que, sin necesidad de corresponderse con las categorías protegidas por los actuales instrumentos jurídicos ni de funcionar como *proxies* de las mismas, pueden sin embargo producir resultados igualmente injustos y discriminatorios para determinados colectivos. Así, la diferenciación en los precios de los bienes y servicios contratados *online*, fijados automáticamente para cada consumidor en función de la información recabada a través de las *cookies* y del rastreo de su huella digital que denota, por ejemplo, su capacidad adquisitiva o la concurrencia de determinadas circunstancias que predisponen a realizar la adquisición incluso a un precio superior al habitual, puede conducir a que determinados grupos paguen sistemáticamente más que el resto por idénticos bienes y servicios sin que ni siquiera los afectados sean conocedores de ello.

Esta es otra de las particularidades de la discriminación generada por la inteligencia artificial. La opacidad de los procesos de toma de decisiones de los sistemas —en particular de aquellos basados en redes neuronales de aprendizaje profundo— puede dificultar o incluso, en algunos casos, hacer virtualmente imposible para aquellos que reciben un trato discriminatorio ser conscientes de esa circunstancia. Y, aun en caso de serlo, no siempre es posible técnicamente garantizar la trazabilidad y la explicabilidad del funcionamiento del sistema y, en consecuencia, de sus resultados. Si a ello le añadimos la complejidad de los procesos de diseño, desarrollo, despliegue y utilización de estos sistemas, que supone la implicación de múltiples personas a lo largo de las diversas fases de su ciclo de vida, es fácil entender lo complicado que puede

55 Cfr. *Recommendation on "Unboxing Artificial Intelligence: 10 steps to protect Human Rights"*, cit., pág. 11.

resultar la detección de los factores y efectos discriminatorios y la identificación de los agentes responsables de los daños causados a los afectados, lo que incide significativamente, de manera negativa, no solo en este derecho a no ser discriminado sino también en el derecho a un remedio efectivo.

e) Derecho a un proceso equitativo (artículo 6).

Este derecho constituye sin duda uno de los pilares esenciales sobre los que se sustenta el ideal del imperio de la ley, en tanto representa el elemento central de la garantía de una tutela judicial efectiva. Como veremos en el último capítulo, la creciente utilización de sistemas basados en inteligencia artificial en la Administración de Justicia supone un importante desafío en relación a la salvaguarda de una serie de principios y garantías procesales básicas y de derechos fundamentales de los justiciables. En este sentido, debe asegurarse que, cuando las herramientas de inteligencia artificial son utilizadas para orientar a potenciales litigantes, para asistir a los jueces en la toma de decisiones o para resolver disputas, no violan las garantías del derecho a acceder a la justicia y el derecho a un proceso equitativo, ni menoscaban la independencia judicial.

Especialmente, los riesgos se acentúan en la justicia penal. Aquí, la falta de interpretabilidad o explicabilidad de los resultados arrojados por determinados tipos de sistemas algorítmicos empleados durante la fase probatoria —ya sea como medios de prueba o como instrumentos de valoración de la prueba— o para auxiliar al juez en la toma de determinadas decisiones —por ejemplo, el uso de sistemas algorítmicos de evaluación de riesgos de reincidencia criminal para adoptar determinadas medidas cautelares— puede incidir negativamente sobre principios esenciales del proceso, menoscabando de forma grave el derecho del acusado a un proceso equitativo y con las debidas garantías procesales, como la presunción de inocencia, el principio de igualdad de armas y la posibilidad de desafiar de manera efectiva la decisión judicial basada en aquellos resultados. En estos casos en los que los resultados del sistema son empleados para sustentar la decisión judicial habría de garantizarse el derecho de las partes a acceder a información relevante sobre el funcionamiento de los sistemas. Derecho que, según los casos, podría incluir el acceso a los datos de entrenamiento y validación del sistema, información sobre cómo ha sido utilizado este, una explicación comprensible acerca de cómo alcanzó la predicción o decisión cuestionada, y el conocimiento de cómo esos resultados fueron interpretados y tomados en cuenta.

La Comisión Europea para la Eficiencia de la Justicia (CEPEJ) adoptó en diciembre de 2018 la *Carta Ética Europea sobre el uso de la inteligencia artificial en los sistemas judiciales y su entorno*, que constituyó el primer documento internacional en abordar la problemática de la inteligencia artificial en este contexto específico de aplicación. En ella se establecen cinco principios fundamentales para el desarrollo y empleo de sistemas basados en inteligencia artificial en este ámbito: principio de respeto por los derechos fundamentales; principio de no discriminación; principio de calidad y seguridad respecto al procesamiento de decisiones y datos judiciales; principio de transparencia, imparcialidad y justicia; y principio «bajo control del usuario», que excluye el carácter prescriptivo de los resultados de los sistemas para los profesionales del sistema de justicia.

En cuanto a los usos potenciales de la inteligencia artificial en el sistema judicial, la Carta esboza una escala de permisibilidad con arreglo a un principio de precaución. Alienta su empleo en tareas meramente instrumentales, como la mejora de la búsqueda del material jurisprudencial y normativo, el acceso de los ciudadanos a las fuentes y la información legal, y la creación de herramientas estratégicas para lograr una mayor eficiencia en la gestión de los recursos humanos y materiales de la Administración de Justicia. Establece como usos posibles, siempre que se establezcan considerables precauciones metodológicas, la ayuda en la determinación de cuantías indemnizatorias y el establecimiento de baremos en ciertas disputas civiles, el apoyo a medidas alternativas de solución de conflictos en materia civil, la resolución de disputas en línea y el uso de algoritmos en la investigación penal para identificar las zonas de posible comisión de delitos. Llama a realizar estudios científicos adicionales antes de que se pueda considerar la posibilidad de emplear herramientas para el perfilado de jueces y la predicción de decisiones judiciales. Y, finalmente, señala que deben considerarse con las más extremas reservas la utilización de algoritmos en el ámbito penal para elaborar perfiles individuales y la imposición de normas basadas exclusivamente en criterios cuantitativos[56].

---

56 Cfr. EUROPEAN COMMISSION FOR THE EFFICIENCY OF JUSTICE (CEPEJ), *European Ethical Charter on the use of Artificial Intelligence in Judicial Systems and their*

Al objeto de facilitar la implementación efectiva de la Carta, el CEPEJ ha diseñado una hoja de ruta en la que se contemplan las siguientes acciones, que se encuentran actualmente en fases más o menos avanzadas de ejecución: diseño de una herramienta de evaluación de los sistemas de inteligencia artificial para verificar que cumplen con las exigencias derivadas de los principios de la Carta[57], implantación de un proyecto piloto para aplicar la herramienta de evaluación a uno o varios sistemas relevantes, creación de un *CEPEJ Artificial Intelligence Advisory Board* (AIAB) que monitorice las aplicaciones de inteligencia artificial que emerjan en este ámbito y proponga las estrategias adecuadas para su empleo, registro de dichas aplicaciones en un *Resource Centre on Cyberjustice and Artificial Intelligence* públicamente accesible, y establecimiento de programas de formación dirigidos a los desarrolladores, potenciales usuarios —jueces, fiscales, abogados, personal de la oficina judicial...— y agentes certificadores de los sistemas[58]. En el marco de esta estrategia general, el *CEPEJ Working Group on the Quality of Justice* (CEPEJ-GT-QUAL) ha elaborado un estudio en el que se plantean diversas opciones posibles para la introducción de un mecanismo de certificación que garantice que los servicios y herramientas basados en inteligencia artificial utilizados en el sistema judicial cumplen los principios establecidos en la Carta[59].

Además, la inteligencia artificial puede generar riesgos significativos en relación al disfrute de algunos de los derechos económicos y sociales reconocidos en la *Carta Social Europea*. Cada vez es más frecuente el empleo de sistemas basados en inteligencia artificial para tomar decisiones en los procesos de selección y contratación de personal, monitorizar y controlar a los trabajadores, organizar y distribuir los flujos de trabajo, predecir el

---

environment, December 2018, págs. 7-12 (principios éticos) y págs. 63-67 (posibles usos de la inteligencia artificial).

57 Esta herramienta ha sido definida recientemente en EUROPEAN COMMISSION FOR THE EFFICIENCY OF JUSTICE, *Assessment Tool for the Operationalisation of the European Ethical Charter on the use of Artificial Intelligence in judicial systems and their environment*, 4-5 December 2023.

58 Cfr. EUROPEAN COMMISSION FOR THE EFFICIENCY OF JUSTICE, *Revised roadmap for ensuring an appropriate follow-up of the CEPEJ Ethical Charter on the use of artificial intelligence in judicial systems and their environment*, 9 December 2021.

59 EUROPEAN COMMISSION FOR THE EFFICIENCY OF JUSTICE, *Possible introduction of a mechanism for certifying artificial intelligence tools and services in the sphere of justice and the judiciary: Feasibility Study*, 8 December 2020.

potencial de los trabajadores y evaluar su rendimiento, determinar el salario, decidir sobre la renovación o no de los contratos de trabajo, y otros aspectos relevantes de la relación laboral. Por otra parte, la tecnología ha posibilitado el surgimiento de nuevas formas de organización del trabajo y modelos de negocio, basados en la denominada «economía colaborativa», a través de plataformas digitales gobernadas algocráticamente que desafían las categorías tradicionales del Derecho laboral —comenzando por la propia distinción empresario-trabajador— y sus mecanismos de protección. Todo ello puede repercutir de una manera directa y significativa en el derecho a unas condiciones de trabajo equitativas (artículo 2).

Asimismo, la creciente utilización, en el contexto del Estado social, de sistemas de inteligencia artificial para la toma de decisiones en el ámbito de la seguridad social y de la prestación de servicios sanitarios y asistenciales —en relación tanto a la selección de los destinatarios de los limitados recursos disponibles como a la determinación de la extensión de los servicios a los que cada destinatario tiene derecho— puede dar lugar a vulneraciones de los derechos a la protección de la salud (artículo 11), a la seguridad social (artículo 12)[60], a la asistencia social y médica (artículo 13) y a beneficiarse de servicios de bienestar social (artículo 14).

A tenor del análisis realizado, parece evidente que la protección dispensada por los instrumentos jurídicos vinculantes del Consejo de Europa, si bien se extiende también al contexto digital y puede invocarse siempre que haya sido vulnerado alguno de los derechos reconocidos en los mismos, con independencia de los medios que hayan sido utilizados para dicha acción antijurídica, presenta sin embargo notables lagunas e insuficiencias, mostrándose escasamente efectiva a la hora de proporcionar una respuesta específica y adecuada frente a algunos de los riesgos que la inteligencia artificial plantea para los derechos humanos, la democracia y el imperio de la ley. En opinión del CAHAI, los principales problemas que presenta el actual marco jurídico para hacer frente a esos riesgos son[61]:

a) En primer lugar, los derechos y obligaciones formulados en tales instrumentos no contemplan específicamente los problemas suscitados por la inteligencia artificial, y, además, presentan dificultades

---

60 Cfr. *Declaration by the Committe of Ministers on the risks of computer-assisted or artificial-intelligence-enabled decision making in the field of the social safety net*, 17 March 2021.

61 Cfr. AD HOC COMMITTEE ON ARTIFICIAL INTELLIGENCE (CAHAI), *Feasibility Study*, cit., págs. 22-25.

interpretativas cuando son aplicados en relación a tales problemas. En esta dirección, sería deseable una traslación o concreción del contenido de los distintos derechos humanos en el contexto de la inteligencia artificial a través de provisiones más específicas, así como la derivación de obligaciones y exigencias igualmente específicas para quienes desarrollan y emplean los sistemas.

b) Además, algunos principios esenciales que son relevantes para la salvaguarda de los derechos humanos, la democracia y el imperio de la ley en el contexto de la inteligencia artificial no están reconocidos en instrumentos jurídicos vinculantes para los Estados. De ahí la necesidad de incorporar a ese acervo jurídico exigencias tales como la garantía de supervisión y control humano de los sistemas, su robustez técnica, la transparencia y la explicabilidad de sus resultados, particularmente cuando producen efectos legales u otros efectos significativos, y con independencia de si emplean o no datos personales. Adicionalmente, habrían de reforzarse los mecanismos de responsabilidad y reparación del daño y asegurar que los sistemas de inteligencia artificial son trazables y auditables.

c) Por último, los actuales instrumentos no dispensan la suficiente atención a los pasos que los diseñadores y desarrolladores de los sistemas de inteligencia artificial deben garantizar para asegurar su efectividad cuando estos puedan tener un impacto negativo sobre los derechos humanos, la democracia y el imperio de la ley. Además, tampoco son contempladas las dimensiones sociales e institucionales de los riesgos derivados de la inteligencia artificial, más allá incluso del impacto sistemático sobre los derechos de determinados grupos, como su potencial incidencia sobre los procesos electorales y el funcionamiento de las instituciones democráticas o sobre los principios esenciales para garantizar el imperio de la ley. La protección de estos intereses sociales e institucionales, en ocasiones difíciles de traducir en derechos individuales, requiere de mecanismos específicos de supervisión y control público de los procesos de diseño, desarrollo y uso de los sistemas de inteligencia artificial.

Por tanto, con miras al establecimiento de un marco jurídico regulador de la inteligencia artificial basado en los estándares del Consejo de Europa sobre derechos humanos, democracia e imperio de la ley, se hace preciso identificar los derechos concretos que pueden ser invocados por los individuos —ya se trate de derechos ya existentes, de derechos derivados de aquellos para adaptar su contenido a los desafíos de la inteligencia artificial o de derechos completamente nuevos— y las obligaciones que han de pesar sobre los diseñadores, desarrolladores y usuarios de los sistemas de inteligencia artificial[62].

2. *Diseño, estructura y elementos del futuro marco normativo*

En cuanto a las diversas opciones posibles para el diseño de un marco normativo regulador de la inteligencia artificial, el CAHAI se inclina, debido a la rápida evolución de esta tecnología y de sus desafíos, por una combinación de instrumentos jurídicos vinculantes y no vinculantes que se complementen recíprocamente. El elemento central de esta arquitectura jurídica sería un Convenio Marco, de carácter horizontal y transversal, que contendría los principios comunes generales del Consejo de Europa, adecuadamente contextualizados para ser aplicados a los riesgos inherentes a la inteligencia artificial, y provisiones más concretas para salvaguardar los principios, derechos y obligaciones específicos requeridos en este ámbito, así como los mecanismos y procesos adecuados para su implementación y seguimiento[63]. Este Convenio sería complementado con otros instrumentos jurídicos, tanto vinculantes como no vinculantes, de carácter sectorial, que establecerían principios más específicos y exigencias concretas y detalladas para afrontar los desafíos particulares que presente la inteligencia artificial en cada ámbito de aplicación[64].

2.1. El Convenio Marco sobre Inteligencia Artificial, Derechos Humanos, Democracia e Imperio de la Ley

EL CAHAI recomendó que este marco normativo asumiera, como perspectiva reguladora, un enfoque basado en el riesgo y centrado en el contexto específico de aplicación del sistema[65]. A estos efectos, es muy importante tener en cuenta que los sistemas de inteligencia artificial "deben ser vistos como sistemas «socio-técnicos», en el sentido de que el

---

[62] El propio CAHAI, en el citado *Feasibility Study*, lleva a cabo un esbozo de cuáles serían esos derechos y obligaciones específicos que habrían de ser garantizados para hacer frente a los riesgos de la inteligencia artificial en las diversas áreas concernidas (págs. 27-43).

[63] La Asamblea Parlamentaria del Consejo de Europa se pronunció también en favor de la elaboración de este Convenio Marco en su *Recomendación 2181 (2020)*.

[64] Cfr. AD HOC COMMITTEE ON ARTIFICIAL INTELLIGENCE (CAHAI), *Feasibility Study*, cit., pág. 50.

[65] Cfr. *Ibidem*, págs. 12-13.

impacto de un sistema de inteligencia artificial —cualquiera que sea su tecnología subyacente— depende no solo del diseño del sistema, sino también del modo en que el sistema es desarrollado y empleado dentro de un entorno más amplio, incluyendo los datos utilizados, su pretendida finalidad, funcionalidad y precisión, la escala del despliegue y el más amplio contexto organizativo, social y legal en el que es utilizado"[66]. Una misma tecnología o un mismo tipo de sistema de inteligencia artificial puede ser desplegado en múltiples y variados entornos sociales e institucionales, entrenado y validado con diferentes datos, utilizado con distintas finalidades e insertado en muy diferentes contextos organizativos y procedimientos de toma de decisiones, pudiéndose otorgar en el marco de los mismos un carácter vinculante o no, o un mayor o menor valor, a sus resultados, así como ser utilizados de diversas maneras por las personas que intervienen en el proceso de toma de decisiones o producir distintos efectos. Y, en función de la interacción entre todas estas variables, el resultado de la evaluación de los riesgos y beneficios que comporta su utilización variará considerablemente de un caso a otro. Tomando en consideración todos estos factores, el Convenio debería, por tanto, establecer una metodología para llevar a cabo una clasificación de los sistemas basados en inteligencia artificial en función del nivel de riesgo específico que comporten.

Adicionalmente, esta aproximación ha de ser complementada con un enfoque preventivo, incluyendo la potencial prohibición de aquellos sistemas que conlleven un nivel significativo de riesgo y un alto nivel de incertidumbre en cuanto a la reversibilidad del daño. Este enfoque preventivo es especialmente relevante cuando, como resultado de la obligada evaluación de riesgos sobre el empleo de un sistema de inteligencia artificial en un contexto específico, se concluya que aquel conlleva un riesgo significativo o desconocido de interferencia con el disfrute de los derechos humanos, el funcionamiento de la democracia o el respeto al imperio de la ley. En estos casos, los Estados deben considerar la introducción de medidas regulatorias adicionales u otras restricciones para asegurar un uso controlado y excepcional de la aplicación, e incluso, cuando resulte esencial, una prohibición o moratoria, total o parcial, sobre su empleo[67]. Dentro de estas posibles líneas rojas, el CAHAI llama a

---

66 Cfr. *Ibidem*, pág. 5. Como veremos posteriormente, este enfoque coincide con el adoptado también por la Unión Europea.

67 Cfr. *Ibidem*, pág. 13. En esta misma dirección, ya el Comité de Ministros del Consejo de Europa, en su *Recommendation CM/Rec(2020)1 to member States on the human*

considerar específicamente los sistemas que utilizan indicadores biométricos para identificar, categorizar o inferir características o emociones de individuos, especialmente si son utilizados con fines de vigilancia masiva, y aquellos empleados con fines de crédito social para determinar el acceso de los ciudadanos a servicios esenciales, como aplicaciones que requieren una particular atención. En cualquier caso, la adopción de una moratoria o prohibición solo se hallará justificada cuando, sobre una base objetiva, se haya identificado un riesgo inaceptable para los derechos humanos, la democracia o el imperio de la ley, y, tras un cuidadoso análisis, se verifique que no hay disponibles otras medidas viables e igualmente eficientes para mitigar el riesgo en la esfera específica de aplicación del sistema[68].

Partiendo de este enfoque basado en el riesgo, y siguiendo las detalladas recomendaciones sobre el contenido del Convenio efectuadas por el CAHAI[69], el 14 de marzo de 2024 el *Committee on Artificial Intelligence (CAI)* finalizó su propuesta de *Framework Convention on Artificial Intelligence, Human Rights, Democracy and the Rule of Law* después de 18 meses de negociaciones no solo con los Estados miembros del Consejo de Europa sino también con la Unión Europea e incluso con algunos países no europeos, como Argentina, Australia, Canadá, Costa Rica, Israel, Japón, México, Perú, EEUU y Uruguay. Tras el pronunciamiento de la Asamblea Parlamentaria sobre dicho borrador[70], el texto final del Convenio fue aprobado recientemente, el 17 de mayo de 2024, por el Comité de Ministros, constituyendo de este modo el primer tratado internacional vinculante sobre esta materia[71]. Sus principales contenidos son:

---

rights impacts of algorithmic systems, ha establecido que los Estados miembros "deben adoptar un enfoque preventivo y exigir el rechazo de ciertos sistemas cuando su despliegue conlleve riesgos altos de daño irreversible o cuando, debido a su opacidad, la supervisión y el control humanos no resulten factibles" (par. 15), si bien dicho instrumento no es vinculante para los Estados.

68 Cfr. AD HOC COMMITTEE ON ARTIFICIAL INTELLIGENCE (CAHAI), *Possible elements of a legal framework on artificial intelligence, based on the Council of Europe's standards on human rights, democracy and the rule of law,* Council of Europe, 17 December 2021, pág. 5.

69 Cfr. *Ibidem*, págs. 3-9.

70 Cfr. PARLIAMENTARY ASSEMBLY, Opinion 303 (2024), 18 April 2024 (https://internazionale.camera.it/sites/internazionale/files/atti_approv/APCE_Opinion-303_EN.pdf).

71 El texto del Convenio puede consultarse en https://rm.coe.int/1680afae3c.

a) Determinación del objeto y finalidad del Convenio, así como de su alcance.

La finalidad del Convenio es asegurar que todas las actividades dentro del ciclo de vida de los sistemas de inteligencia artificial sean plenamente respetuosas con los derechos humanos, la democracia y el imperio de la ley (art. 1.1)[72]. Y sus disposiciones serán aplicables únicamente cuando tales actividades sean emprendidas por las autoridades públicas o por actores privados actuando en nombre de aquellas —exceptuándose las materias relativas a la protección de los intereses de seguridad nacional y a la defensa nacional—. En cuanto a las actividades de actores privados no cubiertas directamente por el Convenio, cada Estado parte deberá regular sus riesgos e impactos de un modo que sea conforme con su objetivo y finalidad, ya sea aplicando las obligaciones y los principios establecidos en los capítulos II a VI del propio Convenio u otras medidas apropiadas (art. 3).

b) Principios fundamentales para la protección de la dignidad humana y el respeto de los derechos humanos, la democracia y el imperio de la ley, así como el establecimiento de derechos directos, concretos y positivos de los individuos en relación al diseño, desarrollo y utilización de los sistemas de inteligencia artificial, y de obligaciones sobre los Estados para asegurar la introducción en su legislación y práctica doméstica de medidas dirigidas a proteger tales derechos.

En el capítulo III se establecen los siguientes principios y obligaciones generales que cada Estado deberá implementar de una manera apropiada en su legislación doméstica: dignidad humana y autonomía individual; transparencia y supervisión adecuadas a los diversos contextos y riesgos específicos; responsabilidad por los impactos adversos sobre los derechos humanos, la democracia y el imperio de la ley; igualdad y no discriminación; privacidad y protección de los datos personales; fiabilidad de los sistemas y de sus resultados;

72 Por «sistema de inteligencia artificial» se entiende, a los efectos del Convenio, un "sistema basado en máquinas que, para objetivos explícitos o implícitos, infiere de la información de entrada que recibe cómo generar informaciones de salida tales como predicciones, contenidos, recomendaciones o decisiones que pueden influenciar entornos reales o virtuales", pudiendo diferentes sistemas "variar en sus niveles de autonomía y adaptatividad tras su despliegue" (art. 2). Una definición que, como veremos, es prácticamente idéntica a la adoptada por la Unión Europea en su reciente Reglamento de Inteligencia Artificial.

e innovación segura mediante el establecimiento de entornos controlados para desarrollar, experimentar y testar los sistemas bajo la supervisión de las autoridades competentes.

c) Mecanismos de evaluación y gestión de los riesgos.

Teniendo en cuenta los principios y obligaciones establecidos en el capítulo III, cada Estado deberá adoptar o mantener medidas para la identificación, evaluación, prevención y mitigación de los riesgos de los sistemas, considerando sus impactos reales y potenciales sobre los derechos humanos, la democracia y el imperio de la ley. Dichas medidas serán graduadas y diferenciadas en atención al contexto y el uso pretendido de los sistemas, la severidad y probabilidad de los impactos, y la perspectiva de los *stakeholders* relevantes, particularmente de las personas potencialmente afectadas. Si un Estado considerara que ciertos usos son incompatibles con el respeto de los derechos humanos, el funcionamiento de la democracia o el imperio de la ley, evaluará la necesidad de una moratoria o de una prohibición, o de cualesquiera otras medidas apropiadas (art. 16).

d) Garantías procedimentales.

Cada Estado garantizará que, cuando un sistema de inteligencia artificial impacte significativamente sobre el disfrute de los derechos humanos, se establezcan garantías procesales efectivas, salvaguardas y derechos, de conformidad con el Derecho internacional y doméstico aplicable (art. 15). Entre tales derechos se establece, en aquellos casos en que resulte apropiado según el contexto, el de conocer que se está interactuando con un sistema de inteligencia artificial y no con un humano.

e) Disponibilidad de remedios efectivos

Asimismo, los Estados deberán adoptar las medidas necesarias para asegurar que los impactos adversos de los sistemas sean adecuadamente abordados. En este sentido, habrán de garantizar la disponibilidad de remedios accesibles y efectivos para las violaciones de derechos humanos resultantes de las actividades dentro del ciclo de vida de los sistemas de inteligencia artificial, lo que implica que las personas afectadas deben disponer de la información suficiente para impugnar las decisiones tomadas o informadas sustancialmente por el sistema e incluso, cuando resulte apropiado, el propio uso del sistema (art. 14).

f) Mecanismos de seguimiento y cooperación dirigidos a asegurar el cumplimiento efectivo de las provisiones del Convenio.

En este sentido se instaura la Conferencia de las Partes como órgano consultivo conformado por los representantes de todos los Estados parte del Convenio. Entre sus funciones se hallan las de considerar la posible suplementación o enmienda del Convenio, realizar recomendaciones sobre su interpretación y aplicación, facilitar el intercambio de información y la resolución amistosa de disputas relativas a la aplicación de la Convención, facilitar la cooperación con los *stakeholders* relevantes sobre aspectos pertinentes de la implementación de la Convención, y recibir los informes periódicos de los Estados sobre las actividades emprendidas para aplicar el Convenio (arts. 23 y 24).

Además, cada Estado deberá establecer o designar uno o más mecanismos efectivos para supervisar, de manera independiente e imparcial, el cumplimiento de las obligaciones establecidas en el Convenio (art. 26).

El Convenio ha sido abierto para su firma por parte de los Estados del Consejo de Europa, de los Estados no miembros que han participado en su elaboración y de la Unión Europea con ocasión de la Conferencia de Ministros de Justicia celebrada en Vilnius (Lituania) el 5 de septiembre de 2024. Y entrará en vigor el primer día del mes siguiente a la expiración de un período de tres meses después de la fecha en la que cinco signatarios, incluyendo al menos tres Estados miembros del Consejo de Europa, hayan expresado su consentimiento a quedar obligados por el Convenio.

2.2. Instrumentos jurídicos complementarios de carácter sectorial

Como ya se mencionó, el CAHAI considera necesario complementar este Convenio Marco con otros instrumentos jurídicos adicionales de carácter sectorial, tanto vinculantes como no vinculantes. Al realizar el repaso de los derechos del *Convenio Europeo de Derechos Humanos* susceptibles de ser significativamente afectados por la inteligencia artificial, ya se hizo mención a diversos instrumentos sectoriales no vinculantes relativos a la aplicación de la inteligencia artificial en diversos contextos ligados a los ámbitos de protección de aquellos derechos. Y es que desde 2017 el Consejo de Europa viene elaborando numerosos instrumentos jurídicos no vinculantes sobre inteligencia artificial. A la vista de esos instrumentos de *soft law* actualmente existentes, el CAHAI ha propuesto otros posibles instrumentos jurídicos sectoriales.

1. En primer lugar, un modelo, no vinculante jurídicamente, de evaluación del impacto de los sistemas de inteligencia artificial sobre el disfrute de los derechos humanos, el funcionamiento de la democracia y la observancia del imperio de la ley.

La evaluación del impacto de los sistemas de inteligencia artificial sobre los derechos humanos, la democracia y el imperio de la ley constituye una de las principales herramientas para la implementación y el seguimiento del Convenio Marco, pero no la única. En este sentido, el modelo de evaluación deberá complementarse y alinearse con otros mecanismos de *compliance* de las obligaciones impuestas en el Convenio a los diseñadores, desarrolladores y usuarios de los sistemas basados en inteligencia artificial, tales como esquemas de certificación y sellos de calidad, auditorías, *sandboxes* regulatorios y monitorización continua, dirigidos a garantizar un esquema integral de verificación de la diligencia debida (*due diligence*) en este ámbito.

Esta evaluación de impacto deberá realizarse únicamente en aquellos casos en los que existan indicaciones claras y objetivas de que existen riesgos relevantes derivados de la aplicación de un sistema de inteligencia artificial. La adopción de un enfoque regulador basado en el riesgo implica que cualquier impacto relevante sobre los derechos humanos, la democracia y el imperio de la ley, una vez identificado, ha de ser debidamente evaluado y revisado sobre la base de un procedimiento regular y sistemático, al objeto de establecer medidas de mitigación de sus efectos ajustadas a los riesgos o —en caso de que las medidas de mitigación disponibles no se consideren suficientes— de establecer medidas prohibitivas.

El procedimiento de evaluación ha de constar, al menos, de los siguientes pasos:

a) Identificación de los riesgos relevantes para los derechos humanos, la democracia y el imperio de la ley.

b) Evaluación del impacto, teniendo en cuenta la probabilidad y severidad de los efectos sobre aquellos derechos y principios. Para dicha evaluación deberán tomarse en consideración, al menos, los siguientes criterios: contexto de aplicación y finalidad del sistema, nivel de autonomía, tecnología subyacente, uso —deseado y potencialmente no deseado—, complejidad del sistema —empleo de redes neuronales profundas, combinación con otros sistemas anexos—, transparencia y explicabilidad del sistema y del modo en que es empleado, mecanismos de supervisión y control humanos a establecer por el proveedor y por el usuario del sistema, calidad de los datos, robustez y seguridad del sistema, implicación de personas o grupos vulnerables, escala de uso del sistema, su alcance geográfico y temporal, evaluación de la probabilidad y extensión del daño potencial, reversibilidad del daño y, en su caso, si se trata de una aplicación que traspasa «líneas rojas»[73].

c) Evaluación de los mecanismos de gobernanza para asegurar la mitigación de los riesgos, la asignación de los roles y responsabilidades de todos los agentes implicados, la participación de los grupos de interés, la transparencia del sistema y el acceso a remedios efectivos.

d) Monitorización y evaluación continua para asegurar que la evaluación de su impacto, las medidas de mitigación y los mecanismos de gobernanza se ajustan a los cambios introducidos en el sistema y a las variaciones en el entorno y el contexto operativo.

2. Instrumentos jurídicos relativos a la aplicación de la inteligencia artificial en el sector público.

---

[73] Cfr. AD HOC COMMITTEE ON ARTIFICIAL INTELLIGENCE (CAHAI), *Possible elements of a legal framework on artificial intelligence, based on the Council of Europe's standards on human rights, democracy and the rule of law*, cit., págs. 9-11. En mayo de 2021 el *Policy Development Group* del CAHAI (CAHAI-PDG) presentó un borrador para la implementación de un procedimiento de evaluación del impacto de los sistemas de inteligencia artificial sobre los derechos humanos, la democracia y el imperio de la ley, con el objetivo de: a) definir una metodología para llevar a cabo dicha evaluación basada en los estándares del Consejo de Europa, b) desarrollar un modelo de evaluación del impacto, y c) examinar la complementariedad de dicha evaluación con otros mecanismos de *compliance* (CAHAI-PDG, *Human Rights, Democracy and Rule of Law Impact Assessment of AI systems*, 2021). Sobre la base de dicho análisis, el *Alan Turing Institute* ha elaborado una propuesta detalladísima de "Modelo para la evaluación del impacto sobre los derechos humanos, la democracia y el imperio de la ley" (HUDERIA), integrada en el marco más amplio de diseño de un esquema integral de garantía de tales derechos y principios a lo largo de todas las fases del ciclo de vida de los sistemas de inteligencia artificial —*Human Rights, Democracy, and the Rule of Law Assurance Framework* (HUDERAF)— que se compone de los siguientes elementos: análisis preliminar de riesgos en el contexto específico de aplicación, implicación de los grupos de interés, evaluación del impacto sobre los derechos humanos, la democracia y el imperio de la ley (HUDERIA) y *assurance case* —demostración de que se han logrado alcanzar los objetivos normativos en los procesos de desarrollo y uso del sistema mediante las evidencias disponibles—. Cfr. THE ALAN TURING INSTITUTE, *Human Rights, Democracy, and the Rule of Law Assurance Framework for AI Systems: A proposal prepared for the Council of Europe's Ad hoc Committee on Artificial Intelligence*, 2021.

Si bien el Convenio Marco establece los principales derechos y obligaciones de carácter transversal que han de garantizarse en este ámbito, el CAHAI considera que, adicionalmente, dada la especificidad contextual de los riesgos provocados por la inteligencia artificial en el sector público a la luz de su esencial función social, aquel marco normativo transversal deberá ser complementado con instrumentos sectoriales, ya sean vinculantes o de *soft law*, dirigidos a desarrollar principios y exigencias más específicos para la prestación de los servicios públicos.

Cualquier instrumento jurídico en este dominio habrá de abordar los siguientes elementos relativos al diseño, adquisición, desarrollo y utilización de los sistemas de inteligencia artificial por parte de las entidades públicas:

a) En la fase de diseño del sistema deberán considerarse los siguientes aspectos:

— análisis del problema a resolver, al objeto de evaluar si es apropiada la aplicación de un sistema de inteligencia artificial y, en su caso, determinar las características que ha de poseer;

— identificación de los *data sets* que han de utilizarse para el entrenamiento y la validación del sistema, y protección de tales datos y de su origen;

— explicitación y documentación de las opciones de diseño;

— implicación de los usuarios del sistema y de aquellos potencialmente afectados por sus resultados;

— promoción de un enfoque de co-diseño abierto y transparente;

— evaluación del impacto del sistema sobre los derechos humanos, la democracia y el imperio de la ley, al objeto de anticipar, prevenir y mitigar riesgos potenciales;

— implementación de mecanismos de gestión y mitigación de riesgos, que deben operar a lo largo de todas las fases.

b) En los procedimientos de adquisición pública de los sistemas deberán establecerse criterios apropiados para asegurar que aquellos cumplen con los estándares exigidos en materia de derechos humanos, democracia e imperio de la ley.

c) En la fase de desarrollo del sistema deberán

— establecerse rigurosos procesos de documentación y registro para asegurar la transparencia y trazabilidad de aquel;

— implementarse procesos adecuados de prueba y validación del sistema, y mecanismos de gobernanza de los datos;

— evaluarse los riesgos potenciales de acceso o trato desigual, los posibles sesgos y el impacto sobre la igualdad de género.

d) En la fase de utilización del sistema deberá contemplarse

— la evaluación, adaptación y mantenimiento de los mecanismos de gestión y mitigación de riesgos establecidos en las fases previas;

— en función de la naturaleza del riesgo, la implicación humana para asegurar la adecuada supervisión del sistema;

— en los casos en los que se considere adecuado, la realización inicial y regular de auditorías por un agente independiente y la publicación de sus resultados;

— la creación de registros públicos en los que se inscriban los sistemas empleados en el sector público, conteniendo información sobre el propio sistema, su finalidad, actores implicados en su desarrollo y utilización, métricas de rendimiento y el resultado de la evaluación de impacto sobre los derechos humanos, la democracia y el imperio de la ley;

— las exigencias de transparencia y comunicación hacia los usuarios y ciudadanos;

— las posibilidades de acceso a mecanismos de exigencia de responsabilidad y de reparación de daños individuales y colectivos;

— el reconocimiento del derecho a ser informado de que se está interactuando con un sistema de inteligencia artificial y del derecho a interactuar con un ser humano antes que solamente con un sistema, si bien cabe establecer excepciones legales a ambos derechos cuando sea necesario y proporcionado en una sociedad democrática.

II. EN EL ÁMBITO DE LA UNIÓN EUROPEA

1. El impacto de la inteligencia artificial en el Derecho de la Unión Europea

Como es lógico, los actores implicados en el desarrollo, despliegue y utilización de la inteligencia artificial están sujetos a la legislación europea general relativa a la protección de los derechos fundamentales (protección de datos personales, privacidad y no discriminación, básicamente), la protección de los consumidores, la seguridad de los productos y el régimen de responsabilidad civil. Pero, al igual de lo que sucedía en relación a los instrumentos jurídicos vinculantes del Consejo de Europa, este marco normativo resulta claramente insuficiente para abordar los riesgos derivados de la inteligencia artificial.

Ya expusimos brevemente al abordar el marco normativo del Consejo de Europa algunos de los potenciales impactos negativos de esta tecnología sobre diversos derechos fundamentales. Impactos que, hasta ahora, también en el ámbito de la Unión Europea han sido abordados principalmente desde el punto de vista de la protección de la privacidad y del tratamiento de los datos personales. En este sentido, sin duda, el *Reglamento General de Protección de Datos (RGPD)*[74] significó un avance fundamental en esta materia, constituyéndose hasta ahora en el principal instrumento de protección del individuo frente a potenciales abusos en el desarrollo de los sistemas de inteligencia artificial basados en el procesamiento de datos (*data driven*). Y más recientemente, en el marco de la *Estrategia Europea de Datos*[75], se ha aprobado el *Reglamento de Gobernanza de Datos*, que ha de resultar un elemento esencial para la construcción de un espacio común europeo de datos abiertos y reutilizables que, garantizando el respeto de los derechos individuales, facilite el rápido desarrollo de sistemas de inteligencia artificial fiables y de calidad[76].

En el *RGPD* se abordaron por primera vez de manera específica cuestiones tan relevantes en el ámbito de la inteligencia artificial como la elaboración de perfiles[77] y la toma automatizada de decisiones. En este sentido

---

74 *Reglamento (UE) 2016/679 del Parlamento Europeo y del Consejo, de 27 de abril de 2016, relativo a la protección de las personas físicas en lo que respecta al tratamiento de datos personales y a la libre circulación de estos datos y por el que se deroga la Directiva 95/46/CE (Reglamento general de protección de datos).*

75 *Comunicación de la Comisión al Parlamento Europeo, al Consejo, al Comité Económico y Social Europeo y al Comité de las Regiones "Una Estrategia Europea de Datos"*, COM(2020) 66 final, 19 de febrero de 2020.

76 *Reglamento (UE) 2022/868 del Parlamento Europeo y del Consejo, de 30 de mayo de 2022, relativo a la gobernanza europea de datos y por el que se modifica el Reglamento (UE) 2018/1724 (Reglamento de Gobernanza de Datos).* En relación a esta materia cabe reseñar también la *Directiva (UE) 2019/1024 del Parlamento Europeo y del Consejo, de 20 de junio de 2019, relativa a los datos abiertos y la reutilización de la información del sector público.*

77 Por «elaboración de perfiles», a estos efectos, debe entenderse toda forma de tratamiento automatizado de los datos personales consistente en utilizarlos para evaluar aspectos personales relativos a una persona física, en particular para analizar o predecir aspectos relacionados con el rendimiento en el trabajo, la situación económica, la salud, las preferencias o intereses personales, la fiabilidad o el com-

es ineludible subrayar la relevancia del artículo 22, que establece, como principio general, el derecho de todo interesado a no ser objeto de una decisión automatizada que produzca efectos jurídicos en él o le afecte significativamente de modo similar, entendiendo por decisión automatizada aquella que es el resultado únicamente de un tratamiento automatizado de la información sin que se produzca una intervención humana significativa. Esta "intervención humana significativa" implica la supervisión del sistema automático por parte de una persona que tenga la autoridad y la competencia para cambiar la decisión emitida por aquel[78].

Sin embargo, la operatividad de este principio general de prohibición de las decisiones automatizadas se ve muy limitada por las excepciones sumamente amplias que reconoce el propio artículo 22. La prohibición no se aplicará si la decisión es necesaria para la ejecución de un contrato, si se basa en el consentimiento explícito del interesado o si está autorizada por el Derecho de la Unión o del Estado miembro y se establecen garantías adecuadas para salvaguardar los derechos y libertades y los intereses legítimos del interesado. En todo caso, según la Razón 71 del Reglamento, entre estas garantías se deben incluir la información específica al interesado y el derecho a obtener intervención humana, a expresar su punto de vista, a recibir una explicación de la decisión tomada después de la evaluación de los aspectos personales y a impugnar la decisión. Además, en caso de estar sujeto a una decisión automatizada, incluida la elaboración de perfiles, el artículo 15 del Reglamento reconoce al individuo el derecho a recibir información significativa sobre la lógica aplicada por el sistema y sus consecuencias, lo que ha generado un intenso debate académico acerca de si ello supone o no el reconocimiento de un «derecho a explicación»[79], y, en

---

portamiento, la situación o los movimientos del interesado, en la medida en que produzca efectos jurídicos en él o le afecte significativamente de modo similar.

78 Cfr. GRUPO DE TRABAJO SOBRE PROTECCIÓN DE DATOS, *Directrices sobre decisiones individuales automatizadas y elaboración de perfiles a los efectos del Reglamento 2016/679*, 6 de febrero de 2018, pág. 21.

79 Cfr., en relación a este debate, GOODMAN, B. y FLAXMAN, S., "European Union regulations on algorithmic decision-making and a right to explanation", *ICML Workshop on Human Interpretability in Machine Learning*, 2016 (https://arxiv.org/pdf/1606.08813.pdf); WACHTER, S., MITTELSTADT, B. y FLORIDI, L., "Why a right to explanation of automated decision-making does not exist in the General Data Protection Regulation", *International Data Privacy Law*, vol. 7, nº 2, 2017, págs. 76-99; DOSHI-VELEZ, F. y KORTZ, M., *Accountability of AI under the Law: the role of explanation*, Berkman Klein Center Working Group on Explanation and the Law — Berkman Klein Center for Internet & Society working paper, 2017; MALGIERI, G. y COMANDÉ, G., "Why a right to legibility of automated decision-making exists

caso afirmativo, acerca de su posible alcance[80], aspectos esenciales que no se hallan suficientemente claros en el régimen jurídico actual.

Especial relevancia tiene el tratamiento de estas cuestiones en relación al creciente empleo de sistemas de inteligencia artificial en el ámbito de la justicia penal, que vienen reguladas específicamente por la *Directiva 2016/680* sobre tratamiento de datos personales con fines de prevención, investigación, detección o enjuiciamiento de infracciones penales. En su artículo 11 se establece la prohibición de las decisiones basadas únicamente en un tratamiento automatizado de los datos, incluida la elaboración de perfiles, que produzcan efectos jurídicos adversos para el interesado o le afecten significativamente, salvo que estén autorizadas por el Derecho de la Unión o del Estado miembro y que se establezcan medidas adecuadas para salvaguardar los derechos y libertades del interesado. Medidas entre las que se ha de incluir la de informar de forma específica al interesado, así como el derecho a la intervención humana, en particular para que el interesado pueda expresar su punto de vista, obtener una explicación de la decisión adoptada o ejercer su derecho a impugnar la decisión. Y, en todo caso, queda prohibida la elaboración de perfiles que dé lugar a una discriminación de las personas físicas basándose en las categorías especiales de datos personales que, por su naturaleza, son especialmente sensibles en relación con los derechos y las libertades fundamentales, con arreglo a las condiciones previstas en los artículos 21 y 52 de la Carta[81].

---

in the General Data Protection Regulation", *International Data Privacy Law*, vol. 7, nº 4, 2017, págs. 243-265; EDWARDS, L. y VEALE, M., "Enslaving the algorithm: from a "right to explanation" to a "right to better decisions"? *IEEE Security & Privacy*, vol. 16, nº 3, 2018, págs. 46-54; BRKAN, M., "Do algorithms rule the world? Algorithmic decision-making and data protection in the framework of the DGPR and beyond", *International Journal of Law and Information Technology*, vol. 27, nº 2, 2019, págs. 91-121; y KAMINSKI, M., "The Right to Explanation, Explained", *Berkeley Technology Law Journal*, vol. 34, 2019, págs. 189-218; entre otros.

80 La razón 63 del Reglamento, después de reafirmar el derecho del interesado a conocer la lógica del sistema y las consecuencias derivadas de la elaboración de perfiles, señala que el mismo "no debe afectar negativamente a los derechos y libertades de terceros, incluidos los secretos comerciales o la propiedad intelectual y, en particular, los derechos de propiedad intelectual que protegen programas informáticos".

81 Cfr. par. 38 y artículo 11 de la *Directiva (UE) 2016/680 del Parlamento Europeo y del Consejo, de 27 de abril de 2016, relativa a la protección de las personas físicas en lo que respecta al tratamiento de datos personales por parte de las autoridades competentes para fines de prevención, investigación, detección o enjuiciamiento de infracciones penales o de ejecución de sanciones penales, y a la libre circulación de dichos datos y por la que se deroga*

Otros sectores muy relevantes del Derecho comunitario en los que el desarrollo y despliegue de la inteligencia artificial está planteando desafíos sustanciales son los relativos al régimen de responsabilidad civil y a la protección de los derechos de los consumidores. Las aplicaciones de inteligencia artificial generan nuevos riesgos de seguridad para consumidores y usuarios a medida que van siendo integradas en un creciente abanico de bienes y productos, como, sucede, por ejemplo, en el caso de los accidentes causados por un vehículo autónomo o semiautónomo como consecuencia de un defecto en la tecnología de reconocimiento de objetos o en otras tecnologías de asistencia a la conducción[82]. La ausencia de disposiciones normativas claras para hacer frente a estos riesgos puede provocar una situación de inseguridad jurídica que reduzca los niveles globales de seguridad y obstaculice el desarrollo y la comercialización de bienes y servicios, menoscabando seriamente la competitividad de las empresas europeas en un área vital para el desarrollo socioeconómico.

Por otra parte, la legislación general de la Unión en materia de seguridad resulta aplicable solo a los productos y no a los servicios, por lo que, *a priori*, no se aplicaría a los sistemas de inteligencia artificial que no se integran en un producto final —salvo en aquellos sectores que cuentan con normas explícitas— ni a los cada vez más frecuentes servicios basados en aplicaciones de inteligencia artificial —servicios sanitarios, financieros, legales, etc.—[83]. Pero, aun limitándonos al ámbito de la seguridad de los productos que integran aplicaciones de inteligencia artificial, en el caso de que los riesgos de seguridad lleguen a materializarse, las propias características de los sistemas basados en *machine learning* —y muy especialmente aquellos que emplean redes neuronales de aprendizaje profundo— y la au-

---

la Decisión Marco 2008/977/JAI del Consejo, art. 11. Estas categorías especiales, recogidas en el artículo 10, se refieren a los datos personales que revelen el origen étnico o racial, las opiniones políticas, las convicciones religiosas o filosóficas, o la afiliación sindical, así como a los datos genéticos, los datos biométricos dirigidos a identificar de manera unívoca a una persona física, y los datos relativos a la salud, a la vida sexual o a las orientaciones sexuales de una persona física.

82 Cfr. COMISIÓN EUROPEA, *Informe sobre las repercusiones en materia de seguridad y responsabilidad civil de la inteligencia artificial, el internet de las cosas y la robótica*, COM(2020) 64 final, 19 de febrero de 2020.

83 Además, esta legislación se centra en los riesgos de seguridad en el momento de la comercialización del producto, por lo que no aborda adecuadamente la problemática derivada del surgimiento de nuevos riesgos como consecuencia de la modificación del funcionamiento del producto a causa de las modificaciones de los programas informáticos o del propio aprendizaje automático de los sistemas de inteligencia artificial integrados en el mismo.

sencia de un marco normativo específico pueden complicar enormemente, e incluso imposibilitar, operaciones como la trazabilidad de las decisiones u operaciones potencialmente problemáticas, la determinación del nexo de causalidad con el daño o la imputación de responsabilidades entre los distintos agentes participantes en la cadena de desarrollo del sistema de inteligencia artificial y de suministro del producto en el que se integra, lo que dificulta que las personas afectadas puedan recibir una compensación con arreglo al actual régimen de responsabilidad civil extracontractual[84].

Otro ámbito en el que la aplicación de la inteligencia artificial y el *big data* está generando distorsiones e impactos significativos difíciles de abordar desde el actual régimen de protección de los consumidores y usuarios es el relacionado con el auge del comercio electrónico, que está alterando significativamente la dinámica clásica de la contratación de bienes y servicios. En un contexto en el que los datos del consumidor se han convertido en la materia prima más preciada para las empresas de todo tipo, uno de los principales peligros a los que actualmente se enfrenta aquel es la creciente práctica comercial de automatización de la toma de ciertas decisiones en el proceso de contratación a partir del análisis de su huella digital. La incidencia de estas tecnologías se hace patente, desde la etapa pre-contractual, en la forma de presentación de los bienes y servicios, en tanto aquellas han posibilitado el tránsito desde las tradicionales campañas promocionales impersonales a una publicidad predictiva o comportamental mucho más eficaz, que apela directamente a los intereses, gustos, preferencias y necesidades particulares de cada consumidor para orientar su comportamiento. Además, el precio del producto o servicio a pagar por cada consumidor puede ser automáticamente determinado y customizado en función de los datos recabados por el sistema —concurrencia de determinadas circunstancias personales y familiares, interés del consumidor en el producto y disposición a pagar más por él, análisis de su capacidad adquisitiva…—, con el problema añadido de que el contratante no tiene información alguna sobre el precio que otros consumidores están pagando por el mismo producto, lo que comporta serios riesgos de discriminación. Otros riesgos que plantea la utilización de algoritmos en la definición de la oferta contractual es que estos, al conocer y comparar las diferentes ofertas de productos y servicios idénticos o alternativos, procedan a un progresivo

---

84 Para afrontar las lagunas en esta materia, en estos momentos ya hay sobre la mesa una Propuesta de *Directiva del Parlamento Europeo y del Consejo relativa a la adaptación de las normas de responsabilidad civil extracontractual a la inteligencia artificial (Directiva sobre responsabilidad en materia de IA)*, COM(2022) 496 final, 28 de septiembre de 2022.

ajuste al alza de las distintas ofertas para optimizar los beneficios empresariales o que provoquen abusos de posición de dominio aprovechándose de la situación de superioridad que su operador económico ostenta en el mercado, lo que incide no solo sobre la normativa de protección de los consumidores sino también sobre la regulación de la competencia desleal[85].

Otro aspecto del comercio electrónico que plantea retos regulatorios es la creciente importancia del consumo colaborativo a través de plataformas digitales de intermediación, un fenómeno que pone incluso en cuestión la distinción básica entre productor y consumidor[86]. El problema viene generado porque la normativa europea actual sobre servicios de intermediación en línea solo se aplica a las transacciones entre proveedores profesionales y consumidores (B2C), dejando de lado aquellas en las que el consumidor se relaciona contractualmente con un proveedor no profesional (prosumidor), como sucede en estas plataformas, en las que el consumidor puede ser no solo adquirente sino también proveedor de un recurso (C2C)[87].

A la vista de estos déficits sustanciales en diversos ámbitos, la Comisión Europea concluyó que, además de las necesarias adaptaciones de las legislaciones sectoriales vigentes, se requería el desarrollo de un marco regulador específico en materia de inteligencia artificial a fin de adaptar la actual normativa de la Unión a la evolución tecnológica y comercial actual y futura. Tras el análisis de las diversas opciones existentes para el diseño de esta regulación específica, así como la determinación de su enfoque y del grado de intervención apropiado, la Comisión finalmente se ha decantado por la configuración de un marco jurídico flexible y proporcionado mediante la combinación de instrumentos vinculantes y no vinculantes.

La pieza central de dicho marco viene constituida por el recientemente aprobado Reglamento de Inteligencia Artificial: un instrumento jurídico vinculante, de carácter horizontal o transversal, fundado en un enfoque

---

85 Cfr. ÁLVAREZ RUBIO, J., "Respuestas jurídicas a la personalización de ofertas mediante tratamientos automatizados de datos", en SOLAR CAYÓN, J. I. y SÁNCHEZ MARTÍNEZ, M. O. (dirs.), *El impacto de la inteligencia artificial en la teoría y la práctica jurídica*, La Ley (Wolters Kluwer), 2022, págs. 43-93.

86 Cfr. TOMILLO URBINA, J., "La responsabilidad por la prestación de servicios a través de plataformas de intermediación *on line*", en SOLAR CAYÓN, J. I., (ed.), *Dimensiones éticas y jurídicas de la inteligencia artificial en el marco del Estado de Derecho*, Colección "Cuadernos de la Cátedra de Democracia y Derechos Humanos de la Universidad de Alcalá y el Defensor del Pueblo", UAH, 2020, págs. 333-364.

87 Dicha normativa viene constituida por el *Reglamento (UE) 2019/1150 del Parlamento Europeo y del Consejo, de 20 de junio de 2019, sobre el fomento de la equidad y la transparencia para los usuarios profesionales de servicios de intermediación en línea.*

basado en los riesgos y que se centra fundamentalmente en los sistemas de inteligencia artificial considerados de alto riesgo, así como en los recientes modelos de uso general[88]. Instrumento que será complementado con unos códigos de conducta que pueden ser asumidos voluntariamente por los proveedores de sistemas de inteligencia artificial que no sean de alto riesgo.

2. *Hacia un marco jurídico general regulador de la inteligencia artificial: el Reglamento de Inteligencia Artificial*

La iniciativa legislativa que la Comisión emprendió en abril de 2021 y que ha culminado con la aprobación del mencionado Reglamento de Inteligencia Artificial se insertaba en el marco de la «Estrategia sobre Inteligencia Artificial de la Unión Europea», publicada en abril de 2018 y dirigida a promover el liderazgo de Europa en la promoción del desarrollo de una inteligencia artificial centrada en el ser humano, sostenible, segura, inclusiva y fiable. A tal efecto, dicha estrategia persigue el triple objetivo de potenciar la capacidad tecnológica e industrial de la Unión Europea e impulsar la adopción de la inteligencia artificial en todos los ámbitos de la economía, prepararse para las transformaciones socioeconómicas derivadas de este desarrollo tecnológico y, finalmente, garantizar el establecimiento de un marco ético y jurídico basado en los valores de la Unión y en consonancia con la *Carta de los Derechos Fundamentales de la Unión Europea*[89].

Al objeto de concretar e implementar dicha estrategia, en diciembre de ese mismo año la Comisión presentó un *Plan Coordinado*, elaborado con los Estados miembros, que propone cerca de setenta acciones en áreas como la investigación, la introducción en el mercado, la formación de talento y la cooperación internacional para crear sinergias, reunir datos y movilizar a todos los agentes para incrementar las inversiones públicas y privadas en esta materia hasta un mínimo de 20.000 millones de euros anuales a lo largo de la presente década[90]. Posteriormente, el 19 de febrero de 2020, pu-

---

88 *Regulation (EU) 2024/1689 of the European Parliament and of the Council of 13 June 2024 laying down harmonised rules on artificial intelligence and amending Regulations (EC) No 300/2008, (EU) No 167/2013, (EU) No 168/2013, (EU) 2018/858, (EU) 2018/1139 and (EU) 2019/2144 and Directives 2014/90/EU, (EU) 2016/797 and (EU) 2020/1828 (Artificial Intelligence Act).*

89 Cfr. *Comunicación de la Comisión al Parlamento Europeo, al Consejo Europeo, al Consejo, al Comité Económico y Social Europeo y al Comité de las Regiones "Inteligencia artificial para Europa"*, COM(2018) 237 final, 25 de abril de 2018.

90 *Comunicación de la Comisión al Parlamento Europeo, al Consejo Europeo, al Consejo, al Comité Económico y Social Europeo y al Comité de las Regiones "Plan coordinado sobre la*

blicó el *Libro Blanco sobre la inteligencia artificial — un enfoque europeo orientado a la excelencia y la confianza*, en el que se formulan alternativas políticas para, por un lado, promover el desarrollo de la inteligencia artificial mediante la generación de un ecosistema de excelencia a lo largo de toda la cadena de valor, creando los incentivos apropiados para acelerar la adopción de soluciones basadas en esta tecnología, y, por otro, abordar los riesgos vinculados a determinados usos de la inteligencia artificial mediante la generación de un ecosistema de confianza a través de la adopción de un marco jurídico que promueva un desarrollo tecnológico seguro y fiable.

Los trabajos preparatorios para la elaboración de este marco jurídico comenzaron con la creación de un grupo independiente de expertos de alto nivel que en abril de 2019 publicó unas directrices éticas para el desarrollo de una inteligencia artificial fiable. Estas directrices vinieron a establecer siete requisitos esenciales a cumplir por los sistemas de inteligencia artificial para poder ser considerados fiables, y cuya concreción e implementación deberá resultar proporcionada al contexto específico de aplicación del sistema: intervención y supervisión humanas; solidez y seguridad técnicas; privacidad y gestión de datos; transparencia; diversidad, no discriminación y equidad; bienestar social y medioambiental; y rendición de cuentas[91]. Requisitos que fueron asumidos por la Comisión una vez revisados a la luz de las más de quinientas aportaciones presentadas por los diversos grupos de interés[92]. Sobre la base de estos principios éticos, y respondiendo a las reiteradas llamadas del Parlamento y del Consejo en pro de la acción legislativa, el 21 de abril de 2021 la Comisión hizo pública su propuesta de Reglamento de Inteligencia Artificial, orientada a garantizar el buen funcionamiento de un mercado único mediante el establecimien-

---

inteligencia artificial", COM(2018) 795 final, 7 de diciembre de 2018. Este plan ha sido revisado en 2021 en un documento anexo a la *Comunicación de la Comisión al Parlamento Europeo, al Consejo Europeo, al Consejo, al Comité Económico y Social Europeo y al Comité de las Regiones "Fomentar un planteamiento europeo en materia de inteligencia artificial"*, COM(2021) 205 final, 21 de abril de 2021.

91 GRUPO DE EXPERTOS DE ALTO NIVEL SOBRE INTELIGENCIA ARTIFICIAL, *Directrices éticas para una IA fiable*, 8 de abril de 2019. Posteriormente, en julio de 2020 este mismo grupo de expertos publicó *The assessment list for trustworthy artificial intelligence (ALTAI) for self-assessment*, que constituye una herramienta práctica para la autoevaluación del cumplimiento de dichos requisitos por parte de los agentes implicados en el desarrollo de los sistemas.

92 *Comunicación de la Comisión al Parlamento Europeo, al Consejo, al Comité Económico y Social Europeo y al Comité de las Regiones "Generar confianza en la inteligencia artificial centrada en el ser humano"*, COM(2019) 168 final, 8 de abril de 2019.

to de un marco jurídico uniforme que promueva las condiciones necesarias para el desarrollo, comercialización y uso de una inteligencia artificial segura y fiable. En el texto definitivamente aprobado se afirma que su objetivo es "mejorar el funcionamiento del mercado interior y promover la adopción de una inteligencia artificial centrada en el ser humano y fiable, garantizando al mismo tiempo un elevado nivel de protección de la salud, la seguridad y los derechos fundamentales consagrados en la Carta de los Derechos Fundamentales, en particular la democracia, el imperio de la ley y la protección del medio ambiente, frente a los efectos perjudiciales de los sistemas de inteligencia artificial en la Unión, así como brindar apoyo a la innovación" (art. 1).

En aras de la configuración de una regulación segura, pero flexible, que no imponga restricciones innecesarias al desarrollo y comercio de las aplicaciones basadas en inteligencia artificial, el Reglamento adopta un enfoque basado en el riesgo, de manera que la intervención legal resulte en cada caso proporcionada a la gravedad y el alcance de los potenciales riesgos generados por el funcionamiento del sistema en el marco de su contexto específico de aplicación. Además, el texto contiene una serie de definiciones, cláusulas y mecanismos que intentan que la regulación pueda ser dinámicamente adaptada a la rápida evolución tecnológica y al surgimiento de nuevas situaciones. Así se trasluce, por ejemplo, en aspectos centrales de su contenido, como la propia definición de «sistema de inteligencia artificial» de un modo funcional y lo más tecnológicamente neutro posible o la potestad que se otorga a la Comisión para adoptar actos delegados al objeto de modificar la relación de sistemas de alto riesgo utilizados en determinados ámbitos predefinidos (Anexo III), de evaluar *ex post* determinados aspectos de la regulación o de actualizar referencias técnicas. Y, sobre todo, en el mandato que obliga a la Comisión a evaluar y revisar el Reglamento antes de que se cumplan cinco años de su entrada en vigor, y posteriormente cada cuatro años, e informar al Parlamento Europeo y al Consejo.

En relación al concepto de «sistema de inteligencia artificial», que es una de las cuestiones que ha dado lugar a mayores discusiones a lo largo del complejo proceso de tramitación del proyecto legislativo, el Reglamento lo define —en la misma línea que el Consejo de Europa en el Convenio Marco sobre inteligencia artificial ya analizado— como "un sistema basado en una máquina que es diseñado para funcionar con distintos niveles de autonomía y que puede mostrar capacidad de adaptación tras el despliegue, y que, para objetivos explícitos o implícitos, infiere de la información de entrada que recibe cómo generar informaciones de salida, tales como predicciones, contenidos, recomendaciones o decisiones, que pueden influir en entornos reales o virtuales" (art. 3.1). Definición que varía sustancialmente con respecto a la contenida en la propuesta legislativa inicial de la Comisión[93], incidiendo de manera directa dicho cambio en el alcance de la norma.

En este sentido, se subraya como característica esencial de los sistemas de inteligencia artificial que quedan sujetos a la nueva regulación su «capacidad de inferencia», esto es, su capacidad para generar, a partir de la información de entrada o de los datos, modelos o algoritmos que produzcan información de salida no predeterminada por la programación. La capacidad de inferencia trasciende el mero tratamiento o procesamiento de datos y permite el aprendizaje o la modelización por parte del propio sistema. A efectos del Reglamento, pues, solo tienen la consideración de sistemas de inteligencia artificial aquellos que poseen —en mayor o menor grado— cierta autonomía, por lo que quedan excluidos de su ámbito de aplicación aquellos diseñados conforme a metodologías de programación más tradicionales, basadas exclusivamente en la ejecución de reglas predeterminadas y definidas exclusivamente por personas, al estilo de los sistemas expertos de los años ochenta y noventa del siglo pasado (Considerando 12). Las técnicas que actualmente permiten construir sistemas

---

93 La Propuesta de la Comisión definía «sistema de inteligencia artificial» por referencia a la utilización de una serie de técnicas y estrategias metodológicas que se recogían en un Anexo: a) estrategias de aprendizaje automático, incluidos el aprendizaje supervisado, el no supervisado y el realizado por refuerzo, que emplean una amplia variedad de métodos, entre ellos el aprendizaje profundo; b) estrategias basadas en la lógica y el conocimiento, especialmente la representación del conocimiento, la programación (lógica) inductiva, las bases de conocimiento, los motores de inferencia y deducción, los sistemas expertos y de razonamiento (simbólico); y c) estrategias estadísticas, estimación bayesiana, métodos de búsqueda y optimización. Sin variar el enfoque, en el texto transaccional de la Orientación general del Consejo, de noviembre de 2022, esta definición era objeto de una enmienda que restringía su alcance a los sistemas desarrollados a través de estrategias de aprendizaje automático y estrategias basadas en la lógica y el conocimiento, con el fin de distinguirlos de otros sistemas de software más clásicos. Y, posteriormente, el Parlamento, en su posición adoptada en junio de 2023, optó por establecer una definición funcional y tecnológicamente neutra, al objeto de alinearla con la acordada por la OCDE en la *Recommendation of the Council on Artificial Intelligence*, de 22 de mayo de 2019. Cfr. EUROPEAN PARLIAMENT, *Artificial Intelligence Act. Amendments adopted by the European Parliament on 14 June 2023*, Amendment 165. Posición esta última que es la que ha quedado reflejada en el texto definitivo.

de inteligencia artificial con esta capacidad de inferencia incluyen tanto estrategias de aprendizaje automático que aprenden de los datos cómo alcanzar determinados objetivos como estrategias basadas en la lógica y el conocimiento que infieren a partir de conocimientos codificados o de una representación simbólica de la tarea a llevar a cabo.

El Reglamento establece una clasificación de las aplicaciones de inteligencia artificial con arreglo a los siguientes niveles de riesgo:

1. Estará prohibida la introducción en el mercado, puesta en servicio o uso de los sistemas de inteligencia artificial utilizados para llevar a cabo prácticas de manipulación, explotación y control social, por vulnerar los valores de respeto de la dignidad humana, libertad, igualdad, democracia y Estado de Derecho y de los derechos fundamentales reconocidos por la Unión. Entre estas aplicaciones se recogen explícitamente los siguientes tipos de sistemas (art. 5.1):

a) Sistemas que se sirvan de técnicas subliminales o de técnicas deliberadamente manipuladoras o engañosas con el objetivo o el efecto de alterar el comportamiento de una persona o grupo de personas, mermando apreciablemente su capacidad para tomar una decisión informada y haciendo que una persona tome una decisión que de otro modo no habría tomado, de modo que provoque, o sea probable que provoque, perjuicios considerables a esa persona o a otras.

b) Sistemas que aprovechen las vulnerabilidades de una persona o de un grupo específico de personas derivadas de su edad, discapacidad o de una situación social o económica específica, con el objetivo o el efecto de alterar su comportamiento, de manera que provoquen o sea razonablemente probable que provoquen perjuicios considerables a esa persona o a otras.

c) Sistemas utilizados con el fin de evaluar o clasificar a personas físicas o a grupos de personas atendiendo a su comportamiento social o a características personales o de su personalidad conocidas, inferidas o predichas, de manera que la puntuación o clasificación social resultante provoque un trato perjudicial o desfavorable hacia determinadas personas o grupos de personas en contextos sociales que no guarden relación con aquellos donde se generaron o recabaron los datos originalmente, o un trato perjudicial o desfavorable que sea injustificado o desproporcionado con respecto a su comportamiento social o la gravedad de este.

d) Sistemas utilizados para realizar evaluaciones de riesgos de personas físicas con el fin de evaluar o predecir la probabilidad de que una persona física cometa una infracción penal basándose únicamente en la elaboración del perfil de una persona física o en la evaluación de los rasgos y características de su personalidad. Esta prohibición no se aplicará, sin embargo, a los sistemas utilizados para apoyar la evaluación humana de la implicación de una persona en una actividad delictiva que ya se base en hechos objetivos y verificables directamente relacionados con una actividad delictiva.

e) Sistemas que creen o expandan bases de datos de reconocimiento facial mediante la extracción indiscriminada de imágenes faciales de internet o de circuitos cerrados de televisión.

f) Sistemas para inferir las emociones de una persona física en los lugares de trabajo y en los centros educativos, excepto cuando el sistema esté destinado a ser instalado o introducido en el mercado por motivos médicos o de seguridad.

g) Sistemas de categorización biométrica que clasifiquen individualmente a las personas físicas sobre la base de sus datos biométricos para deducir o inferir su raza, opiniones políticas, afiliación sindical, convicciones religiosas o filosóficas, vida sexual u orientación sexual. Esta prohibición no abarca el etiquetado o filtrado de conjuntos de datos biométricos adquiridos legalmente, como imágenes, basado en datos biométricos ni la categorización de datos biométricos en el ámbito de la garantía del cumplimiento del Derecho[94].

h) Uso de sistemas de identificación biométrica remota en tiempo real en espacios de acceso público con fines de garantía del cumplimiento del Derecho, salvo que su uso sea estrictamente necesario para la búsqueda selectiva de posibles víctimas de determinados delitos —secuestro, trata o explotación sexual de seres humanos y búsqueda de personas desaparecidas—, para la prevención de una amenaza específica e inminente para la vida o la seguridad de las personas o de un atentado terrorista, o para la localización o identificación de

---

94 Por «garantía del cumplimiento del Derecho» (*law enforcement*), se entienden "las actividades realizadas por las autoridades garantes del cumplimiento del Derecho, o en su nombre, para la prevención, la investigación, la detección o el enjuiciamiento de delitos o la ejecución de sanciones penales, incluidas la protección frente a amenazas para la seguridad pública y la prevención de dichas amenazas" (art. 3).

una persona sospechosa de haber cometido alguno de los delitos recogidos en el Anexo II del Reglamento y que en el Estado miembro de que se trate se castigue con una pena o una medida de seguridad privativa de libertad cuya duración máxima sea de al menos cuatro años.

En cualquiera de estos supuestos excepcionales el uso del sistema estará supeditado a la concesión de una autorización previa por parte de una autoridad judicial o de una autoridad administrativa independiente, si bien en situaciones de urgencia debidamente justificadas podrá empezar a utilizarse el sistema sin autorización siempre que la misma se solicite sin demora, a más tardar en un plazo de 24 horas. Y, en todo caso, no podrá adoptarse ninguna decisión que produzca efectos jurídicos adversos para una persona exclusivamente sobre la base de la información de salida del sistema de identificación biométrica remota en tiempo real.

2. Sistemas de inteligencia artificial de alto riesgo, cuya utilización puede tener consecuencias perjudiciales significativas para la salud, la seguridad y los derechos fundamentales de las personas.

El riesgo significativo de daño debe ser identificado mediante una evaluación en la que habrán de tenerse en cuenta criterios como la finalidad prevista del sistema; la naturaleza y cantidad de los datos tratados; el grado de autonomía del sistema y la posibilidad de que un ser humano anule una decisión o recomendación que pueda originar un perjuicio; la medida en que su uso ya haya causado un perjuicio; el posible alcance del perjuicio, en particular en lo que respecta a su intensidad y su capacidad para afectar a un gran número de personas o afectar de manera desproporcionada a un grupo determinado de personas; la existencia de un desequilibrio de poder o de una posición de vulnerabilidad; la facilidad o dificultad para corregir o revertir el resultado generado; los beneficios del sistema; o la existencia de medidas de compensación efectivas y de medidas de prevención o reducción de los riesgos.

En cuanto a su determinación, en el Anexo III del Reglamento se establece un listado de sistemas de alto riesgo susceptibles de ser utilizados en los ocho ámbitos siguientes: biometría, en la medida en que su uso esté permitido por el Derecho de la Unión o nacional aplicable; gestión y funcionamiento de estructuras críticas; educación y formación profesional; empleo, gestión de los trabajadores y acceso al autoempleo; acceso a servicios privados esenciales y a servicios y prestaciones públicos esenciales y disfrute de estos servicios y prestaciones; garantía del cumplimiento del

Derecho, en la medida en que su uso esté permitido por el Derecho de la Unión o nacional aplicable; migración, asilo y gestión del control fronterizo, en la medida en que su uso esté permitido por el Derecho de la Unión o nacional aplicable; y administración de justicia y procesos democráticos. Listado que puede ser ampliado en cualquier momento por la Comisión para incluir otros sistemas destinados a utilizarse en cualquiera de dichos ámbitos que conlleven riesgos cuya probabilidad y gravedad sean equivalentes o superiores a los sistemas ya contemplados.

Por su conexión con el tema de este trabajo, recogemos a continuación exclusivamente los sistemas de inteligencia artificial que son considerados de alto riesgo en aquellos ámbitos más directamente relacionados con los procesos de aplicación del Derecho:

A. Biometría, en la medida en que su uso esté permitido por el Derecho de la Unión o nacional aplicable:

   a) Sistemas de identificación biométrica remota, con exclusión de aquellos destinados a ser utilizados con fines de verificación biométrica cuya única finalidad sea confirmar que una persona física concreta es la persona que afirma ser.

   b) Sistemas destinados a ser utilizados para la categorización biométrica en función de atributos o características sensibles o protegidos basada en la inferencia de dichos atributos o características.

   c) Sistemas destinados a ser utilizados para el reconocimiento de emociones.

B. Sistemas destinados a ser utilizados en garantía del cumplimiento del Derecho, en la medida en que su uso esté permitido por el Derecho de la Unión o nacional aplicable:

   a) Sistemas destinados a ser utilizados para evaluar el riesgo de que una persona física sea víctima de delitos.

   b) Sistemas destinados a ser utilizados como polígrafos o herramientas similares.

   c) Sistemas destinados a ser utilizados para evaluar la fiabilidad de las pruebas durante la investigación o el enjuiciamiento de delitos.

   d) Sistemas destinados a ser utilizados para evaluar el riesgo de que una persona física cometa un delito o reincida en la comisión de un delito atendiendo no solo a la elaboración de perfiles de personas físicas, o para evaluar rasgos y características de la personalidad o comportamientos delictivos pasados de personas físicas o colectivos.

e) Sistemas destinados a ser utilizados para elaborar perfiles de personas físicas durante la detección, la investigación o el enjuiciamiento de delitos.

C. Administración de Justicia y procesos democráticos:

a) Sistemas destinados a ser utilizados para ayudar a una autoridad judicial en la investigación e interpretación de los hechos y del Derecho, así como en la aplicación del Derecho a un conjunto concreto de hechos, o a ser utilizados por los organismos de resolución alternativa de litigios con esos fines cuando los resultados de los procedimientos de resolución alternativa de litigios surtan efectos jurídicos para las partes. No obstante, la calificación de «alto riesgo» no debe extenderse a aquellos sistemas destinados a actividades administrativas meramente accesorias que no afectan a la administración de justicia en casos concretos.

En cualquier caso, el Reglamento establece claramente que el uso de sistemas basados en inteligencia artificial puede apoyar el poder de decisión de los jueces o la independencia judicial, pero no debe sustituirlos, puesto que la toma de decisiones finales debe seguir siendo una actividad humana (Considerando 61)[95].

b) Sistemas destinados a ser utilizados para influir en el resultado de una elección o referéndum o en el comportamiento electoral de personas físicas que ejerzan su derecho de voto en elecciones o referendos.

---

[95] Además, el Considerando 93 establece que, cuando se emplee un sistema de alto riesgo de los recogidos en el Anexo III para tomar decisiones o ayudar en la toma de decisiones, el responsable del despliegue deberá informar a las personas afectadas de tal circunstancia. Esta información incluirá la finalidad prevista y el tipo de decisiones que se toman, al objeto de que aquellas puedan ejercer su derecho a obtener una explicación en los términos establecidos en el Reglamento. Explicación que, con arreglo al artículo 86.1, habrá de ser “clara y significativa” acerca del papel que el sistema ha tenido en el proceso de toma de la decisión y los principales elementos de la decisión adoptada.

De acuerdo con el régimen previsto en el Reglamento, antes de que cualquier sistema de alto riesgo pueda ser introducido en el mercado o puesto en servicio habrá de someterse a un procedimiento de «evaluación de la conformidad» mediante el cual habrá de demostrarse que cumple las siguientes exigencias en su diseño y desarrollo. Exigencias que deberán hacerse operativas a través de una serie de estándares técnicos armonizados:

a) Establecimiento de un sistema de gestión de riesgos, concebido como un proceso iterativo continuo que ha de ser planificado y ejecutado durante todo el ciclo de vida del sistema y que requiere revisiones y actualizaciones sistemáticas periódicas. Este proceso tiene por objeto detectar y mitigar los riesgos para la salud, la seguridad y los derechos fundamentales. Y constará de las siguientes etapas: identificación y análisis de los riesgos, evaluación de los riesgos y adopción de medidas adecuadas y específicas para hacer frente a los riesgos detectados.

b) Los conjuntos de datos de entrenamiento, validación y prueba del sistema deberán

— estar sujetos a prácticas adecuadas de gestión y gobernanza de datos,

— ser pertinentes, suficientemente representativos y, en la medida de lo posible, carecer de errores y estar completos,

— tener las propiedades estadísticas adecuadas en lo que respecta a los grupos de personas en relación a los que se pretenda utilizar el sistema, y

— tener en cuenta, en la medida requerida por su finalidad, las características o elementos particulares del contexto geográfico, contextual, conductual o funcional específico en el que se pretende utilizar el sistema.

Por otra parte, es importante reseñar que, a fin de evitar resultados discriminatorios, los proveedores de este tipo de sistemas deberán, con carácter excepcional, ser capaces de tratar también categorías especiales de datos personales, en la medida en que sea estrictamente necesario para garantizar la detección y corrección de sesgos, siempre que se observen determinadas salvaguardias para los derechos y libertades fundamentales.

c) Elaboración de documentación técnica que contenga la información necesaria para evaluar si el sistema cumple los requisitos exigidos y facilitar la vigilancia poscomercialización. Dicha información debe incluir las características generales, las capacidades y las limitaciones del sistema y los algoritmos, datos y procesos de entrenamiento, prueba y validación empleados, así como documentación sobre el sistema de gestión de riesgos pertinente.

d) Los sistemas permitirán técnicamente el registro automático de acontecimientos a lo largo de todo su ciclo de vida, particularmente en lo que respecta a la aparición de situaciones de riesgo.

e) Los sistemas se diseñarán y desarrollarán de un modo que garantice que funcionan con un nivel de transparencia suficiente para que los responsables del despliegue puedan interpretar y usar correctamente su información de salida. Además, sus instrucciones de uso incluirán información concisa, completa y comprensible sobre el proveedor, las características, capacidades y limitaciones del funcionamiento del sistema, los cambios en el sistema y su funcionamiento predeterminados por el proveedor, las medidas de supervisión humana, y la vida prevista útil del sistema y sus medidas de cuidado y mantenimiento.

f) Los sistemas se diseñarán y desarrollarán de tal modo que puedan ser vigilados de manera efectiva por personas físicas durante su funcionamiento. Las medidas de vigilancia serán proporcionales a los riesgos, al nivel de autonomía y al contexto de uso del sistema. Y habrán de permitir a las personas a quienes se encomiende la vigilancia:

— entender adecuadamente las capacidades y limitaciones del sistema y controlar su funcionamiento, de modo que puedan detectar y resolver anomalías, problemas de funcionamiento y comportamientos inesperados,

— ser conscientes de la posible tendencia a confiar automáticamente o en exceso en la información de salida generada por el sistema (sesgo de automatización),

— interpretar correctamente la información de salida del sistema,

— decidir, en cualquier situación concreta, no utilizar el sistema o desestimar, invalidar o revertir la información de salida generada por el sistema,

— intervenir en el funcionamiento del sistema o interrumpir el sistema.

Para los sistemas de identificación biométrica se establece, además, una exigencia de supervisión humana reforzada, de modo que el responsable del despliegue no pueda actuar ni tomar ninguna decisión basándose en la identificación generada por el sistema, salvo si al menos dos personas físicas la han verificado y confirmado por separado.

g) Los sistemas serán diseñados y desarrollados de modo que, a la luz de su finalidad prevista, alcancen un nivel adecuado de precisión, solidez y ciberseguridad, y funcionen de manera consistente en estos aspectos a lo largo de todo su ciclo de vida.

Los sistemas de alto riesgo deberán ser registrados en una base de datos de la Unión Europea. Y, una vez introducidos en el mercado o puestos en servicio, los proveedores establecerán y documentarán un sistema de monitorización que les permita tener en cuenta la experiencia de uso del sistema para mejorar su funcionamiento y los procesos de diseño y desarrollo, así como para adoptar las medidas correctoras necesarias en el momento oportuno. Dentro de este seguimiento también se exige a los proveedores que comuniquen a las autoridades pertinentes cualquier incidente grave o incumplimiento del Derecho interno y de la Unión que proteja los derechos fundamentales asociado al uso de sus sistemas.

El Reglamento también establece algunas obligaciones para el «responsable del despliegue» de los sistemas de alto riesgo, entendiéndose por tal toda persona física o jurídica, o autoridad pública, órgano u organismo que utilice el sistema bajo su propia autoridad, salvo cuando su uso se enmarque en una actividad personal de carácter no profesional[96]. Los responsables del despliegue adoptarán las medidas técnicas y organizativas adecuadas para garantizar la utilización del sistema con arreglo a las instrucciones de uso, y encomendarán la supervisión humana a personas físicas que tengan la competencia, formación y autoridad necesarias. En la medida en que tengan control sobre los datos de entrada del sistema, se asegurarán de que son pertinentes y suficientemente representativos para la finalidad prevista. Asimismo, vigilarán el funcionamiento del sistema con arreglo a las instrucciones de uso, de manera que cuando consideren que existe un riesgo para la salud, la seguridad o los derechos fundamentales de las personas informarán al

---

96 Ya el Parlamento europeo, en su posición de junio de 2023, había sustituido el término *user* (usuario) utilizado en la propuesta inicial de la Comisión por el de *deployer*, traducido en la versión castellana del Reglamento como "responsable del despliegue".

proveedor o distribuidor y a la autoridad de vigilancia del mercado e inmediatamente suspenderán su uso. También estarán obligados a conservar los archivos de registro generados automáticamente por el sistema.

De manera muy acertada, el Reglamento incide especialmente en el rol crucial de esta figura, puesto que es el agente que "debe estar en mejores condiciones para elegir correctamente el sistema que pretende utilizar a la luz de las obligaciones que le son aplicables, estar informado sobre los usos previstos y excluidos y utilizar el sistema de inteligencia artificial correctamente y según proceda" (Considerando 72). Aunque los riesgos relacionados con los sistemas de inteligencia artificial pueden derivarse de su diseño, también pueden venir motivados por el uso que se haga de ellos, de modo que el responsable del despliegue del sistema desempeña un papel fundamental a la hora de garantizar la protección de los derechos fundamentales de las personas afectadas por sus resultados. Es la persona que se encuentra en una posición óptima para comprender el uso concreto que se le dará al sistema y la que mejor puede, por tanto, detectar potenciales riesgos significativos que no se previeron en la fase de desarrollo, al tener un conocimiento más preciso del contexto de uso y de las personas o los grupos de personas que probablemente se vean afectados. Razones por las cuales se le impone el deber de determinar las estructuras de gobernanza apropiadas en ese contexto específico de uso, tales como los mecanismos de supervisión humana, los procedimientos de tramitación de reclamaciones y las vías de recurso. Además, el responsable del despliegue desempeña también un papel fundamental a la hora de informar a las personas afectadas. Cuando un sistema de alto riesgo tome decisiones o ayude a tomar decisiones relacionadas con personas físicas, aquel deberá informarlas de que son objeto de la utilización de un sistema de inteligencia artificial de alto riesgo, incluyendo la finalidad prevista y el tipo de decisiones que se toman, y de su derecho a obtener una explicación con arreglo lo dispuesto en el Reglamento (Considerandos 93 y 96).

Otro aspecto a destacar del Reglamento es el tratamiento específico que se otorga a los modelos fundacionales o de uso general, de reciente desarrollo, entre los que se hallan los modelos de inteligencia artificial generativa, como el notorio GPT. Se trata de modelos basados generalmente en redes neuronales de aprendizaje profundo y entrenados con una cantidad masiva de datos no etiquetados procedentes de múltiples fuentes que, a diferencia de los sistemas orientados hacia la realización de tareas específicas que hasta ahora han dominado el panorama de la inteligencia artificial, pueden ser empleados para la realización de un amplio rango de tareas, incluyendo algunas para las que no fueron desarrollados ni entrenados, mediante un proceso de ajuste conocido como *fine tuning* o afinación. Precisamente estas características funcionales, esto es, la generalidad y la capacidad de realizar de manera competente una amplia variedad de tareas diferenciadas, son tomadas por el Reglamento como las notas definitorias de este tipo de modelos[97]. Un modelo fundacional puede ser utilizado, modificado, perfeccionado o transformado para desarrollar un número potencialmente ilimitado de sistemas de inteligencia artificial con finalidad general o específicamente orientados a un uso determinado, aunque el Reglamento excluye de su ámbito de aplicación aquellos desarrollados y pre-entrenados para aplicaciones específicas que no pueden ser adaptados para la realización de un amplio rango de tareas.

Tras un intenso debate, finalmente, el Reglamento no ha incluido a estos modelos de uso general entre los sistemas de alto riesgo —los regula, de manera independiente, en el capítulo V—, pero somete a sus proveedores a una serie de obligaciones específicas, similares en algunos puntos a las de aquellos. Así, sus proveedores deberán elaborar y mantener actualizada la documentación técnica del modelo —incluida la información relativa al proceso de entrenamiento y realización de pruebas y los resultados de su evaluación— y ponerla a disposición de aquellos proveedores que tengan intención de integrar el modelo de uso general en sus sistemas de inteligencia artificial, establecerán directrices para cumplir la legislación de la Unión en materia de derechos de autor y derechos afines, y pondrán a disposición del público un resumen suficientemente detallado del contenido utilizado para el entrenamiento del modelo de inteligencia artificial de uso general (art. 53.1)[98].

Además, se imponen obligaciones adicionales a los proveedores de aquellos modelos de uso general que se considere que plantean riesgos

---

97 Y, aunque estas características podrían determinarse mediante diversos criterios, el Reglamento establece que "debe considerarse que los modelos que tengan al menos mil millones de parámetros y se hayan entrenado con un gran volumen de datos utilizando la autosupervisión a escala presentan un grado significativo de generalidad y realizan de manera competente una amplia variedad de tareas diferenciadas", entrando por tanto en esta categoría (Considerando 98).

98 No obstante, aquellos proveedores de modelos de uso general que se divulguen con arreglo a una licencia libre y de código abierto que permita el acceso, la utilización, la modificación y la distribución del modelo y cuyos parámetros, incluidos los pesos, la información sobre la arquitectura del modelo y la información sobre el uso del modelo, se pongan a disposición del público, quedan liberados de las obligaciones de elaborar la documentación técnica del modelo y ponerla a disposición de los proveedores que los integren en sus sistemas de inteligencia artificial. Excepciones que no se aplicarán a los modelos de uso general con riesgo sistémico (art. 53.2).

sistémicos. A estos efectos, se entiende por «riesgo sistémico» un riesgo específico de las capacidades de gran impacto de estos modelos, cuando tengan unas repercusiones considerables en el mercado de la Unión debido a su alcance o a los efectos negativos reales o razonablemente previsibles en la salud pública, la seguridad, la seguridad pública, los derechos fundamentales o la sociedad en su conjunto —funcionamiento de los procesos democráticos, seguridad pública y económica, difusión de contenidos ilícitos, falsos o discriminatorios—, y que puedan propagarse a gran escala a lo largo de toda la cadena de valor. Un modelo de uso general será clasificado como modelo con riesgo sistémico si tiene capacidades de gran impacto evaluadas a partir de herramientas y metodologías técnicas adecuadas, como indicadores y parámetros de referencia[99], o si la Comisión, a través de una decisión individual, determina que un modelo, aun no alcanzando el umbral de medida de gran impacto establecido, tiene capacidades o repercusiones equivalentes atendiendo a criterios como la calidad o el tamaño del conjunto de datos de entrenamiento, el número de usuarios profesionales y finales, las modalidades de su información de entrada y de salida, su grado de autonomía y escalabilidad o las herramientas a las que tiene acceso. Los proveedores de estos sistemas estarán sujetos a una serie de obligaciones específicas encaminadas a detectar y atenuar los riesgos sistémicos, a vigilar y comunicar los posibles incidentes, y a garantizar un nivel adecuado de protección en materia de ciberseguridad[100].

3. Ciertos sistemas destinados a interactuar con personas físicas o a generar contenidos estarán sujetos únicamente a obligaciones limitadas de transparencia en virtud de los riesgos específicos de suplantación o engaño que conllevan, con independencia de que cumplan o no las condiciones para ser considerados de alto riesgo (art. 50):

---

99 Se presumirá que un modelo tiene capacidades de gran impacto cuando la cantidad acumulada de cálculo utilizada para su entrenamiento, medida en «operaciones de coma flotante» (FLOP), sea superior a 10^25 (art. 51.2).

100 Para alcanzar esos objetivos se exige a los proveedores que lleven a cabo las evaluaciones necesarias de los modelos antes de introducirlos en el mercado, y que, por ejemplo, lleven a cabo y documenten pruebas de simulación de adversarios, también, según proceda, mediante pruebas externas independientes o pruebas internas. Además, deben evaluar y reducir continuamente los riesgos sistémicos, por ejemplo, mediante el establecimiento de políticas de gestión de riesgos, como procesos de rendición de cuentas y gobernanza, la puesta en práctica de la vigilancia poscomercialización, la adopción de medidas adecuadas durante todo el ciclo de vida del modelo y la cooperación con los agentes pertinentes a lo largo de la cadena de valor de la inteligencia artificial (Considerando 114).

a) Aquellos sistemas destinados a interactuar directamente con personas (asistentes virtuales, *chatbots*) serán diseñados y desarrollados de manera que aquellas personas sean informadas de que están interactuando con un sistema de inteligencia artificial, excepto cuando resulte evidente desde el punto de vista de una persona física razonablemente informada, atenta y perspicaz, teniendo en cuenta las circunstancias y el contexto de utilización.

Esta obligación no se aplicará a los sistemas autorizados por la ley para fines de detección, prevención, investigación o enjuiciamiento de delitos, salvo que estos sistemas estén a disposición del público para denunciar una infracción penal.

b) Los sistemas, incluidos los de uso general, que puedan generar contenidos sintéticos de audio, imagen, vídeo o texto difíciles de distinguir del contenido auténtico generado por seres humanos deberán integrar soluciones técnicas que permitan marcar, en un formato legible por máquina, y detectar que el contenido ha sido generado o manipulado por un sistema de inteligencia artificial. Además de dichas soluciones técnicas exigibles a los proveedores, los responsables del despliegue que utilicen un sistema de este tipo para generar o manipular un contenido de imagen, audio o vídeo que se asemeje notablemente a personas, objetos, lugares u otras entidades o sucesos existentes, y que pueda inducir erróneamente a una persona a pensar que son auténticos (ultrafalsificaciones), deberán hacer público que el contenido ha sido creado o manipulado de forma artificial etiquetando la información de salida del sistema.

c) Los responsables del despliegue de un sistema de reconocimiento de emociones o de un sistema de categorización biométrica que no se halle prohibido informarán del funcionamiento del sistema a las personas expuestas al mismo. Esta obligación no se aplicará a los sistemas utilizados para la categorización biométrica y el reconocimiento de emociones que hayan sido autorizados por la ley para fines de detección, prevención e investigación de delitos.

4. El resto de sistemas de inteligencia artificial quedan fuera del ámbito de aplicación del Reglamento y no están sujetos, por tanto, a ninguna obligación específica. No obstante, la regulación persigue alentar a los proveedores de sistemas que no son de alto riesgo a crear códigos de conducta, en los que se incluyan los correspondientes mecanismos de gobernanza, destinados a impulsar la aplicación voluntaria de la totalidad o parte de los

requisitos aplicables a los sistemas de alto riesgo, adaptándolos a la luz de la finalidad prevista y el menor riesgo planteado, y teniendo en cuenta las soluciones técnicas disponibles y las mejores prácticas del sector.

Este Reglamento será aplicable en su totalidad a partir del 2 de agosto de 2026, si bien, hasta llegar a dicho momento, se irán aplicando progresivamente diversas partes del mismo. Así, teniendo en cuenta el riesgo inaceptable asociado a las prácticas de uso prohibidas en el capítulo II, dichas prohibiciones deberán aplicarse ya a partir del 2 de febrero de 2025. Y, dado el elevado ritmo de adopción de modelos de inteligencia artificial de uso general, las obligaciones establecidas para los proveedores de los mismos (capítulo V) deberán aplicarse a partir del 2 de agosto de 2025.

Como reflexión final en relación específicamente a la aplicación de esta normativa al diseño y despliegue de la inteligencia artificial jurídica, debemos de entrada distinguir entre las aplicaciones utilizadas en el dominio de la abogacía y las empleadas por las autoridades públicas en los procesos de aplicación del Derecho. Las primeras quedarían al margen del Reglamento al no hallarse contempladas dentro de los sistemas de alto riesgo contenidos en el Anexo III, sin perjuicio de que algunas aplicaciones dirigidas a interactuar con personas, como los *chatbos* que prestan asesoramiento legal automatizado, puedan estar sujetos a la obligación de transparencia contenida en el artículo 50.1. Y, en cuanto a las utilizadas por las autoridades públicas, sí podemos encontrar dentro del listado de sistemas de alto riesgo contenido en el Anexo III una serie de sistemas susceptibles de ser utilizados en los procesos de aplicación del Derecho abordados en este trabajo. A este respecto, obviamente, pueden ser relevantes algunos de los sistemas mencionados dentro de los ámbitos de «biometría», «aplicación de la ley» y «Administración de Justicia», como ya se señaló. Pero también pueden serlo otros que, en diferentes ámbitos, pueden conducir a la adopción de decisiones administrativas que afecten significativamente a los derechos e intereses legítimos de las personas afectadas, como por ejemplo los utilizados para determinar el acceso a prestaciones y servicios públicos esenciales o la admisión a centros de educación. Todos ellos quedarían sujetos, pues, al régimen jurídico establecido en el Reglamento.

Dicho régimen refleja el núcleo esencial de una serie de exigencias éticas y técnicas que, en buena medida, se han ido forjando en el intenso debate doctrinal producido a lo largo de los últimos años al amparo de conceptos tales como los de "protección legal por diseño"[101], "regulación por diseño"[102] y otros similares encaminados a incorporar en la arquitectura de esas tecnologías jurídicas, en los algoritmos que las animan y en los datos de los que se alimentan los valores jurídicos adecuados para garantizar el debido respeto a los derechos individuales y a los principios fundamentales del Estado de Derecho. Se trata, en palabras de Paul Nemitz, Asesor Principal para la Transición Digital de la Dirección General de Justicia y Consumidores de la Comisión Europea, de promover "una nueva cultura de la tecnología y el desarrollo empresarial para la era de la inteligencia artificial que llamamos «imperio de la ley, democracia y derechos humanos por diseño»"[103]. Aspiración para cuyo logro resulta esencial la participación activa de los profesionales jurídicos, junto a los ingenieros de *software*, desde la fase inicial de diseño de los sistemas y durante todo su ciclo de vida. Solo de ese modo podremos estar seguros de que las herramientas de inteligencia artificial jurídica empleadas por las autoridades públicas en los procesos de interpretación y aplicación del Derecho son respetuosas con el ideal del imperio de la ley[104].

---

101 Cfr. HILDEBRANDT, M., "«Legal by design» or «legal protection by design»?", en IDEM, *Law for computer scientists and other folk*, Oxford University Press, 2020, págs. 251-280.

102 ALMADA, M., "Regulation by design and the governance of technological futures", *European Journal of Risk Regulation*, 2023, págs. 1-13.

103 NEMITZ, P., "Constitutional democracy and technology in the age of artificial intelligence", cit., pág. 2.

104 Cfr. BUCHHOLTZ, G., "Artificial Intelligence and Legal Tech: Challenges to the Rule of Law", en WISCHMEYER, T. y RADEMACHER, T. (eds.), *Regulating Artificial Intelligence*, Springer, Cham, 2020, pág. 195.

Inteligencia artificial en la creación del Derecho

I. ¿ALTERARÁ LA INTELIGENCIA ARTIFICIAL LA FORMA DE ARTICULACIÓN TECNOLÓGICA DEL DERECHO?

1. La relación entre normatividad jurídica y normatividad tecnológica

Como afirma Kristen Rundle, si el *rule of law* es el «rule of *LAW*», entonces, dentro de toda concepción de este ideal regulativo siempre habrá también en juego una determinada concepción del Derecho, de lo que este es —o, mejor dicho, debe ser—[105]. Y la aplicación de la tecnología a los procesos jurídicos puede afectar, condicionar o incluso llegar a modificar nuestra comprensión de la propia noción de Derecho. Este no es, por otra parte, un fenómeno nuevo. Mireille Hildebrandt ha estudiado detenidamente el impacto que, a lo largo de la historia, han tenido diversas innovaciones tecnológicas en la conformación del Derecho y en nuestra relación con él. Particularmente, ha subrayado el decisivo papel que la invención de la imprenta jugó en la evolución de los ordenamientos jurídicos. El desarrollo y la expansión de esta tecnología generó las condiciones necesarias para la formación de los sistemas jurídicos modernos, transformando el alcance, el contenido y la propia naturaleza del Derecho tal como hasta entonces había sido entendido. La imprenta extendió el alcance de las normas jurídicas más allá de las relaciones cara a cara, posibilitando el surgimiento de comunidades políticas y de jurisdicciones trans-locales. Provocó la necesidad de sistematizar y racionalizar el Derecho para poder manejar la creciente explosión de textos jurídicos disponibles. Y abrió una distancia espacial y temporal entre los legisladores y los destinatarios de las normas, alterando de ese modo los esquemas tradicionales de interpretación jurídica y poniendo en primer plano el problema hermenéutico[106].

---

105 RUNDLE, K., *Revisiting the Rule of Law*, cit., pág. 19. Por ello, señala FALLON, R., "«The Rule of Law» as a concept in constitutional discourse", cit., "parece imposible especificar los elementos del *rule of law* sin referencia al *Law*" (pág. 10).

106 Cfr. HILDEBRANDT, M., "Legal and Technological Normativity: more (and less) than twin sisters", *Techné*, vol. 12, nº 3, 2008, págs. 171-172.

De manera que podemos decir que el Derecho moderno no solo está influido, sino que más bien ha sido en buena medida «constituido» por su mediador tecnológico: la escritura impresa, que ha determinado la propia textura normativa del ordenamiento jurídico[107]. Y, en consecuencia, como bien apunta Stanley Greenstein, también la propia construcción doctrinal del ideal regulativo del imperio o gobierno de la ley "ha sido hasta ahora dependiente de su forma, con arreglo al formato del lenguaje natural, lo que implica un gobierno por el lenguaje natural"[108]. Vista desde esta perspectiva, la doctrina del imperio de la ley no solo se presenta como una construcción histórica sino también, precisamente por ese mismo carácter histórico, como un artefacto enraizado en una específica infraestructura tecnológica de la información y comunicación que, más pronto o más tarde, puede ser superada o sustituida por otra[109].

En la actualidad, en opinión de la mencionada Hildebrandt, el desarrollo de tecnologías emergentes, como el *big data* y la inteligencia artificial, y la creciente proliferación en todos los entornos de nuestra actividad cotidiana de dispositivos e infraestructuras inteligentes que nos conducirán al desarrollo de una "inteligencia ambiental"[110], nos sitúan en la antesala de

---

107 Afirma HILDEBRANDT, M., "Legal protection by design. Objections and refutations", *Legisprudence*, vol. 5, nº 2, 2015, que "el Derecho moderno se ha desarrollado a partir de la infraestructura de información y comunicación conformada por la imprenta, creándose un cuerpo de normas jurídicas escritas, jurisprudencia escrita y tratados doctrinales que determina la sustancia del Derecho positivo". De este modo, "la naturaleza sistemática de los ordenamientos jurídicos modernos se construye a partir de la necesidad de sistematización, racionalización y pensamiento lineal inherente a las propias características de la escritura impresa" (pág. 236).

108 GREENSTEIN, S., "Preserving the rule of law in the era of artificial intelligence", *Artificial Intelligence and Law*, nº 30, 2022, pág. 308.

109 Cfr. HILDEBRANDT, M., "Legal protection by design. Objections and refutations", cit., pág. 236.

110 La inteligencia ambiental, que es considerada por la Comisión Europea como el principal escenario del futuro para el siglo XXI, hace referencia al uso de múltiples dispositivos e infraestructuras tecnológicas conectadas —ordenadores, teléfonos, dispositivos GPS, máquinas, aplicaciones, sensores, banda ancha, *wireless*...— para dotar a un entorno, espacio o actividad de un ecosistema inteligente, invisible, sensible a la presencia de personas y reactivo a sus necesidades y preferencias. Esto implica que estaremos rodeados por interfaces de usuario inteligentes e intuitivas —que interactúen con el tacto, la voz, la mirada, los gestos...— embebidas en objetos cotidianos como el mobiliario, la ropa, los vehículos, las carreteras y todo tipo de materiales. A medida que nos movamos a través de esos entornos, estos interfaces registrarán nuestra presencia, llevando a cabo automáticamente ciertas

un nuevo salto evolutivo en nuestra concepción del Derecho. Disrupción que nos obligaría a repensar la idea de Derecho —escrito— y a intentar conceptualizar un Derecho susceptible de ser articulado en otras tecnologías diferentes a la escritura impresa. Esta tarea habría de fundamentarse en el desarrollo de un nuevo concepto genérico de normatividad que nos permita dar cuenta del impacto tanto de las tecnologías como de las normas jurídicas sobre la interacción humana. Desde esta óptica, la noción de norma aludiría a aquellas constricciones impuestas sobre la acción humana que inducen o fuerzan, inhiben o prohíben determinados tipos de conducta[111]. Y dentro de ella pueden tener cabida el impacto normativo tanto del Derecho como de la tecnología. Mientras que la normatividad legal deriva de la autoridad del Estado, la normatividad tecnológica deriva de los propios efectos de la tecnología sobre los comportamientos de los usuarios, haciendo referencia al "modo en que un dispositivo o una infraestructura tecnológica particular realmente constriñe las acciones humanas, invitando o forzando, inhibiendo o prohibiendo determinados tipos de conductas"[112]. Y, de hecho, las actuales tecnologías emergentes podrían tener un impacto normativo más poderoso que el generado por la normatividad legal, restringida en el momento presente a una articulación tecnológica en forma de normas escritas impresas. La normatividad algorítmica posee, pues, el potencial para provocar una auténtica "revolución simbólica" que altere las actuales "categorías de la inteligencia del Derecho"[113].

A continuación exponemos las visiones de algunos autores que se han anticipado a ese posible salto evolutivo, tratando de imaginar cómo será ese nuevo Derecho producto de una inteligencia ambiental.

---

tareas, adaptándose a nuestro contexto e incluso anticipándose a nuestras necesidades. El logro de la inteligencia ambiental se basa en el desarrollo de dos pilares tecnológicos fundamentales: la computación ubicua, mediante la integración de chips en todos los dispositivos y elementos que nos rodean, y la comunicación ubicua de todos los dispositivos y elementos entre sí a través del Internet de las Cosas.

111 Cfr. HILDEBRANDT, M., "Legal and Technological Normativity: more (and less) than twin sisters", cit., pág. 170.

112 *Ibidem*, pág. 173. La idea de «constreñir» no debe entenderse aquí como una noción negativa: las constricciones a las que alude este concepto de normatividad son las condiciones de posibilidad de la acción o de la interacción humana, de manera que no solo inhiben o imposibilitan determinados comportamientos sino que también generan o inducen ciertos tipos de conductas (pág. 174).

113 GARAPON, A. y LASSÈGUE, J., *La giustizia digitale. Determinismo tecnologico e libertà*, trad. de F. Marini, Il Mulino, Bologna, 2021, pág. 98.

2. *Imaginando un nuevo Derecho: visiones de la singularidad jurídica*

Probablemente, la exigencia fundamental y más básica contenida en las diferentes construcciones teóricas que se han erigido en torno a la doctrina del imperio de la ley, y que podría ser aceptada sin muchas dificultades por todas ellas, es la relativa a la concepción del Derecho como un conjunto de normas generales previamente formuladas. Fuller lo expresa muy bien. El primer desiderátum de un sistema para sujetar la conducta humana a un gobierno de normas, afirma, "es algo obvio: debe haber normas". Y "esto puede ser expresado como una exigencia de generalidad". Si la idea del imperio de la ley no significa que el gobierno aplicará normas de carácter general que han sido expresadas con anterioridad, entonces —concluye Fuller— "no significa nada"[114].

Sin embargo, esta exigencia elemental podría verse profundamente afectada por la aplicación de la inteligencia artificial y el *big data*, en tanto el desarrollo de estas tecnologías tiene, potencialmente, la capacidad para alterar sustancialmente el diseño y la estructura de las normas jurídicas y, con ello, del propio sistema jurídico. Del mismo modo que la aplicación de estas herramientas en el campo de la medicina ya está propiciando el surgimiento de una «medicina personalizada», en tanto aquellas posibilitan la realización de diagnósticos mucho más precisos —por ejemplo, en relación a la detección de determinados tipos de cánceres— y el diseño de tratamientos absolutamente personalizados, ajustados a cada caso particular, hay quienes piensan que su traslación al ámbito jurídico conducirá también progresivamente al desarrollo de un Derecho personalizado, en el que los mandatos jurídicos serán producidos e incluso aplicados automáticamente teniendo en cuenta las circunstancias específicas de cada situación.

En esta dirección se orienta la teoría de Benjamin Alarie sobre el advenimiento de la «singularidad jurídica» como un estadio en el que el desarrollo tecnológico producirá un orden normativo completo y coherente, basado en un sistema de reglas complejas cognoscibles *ex ante*[115]. La noción de singularidad jurídica, como es patente, viene a constituir una especie de trasunto en el ámbito jurídico de la singularidad tecnológica imaginada

---

114 FULLER, L. L., *The Morality of Law*, cit., págs. 46 y 210.

115 Cfr. ALARIE, B., "The path of the law: Towards legal singularity", *The University of Toronto Law Journal*, vol. 66, nº 4, 2016, pág. 446. Más recientemente, en AIDID, A. y ALARIE, B., *The legal singularity. How artificial intelligence can make Law radically better*, University of Toronto Press, 2023, los autores profundizan en algunos aspectos de la hipótesis de la singularidad jurídica y hacen frente a algunas de las críticas que ha recibido.

por John von Neumann a finales de los años cincuenta del siglo pasado y popularizada por Ray Kurzweil en la última década[116], aunque, en opinión de B. Alarie, su logro no requerirá necesariamente el desarrollo de una inteligencia artificial fuerte o general. A su juicio, la singularidad jurídica se alcanzará en el momento en el que la acumulación masiva de datos —gracias al incremento del poder computacional— y la mejora de los métodos de inferencia —debido al desarrollo de los modelos de *machine learning*— llegue a eliminar completamente la incerteza del Derecho, dando lugar a un orden jurídico funcionalmente completo, consistente y accesible en tiempo real[117]. El Derecho alcanzará en este punto una especie de «equilibrio reflexivo» al estilo rawlsiano, lo que hará que dispongamos de un ordenamiento jurídico "estable y predecible cuyas oscilaciones serán continuas, pero relativamente insignificantes"[118]. Consecuentemente, las disputas sobre el significado legal de los hechos serán raras en este escenario: podrá haber disputas sobre los hechos, pero, una vez fijados estos, sus consecuencias legales serán claras[119]. De manera que, una vez llegados a este estadio de desarrollo, sistemas avanzados de *deep learning* serán capaces de hacer realidad el sueño dworkiniano de encontrar en cada momento la única respuesta correcta para cada problema jurídico[120].

Según Alarie, este proceso evolutivo que culminará con el logro de la singularidad jurídica vendrá marcado por el desarrollo de tres transiciones graduales, aunque no simultáneas, en todas las áreas del Derecho:

a) La transición desde nuestra actual sujeción en muchas materias a estándares y principios, que son adjudicados *ex post*, hacia un sistema de reglas complejas cognoscibles *ex ante*[121].

---

116 Cfr. KURZWEIL, R., *The singularity is near: when humans transcend biology*, Viking Penguin, New York, 2006.

117 Como se expone en AIDID, A. y ALARIE, B., *The legal singularity. How artificial intelligence can make Law radically better*, cit., por sistema jurídico «completo» se entiende un sistema que exhibe estas tres características: se trata de un orden jurídico bien diseñado y optimizado para el logro de las diferentes políticas públicas (diseño optimizado); que está bien especificado, en el sentido de que las cuestiones acerca de si y cómo las reglas y estándares se aplican a una situación dada pueden ser respondidas de forma consistente y fiable (especificación profunda); y que es administrado efectivamente (págs. 78-79).

118 ALARIE, B., "The path of the law: Towards legal singularity", cit., pág. 454.

119 Cfr. *Ibidem*, pág. 446.

120 Cfr. GOLDSWORTHY, D., "Dworkin's dream: Towards a singularity of law", *Alternative Law Journal*, vol. 44, nº 4, 2019, pág. 286.

121 Debe aclararse que Alarie emplea únicamente el término «estándar», de uso muy frecuente en el *Common Law* pero no tanto en el Derecho continental. En aquel se

A juicio de Alarie, la disponibilidad de más datos y la mejora de los sistemas de inferencia hará que los futuros sistemas de *machine learning* puedan predecir con gran precisión el contenido de los estándares y principios en relación a cualquier situación. El análisis, mediante el empleo de tales sistemas, de todas las decisiones judiciales basadas en un mismo estándar o principio permitirá desvelar todas las concreciones específicas resultantes de su aplicación a las diferentes situaciones, atendiendo a cientos o miles de parámetros para singularizar los supuestos de hecho y su estatus normativo, y expresar esas concreciones en una miríada de reglas precisas ajustadas a las circunstancias particulares de cada caso. De este modo, los estándares y principios serán convertidos y sustituidos por complejos sistemas de reglas que realizarán la misma función, pero con la ventaja de proporcionar mayor fiabilidad, predictibilidad y accesibilidad en tiempo real[122].

b) La transición hacia sistemas normativos masivamente complejos y cada vez con menos lagunas.

La actual concepción del Derecho bajo la forma de normas generales promulgadas con antelación a su aplicación se ve aquejada de los defectos de la sub-inclusión —no inclusión en el supuesto de hecho de la norma de situaciones que se deseaban incluir— y la sobre-inclusión —inclusión en el supuesto de hecho de situaciones no deseadas—. Como consecuencia de ello, se producen, por un lado, lagunas jurídicas, en tanto el Derecho no se halla completamente especificado, y, por otro, casos en los que la aplicación de las normas puede comportar consecuencias indeseables desde el punto de vista de la justicia, en cuanto resulta en la prohibición de algunos comportamientos deseados y la permisión de otros indeseados.

En opinión de Alarie, a medida que se vaya disponiendo de más datos y evolucionen las capacidades de los sistemas de *machine learning*,

---

entiende por estándar un patrón de comportamiento jurídicamente exigible cuyo contenido ha de ser adaptado a las circunstancias concretas de cada caso y determinado *ex post* por los tribunales. Razón por la cual, a los efectos aquí pretendidos, las reflexiones realizadas por Alarie en este punto pueden extenderse también a los principios, cuyo proceso de aplicación es idéntico. Y esta misma consideración terminológica resulta también aplicable al trabajo de A. J. Casey y A. Niblett sobre reglas y estándares al que se hará referencia posteriormente.

122 Cfr. ALARIE, B., "The path of the law: Towards legal singularity", cit., págs. 447-451.

se podrán identificar estas deficiencias y dar una respuesta normativa adecuada a cada una de ellas, generándose así un orden normativo cada vez más completamente especificado. Indudablemente, este proceso de especificación conducirá a un orden crecientemente complejo, hasta el punto que llegará un momento en el que dependeremos de la inteligencia artificial para poder hacer frente a la complejidad del sistema. Pero, al mismo tiempo, el Derecho será más predecible y fiable que nunca[123].

c) La última fase corresponde ya propiamente al advenimiento de la singularidad jurídica y, como resultado de ella, de un orden normativo completo y coherente.

En este estadio —que el propio Alarie reconoce ser, a día de hoy, ciencia ficción— el *big data* y el *machine learning* no solo nos ayudarán a completar el Derecho mediante la determinación de las especificaciones necesarias para alcanzar nuestros objetivos sociales implícitos en las normas, principios y estándares, sino que nos ayudarán incluso a formular esos objetivos y a plasmarlos adecuadamente en el ordenamiento jurídico. Esta «apoteosis» jurídica dará lugar a un Derecho completamente especificado y extraordinariamente complejo, que se encontrará más allá de la comprensión de cualquier humano sin la asistencia de la inteligencia artificial.

Una hipótesis similar a la de Alarie en cuanto a la dirección que tomarán nuestros ordenamientos jurídicos con el avance del *big data* y el aprendizaje automático, pero mucho más elaborada, es la que presentan Anthony J. Casey y Anthony Niblett en un trabajo en el que anuncian la muerte progresiva de las reglas y los principios y su sustitución por una nueva forma de Derecho generada algorítmicamente: las microdirectivas, que proporcionarán *ex ante* al sujeto una prescripción jurídica individuali-

---

123 Cfr. *Ibidem*, págs. 451-454. En cualquier caso, como advierte COBBE, J., "Legal singularity and the reflexivity of Law", en DEAKIN, S. y MARKOU, C. (eds.), *Is Law computable? Critical perspectives on Law and Artificial Intelligence*, Hart Publishing, Oxford, 2020, parece que se trataría de una predictibilidad suprahumana, que no comportaría "una capacidad real de entender *por qué* se llega a determinadas decisiones", ya que aquella solo podría ser alcanzada mediante sistemas de *deep learning* sumamente complejos y opacos. Por tanto, la consistencia que se pudiera alcanzar en los resultados de tales sistemas no significa que los mismos sean predecibles en el sentido de conocer las razones que conducen a la decisión, de modo que el mismo razonamiento pueda ser aplicado a otros hechos, sino más bien lo contrario (pág. 123).

zada, completamente ajustada a cada situación particular, especificando de manera precisa el comportamiento requerido en cualquier circunstancia. Esta nueva forma de Derecho sería, por tanto, capaz de superar la tensión entre las reglas —claras, pero estáticas y rígidas— y los principios —flexibles, pero indeterminados—, conjugando la seguridad jurídica de aquellas y la equidad o calibración de estos sin necesidad de asumir ninguno de los costes de decisión asociados a cada una de estas formas jurídicas. Fundamentalmente, los costes de errores de sobre-inclusión y sub-inclusión de las reglas y los costes de incerteza de los principios[124]. La emergencia de esta nueva forma de Derecho será posible gracias a los avances en dos tipos diferentes de tecnologías basadas en inteligencia artificial: las tecnologías predictivas y las tecnologías de comunicación.

Las primeras permitirán realizar predicciones mucho más fiables sobre el impacto de las normas jurídicas y reducir los costes de error, por lo que facilitarán el trabajo de los legisladores para elaborar *ex ante* reglas precisas, ajustadas a cada contexto particular, que proporcionen la calibración y especificidad tradicionalmente asociada a los principios[125]. En relación a la práctica institucional, Casey y Niblett creen que el escenario más «realista» para llevar a cabo esta transformación del Derecho es que el poder legislativo se limitará a formular los objetivos políticos que deben presidir el orden normativo bajo la forma de estándares y principios, de modo que la tarea de seleccionar los valores que fundamentan el sistema jurídico seguirá siendo confiada a los seres humanos, y posteriormente la administración desarrollará y entrenará los algoritmos predictivos que deconstruirán esos estándares y principios, traduciéndolos en un vastísimo catálogo de reglas específicas para la mejor realización de los objetivos en los distintos escenarios posibles[126]. Así, por ejemplo, en relación a la regulación del trá-

---

124 Cfr. CASEY, A. J. y NIBLETT, A., "The death of rules and standards", *Indiana Law Journal*, vol. 92, nº 4, 2017, págs. 1401-1447.

125 Cfr. *Ibidem*, pág. 1410. Para que se alcance el momento en el que las microdirectivas puedan sustituir ventajosamente a las reglas y principios, apuntan los autores, no es preciso disponer de una tecnología predictiva perfecta. Llegará un punto de desarrollo en el que esta tecnología será lo suficientemente buena como para que los costes de utilizar una microdirectiva sean inferiores a los que supone la utilización de una regla o de un principio (pág. 1415).

126 Cfr. *Ibidem*, págs. 1404, 1418 y 1437. Esto no significa necesariamente que haya más Derecho, en el sentido de que este se extienda a más espacios o áreas de la conducta humana, sino que, dentro de las esferas de acción reguladas, las reglas generales y los principios serán reemplazados por un conjunto mucho más extenso de normas más ciertas y mejor ajustadas a cada situación, logrando así un

fico, el legislador se limitará a establecer los objetivos a alcanzar: reducción de accidentes, minimización del tiempo de viaje, reducción del consumo energético, etc[127]. Y, una vez determinados dichos objetivos, o una combinación concreta de dichos objetivos, la tecnología predictiva permitirá convertirlos en un número potencialmente ilimitado de reglas específicas dirigidas a optimizar su consecución en todas las situaciones posibles, teniendo en cuenta múltiples parámetros relevantes. Parámetros relativos, por ejemplo, a factores como las características y estado de cada tramo de la carretera, número y tipos de accidentes ocurridos en cada uno de ellos, características del conductor y años de experiencia en la conducción, condiciones meteorológicas, visibilidad, tipo de vehículo, etc.

De modo que, no solo el sistema jurídico, sino las propias reglas serán en sí mismas extraordinariamente complejas, ya que incorporarán en su contenido una cantidad enorme de factores cuya interrelación determinará cuál será finalmente la acción requerida o permitida en cada situación particular. Por ello, para que un orden normativo tan complejo —verdaderamente inabarcable para una mente humana— pueda ser operativo, será preciso también recurrir en el proceso de aplicación de esas reglas a unas mejoradas tecnologías de la comunicación[128]. Estas herramientas comu-

---

Derecho más eficiente y mejor calibrado. Cfr. CASEY, A. J. y NIBLETT, A., "Self Driving Laws", *The University of Toronto Law Journal*, vol. 66, 2016, pág. 441.

127 Cfr. CASEY, A. J. y NIBLETT, A., "The death of rules and standards", cit., pág. 1437.

128 De este modo, la tecnología permitiría superar los costes de complejidad de un ordenamiento jurídico elaborado y operado por seres humanos. Según KAPLOW, L., "A Model of the Optimal Complexity of Legal Rules", *Journal of Law, Economics and Organization*, vol. 11, nº 1, 1995, págs. 150-163, los conceptos y normas generales son herramientas para reducir los costes de complejidad del ordenamiento. Desarrollar un sistema complejo de normas, excepciones y contra-excepciones no solo es complicado para el legislador: las reglas estandarizadas son también más fáciles de comunicar, entender y cumplir *ex ante* por parte de los destinatarios y de aplicar *ex post* por los tribunales. Estos costes de complejidad están directamente asociados a la limitada capacidad humana de procesamiento de la información, de manera que el grado óptimo de complejidad de las normas y el nivel de granulación del ordenamiento jurídico se hallan limitados por las capacidades humanas. Desde este punto de vista, la idea de un Derecho compuesto por normas generales es esencialmente la respuesta a un problema de información en un sistema administrado por humanos. A partir de estas premisas, Kaplow desarrolló un modelo sobre la "óptima complejidad de las normas jurídicas", al objeto de lograr un equilibrio entre la predictibilidad y la flexibilidad. Pero la tecnología podría alterar radicalmente aquellos presupuestos, posibilitando la superación de los problemas de información.

nicativas recopilarán y trasmitirán de manera prácticamente instantánea información sobre el escenario particular en el que se encuentra el individuo, identificarán la regla aplicable dentro del catálogo y, en combinación con la tecnología predictiva, la traducirán en una microdirectiva simple y precisa que será comunicada al individuo al objeto de orientar su comportamiento[129]. Siguiendo con el ejemplo de la regulación del tráfico, tras el análisis de los datos proporcionados por los sensores del vehículo y por los implantados en la red viaria, la microdirectiva podría establecer en un determinado tramo de carretera un límite de velocidad de 51,2 kilómetros por hora para un conductor con doce años de experiencia en un día lluvioso a las 3.27 de la tarde[130]. De este modo, aunque la regla jurídica aplicable pueda tomar en consideración cientos o miles de factores simultáneos, el individuo sujeto a la misma recibirá una orden simple que optimiza el contenido de la regla para su situación particular[131]. Esta microdirectiva constituirá, pues, la forma que en definitiva asumirá el Derecho a los ojos del ciudadano, quien no tendrá que ponderar la razonabilidad de sus acciones a la luz de los principios establecidos ni acceder a las normas jurídicas para tomar conocimiento de las mismas[132].

Esta evolución desde el estado actual del Derecho hacia las microdirectivas automatizadas será, en su opinión, por partes y gradual, siendo muy variable la velocidad del cambio en los distintos sectores jurídicos. Así, la automatización será más rápida allí donde los costes de incerteza y falta de calibración sean más altos, se disponga de datos abundantes y el Derecho sea más estable[133]. En cuanto a las fases de la evolución, inicialmente, la

---

129 En un entorno de computación y comunicación ubicuas, estas microdicrectivas serán generadas automáticamente: "si el estado del mundo cambia, o si se cambia el objetivo del Derecho, el vasto conjunto de microdirectivas se actualizará instantáneamente", de manera que "el Derecho será prácticamente autónomo (*self-driving*)". CASEY, A. J. y NIBLETT, A., "Self Driving Laws", cit., pág. 430.

130 Cfr. CASEY, A. J. y NIBLETT, A., "The death of rules and standards", cit., pág. 1404.

131 Cfr. *Ibidem*, pág. 1411. No obstante, en este punto la teoría y la propia terminología de estos autores no es muy clara. Mientras en algunos momentos hablan de la microdirectiva como una orden o mandato simple, al estilo de la luz roja o verde de un semáforo, en otros, como en CASEY, A. J. y NIBLETT, A., "Self Driving Laws", cit., afirman explícitamente que aquella "proporciona una regla altamente ajustada [a la situación], no un mandato específico" (pág. 439).

132 Cfr. *Ibidem*, pág. 435.

133 BUSCH, C. y DE FRANCESCHI, A., "Granular Legal Norms: Big Data and the Personalization of Private Law", en MAK, V., TAI, E. T. T. y BERLEE, A. (eds.), *Research Handbook on Data Science and Law*, Edward Elgar Publishing, 2018, sugie-

tecnología será utilizada solo para proporcionar información a los individuos, y después, con la creciente aceptación por parte de legisladores y ciudadanos, las predicciones se convertirán en normas. Consideremos, por ejemplo, las normas que regulan la mala praxis médica. Primero, como ya está sucediendo en la actualidad en relación a determinadas enfermedades, los sistemas de *machine learning* proporcionan información mucho más precisa que cualquier experto humano sobre diagnósticos y tratamientos, mostrando las posibilidades de que se produzcan resultados adversos si se siguen determinados cursos de acción. Después, es posible que las máquinas proporcionen recomendaciones sobre cómo proceder o avisos sobre cómo no actuar. A medida que estas recomendaciones y avisos sean más precisos y los médicos se apoyen crecientemente en los algoritmos predictivos para orientar su praxis, estos serán incorporados en el Derecho, de manera que, al igual que hoy se considera negligente la conducta del médico que ignora los rayos X, será considerada una negligencia ignorar el aviso de la máquina. Finalmente, el algoritmo se convertirá en la norma reguladora de la mala praxis médica. A la postre, el resultado final de este proceso será un Derecho "más preciso, mejor calibrado, más flexible, más coherente y menos sesgado"[134].

Incluso, yendo aún un paso más adelante en la automatización del Derecho, en determinadas situaciones esa microdirectiva podría materializarse en una restricción física real sobre la acción del individuo mediante el diseño de una arquitectura tecnológica que garantice el cumplimiento normativo. Así, un coche inteligente no se limitaría a indicar al conductor el límite de velocidad fijado por la microdirectiva, sino que restringiría automáticamente la velocidad máxima del vehículo para evi-

---

ren tres áreas concretas del Derecho Privado en las que, a su juicio, sería factible avanzar en este proceso de «granulación» del Derecho. Así, en el ámbito del comercio electrónico, la obligación genérica de proporcionar información sobre las características de los bienes y servicios comercializados podría traducirse en una obligación de ajustar esa información a cada caso particular basándose en el análisis de los datos del consumidor: compras previas y características de los productos adquiridos, patrones de consumo, etc. En el campo de la responsabilidad civil, un estándar habitual como el cuidado exigible a una persona razonable (*reasonable person standard*) podría ser sustituido por un estándar subjetivado (*reasonable you standard*), esto es, un nivel personalizado de diligencia basado en información sobre las capacidades de cada individuo y las características específicas de cada situación. Y, por último, en el área del Derecho de Familia, sugieren que las normas de sucesión intestada también podrían ser personalizadas y ajustadas a cada caso particular (págs. 415- 421).

134 CASEY, A. J. y NIBLETT, A., "Self Driving Laws", cit., pág. 431.

tar que aquel pueda sobrepasarlo[135]. En estos casos, la tecnología no solo conduciría a la muerte de las reglas y los principios, y a su sustitución por microdirectivas, sino a la muerte de las normas jurídicas en sí, al menos tal como se han concebido hasta ahora: las normas de tráfico desparecerán del horizonte cognitivo del conductor, por resultar completamente innecesarias, cuando todos los vehículos sean autónomos y las lleven integradas en los algoritmos de sus sistemas de navegación[136]. En los términos de Hildebrant, la normatividad legal quedaría completamente diluida en la normatividad tecnológica, confundiéndose la «performatividad» de las normas jurídicas con la *perfomance* de la inteligencia artificial y superándose las limitaciones del Derecho en su articulación tecnológica actual de escritura impresa[137]. Alteraciones que, sin duda, desafían radicalmente nuestras concepciones comunes sobre la representación y el modo de cumplimiento del Derecho[138].

---

135 Entraríamos así en el dominio de lo que TIEN, L., "Architectural Regulation and the Evolution of Social Norms", *Yale Journal of Law and Technology,* vol. 7, 2003-2004, denomina "regulación arquitectural", entendida como aquella "regulación que intenta influir sobre los comportamientos modelando, estructurando o reconfigurando las condiciones o precondiciones prácticas de las acciones". A diferencia de nuestra concepción actual del Derecho, mediada por la tecnología de la escritura impresa, el Derecho como arquitectura "habita en el contexto, no en el texto" (pág. 5). Aunque la noción de regulación arquitectural no está inherentemente ligada al cambio tecnológico —puede resultar aplicable, por ejemplo, al diseño de construcciones o incluso al diseño urbanístico de una ciudad—, sin duda el desarrollo de la inteligencia artificial y otras tecnologías vinculadas posibilita la realización de aquella idea en un grado hasta ahora inimaginable a través del gobierno algorítmico de las conductas. En este sentido, el conocido *dictum* de LESSIG, L., *El código y otras leyes del ciberespacio,* trad. de E. Alberola, Taurus, Madrid, 2001, "el código [informático] es la ley" no es sino la expresión de la idea de regulación arquitectural en el universo digital: el código informático es, en última instancia, la arquitectura de internet (pág. 25).

136 Cfr. CASEY, A. J. y NIBLETT, A., "Self Driving Laws", cit., pág. 442.

137 Cfr. HILDEBRANDT, M., "Law as Computation", *The University of Toronto Law Journal,* 2018, vol. 68, pág. 27. Y es que el Derecho, en su articulación tecnológica actual de normas impresas, "tiene una normatividad muy específica, porque puede requerir, pero no forzar, interpretaciones específicas" (pág. 175). Puede regular conductas, pero no determinarlas (pág. 176).

138 Como afirma TIEN, L., "Architectural Regulation and the Evolution of Social Norms", cit., la transposición del dominio del Derecho del texto al contexto comporta una forma de operatividad jurídica muy diferente. Y mucho más efectiva, al menos desde la perspectiva del regulador. Estamos habituados a pensar en el Derecho como normas conocidas —o, al menos, susceptibles de ser conocidas— que una persona puede tomar en consideración a la hora de decidir cómo actuar. Pero el

Conscientes de las potenciales implicaciones que comporta esta automatización no solo de la creación sino también de la aplicación o —mejor dicho— imposición del Derecho, Casey y Niblett remarcan que esta posibilidad de forzar tecnológicamente el cumplimiento de las normas debe ser contemplada muy cuidadosamente debido a la pérdida de autonomía individual que comporta y el riesgo de atrofia moral, en tanto se priva al individuo de alternativas de actuación y de la apreciación de las elecciones morales que subyacen a sus acciones[139]. Además, recalcan, incluso desde la óptica interna del correcto funcionamiento del orden normativo, una completa exclusión de la posibilidad de infracción de las normas sería profundamente ineficiente para la consecución de la precisión y la justicia requeridas, puesto que cercenaría la capacidad del algoritmo de aprender, mediante el análisis de las conductas de los destinatarios de las microdirectivas, si el Derecho está suficientemente bien calibrado[140].

Lo que parece claro es que, de producirse en algún momento futuro, esta revolución tecnológica conduciría a una disrupción profunda de la concepción del Derecho tal como como lo conocemos hoy. Como afirma Jorge Crego, esta situación alteraría por completo la naturaleza del sistema jurídico, puesto que pasaría a estar compuesto "por objetivos amplios y por un vasto

---

Derecho como arquitectura, en lugar de influir en nuestro cálculo de elección, estructura —en este caso, mediante el diseño de la arquitectura tecnológica— las propias condiciones de la acción, tales como los entornos sociales y los recursos disponibles en esos entornos (pág. 7). De manera que esta regulación opera subrepticiamente y, en muchas ocasiones, ni siquiera puede ser percibida por el ciudadano como una forma de acción gubernamental, provocando así una merma de la agencia moral. Un elemento esencial de nuestra concepción del Derecho, y que lo distingue de otras formas de control social, es precisamente su visibilidad o percepción como tal. Esto es, como normas que pueden ser conscientemente obedecidas o desobedecidas, de manera que nuestra visión de las normas jurídicas se halla ligada a la existencia de procesos públicos y conflictivos de interpretación y apelaciones a metáforas de textualidad, autoría y recepción por parte de los destinatarios. Aspectos que, en última instancia, remiten a la noción de legitimidad y que desaparecen del horizonte de la regulación arquitectural (págs. 11-12).

139 Cfr. CASEY, A. J. and NIBLETT, A., "The death of rules and standards", cit., págs. 1443-1444; y CASEY, A. J. and NIBLETT, A., "Self Driving Laws", cit., pág. 438.

140 Cfr. *Ibidem*, pág. 440. En el escenario previsto por estos autores, la información sobre la conducta individual recopilada y procesada por el sistema será utilizada de dos maneras: primero, para evaluar esa conducta individual y proveer una microdirectiva ajustada a la misma, y, segundo, como parte del conjunto de datos agregados que son tomados en consideración a la hora de generar las microdirectivas. Cfr. CASEY, A. J. and NIBLETT, A., "The death of rules and standards", cit., pág. 1442.

conjunto de normas personalizadas adaptadas a las particularidades de cada caso", de modo que "ya no existirían reglas generales sino normas singulares para cada problema jurídico"[141]. Se trataría de un Derecho absolutamente personalizado, basado en "normas jurídicas granulares" ajustadas a los distintos destinatarios y a las circunstancias de cada situación[142]. Un ordenamiento jurídico capaz de optimizar o realizar en la mayor medida posible en cada situación específica los objetivos pretendidos gracias a un conjunto de tecnologías predictivas y de la comunicación tan eficientes que representarían el gemelo digital del juez Hércules dworkiniano. Aunque en este caso —y no se trata de una diferencia baladí, como veremos enseguida— este gemelo no sería ya un juez sino un legislador omnímodo.

Y es que esta profunda disrupción afectaría no solo a la estructura de los mandatos jurídicos sino también, de manera más profunda, al modo de ejercer el poder político y de gobernar el comportamiento de los ciudadanos. De cristalizar en el futuro esta nueva forma de Derecho, sin duda, se generarían transformaciones sustanciales en aspectos nucleares de nuestra concepción del Estado de Derecho y del ideal del imperio de la ley. Como reconocen Casey y Niblett, la sustitución de las reglas y principios por microdirectivas alterará necesariamente los actuales equilibrios en el funcionamiento de los diversos poderes del Estado. El cambio en la estructura del Derecho fortalecerá el papel de los creadores de las normas,

---

141 CREGO, J., "Una clasificación de la inteligencia artificial jurídica desde la perspectiva de la filosofía del Derecho", en GUIMARÃES, M. R. y TEIXEIRA, R. (eds.), *Direito e Inteligência Artificial*, Ediçoes Almedina, Coimbra, 2023, pág. 317. Más allá de la crítica a estos relatos futuristas que preven la suplantación de un Derecho conformado por normas generales por otro basado en normas singulares generadas automáticamente, este autor considera que también el desarrollo de los distintos tipos de sistemas de inteligencia artificial jurídica actualmente existentes para automatizar diversas tareas jurídicas está dirigido o tiende hacia la consecución del ideal de un Derecho personalizado. Ideal que podría considerarse, por tanto, la conclusión lógica de la inteligencia artificial jurídica. Cfr. CREGO, J., "La personalización del Derecho como culminación ideal de la inteligencia artificial jurídica", en BALLESTEROS SORIANO, A. (ed.), *Inteligencia Artificial y Derecho: perspectivas iusfilosóficas*, Thomson Reuters-Aranzadi, Cizur Menor (Navarra), 2024 (texto actualmente en prensa, al que he podido acceder gracias a la gentileza de su autor). Opinión con la que —por razones que resulta imposible abordar en este momento— no estoy de acuerdo si con ello quiere decir que aquellos sistemas pretenden o conllevan, siquiera tendencialmente, la eliminación de las normas jurídicas de carácter general.

142 BUSCH, C. y DE FRANCESCHI, A., "Granular Legal Norms: Big Data and the Personalization of Private Law", cit., pág. 409.

y muy especialmente el de las administraciones públicas, quienes serán en definitiva las encargadas de desarrollar los sistemas algorítmicos necesarios para traducir los objetivos políticos fijados por el Parlamento, y plasmados en una serie de estándares y principios, en conjuntos de reglas específicas y para aplicarlas a las diversas situaciones particulares. Por el contrario, la función de los tribunales como adjudicadores *ex post* del Derecho quedará sustancialmente restringida, en tanto la proliferación de microdirectivas *ex ante* ajustadas a cada caso dejaría poco espacio para esta tarea, más allá de si el individuo cumplió o no con la instrucción precisa contenida en la microdirectiva. Prácticamente desparecería la necesidad de interpretar las normas, de ponderar los conflictos normativos o de colmar las lagunas. En todo caso, parece que el único espacio que quedaría para la adjudicación judicial sería la resolución de alguna disputa de carácter fáctico o probatorio, pero, una vez fijados los hechos, sus consecuencias jurídicas serán claras[143]. De manera que estas transformaciones conllevarían un profundo reajuste institucional para adaptar los papeles de los distintos poderes al nuevo escenario.

Asimismo, desde la perspectiva de los ciudadanos, la generación e implementación de las microdirectivas suscitaría delicadas cuestiones sobre la protección de su privacidad e intimidad, ya que los sistemas de *machine lear-*

---

143 Cfr. CASEY, A. J. y NIBLETT, A., "The death of rules and standards", cit., págs. 1433-1435. También HUQ, A. Z., "Artificial Intelligence and the Rule of Law", cit., considera que entre los aspectos que habrán de ser reconsiderados como consecuencia de la integración de la tecnología en el sistema legal se halla particularmente la asunción de que los tribunales sean instituciones centrales, o siquiera necesarias, para la realización del imperio de la ley (pág. 10). Y, en un sentido similar, cfr. ALARIE, B., "The path of the law: Towards legal singularity", cit., pág. 446. No obstante, en la exposición más detallada y reciente de su hipótesis sobre la singularidad jurídica, AIDID, A. y ALARIE, B., *The legal singularity. How artificial intelligence can make Law radically better*, cit., parecen sostener una apreciación más ponderada y positiva sobre el papel de los tribunales en el nuevo escenario tecnológico. En este sentido, señalan cómo a medida que nos vayamos aproximando hacia la singularidad jurídica la evolución de la función de adjudicación judicial conducirá a una paradoja: en tanto se incrementarán los casos que podrán ser automáticamente resueltos gracias al mayor grado de certeza fáctica y legal proporcionado por las tecnologías predictivas, aumentará también la dificultad de la tarea de los tribunales, puesto que solo llegarán a juicio aquellos casos jurídicamente difíciles, que planteen complejos problemas de política jurídica. Tarea para la que contarán también con el auxilio de la tecnología, que les permitirá tener un mejor conocimiento sobre las previsibles consecuencias de los distintos criterios de decisión y adoptar aquel que sea óptimo en cada caso (págs. 119 y 136).

ning deberán recopilar y procesar, a través de los dispositivos que conforman la infraestructura tecnológica de la inteligencia ambiental, ingentes cantidades de datos relativos a la situación, circunstancias y conducta del individuo. En relación a esta problemática, la asunción de Casey y Niblett es que tanto los legisladores como, sobre todo, los ciudadanos, se mostrarán crecientemente dispuestos a aceptar esta nueva forma de Derecho automatizado a medida que sean palpables sus beneficios. Ello conducirá a la búsqueda de nuevos compromisos entre el diseño de mecanismos de protección de estos derechos y la necesidad de recopilar información suficiente para crear las microdirectivas precisas para cada situación[144].

En definitiva, con todos los ajustes necesarios, tanto la hipótesis de la singularidad jurídica de Alarie como la de la reformulación del Derecho mediante microdirectivas individuales de Casey y Niblett vienen a subrayar la idea de que la conjunción de las capacidades del *big data*, la inteligencia artificial y las tecnologías de la información y comunicación permitirán hacer realidad en apenas unas décadas uno de los sueños perennes de la teoría jurídica: la elaboración de un orden normativo que cancelaría la tensión entre la seguridad jurídica y la justicia, proporcionando al ciudadano normas *ex ante* simples y precisas, ajustadas de manera prácticamente instantánea a cada situación particular. Si hasta ahora la formulación de leyes generales ha sido considerada la mejor forma de garantizar —al menos, en un grado humanamente aceptable— el principio de seguridad jurídica implícito en el ideal del imperio de la ley, en opinión de esos autores la evolución de las tecnologías predictivas y de la comunicación provocará la irrupción de un nuevo paradigma jurídico que permitirá una realización mucho más perfecta, más allá de lo humano, de dicho principio sin incurrir en los costes de calibración o equidad que conlleva la legislación general.

3. Singularidad jurídica e imperio de la ley

Como afirma Lyria B. Moses, imaginarios jurídicos como los que acabamos de describir resultan difíciles de debatir —y, mucho más aún, de rebatir—, pues se sitúan más allá de los conocimientos y las técnicas que conforman el estado del arte, de manera que, en ellos, cualquier potencialidad puede ser planteada como hipótesis y toda posible limitación superada. Hasta ahora, la inteligencia artificial solo es capaz de automatizar eficientemente tareas específicas. Eso sí, el aún incipiente desarrollo de la inteligencia artificial jurídica muestra cómo cada vez es mayor el número

144 Cfr. CASEY, A. J. y NIBLETT, A., "The death of rules and standards", cit., pág 1442.

de tareas jurídicas que son susceptibles de ser realizadas por sistemas basados en inteligencia artificial. Y no es muy arriesgado predecir que el rango de estas tareas se verá ampliado de manera importante en los próximos años. Pero, en todo caso, los desafíos reales de la inteligencia artificial jurídica en el estadio actual, y en el previsible futuro inmediato, se sitúan en un nivel «micro», afectando exclusivamente a actividades y áreas concretas del Derecho. Sin duda, como ya está sucediendo en algunos sectores jurídicos, la aplicación de estas herramientas puede provocar transformaciones importantes que den lugar a disrupciones en la práctica profesional, en la Administración de Justicia y en la formación jurídica. Pero el análisis de las potencialidades y limitaciones de la inteligencia artificial en el ámbito jurídico es un puzle multidimensional cuyas respuestas solo pueden alcanzar a aplicaciones particulares en relación a tareas específicas. De manera que tal vez no llegue a existir, ni tenga siquiera sentido plantearse, «una» singularidad jurídica, al menos desde una perspectiva pragmática[145].

No obstante, más allá de la posibilidad o no de su realización efectiva, la imaginación de tales escenarios puede suscitar interesantes cuestiones teóricas para el filósofo del Derecho, conminándonos a visualizar nuevas formas potenciales de regulación de la conducta humana. Al estilo de las utopías clásicas, estos imaginarios nos confrontan con modelos cuya principal virtualidad es forzarnos a revisar las categorías vigentes. Y, desde este punto de vista, asumiendo este juego de Derecho-ficción, parece que los Derechos imaginados en aquellos escenarios futuristas comportarían algunos aspectos muy preocupantes desde la óptica de nuestras concepciones sobre el Estado de Derecho y, particularmente, del ideal del imperio de la ley. Pese a todas las cautelas y matizaciones de sus expositores, las visiones relatadas evocan ineludiblemente imágenes de mundos distópicos con rasgos totalitarios, basados en una tecnología panóptica capaz de monitorizar, anticipar y dirigir, en ocasiones de manera inadvertida, las conductas individuales. Universos poblados por unos seres casi robóticos que han de limitarse a seguir unas órdenes generadas instantáneamente por máquinas sin tener la capacidad siquiera de examinar, y mucho menos aún de cuestionar, los fundamentos de las normas y, en definitiva, las opciones morales que subyacen en sus acciones[146].

En nuestra cultura jurídica moderna y contemporánea la idea de gobierno de la conducta humana mediante normas generales parece un elemen-

---

145 Cfr. MOSES, L. B., "Not a single singularity", en DEAKIN, S. y MARKOU, C. (eds.) *Is Law computable? Critical perspectives on Law and Artificial Intelligence*, cit., págs. 206-207.

146 Cfr. HILDEBRANDT, M., "Law as Computation", cit., pág. 34.

to ineludible y consustancial al ideal del imperio de la ley. Afirma en este sentido Francisco Laporta que la primera demanda que este ideal plantea al orden jurídico es precisamente una suerte de exigencia de «normativismo», que se opone a todo tipo de «particularismo» en la búsqueda de la justicia[147]. Esta exigencia se traduce, entre otros aspectos, en la necesaria generalidad del alcance de las normas jurídicas, tanto en lo que se refiere a su contenido —regulación de acciones-tipo o actos genéricos— como a sus destinatarios —dirigida a una clase o tipo de destinatarios—. Rasgos que se hallan directamente conectados con valores centrales de la experiencia jurídica asociados a aquel ideal. Así, mientras que la generalidad del contenido estaría más inmediatamente conectada con la dimensión de la predictibilidad de las consecuencias jurídicas de nuestras acciones y de las de los demás, la generalidad del sujeto normativo se hallaría vinculada a otros aspectos igualmente fundamentales del imperio de la ley, como la proscripción de la arbitrariedad y la imparcialidad en el ejercicio del poder[148]. Sin normas generales todas esas dimensiones de la legalidad quedarían suprimidas y el imperio de la ley sería suplantado, sin más, por el gobierno de unos algoritmos completamente opacos.

Por otra parte, como acertadamente ha puesto de manifiesto Jorge Crego, aunque la singularidad jurídica promoviese, tal como argumentan sus defensores, valores como la seguridad jurídica y la justicia, tendría un impacto adverso muy relevante sobre el carácter democrático del Derecho. En este sentido cabe recordar que uno de los principales indicadores y criterios de verificación del principio de legalidad fijados por la Comisión de Venecia es que el proceso de elaboración del Derecho sea transparente, controlable y democrático, condiciones que parecen imposibles de satisfacer en los modelos de Alarie y de Casey y Niblett. En efecto, la opacidad derivada de la complejidad de los sistemas de *machine learning* que habrían de

---

[147] A su juicio, esta proscripción de todo tipo de particularismo conduce a la incompatibilidad del imperio de la ley tanto con el "decisionismo", que concibe el Derecho como producto de decisiones súbitas e impredecibles de quien ostenta el poder, como con el "principialismo", que ve el Derecho como un conjunto de pautas abiertas sobre las que operar con un razonamiento práctico para obtener soluciones. Ello le lleva a considerar que el imperio de la ley demanda que, al menos, el núcleo central del ordenamiento jurídico esté compuesto por ese tipo específico de normas que denominamos «reglas», ya que en un Derecho compuesto exclusivamente por principios los destinatarios no podrían saber con antelación la regla jurídica que les atañe. Cfr. en este sentido LAPORTA, F. J., *El imperio de la ley. Una visión actual*, cit., págs. 84, 107 y 125-126.

[148] Cfr. *Ibidem*, págs. 86-90.

traducir los objetivos políticos en reglas específicas y, finalmente, en microdirectivas, imposibilitaría alcanzar el nivel mínimo de escrutinio y control público del contenido del Derecho exigible en un ordenamiento jurídico estructurado conforme al ideal del imperio de la ley, en cuanto sería imposible conocer las razones que subyacen detrás de las normas jurídicas[149].

Y no se trata solo del problema de la opacidad técnica inherente al funcionamiento de los sistemas basados en redes neuronales de *deep learning* —como sin duda habría de ser un sistema tan poderoso como el requerido para desarrollar los modelos jurídicos de Alarie y de Casey y Niblett—, que cabe esperar sea resuelto en un determinado momento futuro, sino de la existencia de un cuello de botella insoslayable de carácter epistémico. Como afirma Brian Sheppard, nuestro entendimiento no es capaz de comprender más allá de un número limitado de factores de decisión en un razonable período de tiempo, y, además, cuando analizamos una decisión, necesitamos que la justificación de la misma sea en un lenguaje inteligible, comprensivo y razonablemente breve. Nuestra concepción de lo que supone «justificar» una decisión —en este caso, una microdirectiva— comporta, por tanto, una serie de dimensiones semánticas y pragmáticas derivadas de nuestros límites epistémicos que resultarían imposibles de satisfacer aun contando con un sistema de *deep learning* completamente transparente, cuyo producto sería el resultado de la ponderación simultánea de miles o incluso millones de indicadores en interacción recíproca[150].

Por todo ello, más allá aún del déficit de participación y de control democrático en el proceso de creación del Derecho, en nuestra opinión, estas visiones suponen un desafío radical al imperio de la ley en tanto asumen la imposibilidad humana de conocer siquiera el Derecho. Tanto Alarie como Casey y Niblett reconocen que los órdenes normativos resultantes de sus

---

149 Cfr. CREGO, J., "La singularidad jurídica y el retorno del filósofo-rey: potenciales consecuencias para el imperio de la ley y la democracia", *Persona y Derecho*, vol. 85, 2021, pág. 252.

150 Cfr. SHEPPARD, B., "Warming up to inscrutability: How technology could challenge our concept of law", *The University of Toronto Law Journal*, vol. 68, 2018, págs. 48-51. Pese a ello, este autor considera que, si se alcanzara en algún momento la posibilidad de generar automáticamente directivas altamente contextualizadas, eficientes y baratas mediante sistemas de *machine learning*, dicho sistema de creación del Derecho podría ser fácilmente admitido tanto por los legisladores como por los ciudadanos, quienes estarían dispuestos a aceptar compromisos sin precedentes entre la inteligibilidad y la eficiencia de los resultados. Compromisos que obligarían a una revisión de nuestro actual concepto de Derecho y de los rasgos esenciales del principio de legalidad.

planteamientos escapan completamente del alcance y la comprensibilidad humanas. Al margen de los objetivos políticos, que son fijados por el legislador en términos sumamente generales y abstractos, la extrema complejidad de los sistemas de reglas específicas y microdirectivas generados tecnológicamente haría que las normas solo pudieran ser conocidas, procesadas y operadas por una inteligencia artificial o, tal vez, por una inteligencia humana aumentada artificialmente en un escenario transhumanista[151]. Además, aquellas reglas serían cambiantes, generándose de manera automática a partir del procesamiento de los datos ambientales registrados por la tecnología en cada situación. Esta falta de inteligibilidad del orden normativo y, en definitiva, la total desconexión del ciudadano con un Derecho fluido y maleable, convertido en un elemento ajeno a sus esquemas conceptuales de interpretación de la realidad social, pone en cuestión la propia comprensión del Derecho como una empresa normativa, en tanto no habría normas jurídicas promulgadas y conocidas que pudieran proporcionar una hoja de ruta clara entre los hechos y sus consecuencias jurídicas[152]. Ello no solo comportaría efectos adversos desde un punto de vista ético e incluso pedagógico, desconociendo el individuo las razones detrás de las normas que pretenden orientar su conducta de una manera cuasi robótica y erosionándose su autonomía, sino que imposibilitaría prácticamente toda evaluación crítica de la legalidad y de su significado, minando así la legitimidad del Derecho y de las decisiones jurídicas[153].

---

151 En este sentido, un escenario como el descrito en los modelos de Alarie y de Casey y Niblett, pese al reducido papel que en el mismo jugarían los tribunales en el proceso de aplicación del Derecho, podría precisar unos jueces transhumanistas como los imaginados por Tania Sourdin, cuyas capacidades vendrían aumentadas mediante la integración en su cerebro de programas de ordenador y la modificación de su constitución física o genética para incrementar su memoria e inteligencia, mejorar su capacidad de procesar la información y reducir la fatiga. Cfr. SOURDIN, T., "Judge v. Robot? Artificial Intelligence and judicial decision-making", *UNSW Law Journal*, vol. 41, nº 4, 2018, pág. 1131. De hecho, en su ya citada y reciente monografía, en la que hacen frente a las principales críticas vertidas contra su visión de la singularidad jurídica, AIDID, A. y ALARIE, B., *The legal singularity. How artificial intelligence can make Law radically better*, cit., contemplan esta posibilidad (págs. 136-137).

152 Cfr. BAYAMLIOGLU, E. y LEENES, R., "The «Rule of Law» implications of data-driven decision-making: a techno-regulatory perspective", *Law, Innovation and Technology*, vol. 10, nº 2, 2018, págs. 305-306.

153 Como afirma DANAHER, J., "The threat of algocracy: reality, resistance and accommodation", *Philosophy and Technology*, vol. 29, nº 3, 2016, estas visiones futuristas sobre la plena automatización del Derecho priorizan virtudes instrumentales y procedimentales, pero sacrifican el control y la comprensión humanas, reduciendo a los ciudadanos a simples sujetos que carecen de cualquier entendimiento real acerca de por qué y cómo funciona el Derecho, así como de las razo-

Una concepción del Derecho consistente con el ideal del imperio de la ley exige la existencia de un conjunto explícito, público y transparente de normas comprensibles cuyo significado y, en última instancia, legitimidad, puedan ser cuestionadas. Como afirma J. Waldron, si bien la mayoría de las concepciones sobre el *rule of law* ponen especial énfasis en aspectos formales del Derecho relacionados con el ideal de la certeza o seguridad jurídica, como la predictibilidad, la claridad y determinación de las normas, y el carácter relativamente sencillo y directo —lo más «automático» posible— de su aplicación, no debe olvidarse que la seguridad que aportan las normas jurídicas no es importante únicamente porque contribuya a la previsibilidad de sus resultados sino también porque se construye desde la contestabilidad de su significado. El carácter argumentativo del Derecho y la posibilidad de desafiar su interpretación y aplicación constituye una exigencia procedimental que se halla, inevitablemente, en tensión con la exigencia de certeza, pero que también representa una dimensión esencial de la idea misma del imperio de la ley. Dimensión que entronca directamente con la idea clásica de libertad positiva, en tanto ese proceso argumentativo sobre el que se construye el Derecho —institucionalizado en procedimientos jurídicos, como el procedimiento legislativo o el procedimiento judicial— representa un mecanismo clave para la participación activa de los ciudadanos en los asuntos públicos y la deliberación sobre el modo en que son gobernados[154].

Y es que, como consecuencia de esta degradación de nuestra comprensión del Derecho y de la experiencia jurídica, se vería también seriamente mermada la posibilidad de formulación por parte del ciudadano de cualquier demanda basada en razones jurídicas frente a la actuación, o a las omisiones en la actuación, de los poderes públicos, alterándose así sustancialmente el balance de poder entre la ciudadanía y el gobierno que se halla inherente en la doctrina del imperio de la ley[155]. En el marco del actual Estado social y democrático de Derecho, dicho ideal no solo exige, en la dirección gobernante-gobernados, el gobierno del comportamiento de los ciudadanos *por* el Derecho (*rule* by *law*), creado este con arreglo a un

---

nes de las decisiones jurídicas. De manera que la introducción de estos sistemas algocráticos minaría la participación ciudadana en la toma de decisiones públicas y, por tanto, la legitimidad del orden jurídico (pág. 246).

154 Cfr. WALDRON, J., "The Rule of Law and the importance of procedure", cit., págs. 18-23.

155 Sobre las desigualdades de poder que provocaría el alto grado de complejidad y opacidad de la arquitectura tecnológico-jurídica necesaria para soportar la singularidad jurídica, cfr. COBBE, J., "Legal singularity and the reflexivity of Law", cit., págs. 21-36.

proceso democrático y dotado de una serie de características formales que garanticen una razonable previsibilidad y seguridad, sino también, en la dirección inversa, el poder de los ciudadanos de controlar la actuación de los gobernantes mediante el escrutinio jurídico de su actividad, al objeto de evitar un ejercicio abusivo y arbitrario del poder[156]. El imperio de la ley exige, en este sentido, una reciprocidad entre gobernantes y gobernados en su compromiso de sujeción al Derecho[157]. Pero en un contexto en el que, debido a la extrema complejidad del orden normativo, el individuo se viera prácticamente impedido de conocer las normas y comprender siquiera los aspectos más elementales del Derecho, con la consiguiente incapacidad para evaluar conforme a criterios jurídicos la corrección de las actuaciones de los poderes públicos, cabe imaginar que esa posibilidad de escrutinio resultaría seriamente mermada, cuando no totalmente cercenada[158]. El «milagro» de un Derecho completo, predecible y accesible a través de la operación de poderosos sistemas de *machine learning* conduciría así a la eliminación de toda posibilidad de contestación política y ética del sistema jurídico y de contestación jurídica de esas reglas y microdirectivas absolutamente personalizadas que serían aplicadas a cada actuación del individuo[159]. Y, con ello, quedaría gravemente dañada una de las dimensiones esenciales y, a nuestro juicio, irrenunciables del ideal de imperio de la ley.

---

156 Las ideas de limitación y control del poder y de la actividad de los gobernantes por medio del Derecho constituyen el núcleo esencial del ideal del imperio de la ley en una de las concepciones más clásicas e influyentes del concepto de Estado de Derecho desarrolladas en nuestro país, como es la contenida en DÍAZ, E., *Estado de Derecho y sociedad democrática,* Cuadernos para el diálogo, Madrid, 1966.

157 Cfr. GREENSTEIN, S., "Preserving the rule of law in the era of artificial intelligence", cit., pág. 293, para quien la reciprocidad constituye precisamente una de las exigencias del imperio de la ley que resultarán más severamente afectadas por la creciente implantación de sistemas de inteligencia artificial en el ámbito jurídico.

158 Afirman en este sentido MARKOU, C. y DEAKIN, S., "From Rule of Law to Legal Singularity", en DEAKIN, S. y MARKOU, C. (eds.), *Is Law computable? Critical perspectives on Law and Artificial Intelligence,* cit., que el sistema jurídico ha de estar sujeto a mecanismos de control y equilibrio —o *feedbacks,* utilizando un término algorítmico— para determinar la legitimidad de sus operaciones internas y de los procesos de producción y aplicación del Derecho. De manera que en el estadio de la singularidad jurídica profetizado por B. Alarie, así como en el modelo expuesto por Casey y Niblett, la imposibilidad de llevar a cabo el escrutinio de las razones detrás de las normas y las decisiones jurídicas eliminaría cualquier mecanismo profiláctico contra el abuso de poder (pág. 7).

159 Cfr. MARKOU, C. y DEAKIN, S., "Ex Machina Lex: Exploring the limits of legal computability", en DEAKIN, S. y MARKOU, C. (eds.) *Is Law computable? Critical perspectives on Law and Artificial Intelligence,* cit., pág. 64.

II. INTELIGENCIA ARTIFICIAL EN EL PROCESO LEGISLATIVO

1. *Inteligencia artificial en la elaboración de las leyes*

De todas las operaciones que comportan los procesos de creación, interpretación y aplicación del Derecho, la legislación es, sin duda, la que resulta más difícil, si no imposible, de emular por la inteligencia artificial, puesto que implica la realización de complejas elecciones de carácter ético entre políticas, objetivos, valores, principios y, en definitiva, concepciones del mundo en conflicto, al objeto de determinar los fines sociales a perseguir. Elecciones que solo pueden ser afrontadas, en última instancia, desde una perspectiva radical e ineludiblemente humana. A diferencia de cualesquiera otras operaciones jurídicas, la toma de decisiones en el plano legislativo es solo parcialmente dependiente de las normas y de los razonamientos jurídicos, más allá de la obligada sujeción a las normas constitucionales, basándose fundamentalmente en informaciones y conocimientos de carácter extrajurídico —políticos e ideológicos, morales, económicos, sociológicos, científicos y técnicos…— sobre el mundo que nos rodea. De manera que la apertura y complejidad del razonamiento legislativo, la estructura de los diferentes tipos de conocimientos requeridos y, sobre todo, la naturaleza esencialmente subjetiva y valorativa de las elecciones éticas y políticas que ha de afrontar el legislador para determinar los fines sociales estimados más valiosos, hacen muy difícil siquiera imaginar —aun suponiendo que los sistemas de *machine learning* puedan alcanzar en el futuro la singularidad jurídica— una inteligencia artificial legisladora. Hemos visto en el apartado anterior cómo incluso en la utopía jurídico-tecnocrática pergeñada por Casey y Niblett la función de legislar sobre los objetivos políticos a perseguir socialmente se mantenía como el único, y último, reducto del orden jurídico reservado al juicio humano.

Probablemente, estas mismas razones son las que explican el desinterés académico por este campo de investigación. Y es que, en un momento en el que la temática de la inteligencia artificial y el Derecho se ha constituido en uno de los objetos centrales de la atención doctrinal en diversos campos del pensamiento jurídico, resulta llamativa la casi total ausencia de estudios sobre la aplicación de sistemas de *machine learning* en este ámbito de la actividad jurídica. Este desinterés, sin embargo, no está justificado. El hecho de que la inteligencia artificial no pueda suplantar al legislador no quiere decir que no le pueda resultar de suma utilidad en la realización de algunas de las múltiples tareas que comprende el proceso legislativo, de la misma manera que ya está asistiendo —no sustituyendo— a otros operadores jurídicos, como los abogados o los jueces, en la realización de diversos tipos de actividades que hasta ahora solo podían ser llevadas a cabo por profesionales expertos.

1.1. Automatización de tareas en apoyo de la actividad legislativa

La idea de utilizar la inteligencia artificial para mejorar la formulación y la calidad de las leyes no resulta un proyecto novedoso, en absoluto. Ya en la primera mitad de los años noventa del siglo pasado, en un contexto de creciente preocupación por el desmesurado crecimiento de una legislación cada vez más incoherente e inaprensible, y coincidiendo con el auge de los sistemas expertos en diversos ámbitos de la actividad jurídica[160], se desarrollaron diversos sistemas de este tipo dirigidos a facilitar al legislador la formulación de unas leyes de mayor calidad y efectividad. Se iniciaba así el desarrollo de la «legimática», esto es, el proyecto de aplicar las capacidades computaciones para la mejora de la tarea legislativa. Aquellos sistemas expertos de asistencia al legislador, siguiendo la dicotomía establecida en aquel momento por Wim Voermans y Egon Verharen, podían ser clasificados básicamente, con arreglo a su funcionalidad, bien como sistemas de apoyo a la redacción de las leyes o bien como sistemas de análisis y revisión legislativa. Los primeros estaban dirigidos a ayudar a los legisladores a plasmar sus proyectos en textos legislativos bien estructurados, coherentes y con un lenguaje claro y uniforme, mientras que el objetivo de los segundos era ayudarles a determinar la coherencia y las consecuencias de los textos legislativos antes de su aprobación[161].

En aquel momento, el interés se centró fundamentalmente, por su menor dificultad técnica, en los sistemas de asistencia a la redacción de los proyectos legales, concebidos como sistemas expertos que codificaban de una manera práctica un conjunto de criterios formales y materiales de técnica legislativa al objeto de guiar y auxiliar al legislador a lo largo de un proceso estructurado en una serie de fases sucesivas —por ejemplo, «definición del problema», «análisis del problema», «generación de soluciones alternativas», «análisis de las diferentes soluciones», «selección de una

---

160 Sobre el auge, a partir de los años ochenta del siglo pasado, de los sistemas expertos en diferentes áreas de la práctica jurídica, cfr. PÉREZ LUÑO, A. E., *Manual de informática y Derecho*, Ariel, Barcelona, 1996, págs. 179-204.

161 Cfr. VOERMANS, W. y VERHAREN, E., "Leda: a semi-intelligent legislative drafting-support system", *Jurix*, 1993, pág. 82.

solución», «implementación de la solución en el texto legislativo» y «evaluación»—, proporcionándole la información y orientación necesaria en cada paso. Este fue el caso del sistema LEDA (*Legislative Design and Advisory System*), desarrollado por el Ministerio de Justicia holandés, que traducía a algoritmos el contenido de 346 recomendaciones de técnica legislativa relativas a las actividades preparatorias de carácter metodológico y sustantivo, al diseño de la estructura del texto legislativo, a la composición de las frases y la terminología, y a los procedimientos[162]. El proyecto LEDA sirvió como modelo para la elaboración de otros sistemas de este tipo en diversos países, como el belga SOLON, que codificaba 254 directrices de técnica legislativa[163], el italiano *Lexedit*[164] o el australiano *EnAct*.

Al igual de lo que ocurrió en general con los sistemas expertos basados en reglas que se ensayaron en diversos campos del conocimiento a lo largo de las dos últimas décadas del siglo pasado, el principal obstáculo para su desarrollo en el ámbito jurídico vino constituido por el ímprobo esfuerzo que requería la tarea de extraer y codificar manualmente en un lenguaje formalizado toda la información que había de incorporarse al sistema[165]. Hasta el punto que, como es bien sabido, ese cuello de botella de la representación o ingeniería del conocimiento conduciría, a mediados de los noventa, a un «invierno de la inteligencia artificial» que solo ha podido ser superado la década pasada con el desarrollo de las tecnologías de *big data* y los algoritmos de *machine learning* y de procesamiento del lenguaje natural.

Hoy, desde las propias instituciones parlamentarias se están sucediendo diversas iniciativas para explorar el papel que la inteligencia artificial puede jugar en el desarrollo de las tareas legislativas y la mejora de la cali-

---

162 Sobre el diseño y las funcionalidades de LEDA, cfr. VOERMANS, W., "Computer-assisted legislative drafting in the Netherlands: the LEDA-system", *A National Conference on Legislative Drafting in the Global Village*, Centre for Legislative Studies, Tilburg University, 2000.

163 Cfr. DEBAENE, S., Van KUYCK, R. y Van BUGGENHOUT, B., "Legislative technique as basis of a legislative drafting system", *Jurix*, 1999, págs. 23-35.

164 Cfr. BIAGIOLI, C., MERCATALI, P. y SARTOR, G., "Legimatica: dal drafting al processo di produzione legislativa", en BIAGIOLI, C., MERCATALI, P. y SARTOR, G. (eds.), *Legimatica: Informatica per legiferare*, Edizioni Scientifiche Italiane, Napoli, 1995.

165 Como expresan VOERMANS, W. y VERHAREN, E., "Leda: a semi-intelligent legislative drafting-support system", cit., esta dificultad hizo imposible combinar en LEDA el sistema de apoyo a la redacción legislativa con un sistema de análisis y revisión legislativa, algo que a su juicio resultaba imprescindible para diseñar sistemas de asistencia legislativa realmente inteligentes (pág. 92).

dad y eficiencia de la legislación. En esta dirección, en febrero de 2020, la Red Parlamentaria Global de la OCDE constituyó el «Grupo Parlamentario sobre Inteligencia Artificial» como la primera red internacional de parlamentarios que trabajan sobre la aplicación de la inteligencia artificial en este campo, afirmando como uno de sus objetivos principales el de "incorporar la inteligencia artificial en los Parlamentos para promover cambios estructurales y enfoques emergentes"[166].

Ese mismo año el Parlamento griego, en colaboración con *The Open Government Institute* y con la participación de grupos de expertos de diversos parlamentos nacionales, lanzó un ambicioso proyecto que comenzó con el mapeo de hasta 210 tareas parlamentarias que podrían beneficiarse de la utilización de la inteligencia artificial. Una vez realizado dicho mapeo, en marzo de 2021 se celebró en Atenas una reunión de un grupo de parlamentarios expertos y consultores externos para analizar y priorizar las 36 propuestas relativas específicamente a la aplicación de la inteligencia artificial para mejorar la calidad del proceso legislativo[167]. Como resultado de dicha evaluación, el grupo de trabajo concluyó que las áreas de trabajo en las que las aportaciones de la inteligencia artificial pueden ser más relevantes en este campo —y donde, por tanto, habría de enfocarse prioritariamente la investigación y el desarrollo tecnológico— son, por este orden, las relativas a la redacción de las propuestas legislativas y el análisis de los potenciales impactos de la nueva legislación sobre el Derecho ya existente; a la traducción de los textos legislativos en un lenguaje informático común que pueda ser leído por las máquinas, de modo que permita la elaboración de un corpus de *Smart Law* comprensible por los sistemas de *machine learning*; y al incremento de la transparencia en el desarrollo de los procedimientos legislativos[168].

De manera prácticamente paralela, el equipo que desarrolla ese proyecto ha realizado también una encuesta a parlamentarios y profesionales jurídicos de Parlamentos de 25 países recabando su opinión sobre las

---

166 Cfr. https://www.oecd.org/parliamentarians/es/info/grupos-parlamentarios/.

167 El resto de las propuestas, hasta completar las 210 identificadas por los expertos, fueron etiquetadas en las siguientes áreas: parlamentarios (13), control parlamentario (14), educación cívica y cultura nacional (17), administración parlamentaria, edificios, servicios de transporte y policía (37), oficina parlamentaria, direcciones generales y elecciones (19), servicios científicos (13), organización (47) y otras cuestiones (14).

168 Cfr. Von LUCKE, J., FITSILIS, F. y ETSCHEID, J., "Using Artificial Intelligence for Legislation — Thinking about and selecting realistic topics", *EGOV-CeDEM-ePart 2022*, Linköping, Sweden, 6-8 September 2022, págs. 35-37.

tecnologías emergentes que, en términos de utilidad, madurez y aplicabilidad, consideran que deben tenerse en cuenta para su empleo en el ámbito parlamentario, al objeto de definir un marco estratégico integral para la transformación digital de los legislativos. Entre las tecnologías que someten a la consideración de los encuestados y que obtienen una mejor valoración se encuentran la informática jurídica, el parlamento virtual, el análisis de los medios sociales, la inteligencia artificial para la redacción de la legislación, los gemelos digitales de la infraestructura parlamentaria, el «Internet de las Cosas» parlamentario, la web semántica o la representación ontológica y gráfica de las entidades y procedimientos parlamentarios[169].

Más allá de estas iniciativas de alcance internacional, como comprobaremos a lo largo de la exposición, son diversos los Parlamentos nacionales que han emprendido proyectos más focalizados en la aplicación de la inteligencia artificial en tareas específicas, algunos de las cuales trataremos con cierto detalle por su especial relevancia y carácter innovador. Todo ello evidencia, en definitiva, la existencia de un interés creciente por parte de las instituciones parlamentarias en aprovechar las capacidades de la inteligencia artificial y otras tecnologías emergentes para mejorar su funcionamiento, si bien hasta ahora no dejan de ser una minoría aquellas cámaras legislativas que han implementado efectivamente algunas herramientas de este tipo.

Una buena visión global del estado de la cuestión en esta materia nos la proporciona el *Informe mundial de 2020 sobre el Parlamento electrónico*, elaborado por la Unión Interparlamentaria. Según el mismo, al finalizar ese año apenas el 10 por ciento de los Parlamentos nacionales habían adoptado tecnologías basadas en inteligencia artificial para la realización de cualquier tipo de tareas. Cifra que corrobora el retardo en la incorporación de esta tecnología con respecto a otros sectores de la actividad jurídica. Sin embargo, reflejando ese creciente interés que anteriormente mencionábamos, el informe subrayaba las posibilidades de rápido crecimiento en su uso, en tanto la inteligencia artificial era considerada, en opinión de los propios Parlamentos, la tecnología con mayores posibilidades de desarrollo, hasta el punto de que en aquel momento un 45 por ciento adicional contemplaba su implantación en los dos años siguientes[170]. Expectativas

---

169 Cfr. KORYZIS, D. *et al.*, "ParlTech: Transformation Framework for the Digital Parliament", *Big Data and Cognitive Computing*, vol. 5, nº 1, 2021.

170 Cfr. UNIÓN INTERPARLAMENTARIA, *Informe mundial de 2020 sobre el Parlamento electrónico*, 2021, pág. 35. En cuanto a los tipos de usos implementados o planea-

que, en buena medida, parecen haberse frustrado, al menos temporalmente. Como se evidencia en el informe correspondiente al año 2022, el impacto de la pandemia ha obligado a los Parlamentos a priorizar otros proyectos tecnológicos más inmediatos y urgentes, como los relacionados con la digitalización de procesos y flujos de trabajo, el trabajo a distancia y la virtualización de las sesiones. Actuaciones que resultan esenciales para garantizar la continuidad de las funciones parlamentarias en escenarios de severas restricciones a la movilidad[171].

Centrándonos exclusivamente en aquellas actividades parlamentarias que se hallan directamente relacionadas con el proceso de elaboración y formulación de las leyes, y a la vista de las iniciativas emprendidas en diversos países, podemos concluir que en este momento el empleo de la inteligencia artificial se está focalizando fundamentalmente en la realización de los siguientes tipos de tareas.

A. *Interacción con la ciudadanía y transparencia en el proceso legislativo*

Sin duda, las nuevas tecnologías, si son adecuadamente utilizadas, ofrecen un potencial enorme para fortalecer los procesos democráticos. En esta dirección, desde comienzos del siglo XXI se viene reflexionando sobre las posibilidades de construcción de una *e-democracia*, concebida como un sistema que aproveche inteligente y sistemáticamente "el uso de las tecnologías de la información y comunicación para recabar el apoyo de los ciudadanos en los procesos democráticos de toma de decisiones y fortalecer la democracia representativa"[172]. Uno de los pilares de este proyecto es la

---

dos, el informe señalaba que el 6% de los parlamentos ya utilizaba algún tipo de funcionalidad de inteligencia artificial para elaborar proyectos de ley, y aproximadamente un tercio estaba considerando esa posibilidad; un 4% empleaba inteligencia artificial para gestionar la información destinada a los parlamentarios y más de un 40% planeaban hacerlo; un 3% disponía de herramientas de inteligencia artificial para gestionar enmiendas a los proyectos de ley y casi un tercio lo estaban considerando; y, finalmente, un 2% utilizaba aplicaciones basadas en inteligencia artificial para recabar las aportaciones de los ciudadanos y casi un 40% lo preveía (pág. 61).

171 Cfr. UNIÓN INTERPALAMENTARIA, *Informe mundial de 2022 sobre el parlamento electrónico. Los parlamentos después de la pandemia*, 2022. Es sumamente significativo que en este último informe desparecen prácticamente las referencias a la inteligencia artificial.

172 MACINTOSH, A., "Characterizing e-participation in policy-making", *Proceedings of the 37th Hawaii International Conference on System Sciences*, 2004. Estos procesos democráticos de toma de decisiones "pueden ser divididos en dos principales ca-

apertura de las instituciones parlamentarias a la ciudadanía, promoviendo la participación pública y la transparencia en el desarrollo de los procedimientos legislativos. En este contexto, desde hace algo más de una década se viene manejando la noción específica de «e-Parlamento» o «Parlamento electrónico», alusiva a la necesidad de operar una transformación estructural de la institución parlamentaria que explote el potencial de las nuevas tecnologías de la información y la comunicación para permitir que los ciudadanos participen activamente, y en interacción con los legisladores, en los procesos de toma de decisiones legislativas. Hoy, junto a internet y las redes sociales, la disponibilidad de un amplio abanico de tecnologías emergentes —*big data*, inteligencia artificial, *blockchain*, internet de las cosas, realidad virtual y aumentada, gemelos digitales…— que pueden resultar útiles para dotar a la actividad parlamentaria de una mayor transparencia y participación ciudadana permiten visualizar el Parlamento, más que como un lugar, "como un *hub* de democracia digital para la implicación, comunicación, cooperación e interacción virtual entre ciudadanos y legisladores". Una especie de "plataforma colaborativa digital" que, operada de una manera transparente, podría contribuir a fortalecer y mejorar la actividad parlamentaria, y muy particularmente el procedimiento legislativo[173].

Entre las iniciativas más destacadas en este plano cabe resaltar la promovida por la Cámara de Diputados de Brasil, que en noviembre de 2018 integró en su plataforma digital el sistema *Ulysses*. Se trata de un sistema que engloba un conjunto de diversas aplicaciones basadas en inteligencia artificial dirigidas a incrementar la transparencia, mejorar la interacción entre los parlamentarios y los ciudadanos, y apoyar la actividad legislativa con herramientas de búsqueda y análisis de la información. Dentro de las funcionalidades de *Ulysses* se encuentra una herramienta específica de participación de los ciudadanos en el proceso legislativo que les permite interactuar con

---

tegorías: una relativa a los procesos electorales, incluyendo las votaciones electrónicas, y otra relativa a la participación electrónica de los ciudadanos en la toma democrática de decisiones" (pág. 2). En 2001 la OCDE fue la primera institución en elaborar un modelo dirigido a orientar y sugerir a los Estados diferentes formas de implicar a los ciudadanos en el desarrollo de las políticas públicas que consideraba las tecnologías de la información y comunicación. En dicho modelo, retocado en 2003 para incluir la acción de las redes sociales, se distinguen tres tipos de acciones participativas: información, consulta y participación activa (co-gobierno). Cfr. OECD, *Promise and Problems of E-Democracy*, OECD Publication Services, Paris, 2003.

173 KORYZIS, D. *et al.*, "ParlTech: Transformation Framework for the Digital Parliament", cit., pág. 2.

sus representantes y expresar sus opiniones y sugerencias sobre los proyectos legislativos en marcha. Se abre así un canal directo para el ejercicio de la e-democracia en relación a la toma de decisiones legislativas que se suma a otras vías ya disponibles, como las redes sociales de la institución[174]. En un contexto como el brasileño, sin embargo, sería imposible analizar el flujo de datos de la opinión pública basándose exclusivamente en el juicio humano —cada proyecto legislativo puede generar miles de comentarios—, por lo que las técnicas de analítica textual basadas en inteligencia artificial se constituyen en herramientas necesarias para el funcionamiento de estos mecanismos de democracia digital. En esta dirección ha sido desarrollado un modelo basado en *machine learning* no supervisado y semi-supervisado, que utiliza técnicas de procesamiento del lenguaje natural como algoritmos de *clustering* y de modelado de temas, para identificar, analizar y visualizar la información relevante extraída a partir de los comentarios, sugerencias y opiniones vertidos en la plataforma digital de la Cámara de Diputados en relación con cada proyecto legislativo en discusión[175].

Un objetivo similar, dentro de este contexto de fortalecimiento de los canales de la democracia parlamentaria digital, persigue el análisis de las redes sociales, en tanto estas se han constituido actualmente en la principal fuente de comunicación y transmisión de la información entre el legislador y la ciudadanía[176]. Por ello, cada vez es más frecuente que las bibliotecas y los departamentos de investigación de los Parlamentos, u otros servicios encargados de proporcionar a los legisladores y sus asistentes la información necesaria para el desarrollo de sus tareas parlamentarias, procuren a aquellos, además de las publicaciones y los documentos tradicionales —legislación, propuestas, estudios, análisis, informes, debates parlamentarios…—, información extraída de las redes sociales. En este contexto se inscriben iniciativas como la promovida conjuntamente por los Parlamen-

---

174 En este caso, atendiendo a la clasificación de las acciones participativas establecida en el modelo de e-democracia diseñado por la OCDE, la aplicación señalada se inscribiría fundamentalmente en el ámbito de la «consulta», en cuanto su objetivo fundamental es estimular una deliberación *online* que refuerce *la offline*, al objeto de fortalecer la democracia representativa.

175 Cfr. DA SILVA, N. F. *et al.*, "Evaluating topic models in portuguese political comments about bills from Brazil's Chamber of Deputies", en BRITTO, A. y VALDIVIA, K. V. (eds.), *Intelligent Systems. BRACIS 2021. Lecture Notes in Computer Science*, Springer, part II, 2021, págs. 104-120.

176 Según el *Informe mundial de 2020 sobre el Parlamento electrónico*, de la Unión Interparlamentaria, las redes sociales constituyen hoy el principal canal de comunicación de los legisladores con los ciudadanos (pág. 74).

tos de Grecia y Austria para el desarrollo de una aplicación (ARCOMEM) cuyo objetivo es la creación de una plataforma para preservar, gestionar, clasificar temáticamente y analizar esa información[177].

B. *Tareas preparatorias de la legislación: documentación y análisis de la información*

Según el *Informe mundial de 2020 sobre el Parlamento electrónico,* a finales de aquel año un 4 por ciento de los Parlamentos mundiales utilizaban alguna aplicación basada en inteligencia artificial para llevar a cabo tareas de identificación, selección, clasificación y análisis de la documentación e información relevante para la preparación de la legislación[178]. La investigación jurídica —esto es, la búsqueda y recuperación de la información jurídica relevante en relación a un determinado propósito— es una de las áreas de trabajo más clásicas y de mayor recorrido en el desarrollo de la inteligencia artificial jurídica desde que hace ya más de una década comenzaran a aplicarse las primeras técnicas de procesamiento del lenguaje natural, que permitieron realizar «búsquedas conceptuales» basadas en algoritmos de aprendizaje automático no supervisado. A las funcionalidades de estos sistemas de búsqueda y recuperación de la información se sumaron posteriormente, gracias a los avances en minería de datos y aprendizaje profundo, las capacidades de análisis de la información seleccionada. Se trata, pues, de tecnologías suficientemente maduras, de aplicación ya bastante generalizada en otros ámbitos de la actividad jurídica, que pueden adaptarse también a las particulares necesidades de los parlamentarios para ser utilizadas como apoyo en las tareas preparatorias de la legislación. Tareas que, aun teniendo un carácter meramente instrumental, son las que consumen mayor tiempo y esfuerzo en el proceso legislativo, ya que, además de la información precedente, a lo largo de las diferentes etapas de la tramitación de una propuesta o proyecto de ley se van generando y agregando gran cantidad de documentos no estructurados, lo que hace de su organización, acceso y recuperación una tarea compleja.

En este campo son diversas las iniciativas emprendidas. En Brasil, en el marco del ya mencionado proyecto *Ulysses* de la Cámara de Diputados, se ha desarrollado un modelo para mejorar los sistemas de búsqueda y

---

177 Cfr. DEMIDOVA, E. *et al.*, "Analysing and enriching focused semantic web archives for parliament applications", *Future Internet,* nº 6, 2014, págs. 433-456.

178 Cfr. UNIÓN INTERPARLAMENTARIA, *Informe mundial de 2020 sobre el Parlamento electrónico,* cit., pág. 61.

recuperación de la información legislativa, al objeto de agilizar la tarea de «Investigación Preliminar» que, en relación a todo proyecto legislativo, ha de efectuar la Consultoría Legislativa (CONLE), un órgano asesor de la Cámara cuya principal función es proporcionar el soporte necesario para la legislación[179]. En el ámbito europeo, la Unidad de Archivos del Parlamento Europeo ha desarrollado aplicaciones basadas en inteligencia artificial para analizar grandes volúmenes de documentos archivados. El Senado italiano ha implementado servicios basados en *deep learning* para la identificación y extracción automática de referencias normativas que incluyen funcionalidades de clasificación de leyes y enmiendas, tests automáticos de similitudes y elementos para el etiquetado de la información[180]. El Parlamento de Austria también utiliza inteligencia artificial para gestionar y perfeccionar la información que reciben los parlamentarios procedente de investigaciones y publicaciones externas[181]. Y también en nuestro país se están impulsando proyectos para mejorar la gestión, clasificación y acceso a la información por parte de los parlamentarios y de los ciudadanos, como el liderado por Iván Cantador y Lara Quijano-Sánchez, quienes han propuesto un nuevo enfoque basado en ontologías para el desarrollo de un sistema de recuperación de la información de contenidos parlamentarios, tales como los debates parlamentarios y las propuestas legislativas. El sistema está diseñado con vistas a su integración en *Parlamento 2030*, una plataforma digital que monitoriza la actividad parlamentaria con el objetivo declarado de promover una ciudadanía activa, informada y exigente, y una clase política responsable y sujeta al escrutinio público[182].

C. Tareas de redacción legislativa

El auxilio de la inteligencia artificial puede resultar especialmente valioso en relación a aquellas tareas más directamente relacionadas con la

---

179 Cfr. SOUSA, E. *et al.*, "An information retrieval pipeline for legislative documents from the Brazilian Chamber of Deputies", en SCHWEIGHOFER, E. (ed.), *Legal Knowledge and Information Systems*, IOS Press, 2021, págs. 119-126.

180 Cfr. Von LUCKE, J., FITSILIS, F. y ETSCHEID, J., "Using Artificial Intelligence for Legislation — Thinking about and selecting realistic topics", cit., pág. 34.

181 Cfr. UNIÓN INTERPARLAMENTARIA, *Informe mundial de 2020 sobre el Parlamento electrónico*, cit., pág. 61.

182 Cfr. CANTADOR, I. y QUIJANO-SÁNCHEZ, L., "Semantic annotation and retrieval of parliamentary content: A case study on the Spanish Congress of Deputies", *Proceedings of the Joint Conference of the Information Retrievals Communities in Europe (CIRCLE 2020)*, Samatan (France), 2020.

redacción de los textos legales. Hoy, si tenemos en cuenta los enormes avances experimentados por la inteligencia artificial jurídica en la automatización de las tareas de redacción de todo tipo de documentos jurídicos —contratos, informes jurídicos o borradores de sentencias—, no parece difícil augurar que aquella desempeñará un papel cada vez más importante también en la formulación de las leyes. Especialmente a la vista de la irrupción del modelo de lenguaje GPT[183], cuyas formidables capacidades ya han atraído la atención de algunas cámaras legislativas.

Por primera vez en la historia parlamentaria, el 4 de abril de 2021 la Comisión para el Futuro del Parlamento de Finlandia (*Eduskunta*) se reunió y entabló un diálogo con la inteligencia artificial. En concreto, con dos caracteres o avatares —Muskie y Saara— generados por el sistema de inteligencia artificial generativa GPT-3 a los que se atribuyeron perfiles de «personalidad» distintos: uno más enfocado hacia la innovación tecnológica y las posibilidades de negocio, y otro hacia la política medioambiental. Con ocasión de la preparación de un informe sobre las previsiones estratégicas de la Unión Europea en relación a la Agenda 2030 de las Naciones Unidas, los parlamentarios pertenecientes a dicha comisión consultaron con sus invitados virtuales asuntos como los orígenes y causas de la pobreza, el desempleo, la educación y el papel de la tecnología en la erradicación de la pobreza y la promoción de un desarrollo sostenible, entre otros. El resultado de la entrevista parece que fue tan positivo que el Parlamento finlandés analiza actualmente la posibilidad de utilizar la inteligencia artificial generativa para proporcionar a los parlamentarios información, puntos de vista e incluso argumentos y contra-argumentos, en un modo similar a como lo hacen los expertos humanos[184]. Y algunos destacados especialistas en el

---

183 En el ámbito de la abogacía —siempre un paso por delante de otros sectores jurídicos en la innovación tecnológica— ya hay algunas grandes firmas que han entrenado el modelo GPT con información jurídica para su utilización en la redacción de diversos tipos de documentos legales. La firma pionera ha sido *Allen & Overy*, que en febrero de 2023 lanzó una herramienta interna, bautizada como «Harvey», que está construida sobre una de las últimas versiones del modelo de *OpenAI*. Esta plataforma es utilizada por los cerca de 3500 abogados con los que cuenta la firma a nivel global para producir documentos legales en distintos idiomas, elaborar informes jurídicos, analizar contratos, realizar predicciones o llevar a cabo tareas de *compliance*. Cfr. CORTÉS, I., "ChatGPT llega a los bufetes: Allen & Overy lanza una herramienta interna de IA que redacta textos legales", *El Confidencial*, 15 de febrero de 2023 (https://www.elconfidencial.com/juridico/2023-02-15/allen-overy-lanza-una-herramienta-de-ia-para-redactar-textos-legales_3576481/).

184 Cfr. FITSILIS, F., "Artificial intelligence (AI) in Parliaments — preliminary analysis of the Eduskunta experiment", *The Journal of Legislative Studies*, vol. 27, nº 4,

uso de tecnologías inteligentes para el procesamiento y análisis de los datos parlamentarios ya han caracterizado esta tecnología emergente como una auténtica *game changer* para la institución parlamentaria[185].

Más recientemente, el 25 de enero de 2023, durante un debate en la Cámara de Representantes de los Estados Unidos sobre un proyecto de ley cuyo objeto era precisamente la creación de un centro estadounidense-israelí de investigación en inteligencia artificial, el congresista Jake Auchincloss leyó una intervención generada por el *chatbot* GPT. Y, al día siguiente, el congresista Ted W. Lieu introdujo en esa misma institución parlamentaria el primer proyecto legislativo elaborado por dicha aplicación. Se trató de una breve resolución legislativa en la que simplemente se llamaba al Congreso a regular la inteligencia artificial para asegurar que su desarrollo y utilización se realice de una manera segura, ética, respetuosa con los derechos y la privacidad de los ciudadanos, y que sus beneficios sean ampliamente distribuidos y sus riesgos minimizados[186]. Yendo aún un paso más allá, en diciembre de 2023 el consistorio de Porto Alegre (Brasil) aprobó la que se puede considerar la primera normativa redactada íntegramente por ChatGPT, aunque sus responsables no fueran conscientes de ello en aquel momento, ya que el concejal que recurrió a la inteligencia artificial para elaborar el proyecto normativo —que fue aprobado íntegramente, sin enmienda alguna, por unanimidad— no reveló tal circunstancia hasta unos días después de su aprobación[187]. Si bien es cierto que se trata de hitos de carácter fundamentalmente simbólico o incluso anecdótico, dirigidos en buena medida a recabar la atención pública sobre las potencialidades y los riesgos de la inteligencia artificial, no dejan de ofrecernos un atisbo sobre sus posibles utilidades en este campo.

De hecho, la Cámara de Representantes de los Estados Unidos aplica desde 2020 una herramienta basada en inteligencia artificial para estructurar el proceso de redacción de los proyectos legislativos y revisar sus contenidos. El proyecto comenzó en 2018, cuando el *US Code* —una compilación y co-

---

2021, págs. 621-633.

185 Cfr. FITSILIS, F. y Von LUCKE, J., "Beyond contemporary parliamentary practice. Unfolding the institutional potential of Artificial Intelligence", *The Parlamentarian*, vol. 104, nº 1, 2023, pág. 59.

186 El texto de la resolución legislativa puede verse en https://lieu.house.gov/media-center/press-releases/rep-lieu-introduces-first-federal-legislation-ever-written-artificial.

187 Cfr. FEST, S., "ChatGPT escribe leyes en una ciudad de Brasil", *El mundo*, 28 de diciembre de 2023 (https://www.elmundo.es/internacional/2023/12/28/658c3852e4d4d879658b45bb.html).

dificación por materias de la legislación federal general de los Estados Unidos— fue convertido en una estructura de datos XML. Esta traducción de la legislación vigente a un formato legible por máquinas ha permitido desarrollar herramientas de procesamiento del lenguaje natural que hoy son empleadas en el proceso de redacción de las leyes para monitorizar de manera inmediata cómo las distintas enmiendas que son introducidas a lo largo de la tramitación parlamentaria impactan en la consistencia interna del propio proyecto legislativo y cómo este proyecto incide en la legislación vigente[188].

También en el ámbito europeo este es un tema de acuciante actualidad. En un reciente estudio promovido por la Comisión Europea al objeto de explorar las potenciales aplicaciones de la inteligencia artificial para mejorar los procesos legislativos, tanto en el ámbito de la Unión Europea como en el plano nacional, son identificadas hasta 30 funcionalidades concretas relativas a las tareas de redacción legislativa. Funcionalidades que pueden agruparse en tres dominios[189]:

a) Inteligencia artificial para asistir al legislador en la tarea de redacción legislativa, al objeto de mejorar la calidad, coherencia semántica y eficacia de los textos legales.

   Las 17 ideas o sugerencias sobre la utilidad de la inteligencia artificial en este campo se refieren básicamente a

   — la verificación contextual del uso de citas, referencias, definiciones y términos legales, de modo que resulten coherentes con su empleo en otras normas, y la identificación de regulaciones similares;

   — la monitorización de cambios y modificaciones en el texto legislativo;

   — la asistencia jurídica en la redacción, por ejemplo, detectando y evitando estructuras que provoquen problemas interpretativos, analizando los efectos y detectando las incompatibilidades de parámetros temporales —disposiciones derogatorias, transitorias o excepcionales, y sus relaciones con las obligaciones iniciales— o identificando obligaciones explícitas e implícitas; y

---

188 Cfr. THE SELECT COMMITTEE ON THE MODERNIZATION OF CONGRESS, *Final Report*, nº 116-562, Washington, October 2020, págs. 72-73.

189 Cfr. PALMIRANI, M. *et al.*, *Legal Drafting in the Era of Artificial Intelligence and Digitisation,* European Commission, Directorate-General for Informatics, April 2022, págs. 20-26.

— la detección de determinadas prácticas legislativas defectuosas: por ejemplo, mediante el análisis y la clasificación de *corrigenda* pueden identificarse patrones a evitar en la redacción de futuras leyes.

b) Inteligencia artificial para informar la toma de decisiones, incluso al nivel de las políticas públicas, y para testar la consistencia jurídica del proyecto legislativo y su coherencia con la legislación vigente.

En este dominio se formulan 6 propuestas relativas a:

— la utilización de la inteligencia artificial para proporcionar apoyo lingüístico, al objeto de procurar una correcta formulación de los términos legales;

— la detección de modificaciones incompletas o implícitas y la identificación de derechos, obligaciones, permisos y castigos;

— el apoyo a la anotación semántica usando metadatos y ontologías lingüísticas y legales, con el fin de mejorar los métodos de recuperación de la información e identificar relaciones ocultas entre distintas regulaciones[190]; y

— la búsqueda de una redacción de los contenidos legales que facilite su digitalización.

c) Inteligencia artificial para el análisis del sistema legal y la evaluación de los efectos de una acción legislativa.

La analítica de datos puede resultar muy útil en este ámbito para detectar información oculta o difícil de apreciar —correlaciones, errores técnicos, similitudes y divergencias, cláusulas inusuales…— y aclarar determinados contenidos. Las 10 sugerencias en este campo se refieren a aspectos como:

— el modelado de partes relevantes de la legislación, identificando patrones y facilitando su aplicación, al que nos referiremos más extensamente en el apartado siguiente;

— la armonización de aspectos lingüísticos;

---

[190] La noción de «anotación semántica» hace referencia a una representación del contenido de los documentos que sea procesable automáticamente. Las anotaciones semánticas posibilitan el tránsito del lenguaje natural a la representación computacional de la información, enlazando los términos de un documento con su representación semántica en la ontología que representa el conocimiento de forma estructurada.

— el análisis del sistema jurídico para extraer conocimiento útil para la toma de decisiones y la redacción de las leyes; y

— el descubrimiento de patrones que puedan ser útiles a los redactores de las leyes para implementar nuevos rasgos o factores en las potenciales aplicaciones informáticas dirigidas a poner en práctica la legislación.

Una vez identificadas estas aplicaciones, el informe formula una propuesta para el diseño de un ecosistema tecnológico integral de asistencia al legislador que posea el potencial para transformar digitalmente los procesos legislativos y promover un cambio estructural que tenga un impacto positivo sobre su calidad, eficiencia y transparencia. Y, a tal efecto, dibuja una hoja de ruta para la construcción de una arquitectura tecnológica que implemente e integre las correspondientes herramientas de inteligencia artificial en torno al actual sistema *LEOS* (*Legislation Editing Open Software*), el *software* de código abierto que ha sido creado en el ámbito de la Unión Europea para impulsar la modernización y la transformación digital en las tareas de redacción y revisión de la legislación en las instituciones y órganos de la Unión y en sus Estados miembros[191]. Se inicia así un ambicioso proyecto que se halla en la línea del enfoque estratégico *Better Rules* que se expondrá a continuación.

En definitiva, a la vista de la diversidad de iniciativas emprendidas por distintas instituciones parlamentarias y del amplio catálogo de tareas que resultan potencialmente automatizables, parece difícil no concluir que, al igual de lo que ha ido sucediendo en otros ámbitos de la actividad jurídica —primero, desde hace ya prácticamente una década, en el campo de la abogacía, y, mucho más recientemente, en las administraciones públicas y la Administración de Justicia—, es solamente una cuestión de tiempo que la inteligencia artificial se acabe convirtiendo en una herramienta indispensable de auxilio en las tareas legislativas, pudiéndose ya hoy asumir con bastante seguridad que el "*ParlTech* está, literalmente, *ante portas*"[192].

---

191 Cfr. PALMIRANI, M. *et al.*, *Legal Drafting in the Era of Artificial Intelligence and Digitisation*, cit., pág. 5.

192 FITSILIS, F., "Artificial intelligence (AI) in Parliaments — preliminary analysis of the Eduskunta experiment", cit., pág. 629.

1.2. «Better Rules»: un proyecto de transformación de la actividad legislativa orientado a la digitalización del Derecho

Una de las ideas que más atención internacional está generando en la actualidad en relación a la aplicación de las nuevas tecnologías a la tarea legislativa es el *"Better Rules" Approach*, una iniciativa impulsada de manera pionera en Nueva Zelanda desde 2018 por el *Service Innovation Lab* gubernamental[193] y que ha inspirado la puesta en marcha de proyectos similares en otros países, como Dinamarca[194], Francia, Australia[195] y Canadá[196]. La noción de *Better Rules* alude, básicamente, a la adopción de un nuevo enfoque estratégico del proceso legislativo que trata de integrar las nuevas tecnologías en la creación del Derecho. Más que de una teoría unificada, se trata de una propuesta práctica impulsada por innovadores del sector público, legisladores y profesionales de las instituciones parlamentarias, por lo que constituye una etiqueta difusa, a menudo identificada o confundida con la noción distinta, pero relacionada, de *Rules as Code* o *Law as Code*, a la que me referiré en el siguiente epígrafe. Bajo aquella etiqueta se engloban diversos proyectos dirigidos a investigar si es posible un nuevo enfoque de la tarea legislativa que produzca un esquema susceptible de mejorar tanto el modo en que las leyes son elaboradas como el modo en el que pueden hacerse disponibles a través de medios computacionales.

Esta propuesta ha de entenderse en el contexto más amplio del corriente proceso de transformación digital de los servicios gubernamentales hacia la construcción de un gobierno digital[197]. Es una realidad incuestionable

---

193 Cfr. GOVERNMENT OF NEW ZEALAND SERVICE INNOVATION LAB, *Better Rules for Government. Discovery Report,* March 2018 (https://www.digital.govt.nz/dmsdocument/95-better-rules-for-government-discovery-report/html).

194 Cfr. https://en.digst.dk/digital-governance/digital-ready-legislation/.

195 Cfr. DE SOUSA, T., "Rules as Code NSW joins the worldwide movement to make Better Rules", *Digital. NSW,* 25 January 2019 (https://www.digital.nsw.gov.au/article/rules-as-code-nsw-joins-worldwide-movement-to-make-better-rules).

196 Cfr. McNAUGHTON, S., "Week 64 — The state of Rules as Code in the Government of Canada", *Medium,* May 29, 2020 (https://scottamcnaughton.medium.com/week-64-the-state-of-rules-as-code-in-the-government-of-canada-8f3cb327448d).

197 El Consejo de la OCDE, en su *Recomendación sobre Estrategias de Gobierno Digital* (2014), señala que la noción de gobierno digital alude "al uso de tecnologías digitales, como una parte integrante de las estrategias de modernización de los gobiernos, para crear valor público". Representa un cambio de cultura en el sector público que va mucho más allá de la mera provisión de servicios *online* o la eficiencia operacional. No se trata de digitalizar los procesos analógicos ya existentes sino de integrar el pensamiento y la tecnología digital en las estrategias de moder-

que nuestra interacción con las normas jurídicas, especialmente en el ámbito de los servicios gubernamentales, es cada vez con más frecuencia una interacción digital, mediada a través de estructuras y sistemas digitales que a menudo llevan incorporadas aquellas normas en sus arquitecturas. Así, por ejemplo, no es necesario que conozcamos la cambiante regulación del impuesto sobre la renta de las personas físicas para poder realizar cada año la declaración de este impuesto, puesto que podemos utilizar la aplicación informática de la Agencia Tributaria con la razonable confianza de que las operaciones mecánicamente permitidas y ejecutadas por la misma nos garantizan el *compliance* de aquella regulación. De este modo, en un medio ambiente cada vez más digitalizado y con un sistema regulador extraordinariamente complejo, la implementación efectiva de procesos basados en la aplicación de normas, como la prestación de servicios públicos a gran escala o la exigencia de garantizar el cumplimiento normativo en el desarrollo de todo tipo de actividades y procesos —tanto por parte de agencias gubernamentales como de organizaciones y compañías privadas o de los propios ciudadanos—, puede ser enormemente facilitada si las normas jurídicas pueden ser entendidas y ejecutadas por sistemas computacionales. En esta dirección, el enfoque *Better Rules* intenta pergeñar una metodología para formular la legislación, y las subsiguientes regulaciones administrativas, de un modo que las haga más susceptibles de ser implementadas a través del empleo de sistemas y servicios digitales. Lo que implica, en definitiva, que las normas jurídicas han de ser diseñadas y redactadas de manera que puedan ser más fácilmente traducidas a lenguaje informático, en aras a su integración en dichos sistemas y servicios.

Better Rules podría definirse como "el uso de *expertise* y métodos multidisciplinares de desarrollo de políticas públicas para aumentar la coherencia conceptual y la consistencia lógica de una iniciativa política, en aras a lograr su mejor expresión en instrumentos legales redactados en lenguaje natural, y el análisis de cómo esa política pública o regulación (tal como ha sido establecida en el instrumento legal) será implementada a través del diseño de servicios, tanto por humanos como por sistemas digitales"[198]. Persigue mejorar la eficiencia de los procesos legislativos,

---

nización de la administración, adaptando las capacidades, procesos, operaciones, metodologías y estructuras del sector público a las rápidamente cambiantes dinámicas y relaciones con unos *stakeholders* cada vez más capacitados y empoderados tecnológicamente en un ecosistema digital.

198 BARRACLOUGH, T., FRASER, H. y BARNES, C., *Legislation as Code for New Zealand: opportunities, risks, and recommendations*, Brainbox — The New Zealand Law Foundation, March 2021, pág. 37. Por «diseño de servicios», en general, se entiende la

lograr mejores resultados en la puesta en práctica de las políticas legislativas mediante un mayor alineamiento entre la intención del legislador y la acción de las agencias gubernamentales encargadas de su implementación, y prestar los servicios públicos de una manera más eficiente y consistente.

Para conseguirlo, promueve, desde la fase inicial de formulación de cualquier proyecto legislativo, la participación conjunta de quienes definen las políticas públicas, las plasman en leyes y regulaciones administrativas y las implementan —diseñadores de políticas públicas, legisladores, juristas, agencias gubernamentales, diseñadores de servicios, desarrolladores de *software*…—, así como de los distintos grupos de interés —entidades reguladas, proveedores de servicios, destinatarios finales de los servicios y grupos afectados por las decisiones…—, al objeto de articular de la manera más consistente y eficiente las normas jurídicas y los servicios, incluidos, en su caso, los digitales, a través de los que aquellas políticas se implementarán en la práctica. Mediante la configuración de estos equipos multidisciplinares para la formulación de la legislación se pretende, pues, tener una visión global de todo el sistema regulatorio, y de las exigencias de su diseño e implementación, desde el mismo inicio del proceso legislativo, con el objetivo de asegurar que aquel sistema está enfocado hacia la satisfacción de los usuarios finales de los servicios y, en definitiva, de los ciudadanos. La aplicación de este enfoque supone, pues, una transformación fundamental del proceso de legislación, así como también, en el caso de que las normas generadas sean en última instancia codificadas digitalmente, de los procesos de interpretación, aplicación y revisión de las normas generadas a través de dicho procedimiento[199].

Si bien uno de los potenciales objetivos que persigue la metodología *Better Rules* es la codificación informática de las normas jurídicas, o de determinados aspectos de las mismas, de manera que estas puedan ser inte-

---

planificación y organización de personas, procesos, infraestructuras, tecnologías, comunicaciones… que componen un determinado servicio para mejorar su calidad y la interacción entre el proveedor y el usuario del mismo. En el contexto específico aquí analizado, el gobierno de Nueva Zelanda lo define, de manera simple, como la técnica de "hacer que los servicios gubernamentales sean fáciles de usar por los ciudadanos", lo que significa que los servicios deben ser diseñados de modo que "pongan a los ciudadanos en el centro y les ayuden a hacer las tareas que necesitan hacer" (https://www.digital.govt.nz/standards-and-guidance/design-and-ux/service-design/service-design-overview/).

199 Cfr. MOHUN, J. y ROBERTS, A., *Cracking the code: Rulemaking for humans and machines*, OECD Working Papers on Public governance, nº 42, 2020, pág. 16.

gradas en la arquitectura digital de sistemas automatizados de aplicación del Derecho —aplicaciones de *compliance*, herramientas digitales para la prestación de servicios públicos, aplicaciones de cálculo o de selección de los destinatarios de determinados recursos, sistemas de toma automatizada de decisiones administrativas…—, este no es necesariamente el resultado final del proceso, ni tampoco el único o principal beneficio que, en opinión de sus defensores, este enfoque aporta a la tarea legislativa. De hecho, la propia guía del gobierno neozelandés para el desarrollo de este proyecto concluye que ni tiene sentido que toda legislación sea transformada en normas ejectuables por máquinas ni, por otro lado, toda legislación es apta para ello[200].

Pero, incluso aunque finalmente la legislación no sea operacionalizada en sistemas digitales, sino únicamente en lenguaje natural, los proponentes de este enfoque metodológico consideran que puede resultar de suma utilidad en tanto contribuye a producir mejores leyes y a lograr una implementación más coherente y lógicamente consistente de la legislación y las políticas públicas a través de la aplicación de técnicas de diseño de servicios, del modelado computacional de los sistemas reguladores y del testeo computacional de sus efectos. En este sentido debe tenerse en cuenta que *Better Rules* es, ante todo, una metodología dirigida a reflejar la lógica de la legislación y expresarla digitalmente a través de modelos conceptuales, modelos de decisión, ontologías semánticas y reglas. Operaciones de las que se pueden derivar diversos productos y materiales abiertos al público que facilitan la comprensión del significado de la legislación y la detección de sus insuficiencias e inconsistencias. De hecho, se trata de un método que no solo se emplea para la creación de nuevas normas dirigidas a ser implementadas digitalmente, sino también para la comprensión y evaluación de normas ya vigentes formuladas en lenguaje natural.

En cuanto al *iter* del proceso de aplicación de la metodología *Better Rules* para la legislación, podemos distinguir, básicamente, los siguientes pasos:

a) En primer lugar, para llevar a cabo el modelado digital de la legislación proyectada, el equipo multidisciplinar comienza desarrollando un modelo conceptual mediante la elaboración de una ontología semántica del dominio de regulación. Operación que consiste básicamente en la identificación y definición de los conceptos fundamentales de la regulación y el dibujo del esquema

---

200 Cfr. GOVERNMENT OF NEW ZEALAND — SERVICE INNOVATION LAB, *Better Rules for Government. Discovery Report*, cit., pág. 5.

lógico de sus relaciones. De este modo se formaliza una representación conceptual, siquiera sea provisional, del sistema regulador que se pretende diseñar. Este primer paso es crucial para definir la lógica y el alcance de la regulación y facilita la construcción de una comprensión compartida del proyecto legislativo por parte de todos los participantes.

b) La siguiente fase es la elaboración del modelo de decisión. Consiste en el diseño de árboles de decisión, a través de los cuales se expone el orden lógico en el que las diversas cuestiones conceptuales han de ser abordadas y las distintas situaciones posibles que, como resultado de la combinación de los diversos factores potencialmente concurrentes, han de ser consideradas a la hora de determinar las reglas a aplicar. A ello le sigue la definición de estas reglas, que son formuladas tanto en lenguaje natural como en lenguaje informático para poder ser codificadas en *software*.

c) Una vez completados el modelo conceptual y el modelo de decisión, el modelado digital del proyecto de legislación —o de diversos borradores alternativos— puede ser utilizado para realizar simulaciones y testar los efectos de la política legislativa —o de las diversas opciones barajadas— en distintos escenarios y en relación a diferentes grupos de población, obteniéndose de este modo un *feedback* que retroalimenta el proceso legislativo en la búsqueda de las mejores soluciones posibles y de la mayor calidad y eficiencia en la redacción de las leyes. En esta dirección, el modelado digital puede ser utilizado tanto para testar escenarios individuales, al objeto de comprobar si los efectos de la aplicación de la política legislativa en esas circunstancias singulares se ajustan a la intención del legislador, como para simular y proyectar el impacto general de la futura legislación, combinando en este caso las reglas codificadas con *big data* para evaluar los potenciales efectos de los cambios legislativos. Por ejemplo, se puede elaborar una herramienta de simulación de los efectos de una potencial nueva legislación tributaria mediante la aplicación de su modelado digital sobre los datos fiscales de la población que posee el gobierno[201].

---

[201] Este es justamente el objetivo de la herramienta *LexImpact*, desarrollada por el gobierno francés sobre la base de datos *OpenFisca*, que permite simular los posibles efectos de los cambios legislativos en materia fiscal y proporciona información sobre las potenciales implicaciones financieras para los ciudadanos. Cfr. https://leximpact.an.fr/presentation-et-cgu.

De este modo, *Better Rules* permite testar anticipadamente y de una manera holística los impactos de la lógica legislativa y del diseño de los servicios sobre los destinatarios de la regulación, así como detectar potenciales defectos en la formulación del proyecto legislativo: incoherencias conceptuales, inconsistencias lógicas, áreas de ambigüedad en la implementación de la legislación, lagunas normativas, excesivos márgenes interpretativos por parte de las agencias gubernamentales a la hora de aplicar la legislación, efectos indeseados en relación con la política pretendida, etc[202]. Todo ello facilita la tarea legislativa, porque ofrece al legislador la posibilidad de desarrollar y testar *ex ante* una política legislativa plenamente conformada y lógicamente coherente, lo que contribuye a que la misma pueda ser articulada y expresada de una forma más clara y rigurosa en la redacción definitiva del texto legislativo, con independencia de que finalmente dicho texto sea convertido o no en código informático para su implementación digital[203].

---

202 En relación a este punto, es importante señalar, a efectos de establecer diferencias entre el proceso de modelado digital de la legislación y su traducción en código informático ejecutable por máquinas para automatizar tareas jurídicas —asunto al que me referiré posteriormente—, que "la imprecisión puede ser modelada, pero no automatizada". Los modelos computaciones de las políticas públicas y los sistemas de regulación pueden incorporar mecanismos para introducir *inputs* humanos al objeto de gestionar la imprecisión. Es posible y técnicamente sencillo incorporar la discreción humana en un modelo computacional como un *input* en la operación del modelo, aunque este elemento discrecional no puede ser automatizado. Precisamente, esta tarea de modelado de un sistema regulador ayuda a identificar áreas de computabilidad —susceptibles de automatización— y áreas de no computabilidad —no susceptibles de ser automatizadas—, lo que puede ser beneficioso desde la perspectiva del diseño de los servicios que se halla en el núcleo del *Better Rules Approach*. Cfr. BARRACLOUGH, T., FRASER, H. y BARNES, C., *Legislation as Code for New Zealand: opportunities, risks, and recommendations*, cit., pág. 39.

203 Como afirma WADDINGTON, M., "Rules as Code", *Law in Context*, vol. 37, nº 1, 2020, el resultado de la aplicación del enfoque *Better Rules* "puede implicar simplemente subrayar las estructuras lógicas que el legislador está intentando crear en la legislación, de manera que cualquier uso de esa lógica sea siempre trazable, explicable y esté abierto a la corrección o a la apelación del mismo modo que lo está cuando un humano sigue la lógica del texto. Esto podría significar que los legisladores y los encargados de implementar las políticas públicas se entienden mejor durante el proceso de elaboración de la legislación, que los consultados pueden captar más fácilmente lo que el legislador se propone y demostrar cómo podría ser cambiado, que las inconsistencias en los proyectos legislativos pueden ser detectadas antes de que se conviertan en problemas, y que se puede ayudar a

d) Por último, en algunos casos, si se considera conveniente, el texto legislativo promulgado en lenguaje natural, o parte de él, puede ser también traducido y publicado en un lenguaje informático susceptible de ser ejecutado por sistemas digitales para automatizar determinadas tareas jurídicas. Lo que nos introduce en el dominio del *Law as Code*, que abordaremos en el siguiente apartado, como uno de los resultados potenciales de la metodología *Better Rules*[204].

En conclusión, al margen de la cuestión de la posible codificación final de la legislación en lenguaje ejecutable por máquinas, la metodología *Better Rules* puede aportar importantes beneficios a la tarea legislativa, entre los cuales podemos destacar:

---

quienes necesitan leer la legislación a navegar complejos sets de referencias cruzadas, condiciones y excepciones a otras excepciones. Estos serían beneficios muy significativos en sí mismos, sin necesidad de llegar a automatizar la implementación o el cumplimiento de la legislación" (pág. 182).

204 Una buena muestra práctica de aplicación de la metodología *Better Rules* nos la proporciona el proyecto canadiense de codificación digital de los artículos 12 y 13 de las *Canada Labour Standards Regulations* y otros aspectos del *Canada Labour Code* relativos al pago de las vacaciones. Primero, el equipo multidisciplinar comenzó identificando y definiendo los conceptos clave de la regulación, así como las relaciones entre ellos, para elaborar un modelo conceptual que proporcionara un punto común de referencia a lo largo del proyecto de codificación. A continuación, se creó un árbol de decisión deconstruyendo las regulaciones en una serie de cuestiones susceptibles de ser respondidas con un «sí» o un «no», teniendo en cuenta todas las consideraciones asociadas a cada cuestión —es decir, todas las variables que se necesita conocer para ser capaz de responder a la cuestión—. Una vez completados los modelos conceptuales y de decisión, la regulación fue codificada y se desarrolló un prototipo que fue testado mediante su aplicación a diferentes casos de uso y escenarios. Este proyecto se llevó a cabo a través de un proceso de sesiones abiertas a los agentes interesados, que puede seguirse a través de los posts publicados por su responsable, Scott McNaughton, en *Medium*, y que se recogen en la bibliografía. Esta apertura del proceso permitió que Jason Morris, creador de la plataforma tecnológica Blawx para la codificación de normas, ensayara en paralelo un diferente enfoque para modelar digitalmente esa regulación y crear una herramienta que puede dar respuestas a escenarios de prueba y proporcionar explicaciones a dichas respuestas. Cfr. MORRIS, J., "Playing along with Rules as Code", *Medium*, March 5, 2020 (Playing Along with Rules As Code: Part 6 | by Jason Morris | Medium). Se trata de una buena muestra del enfoque abierto y colaborativo promovido por el método *Better Rules* en la legislación, aunque en este caso no se tratara de elaborar una nueva legislación sino de evaluar los efectos de una ya existente mediante su modelado computacional.

— Énfasis en un enfoque más multidisciplinar e integrado en la definición, redacción e implementación de las políticas legislativas, con la aportación de todos los agentes implicados a lo largo de todo el ciclo vital de la legislación, desde su diseño hasta su puesta en práctica.

— Mayor alineamiento entre las políticas legislativas y su implementación de una manera efectiva y consistente. *Better Rules* promueve el mutuo entendimiento entre legisladores y ejecutores de la legislación, así como una conciencia de los impactos de las decisiones legislativas en los derechos de los ciudadanos y la prestación de servicios públicos, facilitando que tanto las regulaciones infralegales como los procesos de implementación y puesta en práctica de la legislación y los sistemas de prestación de servicios se ajusten a los propósitos del legislador.

— La construcción del modelo conceptual y del modelo de decisión contribuye a clarificar la lógica y los objetivos de la regulación, facilitando su comprensión tanto por parte de todos los agentes implicados en su formulación como de sus destinatarios y fomentando la transparencia.

— La utilización del modelado digital de las propuestas legislativas, en combinación con herramientas de *big data* y aprendizaje automático, para proyectar sus efectos en cientos o miles de potenciales casos de uso y escenarios permite detectar anticipadamente insuficiencias, vacíos normativos, inconsistencias lógicas y contradicciones, efectos indeseados, la incidencia de la propuesta en otras políticas interconectadas, etc.

— Como consecuencia de lo anterior *Better Rules* facilita que la política legislativa sea expresada de una forma más clara, coherente y precisa en el proceso de redacción de las leyes.

2. *El Derecho como código informático (Law as code)*

2.1. La transformación digital del Derecho: de la digitalización de los textos normativos a la promulgación del Derecho como código ejecutable por máquinas

Como ya se ha apuntado en el apartado anterior, uno de los resultados potenciales a los que puede conducir la aplicación de la metodología *Better Rules* es la producción de normas jurídicas codificadas informáticamente.

Con ello se produciría un salto cualitativo muy importante en el proceso progresivo de aplicación de las tecnologías digitales al Derecho. Un proceso en el que, a grandes rasgos, podemos distinguir las siguientes fases evolutivas[205].

a) El primer paso, plasmado en el desarrollo a lo largo de las dos últimas décadas del siglo XX de las bases de datos de legislación y jurisprudencia, fue la digitalización de la información jurídica, lo que implicó el tránsito del soporte papel a un formato digital susceptible de ser leído por las máquinas (*machine-readable*). Por digitalización no ha de entenderse aquí la mera accesibilidad digital a la información, sino la disponibilidad de esta información en forma de datos que un ordenador pueda procesar y utilizar sin pérdida de su significado semántico. Un documento puede estar disponible en un formato digital, lo que sin duda facilita el acceso al mismo —por ejemplo, a través de internet—, pero su contenido no se podrá extraer, procesar y transformar si el documento no es legible mecánicamente. Y no todo formato digital es *machine-readable*: por ejemplo, no lo es un documento PDF escaneado que no sea legible mediante Reconocimiento Óptico de Caracteres (OCR).

Solo un formato legible mecánicamente puede, por tanto, permitir al computador identificar y reutilizar el contenido de la información para diversos propósitos. Para ello, es necesario que la información posea un formato estructurado —el más típico es *eXtensible Markup Language* (XML)—, al objeto de que diferentes sistemas computacionales puedan intercambiar y compartir esa información. En esta dirección, la inteligencia artificial puede contribuir significativamente a esta reescritura algorítmica del Derecho —particularmente, las posibilidades que parece abrir en este campo el modelo lingüístico GPT son enormes—. Y, a tal efecto, ya han sido formulados los primeros estándares XML específicamente jurídicos (*LegalXML*) para la transformación, mediante herramientas de *machine learning*, de la información jurídica escrita en diversos formatos legibles mecánicamente: *Akoma Ntoso*, *LegalRuleML* y *LegalDocML* son tal vez los más importantes a día de hoy.

Es importante señalar que el empleo de estos lenguajes XML, o de cualquier otro de los lenguajes disponibles para almacenar la información

---

205 En términos generales, la periodificación que aquí se establece está inspirada en la efectuada por DE FILIPPI, P. y HASSAN, S., "Blockchain Technology as a Regulatory Technology: From «Code is Law» to «Law is Code»", *First Monday*, vol. 21, nº 12, 2016, págs. 1-2, si bien la caracterización que aquí se hace de las distintas fases comprende una serie de aspectos adicionales a los considerados por aquellos autores y difiere en otros.

jurídica en forma de datos legibles por un ordenador, no cambia fundamentalmente la naturaleza «textual» de dicha información. Las normas jurídicas almacenadas en un formato legible mecánicamente todavía están dirigidas a ser utilizadas como texto, no como código informático[206]. XML es simplemente un metalenguaje que permite presentar la norma jurídica redactada en un lenguaje natural, legible por humanos, en un formato más estructurado que sea legible por máquinas, pero no es un lenguaje ejecutable directamente por un sistema digital. Es decir, no permite que los sistemas digitales ejecuten acciones basadas en la aplicación de esas normas. Para ello es necesario desarrollar, en un lenguaje de programación, un código informático que contenga el conjunto de instrucciones que ha de ejecutar el computador. De manera que la digitalización del Derecho —su conversión en datos que contienen información semántica susceptible de ser procesada computacionalmente— no altera su carácter textual. Aquel continúa siendo entendido como un recurso lingüístico y tratado como información.

Con todo, la posibilidad de estructurar la información jurídica en un formato legible por máquinas ha sido un factor fundamental para el desarrollo de los sistemas automatizados de búsqueda y recuperación de la información jurídica. Este proceso de digitalización del Derecho propició ya en los años noventa del siglo pasado un enorme salto cualitativo en la mejora de los procesos de recopilación, gestión, clasificación, acceso y manejo de la información jurídica, en tanto posibilitó la creación de enormes bases digitales de datos disponibles *online* y el desarrollo de sistemas automatizados de búsqueda y recuperación de la información relevante en relación a una determinada cuestión o a un determinado propósito. Sistemas cuyas funcionalidades han aumentado exponencialmente en los últimos años con el desarrollo del *machine learning* y, sobre todo, con los avances en los algoritmos de procesamiento del lenguaje natural y en la minería de argumentos, que permiten a las máquinas identificar cada vez mejor el contenido semántico de la información y utilizarla para fines de análisis legal. Se trata este de un área de la inteligencia artificial jurídica en extraordinaria progresión, como muestra el desarrollo de las plataformas de *legal question answering*, capaces de buscar, seleccionar y utilizar la información jurídica relevante para generar automáticamente respuestas estructuradas y jurídicamente fundadas a cuestiones legales formuladas en lenguaje natural. Funcionalidades que cabe suponer se verán incrementa-

---

206 Cfr. BARRACLOUGH, T., FRASER, H. y BARNES, C., *Legislation as Code for New Zealand: opportunities, risks, and recommendations*, cit., pág. 76.

das con el entrenamiento y la aplicación del modelo de lenguaje GPT en el dominio de la información jurídica, tal como ya están comenzando a realizar algunos importantes bufetes y departamentos jurídicos de empresas.

b) En un estadio posterior, en el que hoy nos hallamos ya plenamente inmersos, el interés principal se está centrando en automatizar algunos procesos de aplicación del Derecho y de toma de decisiones jurídicas, o tareas específicas dentro de esos procesos. Los avances en este campo han sido enormes a lo largo de esta última década gracias al desarrollo de diversos tipos de aplicaciones de inteligencia artificial jurídica: sistemas expertos para el asesoramiento legal en materias específicas, automatización de los procesos de *compliance*, aplicaciones web para la elaboración de contratos y otro tipo de documentos jurídicos, sistemas para la toma —o la asistencia en la toma— de diferentes tipos de decisiones jurídicas, etc. Y, con el objetivo de facilitar el diseño de este tipo de aplicaciones, hoy buena parte de la investigación se está enfocando en el proyecto de convertir las normas jurídicas en código informático, de modo que el Derecho pueda ser computable, es decir, ejecutable por las máquinas (*machine-executable* o *machine-consumable*). A diferencia del formato *machine-readable*, el formato *machine-executable* no solo permite a los sistemas computacionales leer o identificar el contenido de la información, sino también ejecutar acciones basadas en el mismo.

Con este paso se trata, en definitiva, de transformar el Derecho escrito en un Derecho computable, modelando las normas jurídicas de manera que puedan ser transformadas en algoritmos que muevan las aplicaciones de inteligencia artificial jurídica. Ello facilitaría enormemente el desarrollo de un ecosistema integrado de tecnología jurídica en el que las distintas aplicaciones o herramientas pudieran «dialogar» directamente entre sí en un nuevo lenguaje común. Además, representaría un paso importante para el desarrollo de una inteligencia artificial jurídica abierta y transparente, *code-driven*[207].

---

[207] Las operaciones de un Derecho ejecutable en formato *code-driven* responden a una lógica determinista, en respuesta a los *inputs* proporcionados al sistema: su diseño está basado en árboles de decisión que emplean reglas del tipo "si x, entonces y" formuladas por expertos que trasladan directamente sus conocimientos jurídicos al código informático, de manera que sus resultados son transparentes, predecibles y explicables. Por el contrario, en un *data-driven law* el código informático es conformado automáticamente por un sistema de *machine learning* a partir de los datos con los que ha sido entrenado, por lo que tanto sus reglas como sus resultados pueden resultar opacos, particularmente cuando se emplean algoritmos de aprendizaje profundo. Sobre la distinción entre regulación *code-driven*

Detrás de este planteamiento se halla una realidad evidente: hoy las máquinas se han convertido en unos nuevos destinatarios o usuarios de las normas jurídicas, cada vez más importantes. Pensemos, por ejemplo, en las empresas o entidades financieras y bancarias que han de integrar en sus sistemas digitales las exigencias normativas impuestas por las cada vez más numerosas y complejas regulaciones relativas a materias fiscales, prevención del blanqueo de capitales y financiación del terrorismo, detección de conflictos de intereses, observancia de determinados criterios técnicos, etc., al objeto de asegurar el *compliance* de tales normas en el desarrollo de sus procesos operativos. Para soportar esos procesos mecánicos de aplicación y cumplimiento del Derecho es necesario traducir o, más bien, reescribir, las normas jurídicas como código informático que pueda ser ejecutado computacionalmente. Una operación que, a día de hoy, ha de ser realizada, bien por cada una de las entidades, empresas o agentes interesados en incorporar esas normas a sus arquitecturas digitales, o bien por alguna de las cada vez más numerosas empresas especializadas que utilizan la inteligencia artificial para ayudar a aquellos a automatizar las tareas de cumplimiento normativo y a acreditar ese cumplimiento —lo que se denomina el sector *RegTech*—.

Utilizo el término «reescribir» porque la noción de «traducción» habitualmente empleada para referirse a esta operación de reformulación de las normas jurídicas en código informático, que tiene su origen en la concepción metafórica del código informático como un lenguaje, puede resultar equívoca y simplificadora. La traslación de la norma formulada en un lenguaje natural a un lenguaje ejecutable por máquinas implica en realidad, como ya se avanzó al hablar de la metodología *Better Rules*, una operación de «modelado» computacional del Derecho, en tanto es preciso construir un modelo codificado que lo represente. La noción de Derecho computable implica convertir las normas jurídicas a un formato que permita a los ordenadores modelar el efecto del Derecho. Hablar de normas jurídicas ejecutables por máquinas significa que es posible proporcionar a los sistemas computacionales datos de entrada (*inputs*) que representen eventos legalmente significativos y que el sistema modelará el efecto del Derecho en respuesta a ese evento. El código informático que constituye la representación digital de la norma jurídica intenta, pues, mimetizar el efecto de esta en el sistema que es modelado. Por tanto, cuando las normas son modeladas computacionalmente con la intención de que no solo

y *data-driven* cfr. HILDEBRANDT, M., "Algorithmic regulation and the Rule of Law", *Philosophical Transactions A*, 376, 2018, págs. 2-4.

sean legibles sino también ejecutables por máquinas, es más bien el efecto jurídico anticipado de la norma lo que está siendo modelado, no su texto o formulación lingüística[208]. Y eso implica necesariamente una tarea de interpretación de las normas jurídicas, en tanto comporta descifrar el significado que ha de ser operacionalizado en el modelo codificado. «Traducir» las normas jurídicas en código informático supone, en definitiva, modelar computacionalmente una interpretación del Derecho. Y ello, como indicaré posteriormente, plantea algunas dificultades, tanto desde el punto de vista técnico como jurídico.

Por otro lado, la elaboración de un Derecho ejecutable mecánicamente mediante el modelado del texto legal como código informático requiere un intensivo trabajo «manual» por parte de expertos que exige tiempo, esfuerzo y juicio humano. En este punto nos toparíamos con el conocido problema del cuello de botella de la representación del conocimiento jurídico. Este es a día de hoy el principal obstáculo para el desarrollo de este proceso de codificación computacional del Derecho a gran escala. Por ello, el objetivo de muchas investigaciones en curso es desarrollar aplicaciones de *machine learning* y procesamiento del lenguaje natural que sean capaces de generar automáticamente código informático —normas ejecutables por máquinas— a partir de los textos legales formulados en lenguaje natural o, incluso, a partir de la versión de las normas jurídicas en formatos legibles mecánicamente[209]. Entre tanto, para poder madurar y desarrollar

---

208 Cfr. BARRACLOUGH, T., FRASER, H. y BARNES, C., *Legislation as Code for New Zealand: opportunities, risks, and recommendations*, cit., págs. 76 y 70.

209 En la actualidad se hallan en marcha diversos proyectos de investigación y desarrollo tecnológico para intentar superar este obstáculo. Uno de los que parecen más prometedores es el proyecto *Regulation as a Platform* (RaaP), desarrollado por el equipo *Data61* de la Agencia gubernamental australiana para la investigación científica (CSIRO). Se trata de una plataforma de código abierto basada en la versión legible mecánicamente de leyes y otras normas vigentes que trata de transformar su contenido en lógica digital que pueda ser posteriormente puesta a disposición de las compañías para desarrollar aplicaciones de software y servicios. Este prototipo es capaz de leer, entender y convertir automáticamente entre el 50 y el 80 por ciento del contenido en lógica matemática. Para asegurarse de que el algoritmo ha capturado correctamente el propósito legislativo, los investigadores y desarrolladores del proyecto colaboran con expertos en política legislativa que revisan el conjunto de reglas codificadas informáticamente que han sido generadas por la plataforma. Finalmente, estas reglas son almacenadas en una base de datos que alimenta diferentes aplicaciones. Cfr. DATA61, *Case Study on CSIRO's Data61, Australia: Contribution to the OECD TIP Digital and Open Innovation Project*, 2019, págs. 31-32. Pero hasta ahora ninguna herramienta ha logrado generar au-

de una manera efectiva y a gran escala este proyecto codificador es preciso decidir y resolver algunas cuestiones técnicas que en este momento aún se hallan en discusión en el seno de la comunidad científica, como la elección del lenguaje de programación más adecuado para codificar las normas jurídicas y facilitar su interoperabilidad entre la administración y los agentes privados que deseen desarrollar aplicaciones y servicios o incorporarlas a sus arquitecturas digitales a efectos de *compliance*[210], la elección del motor de reglas más apropiado para llevar a cabo la codificación[211] o la disponi-

---

tomática y completamente normas ejecutables mecánicamente a partir de lenguaje natural o lenguaje legible mecánicamente con un nivel de precisión 1-a-1.

210 Una de las principales elecciones a realizar en este punto es si resulta más adecuado codificar las normas jurídicas en un lenguaje de programación imperativo —como *C* o *Java*— o declarativo —como *SQL* o *HTML*—. En principio, la mayoría de la comunidad científica parece apostar por lenguajes de programación declarativos, por adaptarse mejor a la forma en la que habitualmente son redactadas las normas jurídicas y facilitar técnicamente la interpretabilidad y explicabilidad del proceso. Otra distinción a tener en cuenta es la establecida entre lenguajes de propósito general —como *Java, C++* o *Python*—, susceptibles de ser empleados en cualquier campo, o lenguajes específicos de dominio, que son diseñados y empleados para una finalidad específica. Los primeros tienen la ventaja de que son lenguajes bien conocidos y establecidos en el desarrollo de *software*, por lo que puede resultar más fácil su integración e interoperabilidad, aunque pueden ser menos útiles cuando se requiere una semántica específica. Por el contrario, los lenguajes específicos de dominio son más limitados en su campo potencial de aplicación, pero se pueden adaptar mejor a la naturaleza específica de los problemas abordados. En la actualidad, existen diversos proyectos de desarrollo de lenguajes específicos para codificar normas jurídicas, como los lenguajes *L4* —desarrollado por la compañía *Legalese*— o *Catala* —desarrollado por el *Institut National de recherche en sciences et technologies du numérique* francés—. Cfr. MOHUN, J. y ROBERTS, A., *Cracking the code: Rulemaking for humans and machines*, cit., págs. 70-73.

211 Hasta ahora, en los diversos proyectos impulsados para codificar normas jurídicas en formatos ejecutables por máquinas se han utilizado distintas soluciones técnicas, dependiendo del método utilizado para llevar a cabo esa operación. En algunos casos se ha empleado la plataforma *Oracle Policy Automation*, una aplicación comercial bastante utilizada por bufetes y departamentos jurídicos de empresas para modelar y automatizar la implementación de políticas, legislación y reglas de negocio en sus procesos operativos. Su carácter privado —el secreto de sus algoritmos está protegido por el derecho de propiedad intelectual— es uno de los principales inconvenientes para su adopción general y, por ello, se están desarrollando otras plataformas de código abierto, como *Blawx* o la ya mencionada *Regulations as a Platform*. Una lista más completa de motores de reglas que han sido identificados como potencialmente útiles para convertir normas jurídicas en reglas ejectutables mecánicamente puede verse en DE SOUSA, T., *5 Rules engines and APIs*, December 8, 2020 (https://github.com/Rules-as-Code-League/RaC-Handbook/wiki/5-Rules-engines-and-APIs).

bilidad de datos de alta calidad, precisos y estandarizados que permitan testar los modelos codificados.

c) Esta conversión del Derecho en código informático ejecutable por máquinas permite también, avanzando un paso más en la automatización de los procesos de aplicación del Derecho, incorporar esas normas jurídicas modeladas digitalmente en las arquitecturas tecnológicas ambientales que gobiernan la conducta humana. Con el creciente desarrollo del Internet de las Cosas y la inteligencia artificial cada vez es más amplio el área de nuestras interacciones que está tecnológicamente gobernado mediante *software* que ha sido diseñado para forzar o garantizar el cumplimiento de las normas y que se halla incrustado inadvertidamente en las infraestructuras que nos rodean, limitando así fácticamente nuestras posibilidades de actuación y determinando lo que puede o no puede ser hecho. Nos hallamos aquí ante el desarrollo de lo que podríamos denominar la «regulación mediante código (informático)». Un fenómeno que ya fue descrito y expresado gráficamente por Lawrence Lessig en los años noventa del siglo pasado en relación al dominio de internet mediante su famoso dictum *Code is Law*: en el contexto digital el código informático es la ley, en tanto dicho código constituye la arquitectura de internet, y esa arquitectura es capaz de constreñir las acciones del individuo definiendo las opciones y los límites de las interacciones[212]. Hoy, a través del Internet de las Cosas, el paradigma descrito por Lessig ha podido dar el salto desde el espacio virtual al mundo físico, en tanto es posible incorporar las normas jurídicas en la arquitectura tecnológica de las infraestructuras, sistemas, máquinas… que se hallan presentes en nuestro medio ambiente y con las que interactuamos cotidianamente. De este modo, cabe utilizar la normatividad tecnológica de la que nos hablaba Hildebrandt —esto es, el modo en que un dispositivo o una infraestructura tecnológica particular realmente constriñe las acciones humanas, invitando o forzando, inhibiendo o prohibiendo determinados tipos de conductas— para reforzar la normatividad legal y asegurar su eficacia, eliminando incluso de antemano la mera posibilidad de incumplimiento de la norma. Nos adentramos así en el denominado «Gobierno por las Cosas» (*Governance by Things*)[213] o «tecno-regulación»[214]. Un dominio en el que la «inteligencia ambiental» es

---

212 LESSIG, L., *El código y otras leyes del ciberespacio*, cit., pág. 25.

213 Cfr. SCHULZ, W. y DANKERT, K., "Governance by Things as a challenge to regulation by law", *Internet Policy Review*, vol. 5, nº 2, 2016, págs. 1-20.

214 Cfr. BROWNSWORD, R., "What the world needs now: techno-regulation, human rights and human dignity", en IDEM (ed.), *Global governance and the quest for justice: Volume 4 — Human rights*, Hart Publishing, Oxford, 2004, págs. 203-234.

susceptible de ser transformada en un auténtico «Derecho ambiental», en el sentido de un Derecho inscrito en (y forzado a través de) las estructuras tecnológicas ambientales[215].

Un ejemplo claro de cómo el código informático puede ser empleado para incorporar un esquema de regulación en las infraestructuras tecnológicas que utilizamos, y forzar a través del funcionamiento de esas infraestructuras su cumplimiento, lo podemos encontrar en el contexto de las normas de protección de los derechos de propiedad intelectual. Con el advenimiento de la digitalización se hizo casi imposible garantizar la aplicación y el cumplimiento de esta legislación, debido a la facilidad de reproducción y distribución de todo tipo de obras literarias, musicales, audiovisuales... Para atajar este problema, se incorporaron en el *software* de las tecnologías utilizadas por las compañías proveedoras de contenidos digitales sistemas DRM (*Digital Rights Management*) de gestión de los derechos digitales, que permiten gestionar de manera remota la forma en que un consumidor utiliza o disfruta de un determinado archivo digital, y medidas tecnológicas de protección (sistemas MTP) que establecen controles de uso, acceso o restricción de copiado en obras protegidas. En estos casos, por tanto, el código informático es utilizado como un medio para trasplantar las normas jurídicas al dominio digital y reforzar o garantizar así su cumplimiento mediante el diseño de la tecnología.

Otro campo en el que parece que puede llegar a imponerse esta forma de regulación mediante código informático es el control del acceso a contenidos ilegales en internet. Un buen ejemplo nos lo proporciona la polémica ley sobre clasificación de contenidos y prevención del daño digital aprobada por el Parlamento neozelandés en noviembre de 2021 en el marco de una serie de reformas legales motivadas por los ataques terroristas acontecidos en Christchurch dos años antes[216]. Esta legislación autoriza al

---

215 Cfr. HILDEBRANDT, M., "A vision of Ambient Law", en BROWNSWORD, R. y YEUNG, K. (eds.), *Regulating Technologies*, Hart Publishing, Oxford, 2008, págs. 187-188. En todo caso, como afirman SCHULZ, W. y DANKERT, K., "Governance by Things as a challenge to regulation by law", cit., no se trata de que el «Gobierno por las Cosas» reemplace al Derecho, sino de utilizar, en aquellos casos en los que resulte posible y sea socialmente valioso, la normatividad de estas arquitecturas tecnológicas para asegurar su observancia. Para ello, proponen el desarrollo de una regulación de segundo orden, dirigida a los productores de bienes y servicios de «Internet de las Cosas» que defina los principios y los límites del «Gobierno por las Cosas», especialmente en determinadas áreas (pág. 12).

216 Me refiero a la *Films, Videos, and Publications Classification (Urgent Interim Classification of Publications and Prevention of Online Harm) Amendment Act 2021.*

gobierno a diseñar, desarrollar y emplear sistemas digitales de censura que filtren automáticamente los contenidos de internet para evitar el acceso de los usuarios a aquellos que son clasificados como «material inaceptable» —por ejemplo, se consideran *objectionable material* los contenidos que promuevan o apoyen la explotación sexual de niños, el terrorismo o la tortura, entre otros—. Se delega, pues, en el poder ejecutivo la elaboración de un modelo codificado —ejecutable mecánicamente— de la regulación en esta materia cuya incorporación en la arquitectura tecnológica de los sistemas computacionales pueda garantizar el cumplimiento automatizado y a gran escala de las restricciones legislativas. Algo que sería humanamente imposible de llevar a cabo o de controlar mediante los instrumentos tradicionales de imposición del Derecho.

d) El desafío más reciente, apenas esbozado, tiene que ver con la apertura de un nuevo proceso de codificación del Derecho e implica una transformación de la tarea legislativa y del propio enfoque regulador. Esta nueva codificación iría más allá de la traducción del Derecho ya formulado en lenguaje natural a código informático para posibilitar la automatización de los procesos de aplicación del Derecho o garantizar su cumplimiento a través de la tecnología. Supone extender esta dinámica tecnológica al propio proceso de creación del Derecho, haciendo que el legislador elabore, redacte y promulgue las normas jurídicas directamente como código informático abierto y reutilizable, de manera que puedan ser implementadas en formas ejecutables computacionalmente sin necesidad de ser traducidas desde una fuente original en lenguaje natural. Se produciría así el salto —o, en cierto sentido, la inversión— desde el *Code is Law* de Lessig al *Law is Code* o *Law as Code*: un nuevo paradigma en el que "el Derecho es código [informático]".

Hasta ahora nuestra concepción del Derecho y de la experiencia jurídica ha venido mediada y condicionada por su forma de articulación en un lenguaje natural, entendida como el único formato oficial o autoritativo de las normas jurídicas. Frente a ello, la implantación del *Law as Code* implicaría otorgar idéntica validez a la norma formulada en lenguaje natural y a su modelo codificado en formato ejecutable por máquinas, su «gemelo digital», siendo ambos formatos promulgados de manera simultánea por el órgano creador de la norma. No se trata ya, por tanto, de que la normatividad tecnológica suplante a la normatividad legal, como expresaba el dictum de *Lessig*, sino de formular tecnológicamente la normatividad legal, inscribiendo así el Derecho en una nueva dimensión: la digital. El objetivo final es que la expresión de las normas jurídicas en código digital ejecutable por máquinas tenga un estatus jurídico equivalente a las disposiciones formuladas en lenguaje natural y que aquellas puedan ser directamente integradas, con todas las garantías de seguridad jurídica, en los sistemas automatizados de aplicación y cumplimiento del Derecho, en los procesos digitales de prestación de servicios basados en tales normas y en los sistemas automatizados de toma, o asistencia en la toma, de decisiones.

Tal vez el ejemplo más patente, si bien limitado, hasta el momento de esta nueva forma de creación del Derecho como código ejecutable computacionalmente nos lo proporcionan los *smart contracts* basados en la tecnología de bloques o *blockchain*. Como es sabido, los *smart contracts* son programas informáticos que automatizan las relaciones contractuales a lo largo de todo su ciclo vital, facilitando la negociación, perfeccionando el contrato y asegurando su ejecución[217]. Estos códigos informáticos pueden interactuar tanto con personas como con otros *smart contracts* existentes dentro del mismo ecosistema *blockchain* (*Ethereum* es, a día de hoy, la plataforma más utilizada) y se ejecutan automáticamente de una manera autónoma —no dependen de una tercera parte para operar— e independiente —no pueden ser controlados por nadie—. Incluso, puede crearse un conjunto de *smart contracts* de tal modo que puedan interactuar entre sí múltiples partes, ya sean personas y/o *smart contracts*: esta combinación conforma así una organización autónoma descentralizada (DAO) que funciona autónomamente y es gobernada por un conjunto de reglas codificadas —la DAO puede, por ejemplo, contratar automáticamente, por sí misma, con terceros—. Con los *smart contracts* ya no estamos por tanto, o al menos no siempre, ante traducciones digitales de contratos legales formulados previamente en lenguaje natural, como un mero mecanismo para asegurar su cumplimiento, sino ante códigos informáticos que suplantan a aquellos y cuya función primaria es tener el mismo efecto que las normas jurídicas, esto es, convertirse en Derecho.

---

[217] En ocasiones un *smart contract* implica mucho más que la automatización de la ejecución de un contrato previamente realizado por las partes. Estas pueden acordar que el mismo nacimiento de la relación contractual o la determinación total o parcial de su contenido sea «decidida» por el propio sistema computacional. En noviembre de 2023 saltó a los titulares de la prensa especializada la noticia de que un sistema de inteligencia artificial había negociado un contrato de forma totalmente autónoma y sin ninguna intervención humana, salvo la firma final del contrato. Se trata de un modelo de lenguaje de gran tamaño desarrollado y entrenado específicamente para llevar a cabo tareas jurídicas por la compañía *Luminance*, una empresa que cuenta ya con gran experiencia en el desarrollo de sistemas de inteligencia artificial jurídica. Cfr. infobae.com/estados-unidos/2023/11/10/por-primera-vez-una-inteligencia-artificial-negocio-un-contrato-de-forma-autonoma/.

Como expusimos en el apartado anterior, la noción de *Law as Code* —o *Rules as Code*, como prefieren algunos autores— fue acuñada en el marco del programa *Better Rules* neozelandés. Como vimos allí, esta metodología plantea la necesidad de revisar el proceso legislativo al objeto de mejorar la calidad y la consistencia de los resultados de la implementación de las políticas legislativas y la prestación de servicios públicos en un contexto eminentemente digital, siendo uno de sus posibles resultados la creación de normas jurídicas en formato de código ejecutable por máquinas. Justamente, una de las conclusiones principales del informe del gobierno neozelandés sobre el proyecto *Better Rules* —que incluía el experimento de convertir en código informático varias disposiciones legislativas ya vigentes— es que resulta difícil modelar digitalmente normas ejecutables por máquinas si la legislación que es preciso reescribir como código no fue elaborada ya con este objetivo en mente, por lo que la manera más efectiva de facilitar este nuevo proceso de codificación es confiar la elaboración y redacción de las leyes a un equipo multidisciplinar que integre a legisladores, juristas, expertos en políticas y administración pública, diseñadores de servicios, desarrolladores de *software*... Además, como ya indicamos en su momento, el co-diseño paralelo de la legislación en lenguaje natural y de su «gemelo digital», cada uno de ellos ayudando a modelar y desarrollar al otro en un proceso de ajuste mutuo, mejora la calidad del proceso legislativo y aumenta las posibilidades de que la regulación sea implementada efectiva y consistentemente de conformidad con la intención del legislador[218].

En la misma dirección apuntan también las conclusiones del extenso informe elaborado sobre esta misma materia en el seno de la OCDE: la co-creación en paralelo de las leyes en lenguaje natural y de las correspondientes normas ejecutables mecánicamente por parte de un equipo multidisciplinar es el mejor enfoque para optimizar las ventajas y los beneficios que pudieran derivarse del proyecto de codificación informática del Derecho, incrementando las oportunidades de automatizar los procesos de aplicación y cumplimiento del Derecho, la prestación de servicios públicos e incluso la toma de decisiones a través de sistemas de inteligencia artificial basados en reglas[219].

El elemento central de la propuesta de los defensores del *Law as Code* es, pues, que "los gobiernos creen una versión oficial de las normas jurídicas —

[218] Cfr. GOVERNMENT OF NEW ZEALAND — SERVICE INNOVATION LAB, *Better Rules for Government. Discovery Report*, cit., pág. 4.

[219] Cfr. MOHUN, J. y ROBERTS, A., *Cracking the code: Rulemaking for humans and machines*, cit., pág. 91.

leyes y regulaciones administrativas— en un formato ejecutable por máquinas que permita que aquellas sean entendidas y accionadas por sistemas computacionales de una manera consistente". La creación de esta versión electrónica de las normas se hallaría así "integrada en el proceso legislativo y complementaría el formato legible por humanos actualmente existente"[220]. Se trataría, por tanto, de diseñar desde el inicio la norma jurídica también como un producto o servicio digital, lo que implica una transformación sustancial del proceso legislativo, en cuanto implica cambiar el cuándo, cómo, por quién y para qué son creadas las normas jurídicas[221]. Se trata de normas creadas por equipos multidisciplinares (quién) en formato de código ejecutable computacionalmente (cómo), de manera simultánea y con idéntica validez a las normas formuladas en lenguaje natural (cuándo), dirigidas a ser utilizadas también por un nuevo sujeto destinatario del Derecho: la máquina (para qué).

Y es que, deteniéndonos un momento en este último aspecto, la configuración de las normas como código informático no solo implica una nueva forma de producir el Derecho sino también una nueva forma de distribuirlo y, sobre todo, de consumirlo o utilizarlo, más ajustada a las necesidades de ese nuevo destinatario impersonal. Como ya se mencionó, hasta ahora, cada una de las entidades públicas o privadas que, por cualquier motivo, necesita utilizar las normas jurídicas para integrarlas en sus sistemas y servicios digitales o para desarrollar aplicaciones basadas en las mismas, tiene que interpretar el significado del texto normativo formulado en lenguaje natural y trasladarlo a un modelo codificado ejecutable computacionalmente. Pero si el legislador produjera un modelo codificado que contara con el mismo sello de validez que la norma formulada en lenguaje natural y que fuera puesto a disposición del público a través de APIs[222], ese gemelo digital podría ser directamente utilizado por los consumidores del Derecho para incorporarlo en sus procesos. De este modo, una vez que la norma es codificada, esa información puede ser directamente integrada, compartida e intercambiada entre aplicaciones digitales, abriendo así la puerta a un «Internet de las Normas». Además, esta vía tendría la ventaja adicional de que, si la norma es modificada posteriormente por el legislador, una vez que el modelo codificado «oficial» sea modificado se actualizarían automáticamente todos los sistemas digitales ligados al mismo[223].

---

220 *Ibidem*, pág. 2.

221 *Ibidem*, pág. 17.

222 Una API o Interfaz de Programación de Aplicaciones es un mecanismo que permite la comunicación o conexión entre sistemas y aplicaciones de *software*.

223 Como ejemplo de esta funcionalidad cabe mencionar el proyecto *Xalgo for Trade*, desarrollado por la Fundación Xalgorithms, para la construcción de un Internet

Law as Code podría constituirse así en un elemento fundamental para la realización de la idea de *Government as a Platform*[224], que constituye una de las piezas centrales para la construcción del gobierno digital. *Government as a Platform* es un término que fue acuñado por Tim O'Reilly al inicio de la pasada década[225]. Desde un punto de vista funcional, consiste básicamente en "la reorganización de los procesos de gobierno alrededor de un *network* de APIs y componentes compartidos, estándares abiertos de internet y modelos de datos canónicos, de manera que los funcionarios públicos, las empresas y otros usuarios puedan prestar radicalmente mejores servicios al público de una manera más segura, eficiente y responsable"[226]. De este modo, el gobierno se convierte en un proveedor de infraestructuras y contenidos digitales —datos, normas jurídicas...— que pueden ser utilizados directamente por agentes públicos y privados para desarrollar sus propias aplicaciones[227]. Dentro de este marco, *Law as Code* podría presentarse como un intento de desarrollar un ecosistema tecnológico-jurídico integrado que permitiría la interacción de sus estructuras y contenidos —fundamentalmente, las normas jurídicas modeladas digitalmente— con los diversos tipos de entidades presentes en la infoesfera digital (robots, inteligencia artificial, *blockchain, smart contracts...*).

---

de Normas de código abierto sobre comercio internacional. Se trata de un repositorio *online* de versiones ejecutables por máquinas de las normas que en cada país regulan las transacciones comerciales internacionales, al objeto de que puedan ser utilizadas por los sistemas digitales de las compañías exportadoras e importadoras para automatizar procesos esenciales para asegurar el *compliance* con un ecosistema normativo que es sumamente complejo, diverso y cambiante. Cfr. ATKINSON, C., "Disruptive trade technologies will usher in the internet of rules", *LSE Business Review*, April 26th, 2018 (https://blogs.lse.ac.uk/businessreview/2018/04/26/disruptive-trade-technologies-will-usher-in-the-internet-of-rules).

224 De hecho, como veremos posteriormente, PALMIRANI, M. *et al.*, *Legal Drafting in the Era of Artificial Intelligence and Digitisation*, cit., prefieren el concepto *Law as Platform* al de *Law as Code* para denominar esta nueva forma de articulación del Derecho.

225 Cfr. O'REILLY, T., "Government as a Platform", *Innovations*, vol. 6, nº 1, 2011, págs. 13-40.

226 POPE, R., "A working definition of Government as a Platform", *Medium*, Jule 22, 2019 (https://medium.com/digitalhks/a-working-definition-of-government-as-a-platform-1fa6ff2f8e8d).

227 Cfr. ANDREWS, P., "Government as a Platform: the foundation for Digital Government and Gov 2.0", *The Mandarin*, October 24, 2019 (https://www.themandarin.com.au/118672-government-as-a-platform-the-foundation-for-digital-government-and-gov-2-0/).

2.2. Potenciales beneficios del *Law as Code*

Así pues, uno de los principales beneficios que reportaría la formulación legislativa en paralelo, y con la misma validez oficial, de la norma en lenguaje natural y de su modelado en formato de código ejecutable por máquinas es el de evitar las ineludibles disparidades interpretativas que pueden producirse en el proceso de reescritura algorítmica de las normas por parte de los distintos usuarios de las mismas en la infoesfera digital. La disponibilidad pública de la norma digital como fuente válida y autoritativa de Derecho salvaría el *translation gap* actualmente existente entre las normas jurídicas y sus modelos ejecutables computacionalmente[228], mitigando los riesgos de desajustes entre la intención de los legisladores y los resultados de la implementación de la legislación, facilitando la transparencia y reduciendo la incertidumbre de los distintos usuarios de las normas, que se ven obligados a interpretar y trasladar cada uno de ellos las normas en códigos operativos computacionalmente[229]. *Translation gap* que, en realidad, esconde o comprende dos procesos diferentes de traducción: en primer lugar, el texto legal ha de ser interpretado por los abogados o expertos de la agencia gubernamental, organización, compañía o agente que ha de utilizar o aplicar esas normas, para atribuirlas un significado concreto en relación al propósito operativo perseguido; y, posteriormente, ese significado ha de ser traducido por los ingenieros de *software* a un modelo codificado que pueda ser incorporado en la arquitectura de los sistemas computacionales de cada ente para automatizar las oportunas tareas de aplicación del Derecho o de cumplimiento normativo. Nos hallamos así ante un doble proceso de traducción que es lento e ineficiente, en tanto no existen métodos, herramientas y conocimientos compartidos entre los diferentes grupos que trabajan por separado; propicia errores o simplemente diver-

---

228 Cfr. GOVERNMENT OF NEW ZEALAND — SERVICE INNOVATION LAB, *Better Rules for Government. Discovery Report*, cit., pág. 11.

229 Recientemente, el gobierno español promulgó el *Real Decreto 1007/2023, de 5 de diciembre por el que se aprueba el Reglamento que establece los requisitos que deben adoptar los sistemas y programas informáticos o electrónicos que soporten los procesos de facturación de empresarios y profesionales, y la estandarización de formatos de los registros de facturación*, al objeto de que los *softwares* diseñados y comercializados por diversas empresas para llevar a cabo estas tareas cumplan unos estándares mínimos comunes para conseguir el «cumplimiento tributario por diseño». El planteamiento del *Law as Code* sería que el propio legislador gubernamental, de manera simultánea a la creación de las correspondientes normas en lenguaje natural, codificase estas exigencias normativas, de manera que ese programa informático pudiera ser directamente suministrado por la Administración a todas las empresas y entidades para integrarlo en sus procesos de facturación.

gencias interpretativas y, además, resulta costoso para los usuarios de las normas jurídicas[230].

Entre estos usuarios se hallan múltiples agentes de muy diversa naturaleza. Así, nos encontramos con los diferentes departamentos gubernamentales que, en distintos niveles y a lo largo de los diversos estadios de implementación de la política legislativa, puedan desarrollar diferentes tipos de sistemas y aplicaciones digitales para ponerla en práctica —prestación de servicios públicos, toma automatizada de decisiones administrativas— o para analizar su impacto —por ejemplo, mediante su modelado y la simulación de cambios en la política legislativa...—. Además, en ocasiones, los diferentes servicios gubernamentales van asumiendo las interpretaciones digitales codificadas por los departamentos superiores o por aquellos que les preceden en la cadena de implementación de la regulación, reproduciendo así los posibles errores que se hayan producido en algún punto de ese proceso. Por otro lado, están las entidades reguladas que pretenden incorporar directamente las crecientes y cada vez más complejas exigencias normativas de todo tipo en la arquitectura de sus sistemas digitales al objeto de asegurar el «cumplimiento por diseño» (*compliance by design*) de las distintas regulaciones en el funcionamiento de sus procesos operativos, el desarrollo de sus actividades y la producción de sus bienes y servicios[231]. Y también se encuentran otros agentes que pudiéramos considerar «intermediarios», en el sentido de que desarrollan *software* y aplicaciones basadas en las normas jurídicas para su explotación comercial, proporcionándoselo tanto a administraciones públicas como a compañías privadas o incluso poniendo su uso directamente a disposición de los ciudadanos. Es este un grupo heterogéneo en el que pueden hallarse compañías tecnológicas y de servicios, despachos de abogados, consultorías, proveedores alternativos de servicios jurídicos, etc., que desarrollan sistemas de inteligencia artificial para la automatización

---

230 *Deloitte Access Economics* estimaba en 2019 que el coste de administrar las leyes y regulaciones gubernamentales australianas ascendía a 27.000 millones de dólares anuales, y el coste de su *compliance* por parte de las compañías privadas a 67.000 millones. Cfr. DE SOUSA, T. y ANDREWS, P., "When we code the rules on which our society runs, we can create better results and new opportunities for the public and regulators, and companies looking to make compliance easier", *The Mandarin*, October 1, 2019 (https://www.themandarin.com.au/116681-when-machines-are-coding-the-rules-on-which-our-society-runs-we-get-better-results-new-opportunities-for-the-public-and-regulators-and-companies-looking-to-make-compliance-easier/?utm_source=TheJuice&utm_medium=email&utm_source=newsletter).

231 Sobre la creciente complejidad del *compliance*, cfr. "Expertos alertan sobre las dificultades de los *compliance officer* ante la multitud de normas publicadas en los últimos meses", *Legal Today*, 29 de mayo de 2023.

de diversas tareas jurídicas: sistemas expertos para asesorar a los clientes en diversas áreas jurídicas, aplicaciones web para la elaboración automática de documentos legales, aplicaciones comerciales de *compliance*...

Otro de los beneficios que, en opinión de sus defensores, podría aportar el diseño del *Law as Code* y la puesta a disposición del público de las normas modeladas digitalmente a través de APIs es el incremento de la transparencia en los procesos de implementación y aplicación de las políticas legislativas. La hiperinflación y complejidad del Derecho escrito en su formulación actual lo hacen frecuentemente inaccesible e inescrutable para el ciudadano medio. Y el modelado digital de las normas jurídicas posibilita el empleo de sistemas de *software* para realizar simulaciones sobre los efectos de la regulación en casos y situaciones particulares, entender lo que se puede o debe (o no) hacer, obtener asesoramiento de una manera práctica e inmediata mediante sistemas expertos.... Y todo ello basado en unas normas ejecutables en un formato *code-driven* abierto al escrutinio y la experimentación por parte del público, accesible y contestable, a diferencia de buena parte de los sistemas de inteligencia artificial jurídica que se están desarrollando y empleando en la actualidad, basados en el análisis de datos mediante algoritmos de *machine learning* opacos —particularmente, cuando se emplean redes neuronales de aprendizaje profundo—.

Por otro lado, *Law as Code* extiende la tendencia a la desintermediación ya patente en otros dominios del Derecho como consecuencia de la automatización de tareas jurídicas —por ejemplo, en la abogacía— a la administración pública y a otros agentes implicados en la aplicación y el cumplimiento de las regulaciones, reduciendo la necesidad de recurrir a expertos para interpretarlas y aplicarlas, disminuyendo los riesgos en la transmisión de los conocimientos y facilitando la interoperabilidad y eficiencia de los sistemas entre todos los niveles de la administración y entre esta y los usuarios externos de las normas. Asimismo, este proceso de codificación computacional del Derecho puede constituir un elemento dinamizador e impulsor de la innovación, al posibilitar la integración directa e inmediata por parte de empresas y organizaciones de las normas modeladas digitalmente como un *input* en sus modelos de negocio y en las cadenas de valor, y facilitar la experimentación y el diseño de nuevas aplicaciones basadas en inteligencia artificial para automatizar diversos tipos de tareas jurídicas o prestar una gran variedad de servicios, públicos y privados, *online*. Razones por las cuales la OCDE ha animado a los gobiernos a profundizar en el desarrollo de este nuevo proyecto codificador[232].

2.3. Limitaciones y riesgos del *Law as Code*

2.3.1. Limitaciones de carácter tecnológico

Indudablemente, en un contexto de creciente digitalización de los procesos de implementación administrativa y aplicación de la legislación y de prestación de los servicios públicos, la noción del *Law as Code* resulta sumamente atractiva. Sin embargo, como ya se indicó, para poder ponerlo en práctica de una manera efectiva e integral es preciso aún superar importantes dificultades y limitaciones técnicas. Con tal objetivo, en estos momentos se hallan en curso diversos programas de investigación y proyectos orientados a seleccionar, desarrollar y ensayar las estructuras y herramientas tecnológicas adecuadas para escalar el proceso de codificación de las normas jurídicas, testando diferentes enfoques y metodologías. Ya se ha hecho referencia al proyecto pionero neozelandés, enmarcado en el contexto del programa *Better Rules*, y a otras iniciativas con un enfoque similar emprendidas en otros países. Experimentos que, hasta el momento, se han focalizado en su mayoría en la codificación de algunas regulaciones muy específicas ya vigentes[233].

El país que hasta ahora parece haber avanzado más en el trayecto hacia la implementación práctica de la noción del *Law as Code* es Dinamarca. Como respuesta a la creciente complejidad que conlleva la gestión de casos en el extenso esquema del Estado de bienestar de aquel país, en enero de 2018 todos los partidos políticos representados en su Parlamento adoptaron un acuerdo para generar «legislación de fácil digitalización» (*digital-ready legislation*), con el objetivo de lograr un marco legal más simple y claro, que resulte más fácil de entender y de trasladar a soluciones digitales seguras y fáciles de usar. En virtud de dicho acuerdo, desde el 1 de julio de 2018 todas las leyes nuevas deben ser, como regla general, «digitales por defecto», lo que significa que deben cumplir una serie de condiciones que permitan que el gobierno pueda digitalizar total o parcialmente su admi-

---

232 Cfr. MOHUN, J. y ROBERTS, A., *Cracking the code: Rulemaking for humans and machines*, págs. 38-51.

233 Así, en Nueva Zelanda, el *Service Innovation Lab* ha modelado digitalmente determinados contenidos de las siguientes leyes: *Social Security Act 2018*, *Income Tax Act 2007*, *New Zealand Superannuation and Retirement Income Act 2001*, *Accident Compensation Act 2001*, *Parental Leave and Employment Protection Act* 1987 y *Citizenship Act* 1977. Cfr. https://serviceinnovationlab.github.io/projects/legislation-as-code/.

nistración y emplear las nuevas tecnologías para implementar mejores y más eficientes soluciones y servicios públicos. Para llevar a cabo este nuevo programa legislativo, la Agencia para el Gobierno Digital de ese país publicó una guía que establece los requisitos básicos que los Ministerios deben observar en la preparación de los proyectos legislativos al objeto de facilitar su codificación digital[234].

Estas iniciativas internacionales han llamado también la atención de la Unión Europea. Y, de hecho, entre los resultados de los programas de investigación actualmente en marcha cabe resaltar el ambicioso alcance del estudio impulsado por la Comisión Europea sobre *Legal Drafting in the Era of Artificial Intelligence and Digitisation*, que ya fue citado en relación a la metodología *Better Rules.* Su objetivo declarado es el diseño de un ecosistema tecnológico holístico y bien integrado en torno al actual sistema *LEOS* que posea el potencial para transformar digitalmente los procesos legislativos y promover un cambio estructural que tenga un impacto positivo sobre su calidad, eficiencia y transparencia, posibilitando la implementación efectiva de un modelo de *Law as Code* o, como prefieren denominarlo sus autores, *Law as Platform*[235]. ¿Cómo? Construyendo una sólida estructura tecnológico-jurídica, teórica y empírica, apoyada en la filosofía del Derecho, el *machine learning* y la lingüística computacional —procesamiento del lenguaje natural—, que facilite al legislador la creación oficial del Derecho en un formato ejecutable por máquinas cuya autenticidad y validez sea idéntica a la versión en lenguaje natural que durante siglos ha constituido su forma de expresión.

Dicha estructura se hallaría conformada por una arquitectura tecnológica híbrida que combinaría inteligencia artificial no simbólica —algoritmos de *machine learning* y *deep learning*— con otros enfoques simbólicos basados en reglas, como la anotación en la web semántica y el modelado

---

234 Cfr. GOVERNMENT OF DENMARK — AGENCY FOR DIGITAL GOVERNMENT, *Guidance on digital-ready legislation. On incorporating digitisation and implementation in the preparation of legislation,* 2018. Esta guía establece 7 principios generales básicos para la creación de legislación de fácil digitalización: debe estar constituida por normas simples y claras, ha de posibilitar la comunicación digital con ciudadanos y empresas, debe ser posible su digitalización total o parcial mediante la implementación de sistemas de toma automatizada de decisiones, consistencia entre todos los Ministerios y autoridades mediante el empleo de conceptos uniformes y la reutilización de datos, seguridad en la gestión de los datos, utilización de infraestructuras digitales públicas, y prevención del fraude y errores.

235 Cfr. PALMIRANI, M. *et al., Legal Drafting in the Era of Artificial Intelligence and Digitisation,* cit., págs. 5-6.

de la lógica deóntica jurídica. De esta forma, los autores de la propuesta presentan su peculiar modelo de *Law as Code* como una especie de tercera vía que trataría de conciliar la teoría y la filosofía del Derecho con las tecnologías emergentes, y que denominan «IA Híbrida para el Derecho» o «Derecho como plataforma»[236]. Esta arquitectura híbrida permitiría superar uno de los principales déficits que, en el ámbito jurídico, presentaría un enfoque basado exclusivamente en algoritmos de *machine learning* y *deep learning*, como es la carencia de una dimensión semántica, con la consecuente pérdida de mucha información conceptual y contextual que resulta imprescindible para la correcta interpretación de los documentos legales. El empleo de las mencionadas herramientas semánticas añadiría así contexto y significado a una metodología que, de otro modo, estaría basada exclusivamente en el análisis estadístico de datos.

Con esta estructura, la interconexión de todo el conocimiento jurídico extraído utilizando un estándar común *LegalXML —Akoma Ntoso* podría ser, en opinión de los autores, un buen estándar para crear un corpus jurídico digital anotado común para el diseño de aplicaciones robustas de inteligencia artificial jurídica— permitirá una mejor explicabilidad e interpretación por parte de los usuarios del proceso de automatización y del significado de sus resultados, así como la implementación de un mecanismo de supervisión humana efectivo, facilitando la integración del modelado legible computacionalmente con el razonamiento de los expertos jurídicos[237]. Esta inteligencia artificial híbrida se plantea, así, como un enfoque prometedor en el dominio jurídico, donde el contexto, los valores y los conceptos son fundamentales para la correcta aplicación de la inteligencia artificial[238].

---

236 Al objeto de llevar a cabo dicha conciliación es necesario, en opinión de los autores del estudio, elaborar un sólido marco teórico de modelos para este concepto de «Derecho como plataforma». El modelo debe ser compatible con el Derecho Constitucional —flexibilidad, legitimidad, aplicabilidad—, la teoría del Derecho —hermenéutica— y el sistema democrático separación de poderes, y estaría basado en diferentes disciplinas, incluyendo la filosofía del Derecho, la inteligencia artificial y la lingüística computacional, promoviendo así una pluralidad de perspectivas sobre las que modelar una nueva visión. Este proyecto de construcción de una nueva teoría jurídica para un sistema jurídico electrónico y, posteriormente, de una estructura técnica adecuada, constituye, en opinión de estos autores, una misión urgente en el momento actual si se quiere evitar la aparición de soluciones simplistas, a menudo inspiradas en intereses comerciales, que erosionen los sistemas democráticos, ciertos elementos esenciales del ideal del imperio de la ley y la autoridad de las instituciones. Cfr. *Ibidem*, págs. 18-20.

237 Cfr. *Ibidem*, págs. 15-16.

238 En un plano más general, refiriéndose al desarrollo de la inteligencia artificial en el campo jurídico, también Bart Verheij, presidente de la *International Association*

2.3.2. *Limitaciones de carácter teórico-jurídico. La naturaleza interpretativa del proceso de modelado computacional del Derecho*

Más allá, sin embargo, de las dificultades ligadas al desarrollo tecnológico, existen también importantes obstáculos y condicionantes de carácter teórico-jurídico. Desde este punto de vista, el principal problema radica en el propio proceso de reescritura algorítmica de las normas jurídicas. Si bien la elaboración en paralelo por el propio legislador de la norma formulada en lenguaje natural y de su gemelo digital, tal como postulan los defensores del *Law as Code*, salvaría el actual *translation gap* existente entre la norma jurídica escrita oficial y su modelado computacional por parte de los diferentes agentes que pretenden integrarla en sus estructuras y sistemas digitales, no elimina el problema —en este caso para el legislador— de la conversión del significado de la norma en código digital ejecutable mecánicamente. Como ya se indicó anteriormente, cuando las normas son modeladas computacionalmente con la intención de que no solo sean legibles sino también ejecutables por máquinas, es el efecto jurídico anticipado de la norma lo que está siendo modelado, más que su texto o formulación lingüística. Y eso implica necesariamente una tarea de interpretación de las normas jurídicas, en tanto comporta descifrar el significado que ha de ser operacionalizado en el modelo codificado. Trasladar las normas jurídicas a código informático supone, en definitiva, modelar computacionalmente una interpretación del Derecho, lo que suscita algunas cuestiones muy relevantes.

2.3.2.1. La diferente textura del lenguaje natural y el lenguaje ejecutable por máquinas: delimitación del ámbito de las normas codificables

Para empezar, nos enfrentamos a las dificultades que presenta el propio proceso hermenéutico dirigido a determinar el significado de la norma que debe ser operacionalizado computacionalmente. El Derecho, en su complejidad, contiene una gran variedad de tipos de normas, algunas de las cuales presentan enormes dificultades para su codificación.

for Artificial Intelligence and Law, en su conferencia inaugural del Congreso de dicha asociación en 2019, se mostró partidario de avanzar hacia la construcción de sistemas de inteligencia artificial híbridos "que conecten la representación del conocimiento y las técnicas de razonamiento con las capacidades del aprendizaje automático". Cfr. VERHEIJ, B., "Artificial Intelligence as Law", *Artificial Intelligence and Law*, nº 28, 2020, pág. 191.

Así sucede característicamente con aquellas disposiciones que contienen principios, estándares, conceptos jurídicos indeterminados o cláusulas ponderativas para evaluar derechos o intereses contrapuestos, cuyo significado en relación a las diversas situaciones posibles resulta difícilmente predecible y proyectable, en tanto solo emerge *ex post* como resultado de la interacción entre distintos agentes. Como bien sabemos los juristas, esta textura semántica abierta constituye precisamente uno de los rasgos más característicos del lenguaje natural, que a menudo es conscientemente buscada y aprovechada por el legislador para dotar al Derecho de la necesaria flexibilidad y capacidad de adaptación a las diferentes circunstancias. Textura que contrasta con la estructura del código informático, que es siempre más específico y menos flexible que las normas jurídicas formuladas en lenguaje natural, ya que requiere el empleo de categorías muy bien definidas y la estipulación precisa de una serie de métodos y condiciones que necesitan ser determinados de antemano. Como afirma J. Oster, el Derecho, en su actual paradigma de escritura impresa, es "un organismo, no un mero mecanismo"[239]. Así pues, el proceso de reescritura algorítmica de las normas jurídicas ha de salvar este desajuste entre las diferentes estructuras del lenguaje natural y del lenguaje de programación para poder codificar un significado y unas instrucciones precisas, que puedan ser ejecutables por máquinas en las distintas situaciones posibles.

Esta diferencia en la textura de los lenguajes imposibilita una completa digitalización de todo el contenido semántico del Derecho, repleto de conceptos abstractos e indeterminados, y cuya interpretación depende a menudo de la toma en consideración de factores extranormativos[240]. Un Derecho plenamente codificado en formato ejecutable por máquinas es un objetivo que, tal vez, solo se hallaría al alcance de una inteligencia artificial fuerte que razonara como un humano, al estilo de la singularidad jurídica proyectada por Alarie o por Casey y Niblett, lo que nos conduciría a la realización de sus visiones utópicas —o distópicas, según se mire— de un ordenamiento jurídico capaz de funcionar de una manera prácticamente automática.

---

239 OSTER, J., "Code is code and law is law — the law of digitalization and the digitalization of law", *International Journal of Law and Information Technology*, nº 29, 2021, pág. 109.

240 Como señala SIMMONDS, N. E., "Reflexivity and the idea of Law", *Jurisprudence*, vol. 1, nº 1, 2010, el Derecho, a nivel macro, es mucho más que un agregado de normas, en tanto comprende también un "sistema intelectual estructurado por ideas generales y tradiciones doctrinales" (pág. 2).

Eso no quiere decir, sin embargo, que no haya regulaciones específicas y concretas que posean las características apropiadas para poder ser más o menos fácilmente codificables. En este sentido, en el estudio impulsado por la Comisión Europea que ya ha sido mencionado se propone incluso un método para evaluar el índice de *digital-readiness* de los proyectos legislativos a partir de una taxonomía que distingue entre términos «positivos» y «negativos», en función de su mayor o menor facilidad para ser traducidos digitalmente[241]. Al igual de lo que sucede en relación a la automatización de diversos tipos de tareas legales, también en este ámbito nos encontramos con que, al menos en el estadio actual de desarrollo de la inteligencia artificial, "los desafíos jurídicos reales de la digitalización se sitúan en un nivel micro, no en un nivel macro"[242]. Como concluye el informe neozelandés sobre la metodología *Better Rules*, no toda legislación es adecuada para ser transformada en normas ejecutables mecánicamente. Incluso, en el marco de la regulación de una misma materia, puede haber algunos aspectos que sean automatizables y otros no. Además, tampoco tiene sentido codificar toda la legislación, ya que en muchos casos esta codificación no aportaría ningún valor[243]. De este modo, el propio movimiento en favor del proyecto *Law as Code*, al menos en su versión inicial neozelandesa, a diferencia de las visiones animadas por el «ideal» de la singularidad jurídica, se presenta de manera pragmática como una "visión de un Derecho *parcialmente* computable"[244].

Por ello, es muy importante llevar a cabo una reflexión sobre el alcance y los límites de este nuevo proyecto codificador, que puede tener un impacto significativo sobre el sistema jurídico y sobre el modo mismo en el que concebimos y pensamos el Derecho, al objeto de no renunciar a dimensiones esenciales de la experiencia jurídica. Aunque, como concluía el informe neozelandés, el co-diseño en paralelo de la legislación en lenguaje natural y en código ejecutable por máquinas, de manera que el contenido de la legislación sea formulado desde el inicio teniendo ya en cuenta su facilidad de escritura algorítmica, sea el modo más efectivo de alcanzar los beneficios que comporta el proyecto *Better Rules* y su potencial corolario de codificación computacional del Derecho, ha de evitarse la tentación de in-

---

241 Cfr. PALMIRANI, M. *et al.*, *Legal Drafting in the Era of Artificial Intelligence and Digitisation*, cit., págs. 63-69.

242 OSTER, J., "Code is code and law is law — the law of digitalization and the digitalization of law", cit., pág. 103.

243 Cfr. GOVERNMENT OF NEW ZEALAND — SERVICE INNOVATION LAB, *Better Rules for Government. Discovery Report*, cit., págs. 5 y 27.

244 MOSES, L. B., "Not a single singularity", cit., pág. 210.

tentar conceptualizar toda legislación de modo que pueda ser susceptible de ser convertida en código ejecutable por máquinas. Dicho intento generalizador conllevaría un riesgo de empobrecimiento del orden jurídico, al eliminar esa textura semántica del lenguaje natural que posibilita su apertura y flexibilidad, menoscabándose con ello la capacidad de adaptación del Derecho a circunstancias nuevas o, sencillamente, imprevistas por el legislador. Riesgo que, según P. De Filippi y S. Hassan, está convirtiéndose ya en una realidad en determinados ámbitos jurídicos con el advenimiento de la tecnología *blockchain* y los *smart contracts*[245]. Y es que, probablemente, *blockchain* se ha constituido en la actualidad en el campo de batalla en el que se está librando la guerra por la supremacía entre el Derecho como texto y el Derecho como código electrónico[246].

De los resultados de los diversos experimentos llevados a cabo en este campo parece deducirse que las disposiciones jurídicas que —al menos en el estadio actual de desarrollo tecnológico— resultan más apropiadas para ser modeladas digitalmente y reportar los potenciales beneficios del proyecto *Law as Code* son aquellas que cumplen simultáneamente los siguientes requisitos[247]:

a) En primer lugar, ha de tratarse de normas —o aspectos parciales de normas— prescriptivas cuyo significado sea muy claro sobre el curso de acción a tomar en cada caso, de manera que puedan ser convertidas en reglas heurísticas del tipo "si…, entonces…". Como señala John Zeleznikow, solo las tareas que están bien definidas y son obligatorias pueden ser modeladas computacionalmente empleando normas[248].

---

245 Cfr. DE FILIPPI, P. y HASSAN, S., "Blockchain Technology as a Regulatory Technology: From «Code is Law» to «Law is Code»", cit., pág. 6.

246 Cfr. YEUNG, K., "Regulation by Blockchain: the emerging battle for supremacy between the Code *of* Law and Code *as* Law", *The Modern Law Review*, vol. 82, nº 2, 2019. Una batalla que GARAPON, A. y LASSÈGUE, J., *La giustizia digitale. Determinismo tecnologico e libertà*, cit., consideran, a un nivel más profundo, como la lucha entre el propio Derecho y *blockchain*, el cual "pretende realizar, de un modo más científico e infalsificable que el Derecho, el mismo trabajo sobre las transacciones en el mundo ordinario, es decir, calificar y, por tanto, *ipso facto*, juzgar" (pág. 118).

247 Cfr. MOHUN, J. y ROBERTS, A., *Cracking the code: Rulemaking for humans and machines*, cit., págs. 92-93; y GOVERNMENT OF NEW ZEALAND — SERVICE INNOVATION LAB, *Better Rules for Government. Discovery Report*, cit., pág. 27.

248 Cfr. ZELEZNIKOW, "Comments Re Cracking the Code — Rulemaking for humans and machines", en AA. VV., *Comments on Cracking the Code: Rulemaking for humans and machines*, Law Tech La Trobe Research Group, 2020, pág. 26.

Esto no quiere decir que solo puedan ser codificadas normas simples. No se trata de una cuestión de simplicidad o complejidad, sino de la claridad del significado de la norma en toda situación posible[249]. Las máquinas pueden tomar en consideración muchos más elementos que un decisor humano y operar con modelos de decisión extremadamente complejos, estableciéndose una regla para cada situación concreta resultante de la combinación de los múltiples factores potenciales que pueden ser relevantes para la aplicación de la regulación codificada[250]. Y, de hecho, el modelado digital de las normas jurídicas no simplifica —no reduce la complejidad—, sino más bien lo contrario. Una regulación expresada en lenguaje natural puede ser relativamente breve porque, a la hora de su aplicación, pueden entenderse implícitas una serie de reglas, asunciones y condiciones que forman parte del *background* jurídico que ha de poseer el intérprete, pero esa misma regulación trasladada a un lenguaje computacional no puede dar por supuestos tales elementos contextuales o inherentes a la cultura jurídica[251]. Además, frecuentemente, para interpretar correctamente una disposición normativa han de tenerse en cuenta también otras normas e incluso la jurisprudencia sobre esa materia, por lo que el modelo computacional también habrá de incorporar la información relevante de esas fuentes[252]. Todas estas asunciones, condiciones e informaciones ajenas al texto de la norma, pero que son necesarias para determinar su significado a la hora de aplicarla a las distintas situaciones, representan un conocimiento que ha de ser formalizado para poder ser trasladado al código computa-

---

249 La claridad en la formulación de las normas es precisamente el primer principio de la *digital-ready legislation* danesa: las normas deben ser redactadas de la manera más clara y concisa posible, utilizando términos no ambiguos de un modo consistente. Cfr. GOVERNMENT OF DENMARK — AGENCY FOR DIGITAL GOVERNMENT, *Guidance on digital-ready legislation. On incorporating digitisation and implementation in the preparation of legislation*, cit., págs. 8-9

250 Cfr. GOVERNMENT OF NEW ZEALAND — SERVICE INNOVATION LAB, *Better Rules for Government. Discovery Report*, cit., pág. 25.

251 Como indican SCHULZ, W. y DANKERT, K., "Governance by Things as a challenge to regulation by law", cit., "en el Derecho escrito tenemos meta-reglas dirigidas a garantizar que los textos jurídicos son redactados de un modo que el contenido normativo pueda ser deducido" (pág. 4).

252 Sobre las dificultades para modelar computacionalmente los textos legislativos y su aplicación, cfr. ASHLEY, K. D., *Artificial Intelligence and Legal Analytics*, Cambridge University Press, 2017, págs. 38-56.

cional[253]. Ello hace que, comparativamente, el conjunto de reglas contenidas en el modelo computacional de una determinada regulación generalmente sea, paradójicamente, mucho más extenso y prolijo que el conjunto de las normas jurídicas formuladas en lenguaje natural que son modeladas. Precisamente ese proceso de deconstrucción, formalización y re-codificación de la regulación que exige su modelado computacional es el que permite clarificar su lógica y hacer más racional y consistente la implementación de la política legislativa.

Sin embargo, lo que no resulta programable como código ejecutable por máquinas son los espacios de discrecionalidad. Aquellas normas o aspectos normativos cuya aplicación requiere una perspectiva subjetiva —conceptos jurídicamente indeterminados, márgenes de discrecionalidad, exigencia de ponderación de diversas circunstancias...— precisan ineludiblemente de una intervención humana, esto es, de un juicio o evaluación humana, para su aplicación. Ello no impide, sin embargo, que en los procesos de aplicación de las políticas legislativas o de las regulaciones puedan diseñarse circuitos o arquitecturas decisionales híbridas, que combinen e integren adecuadamente aspectos automatizables con otros en los que se hace precisa la interpretación humana[254].

b) Por otro lado, deben ser disposiciones normativas que prescriban un proceso o sistema susceptible de ser gestionado o implementado

---

253 Como indica HILDEBRANDT, M., "Code-driven Law: Freezing the future and scaling the past", en DEAKIN, S. y MARKOU, C. (eds.), *Is Law Computable? Critical perspectives on Law and Artificial Intelligence*, cit., la exigencia de formalización —que posibilita la operación lógica de la deducción en forma de regla "si..., entonces..."— es precisamente la primera «restricción» inherente al código computacional que deriva de su diferente textura respecto al lenguaje natural. Y ello conduce a la necesidad de desambiguar los términos —segunda restricción—, puesto que la deducción no resulta posible si no está claro su alcance preciso (págs. 72-73).

254 Una alternativa a la intervención humana sería delegar la decisión sobre estos aspectos discrecionales en sistemas basados en *machine learning* y entrenados con los datos de un número suficiente de casos pretéritos. Es decir, en sistemas *data-driven* cuyas decisiones no serían ya el resultado de la aplicación de normas previas sino de modelos estadísticos de carácter probabilístico generados automáticamente por el sistema a partir de los datos históricos con los que ha sido entrenado. Modelos, en definitiva, que «predicen» la decisión más probable con arreglo a aquellos precedentes. Nos encontraríamos así con una arquitectura tecnológica híbrida en la que se combinarían sistemas de inteligencia artificial *code-driven*, basados en reglas, y *data-driven*, basados en datos.

digitalmente y cuya codificación resulte valiosa socialmente, ya sea para mejorar los resultados en la puesta en práctica de las políticas públicas, incrementar la eficacia en la prestación de los servicios públicos, reducir los costes de *compliance* de organizaciones y empresas, fomentar la innovación en el desarrollo de nuevas aplicaciones y servicios, o lograr cualesquiera otros de los potenciales beneficios que puede reportar el modelado digital de las normas.

c) Y, además, ha de tratarse de normas que sean utilizadas reiteradamente por múltiples agentes, de manera que los beneficios de su modelado digital compensen el tiempo y los recursos necesarios para llevarlo a cabo[255].

2.3.2.2. *Law as Code* y división de poderes

Por otro lado, la idea de que el modelado digital de las normas jurídicas, aun siendo llevado a cabo por el propio órgano con competencia para crearlas, pueda tener idéntico estatus jurídico que la versión de la norma formulada en lenguaje natural ha generado críticas desde el punto de vista de su previsible impacto negativo en la arquitectura constitucional del Estado de Derecho. Y no solo por parte de quienes se oponen al proyecto de codificación de las normas jurídicas en formato ejecutable por máquinas. Incluso algunos defensores de la metodología *Better Rules* y de la conveniencia —en aquellos casos en los que se cumplan las condiciones requeridas— de la codificación computacional de determinadas disposiciones normativas por parte del propio legislador, de manera paralela a su formulación en lenguaje natural, rechazan sin embargo la idea de que la versión normativa en código ejecutable por máquinas pueda tener la misma validez jurídica que las normas promulgadas en texto impreso.

Este último es, por ejemplo, el caso de los autores del informe *Legislation as Code for New Zealand: Opportunities, risks, and recommendations*, para quienes la propuesta de otorgar al código informático el estatus de legislación válida "degrada el imperio de la ley y la separación de poderes"[256]. A su juicio, di-

---

255 De este modo, como señala RANGONE, N., "Artificial intelligence challenging core state functions. A focus on law-making and rule-making", *Revista de Derecho Público: Teoría y Método*, vol. 8, 2023, *Law as Code* se presenta de momento como un enfoque circunscrito a áreas jurídicas muy determinadas y que ha de ser aplicado conforme a un principio de proporcionalidad (pág. 108).

256 BARRACLOUGH, T., FRASER, H. y BARNES, C., *Legislation as Code for New Zealand: opportunities, risks, and recommendations*, cit., pág. 58.

cho enfoque no toma debidamente en consideración las estructuras de poder que se sustentan sobre el uso del lenguaje natural como tecnología de articulación del Derecho. Las normas jurídicas concebidas y escritas en lenguaje natural son ambiguas, flexibles, de textura abierta, de manera que la interpretación de su significado en relación a las circunstancias particulares de cada caso resulta una operación ineludible en el proceso de su aplicación. Siempre habrá, en mayor o menor medida, un *gap* de significado entre el lenguaje natural y el lenguaje codificado, incluso en el caso de que los procesos de creación y redacción de la ley en lenguaje natural y código informático sean simultáneos o paralelos. Y sobre esta ineludibilidad de la tarea hermenéutica se han erigido algunos de los mecanismos institucionales esenciales para garantizar la preservación del ideal del imperio de la ley y el equilibrio de los poderes del Estado, atribuyéndose a diferentes órganos constitucionales las potestades de creación, implementación y aplicación de las leyes.

Como ya se ha puesto de manifiesto, formular la norma en código ejecutable por máquinas significa modelar digitalmente, de manera anticipada, sus efectos. En este caso, el legislador tiene que anticipar todos los escenarios potenciales y desarrollar conjuntos de reglas que cubran las diversas situaciones. De manera que, a diferencia de lo que sucede con el proceso de escritura de los textos jurídicos en lenguaje natural, codificar computacionalmente la legislación supone decidir *de facto* en ese mismo momento su interpretación y aplicación. Si es cierto que, como argumentan sus defensores, uno de los principales beneficios que comporta este proyecto codificador es su capacidad para alinear los procesos de creación e implementación del Derecho, no lo es menos que ello resulta posible, precisamente, porque mediante la operación de modelado digital de la norma quedan fusionados los actos de su promulgación, interpretación y aplicación, colapsando así la distancia existente entre el legislador, el ejecutivo y el tribunal[257]. Cuando el Derecho es embebido en código ejecutable por máquinas, la cuestión de cómo debe ser interpretado queda, pues, subsumida en el propio código, y esto "priva al poder judicial de la capacidad de interpretar el Derecho escrito para evaluar si la interpretación reflejada en el código está jurídicamente justificada"[258].

---

[257] Cfr. HILDEBRANDT, M., "Code-driven Law: Freezing the future and scaling the past", cit., pág. 70. De hecho, como queda claro en el ya mencionado informe del gobierno neozelandés *Better Rules for Government. Discovery Report*, precisamente uno de los principales objetivos de esta metodología es producir normas ejecutables por máquinas para su utilización en sistemas automatizados de toma de decisiones.

[258] BARRACLOUGH, T., FRASER, H. y BARNES, C., *Legislation as Code for New Zealand: opportunities, risks, and recommendations*, cit., pág. 60.

Como ha desarrollado extensamente Mireille Hildebrandt en varios de sus trabajos, cada tipo específico de articulación tecnológica del Derecho genera también un tipo específico de normatividad. La apertura y la ambigüedad inherentes al lenguaje natural provocan una multi-interpretabilidad del texto jurídico que, a su vez, "genera una normatividad de contestabilidad, debido al hecho de que el potencial de contestación es inherente a la naturaleza del texto". Y "así es cómo la normatividad impulsada por el texto hace posible el principio nuclear del imperio de la ley: la contestabilidad de la interpretación dada por una parte o por la autoridad pública"[259]. De manera que aquellos rasgos singulares y característicos del lenguaje natural determinan algunos de los elementos nucleares de nuestra concepción del imperio de la ley, erigida sobre el presupuesto de un Derecho fijado en soporte textual[260]. La estructura profunda del Derecho moderno ha sido construida "sobre la linealidad y las exigencias de procesamiento secuencial del lenguaje natural, lo que provoca la necesidad de interpretación, reflexión y contestación"[261]. Por ello, la noción de certeza o seguridad jurídica que deriva del ideal del imperio de la ley es una noción construida desde la multi-interpretabilidad generada por la textura abierta del lenguaje natural, lo que posibilita el carácter adaptativo del Derecho[262]. Puesto que las normas jurídicas expresadas en lenguaje impreso son inherentemente multi-interpretables, necesitamos poseer mecanismos y procedimientos de clausura para determinar su significado. Y el principal mecanismo de este tipo es la decisión de un tribunal. En el marco del im-

---

259 HILDEBRANDT, M., "Code-driven Law: Freezing the future and scaling the past", cit., pág. 72.

260 Como afirma LAPORTA, F. J., *El imperio de la ley. Una visión actual*, cit., hoy, "desde el punto de vista del complejo ideal del imperio de la ley, el Derecho es texto, y es el texto lo que ha de gobernar y controlar las acciones de los seres humanos y el ejercicio del poder" (pág. 175).

261 HILDEBRANDT, M., "Law as Information in the Era of Data-Driven Agency", *The Modern Law Review*, vol. 79, nº 1, 2016, pág. 2.

262 También MARKOU, C. y DEAKIN, S., "Ex Machina Lex: Exploring the Limits of legal computability", cit., inciden en este punto, haciendo referencia al debate suscitado en relación a la pugna entre los tradicionales contratos textuales o semánticos y los *smart contracts.* A su juicio, dicho debate está poniendo de manifiesto que "hay un elemento de flexibilidad y contestabilidad en el lenguaje natural utilizado para expresar las formas jurídicas que no puede ser completamente capturado por algoritmos matemáticos". Y ello hace que "las categorías del lenguaje natural utilizadas en el razonamiento jurídico, precisamente por su imprecisión y derrotabilidad, sean superiores en diversos aspectos a las funciones matemáticas". No solo son mejores a la hora de almacenar y representar información compleja, sino que también son más adaptables a nueva información (pág. 65).

perio de la ley, la seguridad jurídica se construye, por tanto, de una manera dinámica, desde la posibilidad de contestación de la interpretación de las normas a través de procedimientos institucionalizados de decisión[263]. Posibilidad que, si no cercenada, se vería seriamente obstaculizada en el contexto de un Derecho formulado en código ejecutable por máquinas, que genera un tipo de normatividad muy diferente al Derecho escrito[264].

La contestabilidad del significado de las normas jurídicas se revela, por tanto, como una garantía esencial para la realización del imperio de la ley que habría de ser preservada también en relación al Derecho transcrito en código ejecutable por máquinas. Esto parece indiscutible si nos referimos a normas jurídicas de rango infralegal o incluso a normas de rango legal codificadas computacionalmente por el gobierno. Cualquier norma modelada digitalmente por la administración debe estar subordinada a las leyes. Si se trata de una norma infralegal promulgada digitalmente es claro que su significado, igual que el de su gemela formulada en lenguaje natural, debe acomodarse a la legislación y, por ello, es revisable judicialmente. Y si estamos ante una disposición de rango legal que es codificada por la administración para determinados propósitos —por ejemplo, su incorporación en sistemas automatizados de toma de decisiones administrativas—, en todo caso el contenido codificado no tiene más valor que el de una interpretación de aquella legislación. Interpretación que, desde luego, también habría de poder ser desafiada judicialmente.

---

263 Cfr. HILDEBRANDT, M., "The adaptive nature of text-driven law", *Journal of Cross-Disciplinary Research in Computational Law*, vol. 1, nº 1, 2020, pág. 10.

264 Esta normatividad *code-driven* sería, asimismo, diferente a la normatividad generada por los sistemas de inteligencia artificial jurídica *data-driven*. Como nos recuerda la propia HILDEBRANDT, M., "Normative alterity", *Journal of Cross-Disciplinary Research in Computational Law*, vol. 1, nº 1, 2020, estos últimos, basados en *machine learning*, sí pueden proporcionar interpretaciones flexibles, gracias a su capacidad para personalizar y ajustar los procesos de aplicación del Derecho a cada situación a un nivel sin precedentes. Pero, en todo caso, la flexibilidad que genera esta normatividad es también muy diferente de la adaptatividad inherente al lenguaje natural, basada en mecanismos ligados a atributos específicos del soporte textual, como la comprensión, la transparencia y la contestabilidad (pág. 15). En los sistemas basados en el análisis de datos, la textura flexible se debe a que la traslación de la información jurídica en *bits* y *bytes* legibles por máquinas comporta su promulgación en un lenguaje basado, no ya en la pura lógica (como en los sistemas *code-driven*), sino en inferencias estadísticas. Pero también en este caso nos enfrentamos a la falta de contestabilidad debido a la dificultad o imposibilidad de desafiar las asunciones y operaciones que alientan el sistema. Cfr. HILDEBRANDT, M., "Law as Information in the Era of Data-Driven Agency", cit., págs. 24-5.

Más dudas pueden generarse si nos referimos a normas de rango legal que son codificadas computacionalmente de manera simultánea a la legislación en lenguaje natural por el propio Parlamento. En principio, al menos desde un punto de vista procedimental, nada parecería impedir que el legislador decidiese promulgar las leyes también en código computacional, salvo que la Constitución imponga una forma de representación exclusivamente textual[265]. Aun asumiendo que, ineludiblemente, existe un *gap* entre la textura del lenguaje natural, cuyo significado se halla siempre potencialmente abierto en su interacción con las múltiples situaciones particulares, y el código ejecutable computacionalmente, que requiere la formalización anticipada de todas las respuestas a las situaciones previsibles, ¿qué valor habría de otorgarse a esa interpretación auténtica realizada por el propio legislador sobre el significado de la ley en su aplicación a aquellas situaciones? ¿Nos hallaríamos ante auténticas normas legislativas de carácter particular, en la dirección de las imaginadas por Alarie y por Casey y Niblett en sus visiones de la singularidad jurídica, como parecería derivarse de la propuesta de los defensores del *Law as Code* para otorgarles validez oficial? En este caso, el significado atribuido por el legislador a la disposición legislativa en relación al caso concreto podría quedar a resguardo de la intervención judicial —salvo, lógicamente, que dicho significado fuese inconstitucional—.

Pero, como nos recuerda Hildebrandt, el ideal del imperio de la ley "implica que ni el legislativo ni la administración pública tienen la última palabra sobre el significado (la interpretación y aplicación) del Derecho", puesto que tal juicio "está reservado a los tribunales"[266]. Además, siempre sería posible que, debido a las diferencias entre las texturas de ambos lenguajes, se planteasen divergencias —por ejemplo, ante supuestos novedosos o imprevistos— entre la interpretación modelada digitalmente y la que podría resultar de la atribución de significado al texto impreso a través de los mecanismos institucionalmente competentes para llevar a cabo tal operación jurídica. Por ello, un sector importante de los defensores del enfoque *Better Rules* e incluso del modelado digital de ciertas disposiciones

---

265 Como se afirma en BARRACLOUGH, T., FRASER, H. y BARNES, C., *Legislation as Code for New Zealand: opportunities, risks, and recommendations*, cit., un informe crítico con la noción de *Law as Code*, con arreglo al principio de soberanía parlamentaria, no hay nada en la Constitución neozelandesa que impida tal posibilidad: cualquier legislación producida con arreglo al procedimiento establecido es válida (pág. 3).

266 HILDEBRANDT, M., "Code-driven Law: Freezing the future and scaling the past", cit., pág. 70.

legislativas consideran que, tanto por razones teóricas como pragmáticas, a estas normas codificadas computacionalmente no se les habría de otorgar el mismo estatus de validez oficial que a las normas formuladas en lenguaje natural, sino que deberían estar subordinadas a estas, no teniendo más valor que el de una interpretación de esa legislación. Puesto que han sido formuladas también por el propio legislador de manera simultánea, pueden ayudar a ilustrar la intención de este, pero siempre debería prevalecer el sentido del texto —escrito— legal tal como es interpretado por los tribunales en el caso concreto. De manera que debe garantizarse la existencia de mecanismos y procedimientos que permitan «contestar» judicialmente la interpretación codificada por el legislador[267].

De no ser así, la propuesta de *Law as Code* podría minar el "estatus de la legislación en lenguaje natural como un mecanismo clave de separación y equilibrio de poder en una democracia constitucional", amenazando con "des-empoderar o excluir al poder judicial de su rol constitucional como último intérprete". Al igual de lo que sucede en relación a otros elementos constituyentes del ideal del *rule of law*, también la doctrina de la división de poderes se asienta en buena medida en el presupuesto de un Derecho textual, en tanto "la práctica de escribirlo en palabras y, después, de interpretar su significado, mantiene en equilibrio acuerdos constitucionales fundamentales entre los poderes legislativo, ejecutivo y judicial", separando así la intención del legislador de los efectos de sus palabras[268].

---

267 Cfr. BARRACLOUGH, T., FRASER, H. y BARNES, C., *Legislation as Code for New Zealand: opportunities, risks, and recommendations*, cit., pág. 106. También CASANOVAS, P., "Comments on Cracking the Code. A short note on the OECD Working Paper Draft on Rules as Code", en AA. VV., *Comments on Cracking the Code: Rulemaking for humans and machines*, cit., aun mostrándose favorable al enfoque *Better Rules* y al modelado digital simultáneo de las normas jurídicas en código ejecutable por máquinas, manifiesta su oposición a otorgar a la norma codificada una validez idéntica a la norma formulada en lenguaje textual por los riesgos que comporta para el principio de división de poderes, ya que la atribución del significado normativo ha de ser el resultado de un proceso dinámico y evolutivo, sujeto a controles democráticos (págs. 15-16).

268 BARRACLOUGH, T., FRASER, H. y BARNES, C., *Legislation as Code for New Zealand: opportunities, risks, and recommendations*, cit., págs. 41 y 9.

Inteligencia artificial en el acceso al Derecho y a los servicios jurídicos

I. EL ACCESO AL DERECHO

1. Seguridad jurídica e imperio de la ley: la exigencia de cognoscibilidad del Derecho

Como señala la Comisión de Venecia en su ya mencionado *Report on the Rule of Law* (2011), la seguridad jurídica constituye uno de los elementos fundamentales del ideal del imperio de la ley. Ello requiere, fundamentalmente, la existencia de un Derecho cierto, accesible y que sea aplicado de una manera consistente y previsible[269]. En cuanto a los criterios de verificación que propone para la evaluación del grado de cumplimiento de esta exigencia nuclear del imperio de la ley y del Estado de Derecho, la Comisión establece, en relación a la accesibilidad, que las normas jurídicas han de ser publicadas antes de su implementación y que los ciudadanos han de poder acceder fácilmente a su conocimiento, de una manera completamente gratuita, a través de internet y/o de un boletín oficial. Asimismo, remarca que la accesibilidad del Derecho comprende también el acceso fácil del público a las decisiones judiciales, en tanto estas pueden crear, elaborar y clarificar el Derecho, tal como ha señalado el Tribunal Europeo de Derechos Humanos en reiteradas ocasiones[270]. Respecto de la previsibilidad, afirma que esta significa que las normas jurídicas han de ser formuladas con la claridad y precisión suficiente para permitir que el individuo pueda ajustar su conducta a las mismas y anticipar con un grado razonable de seguridad sus posibles consecuencias, particularmente cuando el incumplimiento pueda dar lugar a una sanción[271].

---

[269] Cfr. EUROPEAN COMMISSION FOR DEMOCRACY THROUGH LAW (VENICE COMMISSION), *Report on the Rule of Law*, cit., pág. 10.

[270] Cfr. *Fazlyiski v. Bulgaria*, 40908/05, 16 April 2013, § 64-70, en particular § 65; *Ryakib Biryukov v. Russia*, 14810/02, 17 January 2008, § 30 y ss.; y *Kononov v. Latvia*, 36376/04, 17 May 2010, § 185.

[271] Cfr. EUROPEAN COMMISSION FOR DEMOCRACY THROUGH LAW (VENICE COMMISSION), *Rule of Law Checklist*, cit., pág. 15.

Sin duda, una de las ideas o de los objetivos fundamentales inherentes al ideal del imperio de la ley es, como señala Joseph Raz, el de que "el Derecho debe ser de tal manera que la gente pueda ser guiada por él"[272]. Si las normas jurídicas son razones —del tipo que sean— para la acción, es necesario que dichas razones puedan ser conocidas por quienes están dispuestos a actuar conforme a ellas para que funcionen como tales. Por ello, la cognoscibilidad del Derecho constituye el presupuesto básico sobre el que se sustenta el principio de seguridad jurídica. Sin aquella, esta resulta de todo punto imposible: la seguridad jurídica exige un estado de cognoscibilidad normativa[273].

Esta cognoscibilidad implica, en primer lugar, una dimensión material: la posibilidad de acceso a las disposiciones legales vigentes, al objeto de que el ciudadano pueda identificar los enunciados normativos relevantes para llevar a cabo sus propósitos. Dimensión que se halla ligada tradicionalmente a exigencias formales como la promulgación y publicidad de las normas jurídicas, normalmente mediante su publicación en un periódico o boletín oficial. Y, en segundo lugar, una dimensión intelectual, esto es, la inteligibilidad o comprensibilidad del contenido de los enunciados normativos una vez que estos han sido identificados, de manera que el sujeto pueda conocer la pauta a la que ha de ajustar su conducta[274]. Una dimensión que se adentra ya en el dominio de la interpretación jurídica y se halla asociada a otros requisitos como la precisión y la claridad lingüística, y la coherencia, consistencia y plenitud del ordenamiento jurídico. La cog-

---

272 RAZ, J., *La autoridad del Derecho*, cit., pág. 267.

273 Como señala ÁVILA, H., *Teoría de la seguridad jurídica*, trad. de L. Criado, Marcial Pons, Madrid, 2012, la realización del principio de seguridad jurídica comporta la promoción de tres estados ideales que vendrían conformados por la cognoscibilidad, la confiabilidad y la calculabilidad del Derecho (pág. 250). Específicamente, la cognoscibilidad "marca la dimensión *presente* de la seguridad jurídica e indica las cualidades que el Derecho debe tener para poder considerarlo *seguro* y, con ello, servir de instrumento efectivo de *orientación* para el ciudadano", mientras que la confiabilidad marcaría los requisitos que el Derecho debe cumplir en la transición del pasado al presente y la calculabilidad en el tránsito del presente al futuro. Cfr. ÁVILA, H., "Indicadores de seguridad jurídica", en CRUZ MORATONES, C., FERNÁNDEZ BLANCO, C. y FERRER BELTRÁN, J. (eds.), *Seguridad jurídica y democracia en Iberoamérica*, Marcial Pons, 2015, págs. 212-213.

274 Sobre la distinción entre «disposición» —el enunciado normativo que constituye el objeto de la actividad interpretativa— y «norma» —el contenido normativo que resulta de esa actividad interpretativa—, cfr. GUASTINI, R., *Distinguiendo. Estudios de Teoría y Metateoría del Derecho*, trad. de J. Ferrer, Gedisa, Barcelona, 1999, págs. 101-104.

noscibilidad comprende, pues, tanto la accesibilidad material a las fuentes jurídicas para la identificación de las disposiciones y los precedentes judiciales relevantes para la determinación de la posición jurídica del sujeto ante un problema o una situación determinada, como la comprensión de esos materiales jurídicos[275].

El papel central de la cognoscibilidad del Derecho como soporte del principio de seguridad jurídica queda fielmente reflejado en el clásico principio de que "la ignorancia de las leyes no excusa de su cumplimiento", recogido en el art. 6.1 de nuestro Código Civil. Este brocardo se ha fundado tradicionalmente en una especie de presunción del conocimiento del Derecho o, si se quiere, en una ficción (un *como si*)[276], justificados en última instancia en la posibilidad de su conocimiento, en razón de la publicación oficial y, por tanto, de la publicidad de las normas jurídicas. Razón por la cual los tribunales no han extendido tradicionalmente el alcance de aquel principio a las normas consuetudinarias, cuya existencia en todo caso ha de probarse. Con todo, lo cierto es que, aun suponiendo que en algún momento hubiera sido posible que un individuo conociera el Derecho, todo el Derecho, hoy esta situación es absolutamente inconcebible. Con el crecimiento desaforado del Derecho moderno, aquella presunción se ha transformado en una premisa absolutamente ilusoria, en tanto la

---

275 Sobre los distintos tipos de problemas que afectan a la identificación de los enunciados normativos vigentes y a la identificación de las normas, cfr. GUASTINI, R., "Problemas de conocimiento del Derecho vigente", en CRUZ MORATONES, C., FERNÁNDEZ BLANCO, C. y FERRER BELTRÁN, J. (eds.), *Seguridad jurídica y democracia en Iberoamérica*, cit., págs. 19-28. Entre los primeros señala el gran conglomerado de disposiciones normativas existentes, su dispersión en distintos documentos normativos, el constante cambio normativo o la incertidumbre sobre la constitucionalidad de algunas normas. Y entre los problemas que afectan a la identificación de las normas distingue los relacionados con la formulación de los textos normativos —uso de términos valorativos y cláusulas generales, ambigüedad de las disposiciones condicionales y disyuntivas, uso incoherente de la terminología, ausencia de definiciones conceptuales, modificación de los documentos normativos, reenvíos normativos, fórmulas de derogación indeterminadas—, con la indeterminación semántica de los textos —vaguedad de los términos, ambigüedad de las disposiciones, lagunas normativas y axiológicas— y los dependientes de la práctica jurisprudencial —decisiones interpretativas, decisiones aditivas y decisiones sustitutivas—.

276 Como afirma STAMMLER, R., *Tratado de Filosofía del Derecho*, trad. de W. Roces, Reus, Madrid, 2007, la ficción "no es más que una fórmula abreviada para expresar una determinada voluntad jurídica" (pág. 403). Sobre el papel de la ficción en el Derecho, cfr. MARTÍNEZ GARCÍA, J. I., *La imaginación jurídica*, Debate, Madrid, 1992, págs. 95-117.

cognoscibilidad material del Derecho constituye una auténtica quimera, que ni siquiera cabe contemplar como mera posibilidad: ningún humano conoce el Derecho ni puede siquiera pretender llegar a conocerlo[277].

Ante la realidad incontestable de un ordenamiento jurídico cuya extensión y complejidad resulta ya completamente inabarcable para cualquier inteligencia humana, aquel brocardo sobre la inoperancia de la ignorancia de las normas jurídicas como causa de excusabilidad de las conductas ilegales cobra una nueva dimensión como un reconocimiento explícito de la imposibilidad práctica de conocer todo el Derecho. Y, una vez admitida dicha imposibilidad, la cognoscibilidad del Derecho opera hoy como un presupuesto teórico —una especie de cierre epistémico del orden jurídico— imprescindible para preservar el ideal de la seguridad jurídica y garantizar con ello el adecuado funcionamiento de un ordenamiento jurídico inabarcable e incomprensible en su totalidad para una mente humana, del mismo modo que el principio de plenitud funciona como un presupuesto operativo —como cierre sistémico— para asegurar el correcto funcionamiento de un ordenamiento ineludiblemente incompleto. Si el deber del juez de resolver todo caso solo puede sostenerse en el presupuesto de la plenitud o integridad del conocimiento, la inexcusabilidad de la ignorancia del Derecho solo puede asentarse en el presupuesto de su cognoscibilidad. Y ambos, plenitud y cognoscibilidad, constituyen presupuestos necesarios para garantizar la seguridad jurídica.

Sin embargo, esa cognoscibilidad que hasta ahora ha sido asumida por el jurista como una presunción, una ficción o un presupuesto operativo del sistema jurídico, podría convertirse en una realidad al alcance de la mano. De hecho, la inteligencia artificial jurídica nos está ayudando ya a salvar esa brecha en el acceso al conocimiento de un Derecho que ha sobrepasado con creces las capacidades cognitivas del entendimiento humano, habiéndose convertido en una herramienta absolutamente imprescindible para llevar a cabo las operaciones de búsqueda, selección, recuperación e

---

277 A finales del siglo pasado GARCÍA DE ENTERRÍA, E., *Justicia y seguridad jurídica en un mundo de leyes desbocadas*, Civitas, Madrid, 1999, describía certeramente la creciente hipertrofia y complejidad de un ordenamiento jurídico ya completamente inmanejable, caracterizado por la multiplicación incontenible de leyes inestables de baja calidad y el desarrollo desbocado de normas infralegales. En este contexto —afirmaba— "no hay persona alguna, incluyendo a los juristas más cualificados, que pueda pretender hoy conocer una minúscula fracción apenas de esa marea inundatoria e incesante de leyes y reglamentos, entre cuyas complejas mallas hemos, no obstante, de vivir" (pág. 49).

incluso análisis de los materiales jurídicos —normas jurídicas, decisiones judiciales y otros materiales jurídicos relevantes para la interpretación y aplicación del Derecho—. Gracias a ella, el ideal de un Derecho cognoscible y accesible se encuentra hoy tal vez, pese a todo, más cerca que nunca de hacerse una realidad práctica.

2. La inteligencia artificial jurídica en acción: de la publicación de las normas al acceso a una información jurídica personalizada

Como afirman B. Alarie, A. Niblett y A. H. Yoon, en el desarrollo del Derecho moderno pueden distinguirse tres grandes etapas o estadios en relación a las formas de acceso a la información jurídica: la era analógica, la era digital y la era computacional[278]. En capítulos anteriores ya se señaló cómo la configuración del pensamiento jurídico moderno se halla estrechamente relacionada con la invención de la imprenta y la consecuente articulación tecnológica y difusión del Derecho en su actual forma escrita. De ahí que la publicación de las normas se constituyera en la exigencia fundamental para garantizar su publicidad y accesibilidad. Aun hoy nos resulta bastante familiar la imagen de despachos de abogados con paredes repletas de cientos de voluminosos libros en los que se recopilaban cronológicamente los repertorios normativos y jurisprudenciales, pese a que en la actualidad ya solo constituyen un vestigio de la tradición profesional con una finalidad puramente decorativa. Sin embargo, durante muchos siglos, la disponibilidad física de estas colecciones impresas determinó la extensión del universo de materiales relevantes para los diversos operadores jurídicos. E incluso, hasta el mismo final de esta era analógica, muchos abogados en sus despachos tenían solo un acceso limitado a aquellas colecciones, al alcance plenamente solo de grandes despachos, Facultades de Derecho y otras instituciones. Además, a medida que se fue incrementado el volumen de información jurídica, la tarea de búsqueda e identificación de los materiales relevantes en relación a determinado propósito en el creciente océano de papel se hizo sumamente dificultosa, requiriendo el empleo de mucho tiempo y esfuerzo, mientras que sus resultados distaban de ser exhaustivos o completos.

El desarrollo de la informática jurídica documental, con la aparición de las primeras bases de datos electrónicas, supuso la transición desde aque-

[278] Cfr. ALARIE, B., NIBLETT, A. y YOON, A. H., "How Artificial Intelligence will affect the practice of Law", *University of Toronto Law Journal*, nº 68, 2018, págs. 112-114.

llos materiales analógicos a los soportes digitales. Fue en la década de los setenta del siglo pasado cuando hicieron su aparición las primeras bases electrónicas de datos jurídicos —normas y jurisprudencia—, accesibles inicialmente a través de un terminal que interactuaba con un ordenador central y posteriormente a través de computadores personales. En 1973 se lanzó en Estados Unidos *Lexis* y, apenas dos años después, *Westlaw*, de la mano, respectivamente, de las dos grandes compañías que desde entonces se han venido disputando el dominio del mercado de la información jurídica a nivel internacional: *Lexis Nexis* —adquirida en 1994 por *Elsevier*, hoy *REXL Group*— y *West Publishing* —adquirida en 1996 por el grupo que hoy es *Thomson Reuters*—. En un principio, estas bibliotecas digitales vinieron a complementar, más que sustituir, a los tradicionales repertorios legislativos y jurisprudenciales en soporte papel debido también a su limitada disponibilidad, ya que el acceso a las mismas resultaba inicialmente muy costoso, permaneciendo fuera del alcance de la mayoría de abogados y operadores jurídicos. No será hasta la década de los noventa, con el desarrollo del CD-ROM y la expansión del ordenador personal, cuando se comenzará a generalizar el acceso de los profesionales jurídicos a estas fuentes electrónicas de información jurídica. Proceso que se vería impulsado definitivamente ya en los albores del nuevo milenio con el desarrollo generalizado de internet y la posibilidad de acceder a dichas fuentes *online*[279].

Como ya se expuso en el capítulo anterior, la digitalización de la información jurídica en formatos legibles mecánicamente permitió el tratamiento automatizado de la información jurídica, posibilitando su almacenamiento, sistematización, arquitecturización y recuperación en grandes bases de datos a través de programas informáticos específicos. Situación que pareció configurar, al menos por un tiempo, un cierto equilibrio entre el creciente volumen de información jurídica y la posibilidad de que esta fuera procesada, identificada y utilizada de forma eficiente por juristas y legos[280]. No solo eso. La incesante mejora de las capacidades de almace-

---

279 Aunque, con el desarrollo de internet, progresivamente los materiales jurídicos se hicieron disponibles de manera libre y gratuita a través de bases de datos públicas y abiertas, la mayor parte de profesionales han seguido utilizando bases de datos de compañías privadas porque estos proveedores de información jurídica, además de disponer de los materiales previos a la aparición de internet ya digitalizados, han invertido importantes recursos en la estructuración de los datos, lo que les ha permitido desarrollar mejores herramientas tecnológicas de búsqueda, recuperación y análisis de la información.

280 Cfr. PEÑA CARLOS, J. S., "Inteligencia artificial para la seguridad jurídica. Superando el problema de la cognoscibilidad del Derecho", *Revista Oficial del Poder*

namiento y de los sistemas de búsqueda y recuperación de la información alentó la esperanza en el próximo advenimiento de una edad dorada en la que, tal vez por primera vez en la historia de la humanidad, fuera posible el acceso universal, pleno e irrestricto al Derecho. Esta esperanza se deja traslucir, por ejemplo, en la aparición del *Free Access to Law Movement* (FALM), una organización internacional creada en 1992 con el objetivo de promover el acceso en línea gratuito y universal a la información jurídica[281]. En su *Declaration on Free Access to Law*, aprobada en Montreal en 2002, proclamaba que toda información jurídica pública "se considera propiedad digital colectiva y debe ser accesible a todos libremente y sin fines de lucro"[282]. Información que abarca tanto las fuentes primarias del Derecho —legislación, jurisprudencia y tratados— como los materiales jurídicos secundarios o interpretativos —informes legislativos preliminares, informes y documentos jurídicos producidos con financiación pública—. Y, en aras a la consecución de aquel objetivo, los miembros de la asociación se comprometían a promover y apoyar dicho acceso en todo el mundo, principalmente a través de la red[283].

Judicial, vol. 14, nº 17, 2022, pág. 79.

281 A tal objeto, el movimiento creó en su mismo acto fundacional el *Legal Information Institute*, vinculado a la Facultad de Derecho de la Universidad de Cornell. En la actualidad forman parte del FALM más de 65 institutos de información legal y organizaciones jurídicas de todo el mundo que comparten dicho objetivo. Cfr. http://www.fatlm.org/.

282 Cfr. THE FREE ACCESS TO LAW MOVEMENT, *Declaration on Free Access to Law*, Montreal, 2002. Amended in Sydney (2003), Paris (2004), Montreal (2007) and Ithaca (2012). Disponible en http://www.fatlm.org./declaration/.

283 Como afirman CURTOTTI, M., HAAPIO, H. y PASSERA, S., "Interdisciplinary cooperation in legal design and communication", en SCHWEIGHOFER *et al.* (eds.), *Co-operation. Proceedings of the 18th International Legal Informatics Simposium IRIS*, Österreichische Computer Gesellschaft OCG, Viena, 2015, el proceso para hacer el Derecho más accesible a los ciudadanos afecta a su "forma, contenido y manifestación" (pág. 1). La posibilidad de acceder fácilmente a la información jurídica a través de internet ha abierto enormes oportunidades para un mejor conocimiento del Derecho por parte de la ciudadanía. Pero esta ampliación de las posibilidades de acceso material al Derecho ha de ir acompañada también de un esfuerzo por hacerlo más comprensible sin necesidad de intermediarios. En este sentido, las aspiraciones del movimiento de libre acceso al Derecho vienen asociadas también a la demanda de utilización de las nuevas tecnologías para promover esta «comprensibilidad» a través de técnicas de visualización del Derecho y otras herramientas de diseño legal. Básicamente, se trata de aplicar los métodos del diseño de servicios a los problemas y procesos legales —formas visuales de comunicación, representaciones visuales interactivas, interfaces gráficas de usuario, rutas de navegación *online* sencillas

No obstante, pese al inmenso avance que, en relación al universo analógico, supuso este estadio digital en términos de disponibilidad de los materiales jurídicos, al facilitar enormemente su almacenamiento y recuperación, poniendo además al alcance de cualquier usuario las herramientas informáticas necesarias para acceder a ellos, persistían aún una serie de limitaciones que dificultaban la cognoscibilidad material de la información relevante para el abordaje de una determinada cuestión jurídica. La principal dificultad, de carácter técnico, residía en la identificación de dicha información. La automatización de la tarea de búsqueda de la información electrónica relevante en relación a una determinada cuestión se plantea técnicamente como un problema de recuperación y extracción de la información cuyo elemento crítico de diseño es cómo ligar la solicitud de búsqueda del usuario con la mejor respuesta posible. Entendiendo por «mejor respuesta posible» aquella que es capaz de aproximarse más al objetivo de identificar y extraer «toda» la información relevante, y «únicamente» la información relevante, en relación a la solicitud realizada, de entre todo el conjunto de la información de la que dispone o a la que tiene acceso el sistema[284].

---

a través de los procesos legales, utilización de *chatbots* y *apps* legales...— con el objetivo de responder a las necesidades de los usuarios de las normas jurídicas e informarles de sus derechos y responsabilidades de una manera más efectiva. Ello requiere una nueva forma de presentación de la información jurídica, enfocándola hacia la resolución de problemas contextualizados y centrados en el usuario. Cfr. DOHERTY, M., "Comprehensibility as a rule of law requirement: the role of legal design in delivering access to law", *Journal of Open Access to Law*, vol. 8, nº 1, 2020.

284 De este modo, la «exhaustividad» (*recall*) y la «precisión» (*precision*) se constituyen en las dos magnitudes esenciales para medir la eficiencia de los sistemas de recuperación de la información. La «exhaustividad» es la fracción de documentos relevantes —en este caso, normas, sentencias, artículos doctrinales...— en relación a una determinada búsqueda existentes en el conjunto de la información disponible que son recuperados por el sistema. Y la «precisión» es la fracción de documentos recuperados por el sistema como relevantes que son de hecho relevantes. Esto es, la exhaustividad constituye la medida de la completitud de la búsqueda mientras que la precisión es la medida de su corrección. Combinando ambas magnitudes se obtiene la métrica *F1 Score*, que es su media armónica —no aritmética—, de manera que para alcanzar un *F1* alto el sistema debe lograr simultáneamente una exhaustividad y una precisión altas. Bajo estos parámetros, por tanto, el objetivo es recuperar el mayor número posible de documentos relevantes y, al mismo tiempo, el menor número de documentos no relevantes posible. Para la definición de estos y otros conceptos técnicos de los sistemas de recuperación de la información, cfr. GROSSMAN, M. R. y CORMACK, G. V.,

El primer método al que se recurrió para recuperar la información fue la búsqueda a partir de *keywords* o «términos clave», combinados mediante los operadores booleanos «y», «o» y «no». Pero pronto esta técnica se mostró claramente insuficiente para colmar las expectativas creadas, en la medida en que se limita a identificar en el material almacenado los términos idénticos a los solicitados, de manera que, por un lado, es incapaz de recuperar toda aquella información jurídica relevante en la que en lugar de dichos términos se emplean otras palabras distintas con el mismo o similar significado (sub-inclusión), mientras que, por otro, habitualmente extrae una buena porción de información irrelevante debido a los diferentes significados que incluso un mismo término jurídico puede tener en diversas áreas y contextos o a la aparición meramente anecdótica de dicho término en el texto (sobre-inclusión).

Además, estos programas informáticos de búsqueda de la información se limitaban simplemente a recuperar los documentos jurídicos en los que aparecían los términos solicitados, para su posterior lectura y análisis de la información por parte del operador jurídico[285]. Tarea que resultaba cada vez más compleja y esforzada, no solo como consecuencia del ya mencionado proceso de hiperinflación legislativa, sino también de la propia digitalización de la información jurídica y la creciente facilidad de acceso a la misma a través de internet, así como de la prácticamente ilimitada capacidad de almacenamiento y procesamiento que fueron adquiriendo las bases de datos alojadas en la nube. Todo ello contribuyó a incrementar exponencialmente el volumen de información disponible, poniendo al alcance de los usuarios materiales heterogéneos y de distinta relevancia jurídica que hasta entonces no se publicaban o que resultaban difícilmente accesibles: sentencias de tribunales de cualquier orden y nivel jerárquico, circulares, documentos preparatorios de la legislación —informes preliminares, borradores, enmiendas, informes de comisiones, debates...—, estudios e informes de todo tipo de agencias, organizaciones y entidades, etc. Materiales que vinieron a acrecentar la complejidad operativa de un ordenamiento jurídico cuya estructura se aleja cada vez más de la imagen kelseniana tradicional de una pirámide ordenada jerárquicamente para

---

"The Grossman-Cormack Glossary of Technology-Assisted Review", *Federal Courts Law Review*, vol. 7, nº 1, 2013, págs. 1-34.

285 Como señala PEÑA CARLOS, J. S., "Inteligencia artificial para la seguridad jurídica. Superando el problema de la cognoscibilidad del Derecho", cit., la informática jurídica documental "solo ofrece el almacenamiento de datos brutos organizados para su recuperación en la misma condición en que fueron guardados", sin que se pueda extraer y procesar información de los mismos (pág. 87).

transmutarse en una tupida malla de nodos en recíproca y cambiante interacción, una estructura reticular que propicia la existencia de antinomias, contradicciones, excepciones, distinciones y múltiples interpretaciones.

De este modo, el propio desarrollo de las capacidades tecnológicas de almacenamiento, procesamiento, búsqueda y recuperación de la información contribuyó también en buena medida al conocido «desbordamiento» —en feliz expresión de A. E. Pérez Luño, el principal estudioso en España de la informática jurídica— de las fuentes del Derecho[286]. Un Derecho que, a los ojos del jurista digital, ya "no aparece tanto como conjunto de normas sino como base de datos", un inmenso *data set* en el que los criterios tradicionales de ordenación de las disposiciones normativas son suplantados por parámetros para la organización y procesamiento de la información, de manera que el sistema de fuentes "se sitúa en la perspectiva de *big data*"[287].

Algunas de las limitaciones y dificultades apuntadas, sin embargo, han podido ser superadas o, al menos, allanadas en la actual era computacional o algorítmica gracias a la inteligencia artificial, que ha permitido el desarrollo de plataformas de computación cognitiva con avanzadas herramientas semánticas de búsqueda, identificación y análisis de la información jurídica. Estas aplicaciones han mejorado notablemente las funcionalidades de los sistemas de recuperación de la información y posibilitado el desarrollo de nuevos tipos de sistemas dirigidos a proporcionar un mejor conocimiento y comprensión del Derecho aplicable en cada situación particular, como los sistemas de búsqueda de respuestas jurídicas (*legal question answering*), los recientes modelos de lenguaje de gran tamaño e incluso los sistemas de análisis predictivo.

El avance fundamental en este campo ha sido la evolución de las técnicas de procesamiento del lenguaje natural, que comenzaron a ser introducidas en las bases de datos jurídicas hace casi dos décadas, posibilitando la realización de «búsquedas conceptuales» basadas en algoritmos de aprendizaje automático no supervisado[288]. Gracias a ellas es posible identificar

---

286 Cfr. PÉREZ LUÑO, A. E., *El desbordamiento de las fuentes del Derecho*, La Ley, Madrid, 2011.

287 MARTÍNEZ GARCÍA, J. I., "Derecho inteligente", *Cuadernos Electrónicos de Filosofía del Derecho*, nº 37, 2018, pág. 99.

288 Para ello se utilizan metodologías basadas en el análisis semántico, como el *stemming* —utiliza algoritmos basados en la lógica difusa para identificar palabras con la misma raíz—, *thesaurus expansión* —identifica automáticamente la información que contiene no solo el término buscado sino un listado de sinónimos— y las

de una manera mucho más exhaustiva y precisa la información concreta conceptualmente relevante en relación a un determinado propósito, con independencia de los términos que hayan sido utilizados tanto en la solicitud de búsqueda como en los documentos recuperados y en la información extraída de los mismos, ya que tales algoritmos son capaces de detectar las relaciones semánticas entre las palabras[289]. Hoy, los progresos en esta disciplina han conducido al desarrollo de algoritmos de búsqueda que son capaces de identificar frases, relaciones entre conceptos e incluso estructuras argumentales[290]. Se produce así "el paso de la búsqueda basada en datos a la búsqueda basada en conocimiento"[291]. Y ello permite realizar búsquedas más generales, en lugar de búsquedas sobre términos específicos, de una manera mucho más flexible e intuitiva, facilitando así el acceso a la información relevante también a usuarios sin conocimientos jurídicos y las búsquedas sobre cuestiones amplias o complejas.

---

ontologías —categoriza la información detectando relaciones etre las palabras y sus significados, por ejemplo, oro-amarillo—. También se emplean metodologías basadas en las probabilidades matemáticas de que un texto esté asociado con una particular categoría conceptual para agrupar la información, como el *clustering* y la indexación semántica latente.

289 Como señalan ALARIE, B., NIBLETT, A. y YOON, A. H., "How Artificial Intelligence will affect the practice of Law", cit., el procesamiento del lenguaje natural se aplica tanto a la operación de recuperación de la información —es decir, a la hora de identificar la relevancia de un documento, independientemente de los términos que utilice— como a la de extracción de la información, determinando los términos del documento que pueden estar ligados a la información relevante (pág. 32).

290 En este sentido son especialmente significativos los avances producidos en *argument mining* o «minería de argumentos», un área de investigación que tiene por objeto extraer los argumentos y las relaciones existentes entre ellos de un texto escrito en lenguaje natural, con la finalidad de proporcionar información estructurada que pueda ser procesada y utilizada por el sistema para los modelos computacionales de argumentación. Iniciada hace una década bajo el impulso de una pequeña comunidad científica, actualmente constituye una de las ramas más prometedoras en el procesamiento del lenguaje natural. Y desde su inicio ha estado estrechamente ligada a la pretensión de computarizar el razonamiento jurídico. De hecho, uno de los trabajos pioneros fue MOCHALES, R. y MOENS, M. F., "Argumentation Mining", *Artificial Intelligence and Law*, vol. 19, nº 1, 2011, págs. 1-22, que proponía una metodología para identificar los argumentos de los textos jurídicos. Un ejemplo de aplicación de técnicas de minería de argumentos a decisiones del Tribunal Europeo de Derechos Humanos puede encontrarse en POUDYAL, P. *et al.*, "ECHR: Legal Corpus for Argument Mining", *Proceedings of the 7th Workshop on argument mining*, Barcelona, 2020, págs. 67-75.

291 CREGO, J., "Una clasificación de la inteligencia artificial jurídica desde la perspectiva de la Filosofía del Derecho", cit., pág. 314.

Por otra parte, la incorporación del aprendizaje automático, y especialmente del aprendizaje profundo o *deep learning*, en los sistemas de recuperación de la información hizo que estos pudieran aprender a partir de las búsquedas efectuadas por el usuario sus intereses y objetivos, evaluar la corrección de los resultados de la búsqueda mediante el análisis de la interacción con el usuario —por ejemplo, viendo qué resultados de búsqueda son desechados por el usuario y cuáles son utilizados— y priorizar los resultados en función de los criterios de relevancia detectados. Ello ha permitido diseñar nuevas funcionalidades en las herramientas de búsqueda y recuperación de la información, como la realización de sugerencias de búsqueda de nuevas cuestiones o de recomendaciones de nuevos casos y normas en función de la progresión de las búsquedas efectuadas por el usuario o de la identificación por parte del sistema de los temas comunes a los materiales descargados por aquel de entre los resultados ofrecidos, entre otras. Así, mediante este tipo de herramientas de aprendizaje automático supervisado, el sistema y su usuario colaboran —a través incluso de un diálogo en forma pregunta-respuesta— en la exploración de nuevas rutas de información y en la búsqueda de las respuestas jurídicas más ajustadas a cada situación. Y, mediante dicha interacción, aquel aprende constantemente a refinar sus criterios de relevancia en la búsqueda y, en consecuencia, sus resultados. Todo ello ha contribuido a facilitar enormemente el acceso al Derecho y a que las operaciones de búsqueda e identificación de la información jurídica relevante en relación a un determinado problema o tarea sean más simples e intuitivas y sus resultados mucho más precisos, completos y ajustados a los intereses y objetivos específicos perseguidos por el usuario, ya sea un profesional jurídico o incluso un lego.

Estos avances, en combinación con el desarrollo de las capacidades de *big data*, particularmente de la «minería de datos»[292], han posibilitado el diseño de sofisticadas herramientas de análisis jurídico capaces de procesar la información recuperada, detectando patrones y relaciones entre los datos, de analizarla, clasificarla, sintetizarla y reutilizarla para dar respuesta a cuestiones legales concretas. Funcionalidades que han propiciado el desarrollo de los denominados sistemas de búsqueda de respuestas jurídicas o *legal question answering*, basados en la plataforma cognitiva *Watson* de IBM y capaces, tras un intensivo proceso de entrenamiento por parte de un profesional experto

---

[292] La «minería de datos» constituye la principal técnica de análisis automatizado de *big data*. Su objetivo es extraer información de grandes volúmenes de datos brutos —no estructurados— y transformarla en una estructura comprensible para su uso posterior.

en el área jurídica en el que vayan a ser utilizados, de responder automáticamente a cuestiones jurídicas formuladas en lenguaje natural. A diferencia de los sistemas de búsqueda y recuperación de la información, que simplemente identifican la información jurídica relevante, estas plataformas de búsqueda de respuestas jurídicas analizan en segundos cantidades ingentes de información jurídica procedente no solo de fuentes estructuradas —bases de datos— sino de toda clase de fuentes digitales abiertas, extrayendo los contenidos relevantes para la resolución de la cuestión planteada y elaborando a partir de ellos una respuesta jurídicamente argumentada.

Ante una pregunta concreta, este tipo de sistemas generan internamente diversas hipótesis de respuesta a partir del análisis de la información identificada como relevante —legislación, jurisprudencia, informes, publicaciones doctrinales...—. Y cada una de esas potenciales respuestas es sometida a un proceso independiente de verificación mediante la selección y el análisis de los argumentos o evidencias existentes en el conjunto de la información que puedan respaldarla, lo cual es posible gracias a la ejecución simultánea de miles de algoritmos basados en diversas técnicas de procesamiento del lenguaje natural. Apoyándose en una potente arquitectura de redes neuronales multicapa de *deep learning* capaz de ponderar la incidencia de miles de elementos o indicadores en diversos niveles, el sistema asigna una puntuación relativa a los diversos argumentos y evidencias encontradas, al objeto de priorizar las diversas hipótesis en función de su probabilidad de corrección. Una vez seleccionada aquella con mayores probabilidades de corrección a la luz de las evidencias, el sistema elabora automáticamente un informe que ofrece una conclusión legal y contiene una detallada argumentación jurídica en respuesta a la cuestión planteada, con referencia a las normas y los precedentes jurisprudenciales en los que se fundamenta aquella conclusión e hipervínculos a esos materiales.

Además, el sistema permite una interactividad con el usuario en la búsqueda conjunta de la solución más ajustada al caso. En este sentido, el sistema puede ofrecer recomendaciones y sugerir nuevos puntos de vista. Por ejemplo, aportando resultados relacionados con la búsqueda o la pregunta que el usuario no ha considerado o mostrando cómo una norma cuya aprobación está pendiente podría afectar a la cuestión planteada. Por otro lado, como ocurre con todos los programas de aprendizaje profundo, estos sistemas, que incorporan tanto algoritmos de aprendizaje supervisado como no supervisado, aprenden y mejoran constantemente la precisión de sus resultados a medida que van adquiriendo experiencia en la realización de su tarea e incrementan su interacción con el profesional, evaluando la corrección o incorrección de sus propias respuestas a partir del *feedback* proporcionado por este o simplemente a partir de lo que este hace con los pasajes de la información recuperada en apoyo de tales respuestas[293].

Una vez adecuadamente entrenadas y ajustadas, estas plataformas de búsqueda de respuestas jurídicas han demostrado ser tan eficientes como cualquier profesional jurídico en la realización de esta tarea[294]. Además, su utilización es muy fácil. El sistema procesa el lenguaje natural, de manera que las cuestiones legales no precisan ser formuladas en términos técnicos o jurídicos y la interacción con el usuario se realiza a través de una interfaz muy sencilla e intuitiva: un asistente virtual que puede incluir reconocimiento de voz para interactuar de forma oral. Si bien el desarrollo de este tipo de sistemas no está aún al alcance de muchos despachos de profesionales jurídicos por su alto coste, tanto en términos económicos como del tiempo y esfuerzo que es necesario invertir por parte de abogados expertos para su entrenamiento[295], cada vez son más las compañías

---

293 Para una información más extensa sobre los fundamentos tecnológicos, el proceso de entrenamiento, el modo de funcionamiento y las capacidades de estos sistemas, cfr. SOLAR CAYÓN, J. I., *La inteligencia artificial jurídica. El impacto de la innovación tecnológica en la práctica del Derecho y el mercado de servicios jurídicos*, Aranzadi, Cizur Menor (Navarra), 2019, págs. 113-123.

294 En cuanto a la eficiencia de estos sistemas, ASKEW, P. y DUNPHY, J., "Can artificial intelligence make legal research more cost-effective without compromising quality?", *Wagner Sidlofsky Blog*, July 27, 2020 (https://www.wagnersidlofsky.com/ai-legal-research/) da cuenta de un experimento en el que se comparó el rendimiento de la plataforma canadiense *Alexsei* con el de un abogado experto en Derecho de sucesiones. El experimento consistió en dar respuesta al siguiente problema legal, formulado bajo estas preguntas —a los efectos de la formulación del problema al sistema deben distinguirse la cuestión jurídica y los hechos del caso—: "La provisión de alojamiento gratis por parte de un hermano durante un período de más de 20 años ¿constituye "proveer asistencia" conforme a la sección 57(1) de la Ley de Sucesiones (canadiense), al objeto de determinar si se trata de una asistencia de persona a cargo pagadera por un hermano a otro?" y "Asumiendo que el demandante es considerado una persona a cargo de su hermana testadora bajo la Ley de Sucesiones, ¿qué *quantum* por asistencia de persona a cargo puede esperar si ha estado viviendo gratis en la casa de la testadora veinte años?". La respuesta de *Alexsei* y del abogado fueron sustancialmente idénticas en cuanto a la conclusión obtenida, su argumentación y los materiales normativos y jurisprudenciales alegados, con la única diferencia de que *Alexsei* citó un precedente relevante más. Y, en cuanto a la eficiencia, el tiempo empleado por el usuario del sistema en introducir las preguntas y revisar el dictamen generado automáticamente por *Alexsei* fue de media hora, mientras que el abogado necesitó 4 horas para su elaboración.

295 En países como Estados Unidos o Reino Unido, muchos de los grandes despachos han suscrito alianzas con las compañías tecnológicas propietarias de estas plataformas de computación cognitiva para el desarrollo conjunto de sus herramien-

tecnológicas que, a través de sus plataformas digitales, comercializan sus diversas aplicaciones o funcionalidades como servicios de pago en la nube, haciéndolos así cada vez más accesibles gracias a la escalabilidad que proporciona internet.

También el reciente y explosivo desarrollo de los modelos de lenguaje de gran tamaño (*Large Language Models*), como GPT-4, con el extraordinario salto cualitativo que supone su arquitectura de transformadores —una arquitectura particular de redes neuronales de *deep learning*— en el procesamiento del lenguaje natural, abre un sinfín de posibilidades en este campo que aún están por explorar. Hay quien, como Harry Surden, considera que esta tecnología supone un paso decisivo para conseguir que los ordenadores comprendan la sustancia material del Derecho, pudiendo así dar una respuesta automática a cuestiones jurídicas concretas, tales como, por ejemplo, «¿qué deberes me impone esta ley», o «qué derechos me reconoce?», «¿a qué me obliga este contrato?», «¿el suceso x está cubierto por mi póliza de seguros?», etc. En su opinión, GPT-4 representa el inicio de una nueva vía para alcanzar un Derecho computable basado en el lenguaje natural[296].

Dicho modelo fundacional, en su versión comercial y genérica, es capaz ya de generar informes jurídicamente fundados en respuesta a cuestiones jurídicas concretas —analizando un corpus normativo, extrayendo sus reglas y aplicándolas al caso específico—, así como de redactar contratos y otro tipo de documentos legales. Informes y documentos que no están libres de errores debido a su falta de entrenamiento específico en materias legales, por lo que un profesional jurídico solo puede tomarlos como una primera aproximación al tema[297]. Pero, aprovechando sus mejoradas

---

tas, haciendo así que se incrementen los flujos de trabajo y que el sistema aprenda mejor y más rápido con el *feedback* de sus profesionales. Además, esto permite a los despachos adaptar las herramientas a las materias, necesidades, intereses y objetivos específicos de la firma. Los bufetes pioneros en la utilización de estos sistemas fueron *Dentons* y *Baker-Hostetler*, que los vienen empleando fundamentalmente en el área del Derecho Concursal desde 2016.

296 Cfr. SURDEN, H., "Is Law Computable?", *Ponencia en el International Congress AI & Law*, Universidad Pontificia Comillas — Fundación Notariado, 13-14 noviembre 2023. Disponible en https://www.fundacionnotariado.org/portal/video1.

297 Sobre las potencialidades y limitaciones del modelo general ChatGPT en el ámbito jurídico, cfr. TAN, J., WESTERMANN, H. y BENYEKHLEF, K., "ChatGPT as an artificial lawyer?", en *Workshop on Artificial Intelligence for Access to Justice (AI4AJ 2023)*, June 19, 2023, Braga (https://ceur-ws.org/Vol-3435/short2.pdf). Notorio es el caso del abogado neoyorkino Steven Schwartz, quien utilizó ChatGPT para redactar, en el

capacidades de ajuste fino para desarrollar aplicaciones más específicas y precisas, son cada vez más los despachos de abogados que están comenzando a entrenar y afinar el modelo para adaptarlo al contexto jurídico, pudiéndolo acomodar incluso a sus necesidades profesionales específicas y a la cultura del despacho[298]. Es previsible que el impacto de GPT-4 y de sus potenciales versiones futuras sea muy profundo y extenso en el ámbito de la abogacía, poniendo al alcance de cualquier despacho, incluyendo los más pequeños, el desarrollo de aplicaciones para la automatización de diferentes tipos de tareas y servicios legales: análisis y resumen de la información jurídica relevante, asesoramiento legal mediante asistentes virtuales con mejores capacidades de comprensión y conversacionales, generación de contratos y otros documentos legales de alta calidad, etc[299].

Al margen, sin embargo, de lo que nos pueda deparar la aplicación del modelo GPT-4 al dominio del conocimiento jurídico, lo cierto es que ya a día de hoy el desarrollo de todo ese arsenal de herramientas y capacidades tecnológicas que se han ido describiendo a lo largo de este apartado posibilita el diseño de aplicaciones, como asistentes digitales y *chatbots*, dirigidas a proporcionar directamente al ciudadano recursos de información jurídica customizada en contextos legales concretos, al estilo de los sistemas expertos tradicionales pero con la flexibilidad y las ventajas que aportan la interactividad de la computación cognitiva y la accesibilidad práctica-

---

curso de una demanda contra la aerolínea *Avianca*, unas alegaciones en respuesta a la solicitud de los abogados de la compañía de que la demanda fuera desestimada. En el documento de diez páginas —que el abogado reconoció no haber revisado antes de presentarlo al tribunal— se citaban precedentes judiciales inexistentes. Acción por la que fue sancionado judicialmente, junto con su socio de despacho, con una multa de 5.000 dólares. Cfr. WEISER, B., "ChatGPT Lawyers are ordered to consider seeking forgiveness", *The New York Times*, June 22, 2023.

298 Cfr. el *Dossier "Riesgos y oportunidades de la Inteligencia Artificial Generativa en el sector legal"*, lanzado por Aranzadi — La Ley en marzo de 2024, con recomendaciones a los despachos sobre cómo y para qué utilizar modelos de lenguaje de gran tamaño.

299 En septiembre de 2023 la prensa especializada informó del lanzamiento al mercado, por parte de la empresa española Ecix Tech, de *MIAbogado*, el primer ChatGPT legal. Diseñado para despachos y asesorías jurídicas de empresas, no para el público en general, puede llevar a cabo fundamentalmente tres tipos de tareas: responder a consultas jurídicas; analizar cualquier texto legal, identificando el marco normativo al que está sujeto, detectando posibles errores u omisiones y realizando una valoración jurídica; y redactar una amplia variedad de documentos legales. Esta herramienta puede ser utilizada por cualquier despacho como un servicio en la nube mediante el pago de una pequeña cuota mensual. Cfr. https://www.silicon.es/miabogado-ecix-lanza-el-primer-chatgpt-juridico-2487876.

mente ilimitada a recursos y fuentes de información a través de internet[300]. Un ejemplo son las herramientas basadas en inteligencia artificial que, en muchos tribunales chinos, asisten ya a los potenciales usuarios de la Administración de Justicia proporcionándoles, de una forma ajustada a sus necesidades específicas, orientación sobre el Derecho sustantivo y procesal aplicable a su disputa[301]. O los «exploradores de soluciones» introducidos en tribunales digitales como el *British Columbia Civil Resolution Tribunal* (Canadá) y el *Online Solutions Court* británico, que, a través de interfaces simples, guían al usuario de un modo interactivo mediante una serie de preguntas estructuradas a los contenidos jurídicos relevantes en el caso específico, ayudándole a categorizar sus pretensiones y entender su posición legal, informándole de las diferentes vías de solución y conectándole incluso con los distintos recursos y servicios a su disposición para el tratamiento del problema.

De este modo, en la era computacional, la aplicación de la inteligencia artificial para el diseño de este nuevo tipo de aplicaciones capaces de identificar y utilizar contenidos relevantes para proporcionar información jurídica customizada ha generado, como señala Juan Gustavo Corvalán, un nuevo paradigma tecnológico: la inteligencia en la interfaz. Aquí el usuario ya no tiene que utilizar motores de búsqueda para localizar el Derecho relevante —como sucedía en los tradicionales programas de búsqueda y recuperación de la información—, ni navegar por un portal y buscar los canales adecuados de información jurídica, sino que simplemente interactúa con una interfaz, hablando o chateando, y la tecnología accede a los contenidos relevantes mediante conexiones con diferentes sistemas de información que pueden responder a sus necesidades y a partir del aprendi-

---

300 En este sentido, la Comisión de Venecia, entre sus criterios de verificación del grado de cumplimiento del ideal del imperio de la ley, menciona, en relación al acceso a los tribunales de justicia, “la disponibilidad, en particular a través de internet, de información clara acerca de cómo interponer una acción judicial”. Información que “debe ser fácilmente accesible a toda la población”. Cfr. EUROPEAN COMMISSION FOR DEMOCRACY THROUGH LAW (VENICE COMMISSION), *Rule of Law Checklist*, cit., pág. 25.

301 A tal fin se han testado diversos asistentes virtuales. El más popular es *Xiao Fa*, un robot instalado ya en más de cien tribunales. Sin requerir la presencia física en el tribunal, *Aegis*, una plataforma digital alojada en la aplicación móvil *WeChat* —la red social más popular en China— que ofrece información jurídica en línea, recibe más de 30.000 consultas cada día, proporcionando respuestas automáticas inmediatas al 85% de las mismas. Cfr. CHEN, B. M. y LI, Z., “How will technology change the face of Chinese justice?”, *Columbia Journal of Asian Law*, vol. 34, nº 1, 2020, pág. 10.

zaje, analizándolos y elaborando a partir de ellos una respuesta ajustada al problema particular. Un paradigma que, sin duda, puede tener un impacto muy positivo en aras a expandir y garantizar el ejercicio efectivo del derecho de acceso al Derecho y a la información jurídica[302].

Por otro lado, los mencionados avances en *big data* e inteligencia artificial han impulsado también un espectacular desarrollo del campo del análisis jurídico predictivo, con el objetivo de intentar prever cuál será la respuesta jurídica más probable de los tribunales ante una situación determinada. Como proclamaba el realismo jurídico americano —la "filosofía del Derecho del abogado", en palabras de D. Luban[303]—, el Derecho respecto a una situación dada es, bien un Derecho real, es decir, una decisión específica en el pasado relativa a esa situación, o un Derecho probable, es decir, un vaticinio relativo a una decisión específica en el futuro[304]. La realización de estas predicciones sobre la eventual decisión futura de un tribunal acerca de un caso determinado es una tarea esencial en la práctica jurídica cotidiana del abogado, constituyendo un componente ineludiblemente asociado a su deber profesional de conocimiento del Derecho. Asesorar al cliente comporta implicarse en una forma de razonamiento predictivo. Aquel está, desde luego, interesado en conocer el Derecho, pero desde la óptica de las consecuencias que conllevará la aplicación de ese Derecho en su situación específica, al objeto de poder determinar con la mayor seguridad jurídica posible el curso de acción a seguir[305]. Y lograr que estos vaticinios sobre la probable decisión futura de un tribunal en un caso concreto —basados tradicionalmente en los conocimientos, experiencias e intuiciones del profesional jurídico— sean lo más fiables posibles es el objetivo primordial de las herramientas de análisis jurídico predictivo[306].

---

302 Cfr. CORVALÁN, J. G., "Inteligencia artificial: retos, desafíos y oportunidades — Prometea: la primera inteligencia artificial de Latinoamérica al servicio de la justicia", *Revista de Investigações Constitucionais*, vol. 5, nº 1, 2018, pág. 303.

303 LUBAN, D., *Lawyers and Justice. An Ethical Study*, Princeton University Press, 1988, quien afirma que tal vez rechacemos el realismo desde un punto de vista puramente intelectual, pero, "sin embargo, constituye necesariamente la filosofía de trabajo del abogado celoso" (pág. 20).

304 FRANK, J., *Law and the Modern Mind*, Peter Smith, Gloucester, 1970, pág. 51.

305 La perspectiva que interesa al ciudadano, quien utiliza las normas jurídicas para sus fines prácticos, no es tanto la del *Law in books* cuanto la del *Law in action*. Cfr. POUND, R., "Law in Books and Law in Action", en FISHER, W. W., HORWITZ, M. H. y REED, T. A. (eds.), *American Legal Realism*, Oxford University Press, 1993, págs. 39-44.

306 Si bien aquí solo trataré la utilización de estos sistemas para la realización de pronósticos sobre las decisiones judiciales, en tanto dicha tarea tiene como objeto

El análisis predictivo es un área de la minería de datos que combina *big data*, aprendizaje automático y modelos estadísticos para analizar la información disponible relativa a casos pretéritos, detectar tendencias y patrones de comportamiento en jueces y tribunales y predecir sus posibles decisiones en situaciones futuras. Las técnicas de *big data* son necesarias para la gestión y el procesamiento de grandes cantidades de información, en este caso, fundamentalmente, la contenida en las decisiones judiciales, los expedientes judiciales —en el caso de que sean públicamente accesibles— y los datos extraídos de diversas fuentes sobre los participantes en los procesos —jueces, abogados, litigantes—. El aprendizaje automático proporciona las técnicas de análisis mediante las cuales se pueden desvelar las correlaciones existentes entre múltiples indicadores y variables contenidas en dicha información. Y, una vez establecidas e interpretadas esas correlaciones, el sistema genera automáticamente un modelo estadístico que utiliza los datos existentes para predecir la probabilidad de decisiones futuras[307]. Estos modelos estadísticos pueden integrar diversos enfoques metodológicos para la detección de patrones de decisión de jueces y tribunales. Así, es frecuente que combinen el análisis de una serie de rasgos fácticos —desde la identificación de características puramente formales de

---

fundamental conocer el Derecho que probablemente será aplicado en un caso particular y sus consecuencias, estas herramientas pueden ser utilizadas con otros fines no solo por parte de los abogados y sus clientes sino también por los propios jueces —para aplicar el Derecho o auxiliarles en la toma de decisiones— e incluso por las autoridades judiciales —por ejemplo, para fiscalizar las sentencias de tribunales inferiores, como hacen los tribunales supremos de algunas provincias chinas—. Sobre estos diversos usos, en relación incluso con el desarrollo de un nuevo y cuestionable paradigma de «justicia predictiva», cfr. BELLOSO MARTÍN, N., "Los desafíos iusfilosóficos de los usos de la inteligencia artificial en los sistemas judiciales: a propósito de la decisión judicial robótica *vs.* decisión judicial humana", en IDEM (dir.), *Sociedad plural y nuevos retos del Derecho,* Aranzadi, Cizur Menor (Navarra), 2021, págs. 340-384, y DE ASÍS PULIDO, M., "La justicia predictiva: tres posibles usos en la práctica jurídica", en LLANO ALONSO, F. (dir.), *Inteligencia artificial y Filosofía del Derecho,* Laborum, Murcia, 2022, págs. 285-312. Asimismo, en relación a los posibles usos de estos sistemas, la *European Ethical Charter on the use of Artificial Intelligence in Judicial Systems and their environment,* del Consejo de Europa, establece algunos que podrían ser alentados con las debidas precauciones metodológicas y otros que deben ser considerados con las reservas más extremas (págs. 64-67).

307 Ya advertía HOLMES, O. W., *La senda del Derecho,* trad. de J. I. Solar, Marcial Pons, Madrid, 2012, que "para el estudio racional del Derecho el buen conocedor de los precedentes judiciales puede ser el hombre del presente, pero el hombre del futuro es el hombre de estadísticas" (pág. 75).

los casos y los tribunales hasta el desarrollo de sofisticados enfoques behavioristas sobre la actuación pretérita de jueces, abogados y litigantes— con el análisis textual de rasgos semánticos relativos al contenido de los casos y los argumentos jurídicos esgrimidos para su decisión, e incluso el «análisis de redes», que ayuda a detectar tendencias jurisprudenciales ocultas mostrando las complejas relaciones entre distintos precedentes[308].

En los últimos años han surgido un buen número de compañías que han desarrollado plataformas digitales para la prestación de servicios de análisis jurídico predictivo a despachos y profesionales jurídicos, quienes disponen así de una herramienta valiosa para asesorar a sus clientes al objeto de planificar adecuadamente sus actividades o, una vez que ha surgido un conflicto, de evaluar las probables consecuencias jurídicas del ejercicio de determinada pretensión ante un tribunal específico, así como de determinar el curso de acción más apropiado a seguir en cada caso —negociar o pleitear— y las estrategias legales y procesales más oportunas en función de la composición del tribunal. Este tipo de sistemas reportan al ciudadano una información especialmente útil en relación a aquellas áreas de la práctica jurídica en las que existan criterios legales y jurisprudenciales estables y claros, posibilitando no solo un conocimiento genérico de las normas y los precedentes judiciales relevantes en la materia sino una estimación de las probables consecuencias de la aplicación de tales materiales jurídicos al caso concreto. Esto es, un conocimiento de su situación jurídica equiparable o incluso más completo —y, desde luego, más rápido— que el que pudiera proporcionarle un profesional del Derecho.

Incluso algunos tribunales han incorporado o proyectan incorporar este tipo de aplicaciones en sus sedes —físicas o virtuales— como un servicio público adicional de información jurídica a los potenciales litigantes[309]. Es el caso de un creciente número de tribunales chinos, especialmente

---

308 Sobre el desarrollo de este tipo de sistemas, sus funcionalidades y diferentes enfoques metodológicos, cfr. SOLAR CAYÓN, J. I., *La inteligencia artificial jurídica. El impacto de la innovación tecnológica en la práctica del Derecho y el mercado de servicios jurídicos*, cit., págs. 125-134.

309 Cabe recordar a este respecto que la *European Ethical Charter on the use of Artificial Intelligence in Judicial Systems and their environment* establece, entre los usos de la inteligencia artificial que deben ser promovidos en el entorno judicial, aquellos que faciliten el acceso al Derecho. Concretamente, señala que "podrían establecerse *chatbots* para facilitar el acceso a las diversas fuentes existentes de información utilizando lenguaje natural" y que incluso algunos documentos, como la solicitud de órdenes judiciales o determinadas demandas, podrían ser generados *online* (pág. 64).

en la provincia de Beijing, donde existen terminales a disposición de los usuarios que, a partir de un cuestionario estructurado, generan automáticamente informes en los que se selecciona el Derecho aplicable al caso, se identifican casos similares con las correspondientes decisiones del tribunal, se estima el riesgo de una demanda no exitosa y los previsibles costes del litigio, se informa de la documentación necesaria en cada fase del posible procedimiento e, incluso, en caso de que el usuario así lo decida finalmente, el sistema puede generar la demanda[310]. Y la introducción de sistemas de análisis predictivo se halla prevista también en una fase más avanzada de desarrollo del tribunal digital civil que constituye la pieza central de la reciente reforma judicial británica, en tanto herramientas que pueden propiciar un mejor conocimiento por parte del potencial demandante de sus derechos y responsabilidades e impulsar la búsqueda de soluciones negociadas entre las partes[311].

En definitiva, la evolución de los sistemas de búsqueda, recuperación y análisis de la información jurídica viene a mostrarnos cómo, en un contexto en el que el ordenamiento jurídico ha adquirido unas dimensiones sobrehumanas, de manera que su mero conocimiento requiere unas capacidades que exceden ampliamente las de cualquier inteligencia natural, la inteligencia artificial se configura en la actualidad como una herramienta indispensable para superar la complejidad informativa y obtener unas condiciones satisfactorias de cognoscibilidad del Derecho que permitan mantener vigente el ideal de la seguridad jurídica[312]. Además, a diferencia de los sistemas jurídicos expertos y de los programas informáticos de búsqueda y recuperación de la información tradicionales, propios de la era digital, los nuevos sistemas de computación cognitiva, tales como los sistemas de búsqueda de respuestas jurídicas, los modelos de lenguaje de gran tamaño y los sistemas de análisis predictivo, se configuran como plataformas interactivas que combinan diversas herramientas tecnológicas basadas en inteligencia artificial para posibilitar que el usuario —ya sea el profesional jurídico o, directamente, el propio ciudadano— customice su propia solución, de modo que el sistema seleccione, analice

---

310 Cfr. CHEN, B. M. y LI, Z., "How will technology change the face of Chinese justice?", cit., págs. 10-11.

311 Cfr. SUSSKIND, R., *Online Courts and the future of Justice*, Oxford University Press, 2019, pág. 139 (existe traducción castellana de esta obra: SUSSKIND, R., *Tribunales online y la Justicia del futuro*, La Ley — Wolters Kluwer, trad. de GEA Textos, Madrid, 2020).

312 Cfr. PEÑA CARLOS, J. S., "Inteligencia artificial para la seguridad jurídica. Superando el problema de la cognoscibilidad del Derecho", cit., pág. 94.

y sintetice la información jurídica relevante de una manera totalmente ajustada a la situación o al problema específico, hasta el punto de anticipar incluso las probables consecuencias de la aplicación del Derecho en su caso concreto. De este modo, la actual tecnología legal no solo permite al jurista acceder inmediatamente a toda la producción e información jurídica existente sino también "operar a un nivel de granulación mucho más fino", poniendo así a su disposición "un nivel de realidad hasta ahora inaccesible"[313].

Como contrapartida a estos potenciales beneficios tanto para el profesional como para el ciudadano, también se han apuntado algunos riesgos sobre el empleo de este tipo de sistemas desde la perspectiva del imperio de la ley. En este sentido, L. Diver y P. McBride expresan la preocupación, sentida por una parte de la doctrina, de que el uso generalizado de estas herramientas *legal tech* en el trabajo del abogado pueda tener un impacto negativo sobre la creatividad de la argumentación jurídica ante los tribunales y, en la medida en que esta argumentación constituye un elemento importante en el proceso de conformación del Derecho, sobre lo que este en definitiva es. Si los resultados producidos por los sistemas de *machine learning* con arreglo a una noción puramente estadística de lo que es relevante son tratados como una descripción o afirmación definitiva del Derecho sobre un punto determinado, las prácticas argumentativas de los abogados pueden verse alteradas de un modo que afecte a la textura normativa del Derecho. En el momento en que los abogados comiencen a adaptar sus prácticas para que se adecúen a los resultados o las predicciones del sistema, las posibilidades interpretativas comenzarán a reducirse, y aquellos *outputs* distorsionarán la práctica en función de lo que se considere óptimo desde un punto de vista estadístico y estratégico antes que con arreglo a cualquier valor normativo[314].

---

313 GARAPON, A. y LASSÈGUE, J., *La giustizia digitale. Determinismo tecnologico e libertà*, cit., pág. 111.

314 Cfr. DIVER, L. y McBRIDE, P., "High Tech, Low Fidelity? Statistical Legal Tech and the Rule of Law", *VerfBlog*, 1 de abril de 2022. Disponible en https://verfassungsblog.de/roa-high-tech-low-fidelity/. En esta misma dirección, afirman PASQUALE, F. y CASHWELL, G., "Prediction, Persuasion, and the Jurisprudence of Behaviorism", *University of Toronto Law Journal*, vol. 68, nº 1, 2018, que existe una profunda tensión entre el uso pragmático y el uso crítico de los algoritmos predictivos: en la medida en que los datos de casos pretéritos puedan reflejar sesgos presentes en el funcionamiento del sistema judicial, estas herramientas reforzarán y extenderán la influencia de esos sesgos cuando sean utilizadas por actores externos, como los ciudadanos o los propios profesionales de la aboga-

En nuestra opinión, tales efectos, de producirse, habrían de achacarse más a una mala praxis por parte del profesional, quien no debe olvidar nunca el carácter auxiliar de estas herramientas, el valor meramente estadístico y probabilístico de sus resultados y la naturaleza evolutiva del Derecho y de su manifestación judicial, que a la propia tecnología[315]. Y, de hecho, esta también puede ser empleada para defender mejor determinadas posiciones minoritarias o alternativas en defensa de los intereses de los clientes, en tanto las herramientas de búsqueda, recuperación y análisis de la información basadas en procesamiento del lenguaje natural facilitan igualmente la selección de los materiales —contradicciones normativas, líneas jurisprudenciales confrontadas, votos particulares, diferencias interpretativas…— y la extracción de los argumentos más idóneos para la fundamentación de aquellos puntos de vista heterodoxos o innovadores.

Con todo, resulta necesario tomar conciencia de los potenciales efectos adversos que puede comportar "la mediación del texto legal por las tecnologías jurídicas" si se hace un uso acrítico de este tipo de sistemas. Es cierto que, como consecuencia de la propia inabarcabilidad e ininteligibilidad del ordenamiento jurídico, resulta cada vez más frecuente que los profesionales jurídicos, "en lugar de manejar directamente un Derecho sin mermas (*lossless*), es decir, los textos brutos que son su manifestación primaria, trabajemos con un Derecho con pérdidas (*lossy*), una versión comprimida filtrada del original" que, "a través de la interpolación de una estructura basada en datos, ha perdido necesariamente algo de la fidelidad original de la fuente"[316]. Y, ciertamente, como afirma el Consejo de la Abogacía Eu-

---

cía, quienes pueden decidir, por ejemplo, no intentar siquiera determinado tipo de acciones judiciales que pudieran resultar valiosas desde un punto de vista normativo o incluso social, pero que tienen escasas probabilidades de prosperar (págs. 74-75).

315 En este sentido es de resaltar que la *American Bar Association*, entre las directrices que ha establecido para aplicar las normas deontológicas de la abogacía al empleo de la inteligencia artificial, y en relación al deber de competencia profesional, que comprende el de "mantenerse al día de los cambios en el Derecho y su práctica, incluyendo los beneficios y riesgos asociados a la tecnología relevante", afirma que "los abogados deben tener también una comprensión básica de cómo funcionan las herramientas basadas en inteligencia artificial", lo que implica "entender las capacidades y limitaciones de la herramienta, y los riesgos y beneficios de sus resultados". Cfr. AMERICAN BAR ASSOCIATION, *Resolution 112 and Report*, August 12-13, 2019, pág. 5.

316 DIVER, L. y McBRIDE, P., "High Tech, Low Fidelity? Statistical Legal Tech and the Rule of Law", cit., pág. 4.

ropea, "no cabe esperar que los abogados entiendan cómo funcionan realmente los sistemas de recuperación de la información y por qué pueden haber sido excluidos ciertos resultados"[317]. De ahí la necesidad de someter a un escrutinio abierto las arquitecturas de elección normativa de estas herramientas, pese a que las mismas, de acuerdo al reciente Reglamento Europeo de Inteligencia Artificial, no son consideradas de alto riesgo cuando son utilizadas por la abogacía.

Pero tal vez la principal objeción que se ha formulado al empleo de los sistemas de análisis predictivo por parte de la abogacía, desde el punto de vista de la salvaguarda del imperio de la ley, es su potencial impacto negativo sobre la independencia judicial, al realizar un perfilado de jueces y magistrados, desvelando los presumibles sesgos, patrones de comportamiento, tendencias e incluso prejuicios en su toma de decisiones. En esta dirección, Francia se ha convertido en el primer país que ha limitado legalmente el empleo de estas herramientas, sancionando desde 2019 con penas de prisión de hasta cinco años la utilización de los datos de identidad de los magistrados "con el propósito o el efecto de evaluar, analizar, comparar o predecir sus prácticas profesionales reales o presuntas"[318]. Según el *Conseil Constitutionnel*, el objetivo de esta prohibición es evitar presiones sobre los jueces e impedir el mercadeo de estrategias procesales. Aunque gran parte de la opinión pública interpretó aquella restricción legal como una reacción a las airadas protestas suscitadas en la judicatura francesa por el proyecto *SupraLegem*, emprendido por el abogado y experto en *machine learning* Michaël Benesty, y a sus llamadas al gobierno para impedir este tipo de actividades. Benesty había desarrollado y entrenado una plataforma de análisis predictivo para detectar tendencias y sesgos en las decisiones judiciales relativas a casos de solicitudes de asilo. Y en 2016 publicó en la página web del proyecto un informe con los primeros resultados de un estudio en el que se señalaban sesgos bastante llamativos de jueces individualizados —con nombres y apellidos—, mostrando cómo algunos de ellos tenían tasas de rechazo de las solicitudes próximas al 100%, en centenares de casos a lo largo del período 2012-2015, mientras que otros pertenecientes al mismo tribunal tenían tasas de rechazo mucho más bajas en casos similares, existiendo diferencias de más de 40 puntos porcentuales entre unos

---

[317] COUNCIL OF BARS AND LAW SOCIETIES IN EUROPE, *Guide on the use of Artificial-Intelligence based tools by lawyers and law firms in the EU*, 2022, pág. 30.

[318] Art. 33 de la *LOI n° 2019-222 du 23 mars 2019 de programmation 2018-2022 et de réforme pour la justice.*

jueces y otros[319]. Publicación que dio lugar al ya comentado malestar en la cúpula de la judicatura francesa[320].

En nuestra opinión, la restricción legal del uso de este tipo de sistemas de análisis predictivo por parte de los profesionales de la abogacía resulta muy cuestionable. No hemos de olvidar que el ejercicio de la función jurisdiccional constituye el ejercicio de un poder público que afecta directamente y de modo muy significativo a los derechos e intereses legítimos de los ciudadanos. Y, como todo poder público, se halla sujeto a deberes de transparencia y ha de estar abierto al escrutinio público, tanto a nivel estructural en el conjunto del sistema como en lo que se refiere a la actuación de cada tribunal y de cada juez o magistrado. Desde esta perspectiva institucional, no se puede ignorar que la integración de herramientas de *machine learning* con datos sobre el funcionamiento de los tribunales y sus decisiones ofrece un mecanismo para identificar aquellos contextos en los que es más probable que puedan producirse sesgos y detectar comportamientos susceptibles de minar el ideal del imperio de la ley. Un conocimiento que, desde luego, también puede ser utilizado por la propia Administración de Justicia para reducir la incidencia de aquellos factores y comportamientos a través de una mayor auto-consciencia y formación judicial[321].

La propia *Carta ética europea sobre el uso de la inteligencia artificial en los sistemas judiciales y su entorno* afirma, en relación al perfilado de los jueces, que

---

319 BENESTY, M., "The impartiality of some French judges undermined by machine learning", *Supralegem*, December 19, 2016. Este informe puede verse en https://medium.com/@supralegem/the-impartiality-of-some-judges-undermined-by-artificial-intelligence-c54cac85c4c4. De hecho, esta es la última información que aparece en la página web de *Supralegem*, ya que tras la aprobación de la ley el proyecto cesó sus actividades.

320 Sin duda, la inteligencia artificial jurídica tiene un enorme potencial corrosivo o desmitificador de algunas de las ideas y concepciones básicas asociadas a la función judicial. En este sentido, GARAPON, A. y LASSÈGUE, J., *La giustizia digitale. Determinismo tecnologico e libertà*, cit., afirman que el empleo de estas herramientas opera una «des-simbolización» de dicha función, "porque el saber algorítmico hace emerger la frágil humanidad de los jueces, los límites de la justicia «jurídica» y la artificialidad de las ficciones, necesarias sin embargo para la vida del Derecho" (pág. 113).

321 Cfr. CHEN, D. L., "Machine learning and the Rule of Law", en LIVERMORE, M. y ROCKMORE, D. (eds.), *Law as Data*, Santa Fe Institute Press, 2019, págs. 433-441, donde se presenta un esquema conceptual para interpretar grandes conjuntos de datos sobre la conducta de los jueces en su toma de decisiones y, sobre la base de dicho conocimiento, adoptar las medidas necesarias para asegurar un tratamiento más imparcial de las materias legales por la Administración de Justicia.

podría alentarse el empleo de sistemas de análisis predictivo para ofrecer a aquellos una evaluación cuantitativa y cualitativa más detallada de sus actividades, con un objetivo meramente informativo de ayuda en la toma de decisiones, aunque restringe a los propios jueces su uso exclusivo[322]. Pero no parece haber razones de peso para prohibir que los abogados puedan someter a escrutinio la actuación profesional de jueces y magistrados, al objeto de detectar aquellos rasgos, circunstancias, actitudes... que inciden en su forma de interpretar y aplicar el Derecho. De hecho, ese ha sido siempre un componente importante del trabajo y del bagaje de conocimiento de los abogados, quienes tradicionalmente se han basado para llevar a cabo dicho escrutinio en su experiencia profesional e intuición. La única diferencia es que ahora cuentan con el auxilio de una tecnología que les ofrece, además, la posibilidad de obtener una información mucho más completa y rica sobre aquellos aspectos a partir del análisis de un gran volumen de información y de la ponderación de una cantidad de indicadores que resultan inabarcables para las capacidades cognitivas humanas.

Por otra parte, y habrá que estar atentos a la experiencia francesa en este punto, parece difícil que aquella restricción legal pueda efectivamente impedir la utilización interna de estas herramientas por parte de los bufetes para orientar sus estrategias procesales, especialmente de aquellos que disponen de más recursos. Sin duda, la medida ha puesto fin a la publicación de cualquier tipo de información relativa a las tendencias y sesgos de jueces individualizados, como la ya mencionada del proyecto *SupraLegem*, evitando así tal vez los aspectos más «incómodos» de la cuestión para la judicatura francesa. Y, probablemente, la restricción tendrá un impacto importante sobre las compañías tecnológicas que pudieran estar interesadas en el desarrollo y comercialización de este tipo de sistemas en el ámbito de la abogacía, que ven sus expectativas frustradas. Pero es más dudoso si la prohibición impedirá que aquellos grandes despachos que tienen recursos materiales y humanos para desarrollar y entrenar por sí mismos este tipo de sistemas a partir de herramientas y datos disponibles en el mercado, o incluso en plataformas de código abierto y en fuentes públicamente accesibles, los utilicen en sus procesos internos para apoyar el trabajo de sus abogados. Si este fuera el caso, aquella medida legal solo serviría para otorgar una ventaja competitiva a aquellas firmas jurídicas que ya de por sí detentan posiciones dominantes en el mercado de servicios legales.

---

322 Cfr. EUROPEAN COMMISSION FOR THE EFFICIENCY OF JUSTICE (CEPEJ), *European Ethical Charter on the use of Artificial Intelligence in Judicial Systems and their environment*, cit., pág. 66.

II. DEL ACCESO AL DERECHO AL ACCESO A LOS SERVICIOS JURÍDICOS: LA DIFUMINACIÓN DE LA DISTINCIÓN ENTRE «INFORMACIÓN JURÍDICA» Y «ASESORAMIENTO JURÍDICO»

1. Déficits en el acceso a los servicios jurídicos: la existencia de enormes bolsas de necesidades jurídicas básicas insatisfechas

Si el mero acceso al conocimiento del Derecho es una tarea sumamente dificultosa para el ciudadano, e incluso para el propio profesional jurídico, que ha venido a ser facilitada enormemente por la aplicación de técnicas de inteligencia artificial a las voluminosas fuentes de datos jurídicos, más complicado aún resulta en muchos casos el acceso a servicios jurídicos indispensables para la resolución de problemas legales básicos. Un asunto que incide negativamente y de manera muy significativa en la realización efectiva del imperio de la ley. El acceso a la justicia constituye, sin duda, un componente fundamental de dicho ideal, reconocido además como un derecho subjetivo en la Declaración Universal de Derechos Humanos y en el Convenio Europeo de Derechos Humanos. Y, como subraya la Sociedad de Abogados de Inglaterra y Gales, el acceso a unos servicios jurídicos de calidad y asequibles constituye un elemento clave para la realización efectiva de ese derecho[323]. Así lo considera también la Comisión de Venecia del Consejo de Europa. A la hora de establecer los criterios de verificación para evaluar el grado de cumplimiento del ideal del imperio de la ley en un Estado, afirma que el acceso a la justicia implica que el individuo tenga "una oportunidad fácilmente accesible y efectiva" para impugnar el acto que interfiere en sus derechos. Y, puesto que los individuos no están generalmente en posición de acudir a los tribunales por sí mismos, se hace preciso garantizar su accesibilidad a una asistencia legal adecuada[324].

Las cifras sobre los déficits en el acceso a servicios legales básicos a nivel mundial que arrojan los informes *Measuring the Justice Gap: A People-Centered Assessment of Unmet Justice Needs Around the World*[325] y *Global Insights on Access to Justice. Findings from the World Justice Project General Population Poll in 101*

---

323 THE LAW SOCIETY, *Technology, Access to Justice and the Rule of Law*, London, 2019.

324 Cfr. EUROPEAN COMMISSION FOR DEMOCRACY THROUGH LAW (VENICE COMMISSION), *Rule of Law Checklist*, cit., pág. 25.

325 WORLD JUSTICE PROJECT, *Measuring the Justice Gap: A People-Centered Assessment of Unmet Justice Needs Around the World*, 2019.

Countries[326], promovidos ambos por *World Justice Project*, una organización independiente y multidisciplinar que trabaja para lograr el avance global del imperio de la ley, son verdaderamente escalofriantes. Estos trabajos tratan de medir la dimensión del *justice gap*, categorizando y compilando datos sobre las necesidades jurídicas insatisfechas, esto es, situaciones en las que la persona no puede defender o hacer respetar sus derechos u obtener una resolución justa de sus problemas básicos y cotidianos al no disponer de un apoyo legal efectivo. La conclusión general es que, en total, 5100 millones de personas —aproximadamente dos tercios de la población mundial— no tienen acceso a la justicia y a los servicios jurídicos básicos.

En muchos casos esta brecha es debida a causas estructurales de carácter social, político y económico que desbordan el dominio estrictamente jurídico. Así, más de 235 millones de personas viven en condiciones de pobreza e injusticia extremas —apátridas, víctimas de formas modernas de esclavitud, gente que vive en Estados fallidos con niveles extremos de inseguridad o con instituciones frágiles, etc.— y 4500 millones más se hallan excluidas de las oportunidades que la ley establece por diversas razones: carencia de personalidad jurídica, falta de documentación legal u otros motivos que les hacen vulnerables a los abusos y la explotación. Pero también nos encontramos con 1400 millones de personas que, viviendo en contextos donde existen instituciones y sistemas de administración de justicia que funcionan, tienen necesidades legales básicas de carácter civil y administrativo que afectan significativamente a sus vidas cotidianas y no pueden ver satisfechas por diversos obstáculos[327]. Entre ellos, para empezar, la propia incapacidad o falta de conocimientos del ciudadano para reconocer que sus problemas tienen un remedio legal: solo menos de un tercio —el 29%— de las personas que en los dos últimos años tuvieron algún problema legal entendieron que su problema tenía un carácter legal, lo que refleja las ya comentadas dificultades de acceso material y de cog-

---

[326] WORLD JUSTICE PROJECT, *Global Insights on Access to Justice. Findings from the World Justice Project General Population Poll in 101 Countries*, 2019. Este trabajo es el mayor estudio empírico realizado a nivel mundial sobre necesidades legales civiles y acceso a la justicia. Fue realizado a lo largo de dos años en 101 países, con más de 100.000 encuestas que abarcan hasta 128 cuestiones.

[327] Cfr. WORLD JUSTICE PROJECT, *Measuring the Justice Gap: A People-Centered Assessment of Unmet Justice Needs Around the World*, cit., pág. 35. Cinco fueron las áreas principales de necesidades jurídicas básicas insatisfechas en estos campos: deudas o reclamaciones monetarias y protección de consumidores (30%), disputas sobre vivienda, fincas y relaciones vecinales (22%), acceso a servicios públicos (19%), Derecho de familia (9%) y empleo (8%) (pág. 40).

noscibilidad del Derecho. Pero, aun dentro del grupo de quienes se dirigieron a obtener asesoramiento por parte de profesionales, organizaciones e instituciones que les pudieran ayudar a entender o resolver su problema legal, un 16% reportaron que les fue muy difícil o imposible obtener el dinero necesario para conseguirlo[328].

Estas conclusiones parecen, además, consistentes con las obtenidas a nivel interno en algunos de los países social y económicamente más avanzados, y con una mayor disponibilidad de recursos jurídicos. Así, resulta paradójico y dramático que en Estados Unidos, el segundo país del mundo con mayor número de abogados *per capita*, únicamente superado por Israel, la propia Administración Federal estime que existen unos 100 millones de ciudadanos que no pueden resolver problemas jurídicos civiles, básicos y necesarios para el desarrollo normal de su vida —en áreas como salud, alojamiento, servicios financieros, familia, educación, discapacidad...—, por carecer de recursos económicos para acceder a los servicios legales convencionales[329]. Y el mismo presidente de la *American Bar Association*, la asociación nacional de la abogacía, ha reconocido que, si hablamos no ya de la satisfacción de necesidades jurídicas básicas sino del acceso a unos servicios legales adecuados, hasta un 80% de los ciudadanos de aquel país podrían carecer de él[330]. Buena muestra de esa cruda realidad es el alto número de litigantes que se auto-representan ante los tribunales: tres de

---

328 Cfr. WORLD JUSTICE PROJECT, *Global Insights on Access to Justice. Findings from the World Justice Project General Population Poll in 101 Countries*, cit., pág. 7.

329 Según el informe LEGAL SERVICES CORPORATION, *The Justice Gap: Measuring the Unmet Civil Legal Needs of Low-Income Americans*, NORC at the University of Chicago, 2017, la inmensa mayoría (86%) de los problemas legales de los más de 60 millones de personas con acceso a las ayudas financieras del gobierno federal para asistencia jurídica básica en materia civil —han de tener ingresos inferiores al 125% del umbral de la pobreza, lo que en el año 2017 suponía, por ejemplo, menos de 30.750$ para una familia de 4 personas— no pudieron ser debidamente atendidos. Y a este segmento de la población habría que añadir, según el estudio de la AMERICAN BAR ASSOCIATION, *Report on the Future of Legal Services in the United States*, ABA Commission on the Future of Legal Services, 2016, una buena parte de la población que, aun teniendo ingresos moderados, no puede acceder por sus propios medios a los servicios jurídicos y además carece de cualquier posibilidad de obtener ayudas públicas (pág. 12).

330 Cfr. GRAHAM, M., "How the ABA is using technology to make legal services more accessible", *Chicago Tribune*, March 16, 2015. Como dato indicativo, el reciente informe CLIO, *2023 Legal Trends Report* señala que, en agosto de 2023, la tarifa media de un abogado estadounidense se hallaba en 327$ por hora de trabajo (disponible en https://www.clio.com/resources/legal-trends/).

cada cinco, según las estadísticas del propio sistema judicial. Conclusiones similares sobre la existencia de importantes bolsas de necesidades jurídicas básicas insatisfechas por falta de acceso a los servicios legales se desprenden también de informes realizados por las asociaciones nacionales de la abogacía en Reino Unido[331] y Canadá[332]. Y seguramente el panorama no es muy distinto en España y en la mayoría de países de nuestro entorno[333].

2. *Colmando el mercado latente desatendido*

2.1. Abogacía «low cost» y proveedores alternativos de servicios legales: la «comoditización» de los servicios jurídicos

He ahí un enorme "mercado latente" —en expresión de Richard Susskind[334]— de necesidades jurídicas básicas desatendidas que la abogacía, detentadora hasta ahora de un monopolio en la prestación de servicios legales, no ha podido cubrir satisfactoriamente en nuestros avanzados Estados de Derecho. Y que la inteligencia artificial jurídica, en conjunción con las nuevas tecnologías de la información y la comunicación, está demostrando que puede ayudar a colmar. La combinación de la automatización de procesos cognitivos mediante inteligencia artificial con la escalabilidad que proporciona la computación en la nube y las vías de difusión que abre internet está posibilitando la aparición de nuevas formas de generación y distribución del conocimiento experto y de prestación de servicios jurídicos básicos a través de aplicaciones tecnológicas que alteran profundamen-

---

331 Cfr. THE LAW SOCIETY OF ENGLAND AND WALES, *The Future of Legal Services*, London, 2016, pág. 45.

332 Cfr. CANADIAN BAR ASSOCIATION, *Futures: Transforming the Delivery of Legal Services in Canada*, CBA Legal Futures Initiative, 2014, pág. 28. En Canadá el precio de los servicios jurídicos es aún más elevado que en los Estados Unidos. El informe CANADIAN LAWYER, *2020 Legal Fees Survey*, de 2020, estimaba que ya en aquel momento el precio medio de una hora de trabajo de un abogado con un año de experiencia laboral era de 332$, de 427$ si tenía una experiencia entre 2 y 5 años, 580$ entre 6 y 10 años de experiencia, 681$ entre 11 y 20 años, y hasta 1616$ si se trataba de un profesional con más de 20 años de experiencia (https://cdn-res.keymedia.com/cms/files/ca/120/0299_637245655342367595.pdf).

333 Según el ya mencionado informe WORLD JUSTICE PROJECT, *Global Insights on Access to Justice. Findings from the World Justice Project General Population Poll in 101 Countries*, cit., en España, hasta un 19% de aquellas personas que se dirigieron a obtener asesoramiento por parte de profesionales para entender o resolver su problema legal reportaron que les fue muy difícil o imposible obtener el dinero necesario para conseguirlo (pág. 97).

334 SUSSKIND, R., *Tomorrow's Lawyers*, Oxford University Press, 2017, pág. 128.

te el ecosistema profesional tradicional, facilitando el acceso a aquellos de todos los ciudadanos e incluso eliminando en algunos casos la necesidad de intermediación del profesional jurídico[335].

Como hemos visto en el apartado anterior, las capacidades de la inteligencia artificial jurídica difuminan, hasta prácticamente disolver, las fronteras de la distinción tradicional entre la «información jurídica», que puede ser proporcionada por cualquier persona, y el «asesoramiento jurídico», competencia profesional exclusiva del abogado. Hasta ahora, por muy potentes que fueran las bases de datos automatizadas y las herramientas informáticas de búsqueda y recuperación de la información, no proporcionaban más que el acceso material a aquellas fuentes jurídicas —legislación y jurisprudencia— y a otros materiales complementarios —trabajos doctrinales, *soft law*, informes, etc.— que potencialmente pudieran ser relevantes para los intereses del usuario del sistema. Esto es, el acceso a una información jurídica de carácter genérico que, en todo caso, había de ser posteriormente interpretada y aplicada a las circunstancias del caso concreto. Una tarea que indudablemente requiere la posesión de una formación específica y unos conocimientos jurídicos avanzados. Ahí es donde entraba en juego el papel del abogado, que siempre ha venido actuando como un intermediario entre aquella información, accesible a cualquier persona, y el cliente, interesado en conocer las consecuencias de la aplicación de aquellos materiales jurídicos a su situación particular. Pero, como hemos visto anteriormente, las modernas plataformas de computación cognitiva basadas en *deep learning* y procesamiento del lenguaje natural permiten hoy obtener respuestas jurídicas ajustadas a cada problema.

Esta capacidad de la inteligencia artificial jurídica, asociada a la computación en la nube y las tecnologías de la información y comunicación, para generar conocimiento jurídico «customizado» y distribuirlo masivamente a través de la red está generando nuevos canales de difusión y prestación de los servicios jurídicos. En muchas ocasiones, problemas legales básicos pueden ser prevenidos o incluso resueltos simplemente disponiendo de una información adecuada, ajustada a las circunstancias específicas de cada situación. Y, hoy, la minería de datos, el aprendizaje automático y el procesamiento del lenguaje natural posibilitan que cualquier usuario de internet pueda, no ya solo acceder a una información de carácter más o

---

335 Sobre los diversos modelos de producción y distribución del conocimiento práctico alternativos a la práctica profesional tradicional posibilitados por la disrupción tecnológica, cfr. SUSSKIND, R. y SUSSKIND, D., *El futuro de las profesiones*, trad. de J. C. Ruiz, Editorial Teell, Zaragoza, 2016, págs. 210-222.

menos genérico, sino obtener respuestas jurídicas ajustadas a su situación particular mediante sofisticados algoritmos de búsqueda y recuperación de la información, sin necesidad de recurrir a un profesional. De hecho, existen plataformas digitales de contenidos jurídicos, particularmente las plataformas de intermediación entre abogados y potenciales clientes[336], que están explotando estas capacidades tecnológicas poniendo a disposición del público, a menudo como un reclamo para atraer a aquellos, una serie de recursos interactivos —herramientas de consulta, foros, repositorios de información jurídica y de respuestas de los abogados de la plataforma a casos previos, *chatbots* basados en *machine learning* que pueden ir adaptando sus respuestas a las demandas e intereses de los usuarios, etc.[337]— que permiten formular consultas en lenguaje natural y obtener, muchas veces de manera totalmente automatizada, soluciones ajustadas a un problema legal[338]. Se abre así una vía alternativa al asesoramiento tradicional que previsiblemente irá ampliándose, especialmente en determinados segmentos de la demanda de servicios jurídicos, a medida que la tecnología transite desde los actuales motores de búsqueda a las más poderosas e intuitivas «plataformas de descubrimiento de contenidos», que utilizan los metadatos del usuario para descubrir y recomendar contenidos totalmente personalizados y procedentes de múltiples fuentes, tanto estructuradas como desestructuradas, mediante diversos tipos de algoritmos de búsqueda que tienen en cuenta factores como el perfil del usuario, sus preferencias, el análisis de los contenidos, las recomendaciones efectuadas por otros usuarios, sistemas de *rating*, etc.

Por otra parte, en la última década estamos asistiendo a un desarrollo extraordinario y a una creciente expansión de las herramientas basadas en inteligencia artificial en el ejercicio de la abogacía. No ya solo para automatizar procesos internos de gestión de los flujos de trabajo y tareas de soporte al trabajo de los profesionales jurídicos, sino también para auto-

---

336 Sobre el auge de este tipo de plataformas y la diversidad de sus modelos de negocio, cfr. SOLAR CAYÓN, J. I., *La inteligencia artificial jurídica. El impacto de la innovación tecnológica en la práctica del Derecho y el mercado de servicios jurídicos*, cit., págs. 263-275.

337 Cfr. CHAVES GARCÍA, J. R., "Difusión de la información jurídica: blogs, wikis…", en CARO, A. I. y GÓMEZ, C. A. (coords.), *E-juristas: más allá de la tecnología legal*, Aranzadi, Cizur Menor (Pamplona), 2017, págs. 51-66.

338 Incluso, en el caso de algunas de estas plataformas de intermediación, las preguntas de los usuarios pueden ser también respondidas *online* gratuitamente por cualquiera de los abogados adscritos a las mismas, atentos a la captación de potenciales clientes.

matizar tareas jurídicas e incluso la prestación de determinados servicios legales al cliente. Y esto, unido a otros factores, como el gran dinamismo del mercado de servicios legales, la extraordinaria competitividad de las grandes firmas jurídicas a nivel global, la tendencia cada vez más generalizada hacia la liberalización —*de facto* y *de iure*— de la prestación de este tipo de servicios y el creciente poder negociador del lado de la demanda en un mercado tradicionalmente dominado por el lado de la oferta, está provocando cambios sustanciales en los modos y hábitos de consumo de tales servicios por parte de los ciudadanos, facilitando enormemente su acceso a los mismos.

Desde el inicio de esta revolución tecnológica la abogacía se ha constituido en el sector pionero y de referencia en el diseño y aplicación de herramientas de inteligencia artificial jurídica, y en la actualidad existe ya un amplio catálogo de sistemas para la automatización o semi-automatización de diferentes tareas jurídicas y servicios legales tradicionalmente provistos por dicha profesión. Además de los sistemas comentados en el apartado anterior, nos encontramos, entre otros, con sistemas expertos diseñados para la automatización de tareas específicas —por ejemplo, cada vez son más habituales en la realización de tareas de *compliance*— o para la prestación de asesoramiento legal en determinadas materias jurídicas a partir de un diálogo estructurado entre el usuario y la aplicación informática a través de *chatbots* y asistentes virtuales; con sistemas de elaboración automática de todo tipo de contratos y documentos legales a través de aplicaciones web, capaces de generar, a partir de una interacción estructurada con el usuario, documentos totalmente customizados y de alta calidad, ajustados a las circunstancias específicas de cada caso; con sistemas de lectura automática de contratos, utilizados tanto para revisar y analizar el contenido de todo tipo de contratos como para realizar el seguimiento de su ejecución a lo largo de todo su ciclo vital; o con sistemas de codificación predictiva, diseñados para seleccionar de manera automática cualquier tipo de información electrónica relevante en un determinado proceso judicial. De manera que cada vez resulta menos infrecuente que servicios jurídicos como la investigación legal y la elaboración de dictámenes, el *compliance*, el asesoramiento legal en materias específicas, la redacción de contratos y otros documentos legales, las tareas de auditoría legal o *due diligence*, la toma de decisiones en relación a la interposición o no de una demanda y, en su caso, la elección de una determinada estrategia procesal, o las labores de *e-discovery*, sean llevados a cabo en los despachos por sistemas basados en inteligencia artificial o por profesionales o para-profesionales asistidos por estos sistemas, cuando no son directamente externalizados en compañías tecnológicas especializadas en la realización automatizada de tales tareas a muy bajo coste (*outsourcing*)[339].

Como resulta ya claramente apreciable en los países que se hallan en la vanguardia de la industria *legaltech*, y reconocen los propios colegios y asociaciones representativas de la abogacía, la irrupción de estas sofisticadas herramientas tecnológicas está provocando transformaciones profundas en la estructura y la dinámica del mercado de servicios jurídicos, tanto por el lado de la oferta como de la demanda[340]. En este sentido, podemos

---

339 Para una visión global de los sistemas de inteligencia artificial y, en general, de las herramientas *legaltech* que están llegando a la abogacía, así como de las áreas de trabajo jurídico en las que se están aplicando y las transformaciones que están operando, cfr., en la literatura española, SOLAR CAYÓN, J. I., *La inteligencia artificial jurídica. El impacto de la innovación tecnológica en la práctica del Derecho y el mercado de servicios jurídicos*, cit., y BARRIO ANDRÉS, M. (dir.), *Legal Tech. La transformación digital de la abogacía*, Wolters Kluwer, Madrid, 2019. En 2022 el Consejo de la Abogacía Europea ha publicado una guía con recomendaciones sobre el uso de estas herramientas, poniendo especial énfasis en los beneficios que pueden reportar para los pequeños despachos. Cfr. COUNCIL OF BARS AND LAW SOCIETIES IN EUROPE, *Guide on the use of Artificial Intelligence-based tools by lawyers and law firms in the EU*, cit. No obstante, es interesante notar que en la guía se ponen también de manifiesto algunos de los principales obstáculos al desarrollo de estos sistemas en el fragmentado mercado europeo, como la diversidad de idiomas —especialmente teniendo en cuenta que las técnicas de procesamiento del lenguaje natural que los impulsan han sido desarrolladas fundamentalmente para textos en inglés—, la ostensible falta de suficientes datos de calidad en algunos países e incluso las diferencias en las regulaciones nacionales.

340 Cfr. THE LAW SOCIETY OF ENGLAND AND WALES, *The Future of Legal Services*, cit., sobre la situación en el Reino Unido; AMERICAN BAR ASSOCIATION, *Report on the Future of Legal Services in the United States*, cit., en Estados Unidos; y CANADIAN BAR ASSOCIATION, *Futures: Transforming the Delivery of Legal Services in Canada*, cit., en Canadá. Además de estos estudios impulsados por las asociaciones nacionales de la abogacía de estos países, existen una serie de instituciones públicas y privadas que realizan informes periódicos sobre la evolución del mercado legal y que proporcionan información muy útil sobre estos cambios: GEORGETOWN LAW & LEGAL EXECUTIVE INSTITUTE, *2023 Report on the State of the Legal Market*, Georgetown Law and Thomson Reuters Institute, 2023; DELOITTE, *Future Trends for Legal Services. Global Research Study*, 2016; LEGAL SERVICES CONSUMER PANEL, *Tracker Survey 2023: How consumers are using legal services*, London, 2023; IBIS, *Law Firms Industry in the US: Market Research Report*, 2022; IBIS, *Legal Activities: UK Market Research Report*, 2022; y los informes que publica Altman Weil sobre la evolución de las firmas jurídicas y de los departamentos jurídicos de las empresas, los últimos de los cuales son CLAY, T. y SEEGER, E., *2019 Law Firms in Transition*, Altman Weil, 2019; y ALTMAN WEIL, *2023 Chief Legal Officers Survey*, 2023.

apuntar ya la existencia de algunos cambios estructurales en la oferta de servicios jurídicos, promovidos por la disrupción tecnológica, que están contribuyendo a ampliar considerablemente la base del mercado, facilitando el acceso a servicios legales básicos a segmentos de población hasta ahora prácticamente excluidos del mismo, así como a generar nuevos y más provechosos hábitos de utilización de aquellos servicios por parte de los pequeños consumidores, fundamentalmente particulares, pequeños empresarios y profesionales autónomos.

Uno de los efectos más evidentes de la automatización de diversas tareas jurídicas como consecuencia del desarrollo de las diversas herramientas de inteligencia artificial es la «comoditización» de determinados servicios jurídicos. La identificación de patrones recurrentes en la realización de aquellas tareas gracias a la combinación de *big data* y aprendizaje automático, y el aprovechamiento de las capacidades y la escalabilidad de la computación en la nube, posibilitan la aplicación de la tecnología para estandarizar procesos y proporcionar soluciones jurídicas muy baratas y de alta calidad. De este modo, en el contexto de un mercado en el que la demanda tiene una capacidad cada vez mayor de presión sobre los precios, un creciente abanico de servicios jurídicos están siendo automatizados y transformados en productos genéricos —en el sentido de indiferenciados e intercambiables, al menos desde la perspectiva del consumidor— que pueden ser suministrados a gran escala, sin que existan diferencias apreciables en su calidad, por una amplia variedad de proveedores a un precio notablemente inferior al de los servicios legales tradicionales o convencionales. Además, este nuevo tipo de servicios encuentran su vehículo principal de distribución a través de plataformas digitales e incluso de *apps* diseñadas para todo tipo de dispositivos electrónicos, pudiendo llegar así simultáneamente a millones de potenciales clientes con un coste marginal prácticamente nulo, en tanto que los costes son fundamentalmente costes de conocimiento.

Se abre aquí un campo de inmensas posibilidades para el despliegue y desarrollo de sistemas jurídicos expertos, capaces de proporcionar asesoramiento y soluciones legales inmediatas en materias jurídicas específicas. En esta dirección, en países como Estados Unidos, Canadá y Reino Unido están emergiendo numerosas *startups* que están poniendo al alcance de cualquier usuario digital múltiples aplicaciones que ofrecen soluciones rápidas y baratas, o incluso gratuitas, a problemas jurídicos más o menos cotidianos. Una de las primeras y más notorias fue la aplicación para móviles *DoNotPay*, diseñada en 2015 por un estudiante de la Universidad de Stanford para impugnar automáticamente, de manera gratuita, las multas de aparcamiento en el Reino Unido. Presentado en su momento por algunos medios de comunicación como «el primer abogado virtual» del mundo, funciona como un *chatbot* que realiza al usuario una serie de preguntas estructuradas y, en función de las respuestas, analiza si la multa es o no recurrible. Si lo es, asesora al usuario, informándole de los argumentos a su favor, e incluso genera automáticamente el escrito de reclamación, enviándolo a la oficina municipal competente en función del lugar donde se haya producido la infracción. En sus primeros cuatro años de funcionamiento consiguió la anulación de más de 200.000 multas por un valor superior a 4 millones de libras, con una tasa de éxito en sus impugnaciones próxima al 65%. Pronto su funcionalidad fue ampliada a otras tareas legales específicas, como la presentación de solicitudes de asilo de ciudadanos sirios en EEUU, Reino Unido y Canadá a través de un programa que procesa las respuestas en árabe y genera automáticamente los documentos de solicitud en inglés, la realización automática de reclamaciones de compensación por el retraso o la cancelación de vuelos, o la realización de reclamaciones en materia de arrendamiento. Y hoy cubre un amplio abanico de servicios en Reino Unido y Estados Unidos —fundamentalmente, solicitudes y reclamaciones legales— en múltiples áreas de la práctica jurídica: familia, reclamaciones de deudas e incumplimientos contractuales, reclamaciones laborales y en más de 100 áreas diferentes de protección de los derechos del consumidor, cobrando 3 dólares mensuales a sus usuarios[341]. Como muestra de la potencialidad de este tipo de sistemas para proporcionar asesoramiento legal cabe reseñar que la aplicación de *DoNotPay* iba a defender a un acusado en un juicio que había sido previsto para el día 22 de febrero de 2023 ante un tribunal de California —un abogado humano repetiría los argumentos dictados por el *chatbot* a través de unos auriculares—, pero finalmente no pudo actuar como abogado ante las demandas por intrusismo profesional anunciadas por la *American Bar Association*, que amenazaban con llevar a su propietario a prisión.

En la actualidad, la disponibilidad de plataformas de desarrollo de *software* sin código que pueden ser utilizadas por cualquier profesional del Derecho, sin necesidad de tener conocimientos expertos sobre codificación o programación, para diseñar este tipo de aplicaciones está provocando que cada vez más despachos de abogados dispongan de herramientas de este tipo para el asesoramiento legal *online* de sus clientes en cuestio-

---

341 La propia *American Bar Association*, la asociación profesional de la abogacía más numerosa y prestigiosa de los Estados Unidos, otorgó a esta plataforma su *Louis M. Brown Award* en 2020 por su compromiso en la mejora del acceso a los servicios legales de la ciudadanía con menores recursos.

nes básicas relacionadas con su *core business* mediante *chatbots* y asistentes virtuales[342]. O incluso para ofrecer algunos servicios básicos de información y asesoramiento orientados hacia el público en general, funcionando de este modo también como un mecanismo de atracción y captación de potenciales clientes, al estilo de lo que hacen las plataformas digitales de intermediación entre los abogados vinculados a la misma y sus usuarios. Del mismo modo, diversas instituciones jurídicas, públicas y privadas, están aprovechando aquellas plataformas de desarrollo de software para diseñar aplicaciones *pro bono* que puedan dar respuesta adecuada a las necesidades jurídicas básicas de los sectores de población más vulnerables.

Además, otro de los efectos disruptivos de la automatización de tareas legales —seguramente, el de mayor calado— es la irrupción de proveedores alternativos de servicios jurídicos que han quebrado *de facto* el monopolio tradicionalmente ejercido por la abogacía. Este grupo de proveedores alternativos de servicios jurídicos está conformado por un conglomerado muy heterogéneo de actores cuya característica común es la flexibilidad de sus modelos de negocio y una alta eficiencia basada en el análisis de los procesos y la explotación de la tecnología[343]. Pero, sin duda, el principal motor de los cambios ha sido la conformación a lo largo de esta última década de un poderoso sector industrial *legaltech*, impulsado fundamentalmente por *startups* que han desarrollado tecnologías innovadoras para la mejora de los procesos de prestación de los servicios jurídicos. Muchas de estas compañías no solo han creado las herramientas de inteligencia artificial jurídica que han posibilitado la automatización de procesos y tareas legales, sino que mediante la explotación comercial de sus aplicaciones a través de plataformas digitales se han convertido ellas mismas en proveedoras de servicios jurídicos al cliente final, representando una competencia

---

342 Sobre el creciente uso por parte de los despachos españoles de *chatbots* como herramienta de comunicación con el cliente para prestar asesoramiento legal en determinadas materias o ejecutar acciones de poco valor añadido, descargando a los abogados de dichas tareas y poniendo a disposición de aquel un servicio de atención permanente 24/7, cfr. CONSEJO GENERAL DE LA ABOGACÍA ESPAÑOLA, *Inteligencia artificial & Abogacía. Abogacía Futura 2021: Prospectiva de negocio emergente*, 2021, págs. 11-14.

343 Gracias a esta flexibilidad y potencia tecnológica, la crisis ocasionada por la COVID-19 se ha convertido además en un factor acelerador de la expansión de estos proveedores alternativos de servicios jurídicos, como exponen FERNÁNDEZ SAMANIEGO, J. y ESTEBAN, M., “Los «ALSP» (proveedores alternativos de servicios legales) como catalizadores del cambio de la abogacía de negocios”, en *Innovación y tendencias. Sector legal 2021*, Wolters Kluwer, Madrid, 2020.

directa para la abogacía[344]. Algunas han enfocado su modelo de negocio hacia el mercado corporativo, prestando a las grandes empresas e incluso a los propios bufetes servicios de *outsourcing* especializados en la realización de determinadas tareas jurídicas a bajo coste, pero la mayor parte de ellas se dirigen a los pequeños consumidores —particulares, emprendedores, pequeños empresarios y profesionales autónomos— poniendo a su alcance aplicaciones del tipo *do-it-yourself* y otro tipo de servicios legales anejos[345]. Como afirma Ben Goodman, se abre así la era del *self-service* jurídico[346].

Un ejemplo paradigmático de esta dinámica nos lo proporciona la empresa *LegalZoom*, que nos muestra cómo este tipo de compañías tecnológicas se están haciendo con importantes cuotas del mercado legal mediante modelos de negocio híbridos que, partiendo de la explotación *online* de sus aplicaciones de inteligencia artificial jurídica, van incorporando progresivamente otro tipo de servicios jurídicos complementarios. Esta compañía comenzó poniendo a disposición del público estadounidense, a través de su plataforma digital, sus sofisticadas aplicaciones de inteligencia artificial

---

344 Así lo pone de manifiesto la propia *International Bar Association*, que en su informe *Bar Issues Commission: Unregulated providers of legal services*, January 2021, constata, con pesar y una cierta resignación, "este cambio fundamental en los medios de distribución de los servicios jurídicos y en sus proveedores", admitiendo que "la realidad es que [la prestación de servicios legales por parte de proveedores no regulados] está teniendo lugar actualmente en una amplia variedad de jurisdicciones" (págs. 2 y 3). Y no le duelen prendas en reconocer, asimismo, que este fenómeno, "en determinadas circunstancias, puede ayudar a afrontar las dificultades que tienen muchas personas para intentar acceder a los servicios jurídicos" (pág. 3).

345 Sobre la importancia de este segmento del mercado dirigido al consumidor final como el sector en el que se concentran la mayor parte de las *startups* desarrolladoras de tecnología jurídica, el informe LEGAL SERVICES BOARD, *The Legal Services Board's submission to the Competition and Markets Authority's review of the legal services market study in England and Wales*, September 2020, afirma, en relación al mercado británico, que "si bien la percepción general es que la tecnología está beneficiando principalmente a los clientes corporativos, el *Legaltech Startup Report 2019* mostraba que la mayor concentración de *startups* de tecnología legal se ha producido en los «servicios al consumidor», esto es, servicios dirigidos a satisfacer las necesidades de individuos y/o pequeños negocios". En cuanto a las razones que han motivado esta concentración, el informe señala "las mínimas barreras a la entrada [de los proveedores alternativos de servicios legales], los requisitos comparativamente bajos para el desarrollo de la tecnología y un mercado desatendido" (pág. 11).

346 GOODMAN, B., *Robots in Law: How Artificial Intelligence is Transforming Legal Services*, ARK Group, London, 2016, pág. 47.

para la elaboración automática de todo tipo de contratos y documentos legales a precios *low cost.* Mediante un sencillo proceso interactivo y estructurado de preguntas y respuestas entre el *software* y el propio usuario de la aplicación, esta genera automáticamente un documento legal totalmente customizado y ajustado a las circunstancias específicas de cada caso, de calidad equiparable a cualquier documento elaborado por un profesional jurídico[347]. A partir de ese modelo inicial de negocio, con el que captó una clientela de millones de particulares y pequeños empresarios, implementó un sistema de consulta telefónica mediante el que los usuarios de las aplicaciones podían consultar sus dudas legales con aquellos abogados independientes que quisieran adscribirse a su plataforma. Y, en la actualidad, aprovechando el potencial del inmenso *pool* de abogados adscritos, oferta también diversos planes de asistencia jurídica para familias y empresas, de alcance más o menos amplio en función de la cuantía de la tarifa fija que pague el usuario. ¿El resultado? *LegalZoom,* sin ser una firma jurídica, se ha convertido hoy en el principal proveedor de servicios legales en Estados Unidos, con un volumen de negocio inmensamente superior al de los principales despachos de abogados. Y, lo que es más importante desde el punto de vista del ciudadano, ha hecho accesible la elaboración de documentos jurídicos y otros servicios de asesoramiento legal básico a millones

347 Este caso ejemplifica muy bien la capacidad de la inteligencia artificial jurídica para borrar la línea divisoria entre la provisión de información jurídica y la provisión de servicios legales. Tradicionalmente, la publicación o la venta de formularios y plantillas para confeccionar contratos y documentos legales, aún acompañada de instrucciones generales acerca de cómo hacerlo, no se ha considerado provisión de servicios jurídicos, sino de información jurídica, en cuanto faltaba el asesoramiento individualizado para la elaboración del documento ajustado a las circunstancias particulares del caso. Y lo mismo sucedía con los programas informáticos que proporcionaban plantillas generales en blanco para que el usuario completara la información. Pero estas aplicaciones basadas en inteligencia artificial utilizan la información proporcionada por el usuario para seleccionar, añadir, borrar o modificar las cláusulas, párrafos, frases y términos que conforman su contenido, generando así un documento perfectamente completado, personalizado y ajustado a las circunstancias particulares de cada caso. Por ello, *LegalZoom* tuvo que afrontar demandas por intrusismo profesional (*unauthorized practice of law*) en diversos Estados de los Estados Unidos, habiendo salido bien librado de todas ellas al considerar los tribunales que el servicio que proporciona a sus usuarios no puede considerarse asesoramiento legal o provisión de servicios legales. Como mucho, en algún Estado (Carolina del Sur) se le ha exigido que, antes de ser explotadas comercialmente, sus aplicaciones de generación de documentos legales sean revisadas por un abogado con licencia para practicar en el mismo para garantizar que se ajustan al Derecho estatal.

de particulares y de pequeños emprendedores que no podían permitirse la contratación de un abogado o que, simplemente, no estaban dispuestos a pagar elevadísimos honorarios por la realización de tareas jurídicas básicas.

Como se puede observar en los ejemplos expuestos, el grado de interactividad y de participación del usuario en el diseño del producto que permiten los sistemas de inteligencia artificial hace que estos puedan proporcionar respuestas jurídicas ajustadas a la situación y las necesidades específicas del usuario: los sistemas expertos otorgan una respuesta concreta ante un problema particular; las aplicaciones de elaboración automática de documentos legales generan contratos, testamentos, documentos de constitución de una sociedad, etc., cuyo contenido está totalmente ajustado a las circunstancias singulares de cada caso; las herramientas de análisis predictivo evalúan las probabilidades de éxito de las posibles estrategias procesales en relación a un conflicto concreto entre determinados litigantes ante un juez o tribunal específico; los sistemas de negociación automatizada para la resolución de disputas en línea proponen una solución amistosa teniendo en cuenta los intereses y preferencias particulares de las partes en conflicto, etc[348]. Es decir, la inteligencia artificial jurídica puede llevar a cabo ya muchas de las tareas que realiza el profesional cuando asesora a su cliente, de una manera totalmente personalizada y ajustada a las circunstancias del caso[349].

---

348 Estos sistemas de negociación automatizada, surgidos en el ámbito del comercio electrónico, están adquiriendo una creciente importancia debido, sobre todo, a la implantación, desde el sector privado, de plataformas ODR (*Online Dispute Resolution*) para la resolución negociada de disputas de baja intensidad en diversas áreas de la práctica jurídica, como Derecho de familia, protección de consumidores y usuarios, reclamación de deudas de pequeña cuantía, relaciones laborales, etc. Como botón de muestra del potencial de estas herramientas cabe señalar que la plataforma de adjudicación digital de disputas *Modria*, desarrollada conjuntamente por *eBay* y *PayPal*, resuelve de forma totalmente automatizada, solo entre usuarios de estas compañías, más de 60 millones de disputas cada año: una cifra que supone, aproximadamente, el triple del número total de demandas que recibe en ese mismo período todo el sistema judicial estadounidense —la jurisdicción federal y las cincuenta jurisdicciones estatales—.

349 Uno de los rasgos más característicos de la comoditización de los servicios propiciada por la inteligencia artificial es precisamente su potencial de *mass-customization* o «personalización masiva». Este término, que fue acuñado en DAVIS, S., *Future Perfect*, Addison-Wesley Publishing Co., Reading (Massachusetts), 1987, hace referencia a su capacidad de producir servicios capaces de satisfacer las demandas y necesidades específicas de cada cliente manteniendo sin embargo una eficiencia análoga a la de los sistemas de producción en masa. La vía más eficiente para

Vemos, pues, cómo la inteligencia artificial y otras tecnologías asociadas, como el *big data* y las tecnologías de la información y la comunicación, están modelando "una sociedad en la que la información jurídica resulta fácil y ampliamente disponible en formato digital o es convertida en una *commodity* económicamente accesible"[350]. Y ello está propiciando un "giro desde el asesoramiento individualizado hacia la información legal", esto es, el tránsito desde un mercado en el que los servicios jurídicos han sido prestados por el abogado mediante un asesoramiento personal al cliente hacia un mercado basado en la venta de información jurídica a través de productos comoditizados, aunque no exentos de la posibilidad de customización o personalización[351]. En este nuevo contexto, los grandes despachos de abogados intentan adaptar su organización y rediseñar sus métodos de trabajo para aprovechar la relación coste-beneficio que hace posible la automatización[352]. Y, de hecho, es un fenómeno al alza la creación por parte de grandes bufetes de segundas firmas que, basándose en el análisis y la innovación de los procesos de trabajo, la automatización de procesos y tareas

---

lograr este objetivo es convertir al cliente en un co-diseñador del producto final y hacerle así partícipe del propio proceso de producción, ya sea permitiéndole incorporar al mismo sus requerimientos específicos o acceder directamente a las herramientas de diseño del producto a través de una aplicación web. Cfr. TSENG, M. *et al.*, "Mass Customization", en LAPERRIÈRE, L. y REINHART, G. (eds.), *CIRP Encyclopedia of production Engineering*, Springer, Berlin, 2017.

350 CANADIAN BAR ASSOCIATION, *Futures: Transforming the Delivery of Legal Services in Canada*, cit., pág. 22.

351 KOBAYASHI, B. y RIBSTEIN, L. E., "Law's Information Revolution", *Arizona Law Review*, nº 53, 2011, pág. 1188.

352 En Estados Unidos, la propia *American Bar Association*, en su *Resolution 112 and Report*, cit., que contiene normas éticas para el correcto uso de la inteligencia artificial jurídica por parte de la abogacía, reconoce abiertamente que "la inteligencia artificial permite a los abogados proveer mejores, más rápidos y más eficientes servicios legales", de modo que "los abogados que están empleando inteligencia artificial asesoran mejor a sus clientes". Y vaticina que en los próximos años su empleo "no será muy diferente al uso del correo electrónico por parte de los abogados: una parte indispensable de la práctica del Derecho". Incluso llega a afirmar que, si bien el empleo de la inteligencia artificial debe contar con el consentimiento informado del cliente, no contemplar dicha utilización cuando reduce sustancialmente los costes de la provisión de servicios legales podría suponer una infracción de la norma deontológica que exige que los honorarios profesionales sean razonables (*ABA Model Rule* 1.5). Y, por último, en relación a la necesaria tarea de ponderación que ha de llevar a cabo el profesional entre los potenciales riesgos y beneficios de su empleo, afirma rotundamente que "el mayor peligro bien podría ser la infrautilización, más que la dependencia excesiva, de la inteligencia artificial" (págs. 4, 6 y 7).

jurídicas mediante diversos sistemas de inteligencia artificial y la flexibilidad organizativa que permiten las nuevas tecnologías de la información y comunicación, están desarrollando nuevos modelos de negocio orientados a un mercado *low cost*, en competencia directa con el cada vez más amplio abanico de proveedores alternativos de servicios jurídicos[353].

De este modo, la inteligencia artificial jurídica está permitiendo ampliar la base del mercado y ofrecer a ese segmento de demanda latente, hasta ahora desatendido, unos servicios legales básicos de suficiente calidad —especialmente cuando la alternativa para el usuario es no poder acceder a ninguno— a precios incomparablemente inferiores a los de la abogacía tradicional, e incluso en ocasiones de manera gratuita[354]. Esta expansión del mercado resulta, desde luego, un elemento altamente positivo desde una perspectiva social, en cuanto puede facilitar la satisfacción de necesidades jurídicas básicas de determinados sectores de la población. Además, también se está constatando cómo esta disrupción tecnológica está generando nuevos hábitos de consumo de los servicios legales en el segmento de los pequeños consumidores. Tradicionalmente la demanda en este grupo ha tenido un carácter eminentemente «reactivo». Sin embargo, la mayor facilidad de los consumidores para acceder *online*, de una manera totalmente gratuita o a bajo coste, a información y asesoramiento legal extensivo o a servicios como la elaboración de documentos legales de todo tipo, está propiciando el desarrollo de un importante mercado de servicios

---

353 Sobre la emergencia de este *New Law*, cfr. SOLAR CAYÓN, J. I., *La inteligencia artificial jurídica. El impacto de la innovación tecnológica en la práctica del Derecho y el mercado de servicios jurídicos*, cit., págs. 69-81. En opinión de McGINNIS, J. y PEARCE, R., "The Great Disruption: How Machine Intelligence Will Transform the Role of Lawyers in the Delivery of Legal Services", *Fordham Law Review*, vol. 82, nº 6, 2014, la tecnología beneficiará a dos tipos de abogados en particular: por un lado, a las «super-estrellas», que serán más identificables y utilizarán el poder de la tecnología para ampliar su campo de acción profesional, y, por otro, justamente a aquellos que sepan aprovechar las ventajas de la automatización para atender las necesidades de esa demanda latente prestando una serie de servicios jurídicos básicos *low cost* (pág. 3065).

354 En este sentido afirma PASQUALE, F., "A Rule of Persons, not Machines: The limits of legal automation", cit., que las perspectivas más prometedoras para la automatización de tareas y servicios jurídicos "están dirigidas a gente que necesita y merece —pero que no puede permitirse— un abogado" (pág. 7), señalando también que estas herramientas tecnológicas pueden jugar un papel muy positivo en campos como el Derecho de consumo, Derecho fiscal, Derecho de familia, disputas de tráfico u otros asuntos cotidianos cuando la cuantía en disputa es baja y cuando las posibilidades de movilización o de mejores alternativas son mínimas (pág. 17).

jurídicos «preventivos» —un ejemplo claro serían los planes de asistencia legal ofertados por *LegalZoom*, a los que ya se ha hecho referencia—. En este sentido, hay quien ha indicado que los nuevos proveedores de servicios legales a través de la tecnología e internet "tienen el potencial para democratizar la prevención jurídica"[355].

2.2. La puesta en acción social del conocimiento jurídico

Por otra parte, como señala Paul Gowder, los beneficios de la aplicación de la inteligencia artificial jurídica a los procesos y servicios legales no solo alcanzan a aquellos contextos de la práctica jurídica donde la abogacía ya ha venido tradicionalmente operando, originando así el modelo de tecnología legal «abogado barato» al que nos hemos referido, en el que la tecnología viene a reemplazar a los profesionales en la realización de las tareas cognitivas en las que se basa el servicio, sino que también se extienden a nuevos contextos donde hasta ahora los servicios jurídicos tradicionales se mostraban claramente ineficientes, posibilitando nuevas formas de acción social basadas en el conocimiento jurídico. Nos hallamos en este caso ante un modelo de tecnología que posibilita un "conocimiento jurídico artificial transformativo", con un extraordinario potencial para promover avances igualitarios en la realización del imperio de la ley y el acceso a la justicia[356]. En esta línea, Gowder ilustra cómo la aplicación de la tecnología jurídica podría facilitar enormemente el ejercicio de acciones colectivas o de clase a gran escala. Y, sobre todo, destaca su enorme potencialidad para promover la realización de lo que denomina fines de «salud pública legal». Con ello se refiere a la utilización de la tecnología legal para colectivizar el conocimiento jurídico, de manera que pueda ser aplicado y utilizado por instituciones públicas, asociaciones implicadas en la defensa de los derechos ciudadanos, grupos sociales, etc., para llevar a cabo intervenciones

---

355 ROTENBERG, M., "Stifled Justice: The Unauthorized Practice of Law and Internet Legal Resources", *Minnesota Law Review*, nº 97, 2012, pág. 733. También FORNASIER, M., "Artificial Intelligence and Democratic Rule of Law", *Revista de Estudos Constitucionais, Hermenêutica e Teoria do Direito*, vol. 13, nº 3, 2021, subraya el potencial de la inteligencia artificial jurídica para lograr una mayor democratización del Derecho, en tanto está facilitando considerablemente que los individuos y las organizaciones puedan conocer y entender sus derechos y obligaciones, bien directamente o bien mediante el acceso a unos servicios legales más baratos y rápidos (págs. 355-356).

356 GOWDER, P., "Transformative legal technology and the rule of law", *The University of Toronto Law Journal*, vol. 68, Suplement 1: Artificial Intelligence, Technology and the Law, 2018, págs. 82-83.

sociales y jurídicas de carácter preventivo que promuevan la eliminación de condiciones y obstáculos que dificultan o impiden a determinados grupos de población el ejercicio efectivo de sus derechos o el acceso a los recursos jurídicos necesarios para asegurar dicho ejercicio. Por ello, a su juicio, el análisis de la inteligencia artificial jurídica “desde una perspectiva del imperio de la ley sugiere que la potencial disponibilidad masiva de conocimiento jurídico tecnológicamente mediado puede servir como un instrumento de nuevas acciones colectivas y sociales por parte, y en beneficio, de los menos poderosos”[357].

Y es que, al margen del mercado, este potencial de la inteligencia artificial jurídica y de las tecnologías de la información y la comunicación puede ser aprovechado también por los poderes públicos para intentar atender estas enormes bolsas de necesidades jurídicas básicas insatisfechas mediante programas de amplio alcance social. En esta dirección, tal vez la iniciativa más relevante, al menos sobre el papel, sea el ambicioso proyecto emprendido por la administración federal estadounidense, a través de la *Legal Services Corporation*, de explotación sistemática e integral de los recursos tecnológicos para lograr que en el país “se preste alguna forma de asistencia efectiva al 100% de las personas que no pueden permitirse contratar un abogado para satisfacer sus necesidades jurídicas civiles esenciales”[358]. Para lograr este objetivo, se ha diseñado una estrategia dirigida a implementar un sistema integrado de prestación de servicios jurídicos, incluyendo el acceso a la Administración de Justicia, que se asienta en cinco pilares esenciales:

1. Creación en cada Estado de una plataforma jurídica en línea unificada que, a través de un proceso automatizado de *triage*, dirija a cada persona que necesite asistencia jurídica a aquel cauce o mecanismo de ayuda que resulte más apropiado en su caso y que guíe a los litigantes que se auto-representan a través de todo el procedimiento judicial.

2. Desarrollo de aplicaciones web basadas en inteligencia artificial para la generación automática de documentos jurídicos y la conexión de este proceso de creación documental con la prestación de servicios de información jurídica y de representación legal.

3. Aprovechamiento de las capacidades de los dispositivos electrónicos móviles para llegar a más personas de una manera más efectiva, de-

---

[357] *Ibidem*, pág. 85.

[358] LEGAL SERVICES CORPORATION, *Report of the Summit on the Use of Technology to Expand Access to Justice*, Washington, 2013, pág. 1.

sarrollando aplicaciones que faciliten al acceso a los servicios jurídicos y a la Administración de Justicia.

4. Aplicación del análisis de procesos a todas las actividades del programa de acceso a la justicia para hacerlas tan eficientes como sea posible.

5. Desarrollo de sistemas expertos y de *checklists* que ayuden a los abogados y a otros prestadores de servicios jurídicos del sistema a obtener información de calidad a través de un ordenador y a aplicarla a situaciones fácticas particulares.

También desde instituciones y asociaciones del tercer sector orientadas a la defensa legal de los ciudadanos se están lanzando propuestas e iniciativas encaminadas a aprovechar este potencial de la tecnología para generar y distribuir masivamente conocimiento jurídico y asesoramiento legal en beneficio de los sectores sociales con más dificultades para acceder a los servicios jurídicos[359]. En este sentido son interesantes los planteamientos del ya mencionado *Free Access to Law Movement*, que ha procedido a redefinir sus objetivos fundacionales a la vista de los actuales desarrollos tecnológicos. Como afirman A. Mowbray, P. Chung y G. Greenleaf, el concepto de «libre acceso al Derecho» no es estático, y una relectura de los principios que inspiraron el movimiento a la luz del presente contexto demanda una respuesta por parte de sus integrantes ajustada a la prominencia que están adquiriendo los desarrollos de la inteligencia artificial jurídica. Desde esta perspectiva, la liberación del Derecho se presenta como un proceso continuo que hoy, a la luz de tales desarrollos, habría de incluir la utilización de tales herramientas para mejorar y expandir el acceso libre y gratuito al asesoramiento legal[360].

---

359 Como pone de manifiesto el informe THE LAW SOCIETY, *Technology, Access to Justice and the Rule of Law*, cit., sobre el estado del empleo de la tecnología legal para promover el acceso a los servicios jurídicos en Inglaterra y Gales, las iniciativas que están teniendo un mayor impacto social están relacionadas con el desarrollo por parte de asociaciones del tercer sector —normalmente en colaboración con universidades y despachos profesionales— de aplicaciones móviles y servicios en la web, incluyendo *chatbots*, para el empoderamiento jurídico a través de la educación, información y asesoramiento legal. Servicios que se centran en las áreas legales de mayor impacto en la vida cotidiana del ciudadano, como familia, vivienda, empleo, deudas y asistencia social (pág. 8). En las págs. 23-27 se recogen diversos ejemplos de este tipo de aplicaciones.

360 Cfr. MOWBRAY, A., CHUNG, P. y GREENLEAF, G., "Utilising AI in the legal asistance sector. Testing a role for Legal Information Institutes", *Computer Law and Security Review*, vol. 38, 2020, pág. 2.

Como ya se ha expuesto, en la actualidad existen herramientas accesibles de código abierto y alta calidad para la ingeniería del conocimiento jurídico y la generación automática, a partir de dicho conocimiento, de soluciones expertas. Pero, a diferencia de lo que ocurre en otros campos, en la esfera jurídica apenas se han desarrollado comunidades de usuarios para el desarrollo conjunto de este tipo de aplicaciones. Comunidades que podrían resultar muy útiles teniendo en cuenta los múltiples condicionantes y limitaciones de carácter técnico, económico, de falta de personal experto, etc., que pueden tener los diversos tipos de organizaciones interesadas en la provisión de asistencia jurídica gratuita en un ámbito determinado para desarrollar tales herramientas por sí solas. Bajo dicho prisma, aquellos autores proponen una serie de directrices para el desarrollo colaborativo y sostenible de aplicaciones de asesoramiento legal basadas en inteligencia artificial, que puedan ser utilizadas por aquellas organizaciones —agencias gubernamentales y entidades públicas, ONGs, asociaciones y organizaciones sociales, programas de asistencia *pro bono*...— para prestar tales servicios a los ciudadanos en determinadas áreas jurídicas. A este respecto hay que tener en cuenta que, como ya se ha indicado, no todos los sectores jurídicos son igualmente apropiados para el desarrollo de este tipo de sistemas expertos, por lo que es esencial determinar bien los tipos de problemas donde estas aplicaciones pueden resultar más útiles para el ciudadano.

El enfoque de la propuesta no es, sin embargo, la construcción de sistemas expertos al estilo de los de los años noventa del siglo pasado, que pretendían encapsular todo el conocimiento necesario en un área jurídica muy específica para dar respuesta a los problemas legales de los usuarios, sino, de una manera más realista, diseñar sistemas integrados de apoyo a la decisión que posibiliten la interacción entre el sistema y el usuario profesional, de manera que la puesta en común de la información contenida en aquel y el *expertise* de este permita resolver aquellos problemas. Esto significa que la base de conocimiento del sistema no debe ser cerrada, sino que este debe estar integrado con herramientas de recuperación de la información, hipertexto y otras que permitan al usuario acceder a cualesquiera fuentes materiales que sean necesarias a su juicio para dar respuesta al problema.

Para ello se toma como modelo la metodología adoptada por el *Australasian Legal Information Institute*, a través de su plataforma «DataLex», para facilitar el diseño de este tipo de aplicaciones. Y, particularmente, como un caso de especial interés que puede servir de modelo para el desarrollo de otras herramientas similares, la atención se focaliza en un proyecto específico impulsado por dicho instituto para el desarrollo de una aplicación, plenamente integrada con sus bases de datos, dirigida a ofrecer asesoramiento jurídico gratuito en materia de alquiler de vivienda, un área en el que se había constatado previamente la existencia de una bolsa significativa de necesidades jurídicas insatisfechas en Australia. Dicho proyecto implica la colaboración de cuatro socios[361]:

— El citado *Australasian Legal Information Institute* (ALII), que proporciona la infraestructura tecnológica para el desarrollo de la aplicación a través de su plataforma digital «DataLex». Dicha infraestructura incluye: un motor de inferencia que ejecuta un razonamiento basado primariamente en reglas y complementado, cuando es necesario, por un razonamiento basado en casos precedentes; todas las bases de datos de información jurídica —legal, jurisprudencial, doctrinal...— a las que tiene acceso el instituto; las herramientas necesarias para el mantenimiento y desarrollo de la base de conocimiento de la aplicación y para su vinculación con aquellas bases de información jurídica mediante enlaces de hipertexto; y la interfaz de usuario.

— Una de las firmas jurídicas líderes en la zona de Asia-Pacífico, *King & Wood Mallesons* (KWM), aporta su conocimiento experto en el área del Derecho de arrendamientos (*Tenancy Law*). Bajo su programa *pro bono* proporciona los abogados que, utilizando aquella plataforma, construyen la base de conocimiento de la aplicación y las reglas de inferencia para la aplicación de esos conocimientos jurídicos a las distintas situaciones posibles que puedan darse en la realidad.

— La tercera pata del proyecto es el *Redfern Legal Centre* (RLC), un centro jurídico independiente y sin ánimo de lucro que presta asistencia legal gratuita a la comunidad local, cuyos abogados y voluntarios utilizan la aplicación en su trabajo cotidiano de asesoramiento en esta área de la práctica jurídica, entrenándola y proporcionando a KWM y ALII el *feedback* necesario para que aquella pueda ser mejorada mediante un proceso iterativo. Una vez que la aplicación ha sido adecuadamente ajustada y testada, RLC y ALII deciden si la aplicación puede ser puesta directamente a disposición del público a través de un enlace desde la página web de RLC.

— Finalmente, el *Australian Pro Bono Centre* (APBC), como autoridad nacional independiente para la evaluación de los servicios legales

---

361 Cfr. *Ibidem*, págs. 8-9.

> *pro bono*, realiza una evaluación externa del desarrollo de la aplicación y de sus resultados mediante una prueba de uso. Basándose en dicha evaluación, puede realizar, si lo considera oportuno, recomendaciones al ALII para ayudarle a desarrollar una metodología mediante la cual la plataforma «DataLex» pueda ser más ampliamente aplicada en el campo *pro bono* para dar soporte a la prestación de servicios de asesoramiento legal gratuito.

Respaldando también este enfoque adoptado por el *Australasian Legal Information Institute*, el órgano coordinador de la red de centros de asistencia legal a las comunidades locales (*Community Legal Centres*) de Nueva Gales del Sur ha acordado examinar cómo podría promover, siguiendo este metodología, el desarrollo de aplicaciones que pudieran ser compartidas por dichos centros, así como identificar actores en el sector de la asistencia legal interesados en participar en el desarrollo de nuevas aplicaciones.

2.3. Principales riesgos de la aplicación de la inteligencia artificial en la provisión de servicios legales. Retos regulatorios

En definitiva, si convenimos que el acceso a los servicios jurídicos es un factor esencial para asegurar el ejercicio efectivo de los derechos de los ciudadanos y la satisfacción de sus necesidades jurídicas básicas, y que ello constituye por tanto un elemento importante dentro de nuestra concepción del ideal del imperio de la ley, parece difícil cuestionar el impacto positivo que la irrupción de la inteligencia artificial jurídica está teniendo ya en este ámbito, así como ignorar sus enormes potencialidades para atender aquellas necesidades con las necesarias garantías de calidad. Sin embargo, la aplicación de la inteligencia artificial a la provisión de servicios legales comporta también algunos riesgos significativos para la realización de aquel ideal, tanto desde la perspectiva de la protección de determinados derechos fundamentales de los usuarios de dichos servicios como desde la exigencia social de garantizar el cumplimiento de unos estándares mínimos de calidad en su prestación.

En relación a esta cuestión, el primer aspecto a tener en cuenta es, como ya se señaló, que la utilización de sistemas de inteligencia artificial jurídica para la prestación de servicios legales, bien sea como herramientas de apoyo a las tareas de los profesionales o como herramientas para la automatización de determinados procesos y servicios legales en sustitución del profesional, queda excluida del régimen jurídico establecido en el Reglamento de Inteligencia Artificial de la Unión Europea, pese a su potencial incidencia directa sobre los derechos e intereses legítimos de los usuarios o de los afectados por sus resultados.

En todo caso, resulta indiscutible que, cuando nos movemos en el ámbito de la abogacía, el empleo de tales herramientas ha de ajustarse a las normas deontológicas de la profesión. Pero lo cierto es que las transformaciones operadas en el entorno profesional del abogado, en sus métodos de trabajo y en los modos de prestación de los servicios legales como consecuencia de la creciente expansión de las herramientas de inteligencia artificial jurídica inciden también de manera directa en algunos de los principios deontológicos tradicionales, demandando en unos casos la introducción de nuevas perspectivas o la incorporación de nuevas dimensiones en su contenido, cuestionando en otros la idoneidad de ciertas categorías establecidas para afrontar los nuevos problemas, y precisando en la mayoría una delimitación del alcance de los deberes profesionales a la luz de las nuevas circunstancias[362]. Especialmente relevante en este aspecto es el impacto de la inteligencia artificial jurídica sobre los deberes de competencia, independencia y secreto profesional.

Sin duda, la progresiva incorporación de estas herramientas tecnológicas en el quehacer cotidiano de la abogacía plantea la exigencia de que el profesional adquiera nuevos tipos de competencias y habilidades adicionales a las de carácter estrictamente técnico-jurídico[363]. Ya en el año 2012 la *American Bar Association* modificó las *Model Rules of Professional Conduct* para introducir la «competencia tecnológica» como una obligación deontológica para la práctica de la abogacía a nivel federal, al considerar que aquella constituye una nueva dimensión inherente o implícita en el deber genérico de competencia profesional[364]. Y, más específicamente, en la *Resolution 112 and Report*, de agosto de 2019, afirma que "los abogados deben

---

362 Para una visión general del impacto de la inteligencia artificial jurídica en la deontología de la abogacía, cfr. SOLAR CAYÓN, J. I., "Retos de la deontología de la abogacía en la era de la inteligencia artificial jurídica", *Derechos y Libertades*, nº 45, 2021, págs. 123-161.

363 Cfr. DELOITTE, *Developing legal talent. Stepping into the future law firm*, February 2016, pág. 16.

364 La primera obligación deontológica de la abogacía estadounidense, contenida en la *Rule 1.1*, es el deber de «competencia» del profesional, al que se exige poseer los conocimientos y las habilidades necesarias para representar de manera competente a su cliente. Debido a la progresiva expansión de la inteligencia artificial jurídica, en dicha reforma se modificó el «Comentario 8» a esta regla, estableciéndose que "para mantener el conocimiento y las destrezas requeridas, un abogado debe permanecer al corriente de los cambios en el Derecho y su práctica, *inclu-*

tener también una comprensión básica de cómo funcionan las herramientas basadas en inteligencia artificial", lo que significa "entender las capacidades y limitaciones de la herramienta, y los riesgos y beneficios de sus resultados"[365]. Deber de conocer los riesgos y beneficios de la tecnología que, como ya se señaló, implica que el mero hecho de no contemplar su utilización cuando ello suponga una reducción sustancial de los costes de la provisión de servicios legales podría llegar a suponer una infracción de la norma deontológica que exige que los honorarios profesionales sean razonables (*ABA Model Rule* 1.5). Mucho más cautelosa es, desde luego, la posición adoptada por la asociación representativa de la abogacía europea, cuya perspectiva es más bien la inversa: llamar la atención sobre los potenciales peligros que comporta el empleo de dichas tecnologías, subrayando el deber del profesional de no recurrir a las mismas si no tiene un conocimiento adecuado de su funcionamiento, del valor de sus resultados y de sus riesgos[366]. Posición que resulta justificada si se tiene en cuenta la mucha menor penetración y desarrollo de la inteligencia artificial jurídica en el ámbito europeo y las situaciones tan diferentes existentes en los diversos países.

La aplicación de la inteligencia artificial jurídica puede comprometer también la necesaria independencia profesional, en tanto supone la intervención cada vez más significativa y relevante de operadores no jurídicos —y, por tanto, no sujetos a los deberes deontológicos de la abogacía— en el proceso de prestación de los servicios legales. Así sucede con los diseñadores, desarrolladores y proveedores de los sistemas tecnológicos utilizados por el abogado, cuyos *outputs* —predicciones, informes jurídicos, documentos legales, respuestas a problemas legales…— son empleados por aquel para tomar determinadas decisiones —litigar o negociar, seleccionar una determinada estrategia legal o procesal, asesorar en un sentido u otro…— o para fundar y respaldar sus posiciones y argumentaciones legales. Y eso cuando tales sistemas no vienen a sustituir directamente al profesional, como puede suceder con las aplicaciones puestas a disposición del cliente para que genere sus propios documentos legales, con los sistemas expertos y *chatbots* empleados para el asesoramiento legal automatizado o con los *softwares* para la automatización de tareas de *compliance*. Esta preocupación

---

yendo los beneficios y los riesgos asociados a la tecnología relevante" (esta última frase en itálica fue añadida en la reforma).

365 AMERICAN BAR ASSOCIATION, *Resolution 112 and Report*, cit., pág. 5.

366 Cfr. COUNCIL OF BARS AND LAW SOCIETIES IN EUROPE, *Guide on the use of Artificial-Intelligence based tools by lawyers and law firms in the EU*, cit., págs. 49-51.

ha quedado patentemente expresada, en nuestro país, en las conclusiones del XIII Congreso de la Abogacía Española, celebrado en mayo de 2023, en las que se afirma que "es urgente abordar la situación real de las plataformas de inteligencia artificial aplicables a la abogacía, y establecer un sello de control y calidad que garantice a los usuarios y a los profesionales la neutralidad tecnológica de las mismas y que no produzcan efectos contrarios a la deontología profesional y a los derechos de la ciudadanía"[367].

Además, frecuentemente, la aplicación de estas tecnologías a las tareas jurídicas o su mismo funcionamiento requiere la intervención, junto a los profesionales de la abogacía, de personal técnico especializado que entrene y ajuste los sistemas para la realización de la tarea específica requerida, de lo que dependerá fundamentalmente la calidad de sus resultados, y que monitorice su correcto funcionamiento. Esta intervención en el proceso de prestación de servicios jurídicos de terceros que no están sujetos a los deberes legales y deontológicos de la abogacía y cuyo trabajo difícilmente puede ser supervisado de una manera efectiva por parte de los profesionales jurídicos, debido a su comprensible impericia para manejar o siquiera comprender el funcionamiento de estas sofisticadas tecnologías, puede dar lugar a que en última instancia se prioricen los valores de los expertos técnicos sobre los propios de la profesión jurídica, por lo que será necesario adoptar las medidas necesarias para garantizar en todo caso el respeto a los principios que deben regir la actuación de los abogados y sus relaciones con el cliente[368].

---

367 Cfr. CONSEJO GENERAL DE LA ABOGACÍA ESPAÑOLA, *Conclusiones del XIII Congreso de la Abogacía Española*, Salou, 5 de mayo de 2023, conclusión decimoséptima. Y, a tal fin, se propone que, en la futura Ley Orgánica del derecho de defensa, se habilite al Consejo General de la Abogacía Española, en colaboración con los Colegios de la Abogacía, para que puedan realizar la supervisión y el seguimiento del funcionamiento de las plataformas digitales y los sistemas de inteligencia artificial empleados en la prestación de servicios jurídicos. Asimismo, el Consejo General se compromete a modificar los estatutos de la abogacía "para establecer una regulación mínima sobre la prestación de servicios jurídicos y el ejercicio del derecho de defensa *online* y mediante la utilización de sistemas de IA" (conclusión decimoctava).

368 En Estados Unidos, la *American Bar Association* también ha procedido a modificar las normas deontológicas relativas a la intervención de profesionales ajenos a la abogacía en la provisión de servicios legales al objeto de adaptarlas a las nuevas exigencias planteadas por la inteligencia artificial jurídica. Tradicionalmente, se consideraba que dicha intervención no contravenía los principios deontológicos si un abogado «supervisaba» el trabajo de aquellos sujetos y asumía la responsabilidad por los resultados del mismo frente al cliente. Sin embargo, debido a

Del mismo modo, la entrada en juego de estos nuevos operadores no jurídicos implica riesgos añadidos en relación al secreto profesional, especialmente cuando los servicios tecnológicos son prestados mediante herramientas alojadas en las plataformas digitales de los proveedores de aquellos o se utilizan sistemas de computación basados en la nube. En estos casos, las principales amenazas que se ciernen sobre el deber de confidencialidad del abogado pueden derivar de la posibilidad de acceso a los datos de sus clientes por parte de los gestores de las plataformas digitales o de los servicios en la nube, de las potenciales fallas de seguridad, de la falta de control por parte del profesional jurídico de los datos e incluso de la aparición de problemas de extraterritorialidad si el proveedor de los servicios en la nube está sujeto a una regulación local diferente. Al objeto de minimizar estos riesgos sobre la independencia profesional y la necesaria confidencialidad en las relaciones abogado-cliente, la organización representativa de los colegios y asociaciones profesionales de la abogacía europeas ha avanzado una serie de recomendaciones relativas fundamentalmente a los criterios que han de seguirse a la hora de seleccionar y contratar los proveedores de servicios tecnológicos[369].

Hasta aquí lo relacionado con la utilización de la inteligencia artificial jurídica por parte de los abogados. Sin embargo, como ya se mencionó, seguramente el efecto más disruptivo provocado por estas nuevas tecnologías es la aparición de proveedores alternativos de servicios legales que, basándose en la innovación de procesos y la automatización de tareas jurídicas, orientan su actividad a satisfacer las demandas de los segmentos inferiores del mercado a precios sustancialmente inferiores a los de la abogacía. Proveedores que no son firmas jurídicas y que, por tanto, no se hallan sujetos a las normas deontológicas de aquella. Por ello, uno de los principales retos que se plantea en este escenario es precisamente el desarrollo de nuevos esquemas reguladores de los servicios jurídicos que garanticen unos están-

---

la ya mencionada dificultad de llevar a cabo dicha supervisión en relación a la actuación de estos expertos tecnológicos, una reforma del apartado 5.3 de las *Model Rules of Professional Conduct* realizada en 2013 reemplazó el término «supervisión» por el de «monitorización». Término que, como expresa el propio Comité Ético de la *American Bar Association,* "refleja un nuevo concepto ético" que viene a sustituir la exigencia de una supervisión directa por la "necesidad de tener conocimiento de cómo se están llevando a cabo los servicios del no abogado". ABA COMMISSION ON ETHICS 20/20, *Report to the House of Delegates*, 8, 2012, pág. 8.

369 Cfr. COUNCIL OF BARS AND LAW SOCIETIES IN EUROPE, *Guide on the use of Artificial-Intelligence based tools by lawyers and law firms in the EU,* cit., págs. 44, 47-48 y 51-52.

dares suficientes de calidad en su prestación y protejan a los ciudadanos de malas prácticas y actuaciones potencialmente lesivas de sus derechos e intereses legales.

Esta realidad, la pérdida *de facto* por parte de la abogacía de su tradicional monopolio en la provisión de servicios legales, ha sido ya reconocida también *de iure* en algunos países. Ello ha sido relativamente fácil en aquellos lugares en los que el mercado de servicios legales se hallaba liberalizado. Pioneras en esta dirección fueron las reformas legales emprendidas en países como Australia (*Legal Profession Act — Incorporated Legal Practices,* 2001) e Inglaterra y Gales (*Legal Services Act,* 2007), que permitieron que esta actividad profesional, hasta entonces reservada a las firmas jurídicas y a los profesionales de la abogacía, pudiera ser realizada por otro tipo de estructuras corporativas con un régimen jurídico más flexible[370]. Así, bajo la fórmula de las *Incorporated Legal Practices* (ILPs) australianas o las *Alternative Business Structures* (ABSs) británicas, cuyo principal rasgo diferencial respecto a los bufetes es que tanto su propiedad como su dirección y gestión pueden hallarse mayoritaria o completamente en manos de personas que no son abogados, encontraron inmediatamente cobijo, entre otros tipos de proveedores alternativos, las compañías tecnológicas que prestan servicios jurídicos automatizados. Más recientemente, en octubre de 2021, entró en vigor en Alemania la *Ley para promover ofertas orientadas a los consumidores en el mercado de servicios legales,* significativamente conocida como *Ley Legal Tech,* que no solo «regulariza» sino que también —como indica su propio título— «promueve» la actividad de prestación de ciertos tipos de servicios legales directamente al consumidor por parte de estas compañías tecnológicas. Y, sin llegar a la liberalización del mercado, en más de dos docenas de países —entre ellos Estados Unidos, Canadá, Escocia, Irlanda, Dinamarca, Nueva Zelanda o India— las autoridades y agencias competentes en la materia han adoptado una serie de «objetivos reguladores» orientados a adaptar el actual marco legal a la actividad de estos proveedores alternativos de servicios legales[371].

---

[370] Esto no significa que todas las actividades de la abogacía quedaran liberalizadas. Así, la *Legal Services Act* británica reserva a los abogados seis actividades específicas, asociadas fundamentalmente a su actuación ante los tribunales: la comparecencia en el tribunal, la litigación, la preparación de ciertos instrumentos en el ámbito de la *Land Registration Act,* actuaciones probatorias, algunas actuaciones notariales que con la entrada en vigor de la ley fueron asignadas a los abogados, y la toma de juramentos formales.

[371] Es muy significativo el caso de los Estados Unidos. Allí fue la propia *American Bar Association* la que aprobó en 2016 la *Resolution 105 on ABA Model Regulatory*

Pese a ello, incluso en aquellos países que ya cuentan con un régimen liberalizado de prestación de servicios legales y, por tanto, con unas regulaciones ya aplicables a los proveedores alternativos de servicios jurídicos al objeto de garantizar que su actividad se sujete a una serie de principios y objetivos y que satisfaga unos estándares suficientes de calidad, la singularidad de los problemas que plantea la prestación automatizada de servicios legales mediante aplicaciones de inteligencia artificial hace que, en muchos aspectos, estas compañías escapen de los actuales esquemas reguladores, generando problemas de seguridad jurídica e incertidumbres para sus usuarios, especialmente a la hora de exigir responsabilidades por la prestación de servicios defectuosos[372].

En este sentido es interesante el análisis llevado a cabo en el informe *Reforming Legal Services: Regulation beyond the eco chambers*, elaborado por el *Center for Ethics & Law* del University College de Londres, en el que se revisa el esquema regulador de los servicios legales en el Reino Unido. Su conclusión fundamental es que el régimen instaurado con la *Legal Services Act* está ya superado y debe ser reformado, debido al *gap* regulatorio que deja al margen a muchos proveedores de tales servicios. Y como principal causa de este *gap* se señala el rápido desarrollo de la inteligencia artificial jurídica, que hace que muchas compañías sean capaces de prestar aseso-

---

Objectives for the provision of legal services. En esta resolución llamaba a los tribunales supremos de los Estados, que son las autoridades competentes para regular la práctica legal en su territorio, a aplicar los principios contenidos en esos «objetivos reguladores» a la hora de interpretar el actual marco regulador de los servicios jurídicos, o de establecer nuevas regulaciones, en relación a la actividad de los proveedores alternativos de servicios legales. En un loable ejercicio de realismo, la resolución, si bien advierte que no propone una derogación de la prohibición de practicar el Derecho por parte de cualquier entidad que no sea una firma jurídica poseída y dirigida por abogados, afirma que tales principios pueden constituir un marco apropiado para el desarrollo de estándares que guíen la actuación de los tribunales en un contexto en el que la práctica jurídica y los servicios jurídicos están experimentando un profundo cambio debido a la presencia de proveedores alternativos que —admite resignadamente— "ya están prestando activamente servicios al público" (pág. 1). Más recientemente, en agosto de 2019, la American Bar Association aprobó también la *Resolution 10A on ABA Best Practice Guidelines for Online Legal Document Providers*, llamando específicamente a las compañías proveedoras de servicios de generación automática de contratos y otros documentos legales en línea a asumir voluntariamente esas directrices.

372 Sobre la presencia de un número cada vez mayor de proveedores alternativos de servicios legales automatizados no regulados en un régimen tan liberalizado como el del Reino Unido, cfr. THE LAW SOCIETY, *Lawtech, Ethics and the Rule of Law*, Discussion Paper, October 2020, Annex 1, págs. 1-2.

ramiento y servicios jurídicos sin que exista ningún tipo de interfaz humano o legalmente cualificado, lo cual puede suponer riesgos potenciales para los consumidores de servicios jurídicos. Especialmente si se tiene en cuenta —reconoce el informe— que, dado el elevado coste de este tipo de servicios, un creciente sector de la población se ve empujado a recurrir a este tipo de compañías. Como respuesta a dicha situación, se propone el establecimiento de un nuevo marco regulador de los servicios jurídicos centrado en el proveedor de los mismos, sea un individuo, una entidad o una tecnología. Asimismo, se recomienda la revisión de las seis actividades específicas hasta ahora reservadas a la abogacía y su apertura a compañías de *Lawtech* y otros proveedores de servicios jurídicos, independientemente de sus títulos profesionales. El objetivo es que todos los proveedores de servicios jurídicos queden sujetos a la nueva regulación y se vean sometidos a diversos niveles de exigencia en función de la relevancia y el riesgo de las actividades y servicios prestados[373].

Estas experiencias avanzadas muestran, en definitiva, que, si bien la aplicación de la inteligencia artificial en la provisión de servicios legales tiene potencial para colmar grandes bolsas de necesidades jurídicas básicas hasta ahora desatendidas o que resultaban imposibles de satisfacer debido a las ineficiencias de las vías tradicionales de prestación de aquellos servicios en determinados contextos y áreas de la práctica jurídica, se hace preciso y urgente abordar una regulación de las nuevas formas de automatización y distribución de los servicios legales y de sus proveedores, que ya no se limitan a la abogacía. Al menos si queremos que aquel laudable objetivo sea perseguido de una manera plenamente coherente con los valores ínsitos en el ideal del imperio de la ley.

---

[373] Cfr. MAYSON, S., *Reforming Legal Services: Regulation beyond the eco chambers*, Center for Ethics & Law, University College London, June 2020. Conclusiones y propuestas similares se contienen en el informe COMPETITION AND MARKETS AUTHORITY, *Review of the legal services market study in England and Wales*, December 2020.

Inteligencia artificial en los procesos de aplicación del Derecho

I. LA APLICACIÓN DEL DERECHO COMO MOMENTO DE ESPECIAL PROYECCIÓN DE LOS VALORES DEL IMPERIO DE LA LEY

La fase de la interpretación y aplicación del Derecho, esto es, el momento en el que el operador jurídico despliega los procedimientos metodológicos y las actividades intelectivas que le conducen a la toma de una decisión jurídica en relación a una situación determinada a partir de los materiales que conforman el ordenamiento jurídico, se presenta como una etapa decisiva para la realización efectiva de los valores que conforman el ideal del imperio de la ley. La seguridad jurídica demanda la aplicación consistente de las normas jurídicas "a los hechos de acuerdo con un método interpretativo apropiado, es decir, suficientemente transparente y predecible"[374]. Y en relación específicamente al procedimiento de adjudicación judicial de las disputas, un dominio en el que se expresan con especial intensidad las exigencias dimanantes del ideal del imperio de la ley, nos encontramos con la necesidad de garantizar principios fundamentales del Estado de Derecho, como la independencia e imparcialidad judicial, así como de salvaguardar determinadas garantías procesales asociadas al derecho a un proceso debido, como la presunción de inocencia, que implica la existencia de reglas justas sobre la carga de la prueba, la igualdad de armas o incluso el derecho del interesado a obtener una explicación jurídicamente fundada de la decisión que le afecta, derivado del deber de motivación de las decisiones judiciales. Es por ello que, como afirma Francisco Laporta, el ideal del imperio de la ley se proyecta "con gran fuerza sobre este momento de la adjudicación del Derecho, y se proyecta de una forma que determina normativamente toda una concepción de la naturaleza de los actos y actividades que configuran esa adjudicación"[375].

---

[374] EUROPEAN COMMISSION FOR DEMOCRACY THROUGH LAW (VENICE COMMISSION), *Report on the Rule of Law*, cit., pág. 12.

[375] LAPORTA, F. J., *El imperio de la ley. Una visión actual*, cit., pág. 170.

Por otro lado, ya desde el desarrollo de los primeros sistemas jurídicos expertos allá por los años ochenta del siglo pasado, el objetivo fundamental de la aplicación de la inteligencia artificial al ámbito jurídico ha sido precisamente el de la automatización del proceso de aplicación del Derecho para la resolución de problemas legales concretos. Dada, sin embargo, la complejidad del razonamiento jurídico, aun con los actuales desarrollos del *machine learning* y del procesamiento del lenguaje natural, este objetivo de la plena automatización del proceso aplicativo del Derecho solo ha podido lograrse hasta este momento en relación a problemas jurídicos relativamente sencillos y estereotipados y en los que los hechos no están en disputa o ya han sido previamente fijados por un decisor humano. El razonamiento jurídico, y sobre todo la labor de determinación de las premisas fácticas y normativas de dicho razonamiento, comporta la realización por parte del decisor jurídico de un conjunto de operaciones intelectuales de naturaleza muy heterogénea y potencialmente muy complejas —práctica de las pruebas y valoración de sus resultados, fijación de los hechos, selección e interpretación de las normas jurídicas relevantes, resolución de posibles problemas normativos como lagunas e incoherencias, ponderación de principios en tensión-, etc.[376]—, cada una de las cuales, además, implica la realización de múltiples tareas.

Todo ello hace que, salvo en áreas jurídicas muy delimitadas, el proceso de aplicación del Derecho no pueda ser replicado completamente por una máquina. A falta de una inteligencia artificial fuerte o general, los actuales sistemas de inteligencia artificial son *task-oriented*, de manera que un tipo de sistema puede resultar sumamente preciso y eficiente en la realización de una tarea cognitiva específica bien estructurada, pero solo en la realización de esa tarea. Precisamente por ello, al margen incluso de los límites jurídicos que se establezcan en relación al empleo de estos sistemas, es completamente irreal, al menos en un futuro próximo, la perspectiva de robots-jueces que suplanten totalmente la figura del juez humano[377]. Ello no quiere decir, sin embargo, que la inteligencia artificial no pueda ser aplicada a la realización de algunas de las tareas que forman parte de la cadena de operaciones implicadas en el proceso de aplicación del Derecho,

---

[376] Cfr. sobre este tema RODRÍGUEZ PUERTO, M., "¿Puede la inteligencia artificial interpretar normas jurídicas? Un problema de razón práctica", *Cuadernos Electrónicos de Filosofía del Derecho*, nº 44, 2021.

[377] Sobre este tema, cfr. SOLAR CAYÓN, J. I., "¿Jueces-robot? Bases para una reflexión realista sobre la aplicación de la inteligencia artificial en la Administración de Justicia", en SOLAR CAYÓN, J. I. y SÁNCHEZ MARTÍNEZ, M. O. (dirs.), *El impacto de la inteligencia artificial en la teoría y la práctica jurídica*, cit., págs. 262-264.

ya sea sustituyendo al decisor humano en esa precisa tarea o auxiliándole en su realización. De hecho, como tendremos oportunidad de ver enseguida, a día de hoy es cada vez más frecuente su empleo en la toma de decisiones administrativas y judiciales. Y, especialmente en el ámbito judicial, existe ya un amplio abanico de sistemas de inteligencia artificial jurídica para la realización de muy diversos tipos de tareas procesales, cuyos resultados pueden incidir tanto en la determinación de los hechos como del Derecho y en la aplicación de este a aquellos. De manera que el modo de empleo de los mismos puede afectar negativamente a aquellos valores del imperio de la ley que se proyectan en este momento aplicativo.

Con todo, no podemos perder de vista que el Derecho, y cosecuentemente su aplicación, se presenta como un dominio altamente complejo y muy heterogéneo, en el que se incluyen desde los procedimientos administrativos más modestos, como puede ser la obtención de una licencia de pesca, hasta las decisiones judiciales más trascendentales y graves sobre la vida de las personas, como una sentencia privativa de libertad, por lo que cabría esperar —especialmente a medida que se va expandiendo el empleo de la tecnología en todas las esferas de nuestra vida— que la utilización de la inteligencia artificial para tomar decisiones aplicativas del Derecho tenga diferentes grados de aceptabilidad social, e incluso llegue a plantearse en determinados casos como una exigencia o demanda social, según la materia de que se trate y el contexto[378]. En este sentido, y en términos generales, es desde luego más probable —y como comprobará enseguida el lector, así se refleja ya en la doctrina— que la toma de decisiones jurídicas automatizadas mediante sistemas basados en inteligencia artificial sea más fácilmente aceptada en el ámbito administrativo que en el judicial. Y precisamente por ello, como se afirma en el informe elaborado por los académicos comisionados por la *Administrative Conference of the United States* (ACUS) para revisar el empleo de sistemas algorítmicos por parte de la Administración Federal estadounidense, "mucha, si no la mayor parte, de la difícil tarea de regular las herramientas de gobierno algorítmico tendrá lugar, no en las nubes constitucionales, sino en las calles del Derecho Administrativo"[379]. Y este es, por tanto, el asunto que abordaremos en primer lugar.

---

378 Cfr. PASQUALE, F., "A Rule of Persons, not Machines: The limits of legal automation", cit., pág. 6.

379 ENGSTROM, D. F. *et al.*, *Government by algorithm: Artificial intelligence in Federal Administrative Agencies,* NYU School of Law, Public Law Research Paper nº 20-54, 2020, pág. 76.

II. INTELIGENCIA ARTIFICIAL EN LA ADOPCIÓN DE DECISIONES ADMINISTRATIVAS

1. La creciente utilización de la inteligencia artificial en la actuación de las administraciones públicas

Aparte de la estrategia europea sobre inteligencia artificial, la mayoría de los países de nuestro entorno han adoptado planes estratégicos sobre esta materia o declarado el desarrollo de esta tecnología como una de sus prioridades en el marco de estrategias más amplias de digitalización de servicios. Y, desde luego, un apartado muy importante de dichas estrategias o planes estratégicos es el relativo al empleo de la inteligencia artificial en el sector público, al objeto de automatizar procesos internos para lograr una mayor racionalidad y eficiencia en la gestión, de diseñar políticas públicas más eficientes basadas en el análisis de la creciente información disponible y de mejorar la prestación de servicios públicos a los ciudadanos mediante un enfoque proactivo y más personalizado, entre otras finalidades. Indudablemente, la inteligencia artificial puede resultar de gran utilidad no solo para lograr una administración más ágil y eficaz sino también para mejorar el diseño de políticas públicas y la toma de decisiones[380]. Como afirma Agustí Cerrillo, esta tecnología "permite que las Administraciones públicas puedan tener un mayor conocimiento del contexto en el que toman sus decisiones, valorar de manera más rápida los antecedentes y los precedentes, anticipar el impacto de las decisiones, tomar decisiones de manera automatizada o evaluar su impacto o efectividad", de manera que su adecuada utilización "puede dotar de mayor eficacia o calidad a las decisiones que adoptan las Administraciones públicas"[381].

---

380 En opinión de RAMIÓ MATAS, C., *Inteligencia artificial y administración pública. Robots y humanos compartiendo el servicio público*, Los Libros de la Catarata, Madrid, 2019, la introducción de la robótica y la inteligencia artificial en la Administración puede generar un nuevo modelo de cultura y gestión pública más vigorosa, transparente y de mayor calidad, constituyendo los catalizadores tecnológicos para lograr la calidad institucional y el buen gobierno desde una perspectiva burocrática. Dichas tecnologías pueden servir a ordenar conceptualmente la Administración pública —orientándose estratégicamente a un modelo de gobernanza tanto en la dimensión de gestión como en la dimensión política—, lograr niveles muy altos de eficacia y eficiencia —consiguiendo una organización burocrática más fluida y eficaz y una gestión de servicios públicos de mayor calidad— y alcanzar mayor capacidad de inteligencia e innovación institucional.

381 CERRILLO I MARTÍNEZ, A., "¿Son fiables las decisiones de las Administraciones públicas adoptadas por algoritmos?", *European Review of Digital Administration & Law*, vol. I, nº 1-2, 2020, pág. 17.

No es sorprendente, por tanto, que en los últimos años se haya producido en el ámbito europeo un incremento exponencial en la utilización de sistemas basados en inteligencia artificial, que se han expandido progresivamente a lo largo y ancho de las diversas áreas de actuación administrativa: seguridad pública y prevención de delitos, fiscalidad, detección de conductas fraudulentas y corruptas, ordenación del tráfico, control de fronteras, educación, sanidad, servicios públicos, asistencia social, gestión de infraestructuras, etc[382]. Confirmando esta impresión, en 2022, un informe impulsado por la Comisión Europea logró identificar —a pesar de las dificultades que en el mismo se denuncian por la falta de transparencia y de colaboración de muchas administraciones públicas— hasta 686 casos de uso de la inteligencia artificial en el sector público europeo[383]. Cifra que, no obstante, resulta poco representativa —por escasa— si tenemos en cuenta que solo en nuestro país, un estudio aún anterior, de 2020, ya recopiló nada menos que 213 casos, aunque sin duda existen también muchos más, dada la opacidad existente hasta el momento actual en relación al empleo de dichos sistemas en la mayor parte de nuestras administraciones[384].

En cuanto a las tareas que realizan los sistemas de inteligencia artificial en la actuación de las administraciones públicas, básicamente podemos distinguir tres grandes tipos de funciones: a) la mejora de la eficiencia en los procesos de gestión internos de la Administración, gracias fundamentalmente a la capacidad de la inteligencia artificial para procesar de una manera rápida y eficaz ingentes cantidades de información, b) la mejora en la calidad de la prestación de los servicios públicos, posibilitando nuevos canales de interacción más ágiles entre la Administración y el ciudadano y promoviendo la adopción de un enfoque más proactivo y personalizado, centrado en el usuario, en el desarrollo de la actividad prestacional, y c) la

---

382 Para una visión panorámica de los sectores en los que se está empleando la inteligencia artificial en el sector público europeo, cfr. AD HOC COMMITTEE ON ARTIFICIAL INTELLIGENCE — POLICY DEVELOPMENT GROUP (CAHAI-PDG), *Artificial Intelligence in the Public Sector,* May 2021.

383 Cfr. TANGI, L. *et al., AI Watch. European landscape on the use of Artificial Intelligence by the Public Sector,* Publications Office of the European Union, Luxembourg, 2022, (https://publications.jrc.ec.europa.eu/repository/handle/JRC129301). En los Estados Unidos, el inventario público realizado por el propio gobierno federal reconoce actualmente nada menos que 2390 casos de uso de inteligencia artificial por parte de sus agencias administrativas. Este inventario, constantemente actualizado, puede consultarse en Government Use of AI — AI.gov.

384 Cfr. EY, *Inteligencia artificial en el sector público (España). Perspectivas europeas para 2020 y años siguientes,* 2020.

mejora en la toma de decisiones sobre la formulación de políticas públicas y su ejecución, a través del análisis de un mayor número y de más diversas fuentes de información[385].

Como advierte el Comité Ad Hoc sobre Inteligencia Artificial del Consejo de Europa, esta creciente dependencia de sistemas de inteligencia artificial en el diseño de políticas públicas y en la toma de decisiones administrativas de diverso tipo "podría afectar sustancialmente a la naturaleza de los poderes estatales (legislativo, ejecutivo y judicial) y alterar el equilibrio entre ellos"[386]. No obstante, y dado el objeto específico de nuestra indagación, nuestra atención se circunscribirá exclusivamente al dominio de la actuación administrativa formalizada, esto es, de la actuación llevada a cabo en el marco de un procedimiento administrativo encaminado a la adopción de una decisión singular o acto administrativo. En tanto nuestro interés se centra en la incidencia de la utilización de sistemas basados en inteligencia artificial en los procesos aplicativos del Derecho, nos limitaremos a analizar el impacto de esta tecnología en la adopción de actos administrativos. Es decir, de aquellos actos mediante los cuales las administraciones públicas, en virtud de la aplicación de las normas jurídicas relevantes y a través de unos procedimientos institucionalizados, crean una situación jurídica determinada para una persona natural o jurídica, atribuyéndola un derecho o sujetándola a una obligación. Un dominio en el que se exige el respeto no solo de los principios generales de actuación del sector público, sino también de las garantías y los derechos de los ciudadanos en la tramitación de los procedimientos administrativos.

Hay que señalar que el empleo de algoritmos para automatizar la toma de ciertas decisiones administrativas no es un fenómeno nuevo, sino que se remonta —al menos en algunos países— a los años ochenta del siglo pasado, y viene estrechamente relacionado con la necesidad de gestionar la provisión de los recursos y servicios sociales en el marco de un Estado social cada vez más extenso y complejo. Obviamente, los sistemas algorítmicos empleados para tales tareas en aquel momento eran sistemas expertos muy sencillos, diseñados para tareas muy específicas y basados en la ejecución de una serie de reglas predeterminadas por la Adminis-

---

385 Cfr. TORRECILLA-SALINAS, C. *et al.*, "¿Para qué sirve la inteligencia artificial en el sector público? Casos de uso y perspectivas de aplicación", en GAMERO CASADO, E. (dir.), *Inteligencia artificial y sector público. Retos, límites y medios,* Tirant lo Blanch, Valencia, 2023, pág. 77.

386 AD HOC COMMITTEE ON ARTIFICIAL INTELLIGENCE (CAHAI), *Feasibility Study,* Council of Europe, 2020, pág. 11.

tración. Y, de hecho, gran parte de los que hasta ahora han venido siendo utilizados por muchos gobiernos para la toma de decisiones en diferentes áreas administrativas han seguido este mismo enfoque metodológico. Pero, al igual de lo que ha sucedido en otros ámbitos, esa expansión reciente del empleo de la inteligencia artificial en el sector público ha venido motivada por el desarrollo de los sistemas de aprendizaje automático basados en el análisis de datos, crecientemente presentes en la toma de decisiones en múltiples áreas de la actividad administrativa, incluyendo dominios especialmente sensibles desde la perspectiva de los derechos fundamentales.

Así, cada vez es más frecuente que decisiones que impactan significativamente en la vida de las personas, como el acceso a determinados servicios públicos, la selección de los beneficiarios de servicios asistenciales o beneficios sociales, la determinación de las personas a investigar por la supuesta comisión de fraudes o el incumplimiento de disposiciones legales, e incluso la imposición de sanciones administrativas, sean tomadas de manera automatizada mediante sistemas de inteligencia artificial basados en el análisis de datos. Sin ir más lejos, cabe recordar en este sentido la reforma operada en nuestro país por el *Real Decreto-ley 2/2021, de 26 de enero, de refuerzo y consolidación de medidas sociales en defensa del empleo*, que ha conducido a la modificación del *Reglamento general sobre procedimientos para la imposición de sanciones por infracciones de orden social y para los expedientes liquidatorios de cuotas de la Seguridad Social*, permitiendo la iniciación de procedimientos administrativos sancionadores mediante actas de infracción generadas de manera totalmente automatizada[387].

---

[387] Este Real Decreto-Ley incorpora la automatización de la actividad inspectora, permitiendo a la Inspección detectar incumplimientos basados en el análisis masivo de datos procedentes de diversas fuentes —Agencia Tributaria, Servicio Público de Empleo e Instituto Nacional de la Seguridad Social, entre otras— sin que se requiera la intervención directa de ningún funcionario. Las actas de infracción generadas automáticamente deben reflejar los hechos detectados que sean relevantes a efectos de la tipificación de la infracción, los medios utilizados para la comprobación de los hechos y la indicación expresa de que se trata de una actuación administrativa automatizada iniciada mediante expediente administrativo. Una vez notificada el acta al interesado, caben tres posibilidades: que aquel pague y se concluya el procedimiento; que no pague ni presente alegaciones, de manera que el acta de infracción automatizada será considerada propuesta de resolución sancionadora; o que se presenten alegaciones, en cuyo caso habrá de designarse a una persona con funciones inspectoras para que haga una valoración jurídica de aquellas y poder seguir con la instrucción del procedimiento sancionador.

Es indudable que la entrada en escena de este nuevo tipo de sistemas de inteligencia artificial ha alterado sustancialmente la dimensión jurídica del problema, en tanto estos nuevos enfoques metodológicos de la tecnología pueden menoscabar la transparencia, responsabilidad e imparcialidad exigibles en toda actuación de la Administración pública. Especialmente si tenemos en cuenta que la introducción de estos sistemas algorítmicos —cuya existencia, por otra parte, en muchas ocasiones ni siquiera es conocida por el sujeto afectado por las decisiones— va muy por delante del diseño de un marco normativo adaptado a esta nueva realidad. Estamos de acuerdo en que "la automatización no ha de considerarse un desarrollo inherentemente sospechoso"[388]. Pero, en todo caso, será preciso analizar el impacto de la aplicación de la inteligencia artificial en la toma de decisiones administrativas al objeto de verificar que se respetan las garantías básicas del procedimiento administrativo y los derechos del administrado. Y, si no es así, adoptar las medidas legislativas y organizativas oportunas.

En este sentido, y pese a que, como se ha señalado, se trata de una realidad cada vez más habitual en el funcionamiento cotidiano de las administraciones públicas, lo cierto es que en la mayoría de países europeos no existen disposiciones normativas específicas que regulen la toma de decisiones administrativas mediante sistemas basados en inteligencia artificial. En general, la perspectiva adoptada hasta este momento por las autoridades nacionales para el tratamiento de este fenómeno es que toda decisión administrativa debe cumplir las disposiciones y principios generales del Derecho Administrativo, con independencia de que se hayan utilizado o no sistemas automatizados para su adopción, ya sea en sustitución del decisor humano o solo como apoyo a este[389]. No obstante, a la vista de la singular problemática que plantea la aplicación de los sistemas de inteligencia artificial en la toma de decisiones administrativas y de la dimensión de sus potenciales efectos adversos sobre los derechos e intereses legítimos de los ciudadanos, este tema está generando una atención creciente en la doctrina administrativista europea, ganando progresivamente terreno la opinión de que esta nueva realidad requiere un tratamiento específico por parte del Derecho Administrativo. Tratamiento que demanda, en algunos casos,

---

[388] ZALNIERIUTE, M. *et al.*, "From Rule of Law to statute drafting: legal issues for algorithms in government decisión-making", en BARFIELD, W. (ed.), *Cambridge Handbook on the Law of Algorithms,* Cambridge University Press, 2019, pág. 255.

[389] Para un estudio comparativo de la situación en los diversos países miembros del Consejo de Europa, cfr. WOLSWINKEN, J., *Comparative study on Administrative Law and the use of artificial intelligence and other algorithmic systems in administrative decision-making in the member States of the Council of Europe,* Council of Europe, 2022.

un reajuste o reinterpretación de sus disposiciones y principios generales y en otros la introducción de nuevas normas y el reconocimiento de nuevos derechos del administrado.

En este contexto general, en los últimos años estamos asistiendo en el seno de la doctrina administrativista española a un intenso y rico debate sobre las posibilidades y los límites legales de la utilización de sistemas basados en inteligencia artificial en la adopción de decisiones administrativas, así como sobre las garantías que habrían de establecerse para asegurar que la introducción de este tipo de sistemas no conlleve un menoscabo de los derechos de los interesados. Debate que, en buena medida, nos servirá como hilo conductor de la exposición.

2. *Delimitación del marco normativo europeo y español*

En primer lugar, comenzando por el marco jurídico europeo, es preciso hacer referencia al potencial impacto del Reglamento de Inteligencia Artificial sobre la actividad de las administraciones públicas. En este sentido, la primera nota a destacar es que, a diferencia de lo que ocurre en relación al ámbito de la Administración de Justicia, el Reglamento no considera, con carácter general, como sistemas de alto riesgo los empleados por las administraciones públicas en los procesos de aplicación del Derecho para la adopción de actos administrativos[390].

No obstante, sí son etiquetados de alto riesgo algunos sistemas específicos utilizados por las autoridades públicas para la prevención, investigación, detección o enjuiciamiento de delitos o la ejecución de sanciones penales, incluidas la protección y prevención frente a amenazas para la seguridad pública. Previsión que afecta fundamentalmente a la actuación de las fuerzas policiales en sus labores de prevención e investigación de los delitos y, en menor medida, en lo que se refiere a la ejecución de las sanciones penales, a la administración penitenciaria. Asimismo, a partir del

---

[390] Incluso, cabe resaltar que en la posición adoptada por el Parlamento en junio de 2023 sobre la propuesta inicial de Reglamento presentada por la Comisión, la Enmienda 738 introducía en el punto 8 del Anexo III, relativo a «Administración de justicia y procesos democráticos», en su apartado a), la referencia a la consideración como sistemas de alto riesgo de aquellos sistemas "destinados a ser utilizados por una autoridad judicial *o un órgano administrativo*, o en su nombre, para ayudar a una autoridad judicial *o un órgano administrativo* en la investigación e interpretación de los hechos y de la ley, así como en la aplicación de la ley a un conjunto concreto de hechos". Pero esta referencia a los órganos administrativos no ha sido acogida en el texto finalmente aprobado.

análisis del resto de ámbitos establecidos en el Anexo III, Lorenzo Cotino estima que, en relación a las actuaciones de las administraciones públicas, fundamentalmente serán considerados de alto riesgo los sistemas utilizados para la seguridad de infraestructuras críticas públicas, los empleados como dispositivos de salud y para la gestión y priorización de emergencias, los sistemas de identificación biométrica usados en el contexto de la seguridad pública y fronteras, los empleados para determinar la admisión y programas en el ámbito de la educación o para realizar la evaluación y el seguimiento de aprendizaje, los relativos a los servicios de empleo y evaluación de rendimiento, y los sistemas de evaluación, concesión, y revocación de prestaciones y servicios esenciales de asistencia pública. Estimando a partir de dicho análisis que aproximadamente un tercio de los sistemas de inteligencia artificial utilizados en el sector público tendrán la consideración de sistemas de alto riesgo[391].

En cuanto al régimen actualmente vigente, también aquí, como ha sucedido en prácticamente todos los ámbitos de aplicación de la inteligencia artificial, las normas sobre protección de datos han sido la primera respuesta o perspectiva de abordaje por parte del Derecho a los problemas que plantea el empleo de esta tecnología en la toma de decisiones administrativas. En este sentido debe subrayarse la importancia del ya citado artículo 22.1 del *Reglamento General de Protección de Datos*, que establece el derecho de todo individuo "a no ser objeto de una decisión basada únicamente en el tratamiento automatizado, incluida la elaboración de perfiles, que produzca efectos jurídicos en él o le afecte significativamente de modo similar". Un precepto que resulta aplicable a cualquier tipo de decisión automatizada, ya provenga del sector privado o de las administraciones públicas.

Sin embargo, esta prohibición general de la toma de decisiones automatizadas basadas en el procesamiento de datos personales presenta limitaciones muy importantes a efectos de dar una respuesta jurídica adecuada a la aplicación de la inteligencia artificial en las actuaciones administrativas. En primer lugar porque, lógicamente, el objetivo perseguido por esta normativa es la protección de los datos personales —fundamentalmente, además, frente al tratamiento masivo que de ellos pueden hacer las empresas con fines comerciales— y dicha óptica es no solo insuficiente, por reducida, sino incluso inapropiada para hacer frente a los problemas que suscita la

---

391 Cfr. COTINO HUESO, L., "Discriminación, sesgos e igualdad de la inteligencia artificial en el sector público", en GAMERO CASADO, E. (dir.), *Inteligencia artificial y sector público. Retos, límites y medios*, cit., págs. 278-279.

actuación administrativa automatizada y proteger a los ciudadanos frente al ejercicio de autoridad por parte de los poderes públicos. Como señala Alejandro Huergo Lora, la protección de datos es solo uno de los derechos del ciudadano que entran en juego en este campo, por cuanto aquel debe ser protegido también "en su condición de interesado en un procedimiento administrativo, lo que afecta a otros derechos (fundamentales o no) y a otros títulos de intervención del legislador, como el derecho a la buena administración, el derecho a la tutela judicial efectiva y el mandato constitucional al legislador para la regulación del procedimiento administrativo (artículo 105)"[392].

Por otra parte, como ya se ha señalado, las medidas de protección del *Reglamento General de Protección de Datos* solo se aplican en relación a aquellos datos que son considerados «personales», es decir, a las informaciones "sobre una persona física identificada o identificable" (artículo 4). Pero lo cierto es que, al menos en su mayor parte, los datos utilizados para entrenar los sistemas de *machine learning* y generar los modelos predictivos o de toma de decisiones, incluyendo la elaboración de perfiles, no son datos personales sino anonimizados. Y el Reglamento es claro al afirmar que "los principios de protección de datos no deben aplicarse a la información anónima, es decir, información que no guarda relación con una persona física identificada o identificable, ni a los datos convertidos en anónimos de forma que el interesado no sea identificable, o deje de serlo"[393]. En lo que respecta al tratamiento de los datos personales del interesado o del afectado por el procedimiento administrativo, tampoco plantea problemas relevantes porque frecuentemente los suministra el mismo y, además, la legalidad del tratamiento deriva de las funciones públicas que cumple la Administración, de conformidad con lo dispuesto en el art. 6.1 del Reglamento.

Centrándonos ahora en el ámbito de aplicación de la prohibición contenida en el mencionado artículo 22, aquella tiene también un alcance muy limitado. En primer lugar, porque solo se refiere a decisiones basadas «únicamente» en el tratamiento automatizado de datos, lo que en principio excluiría de la prohibición aquellas decisiones que no hayan sido adoptadas exclusivamente por medio de sistemas automáticos, si bien este alcance está siendo matizado por vía interpretativa. Ciertamente, la redacción de la dis-

---

392 HUERGO LORA, A., "Una aproximación a los algoritmos desde el Derecho Administrativo", en IDEM (dir.), *La regulación de los algoritmos*, Thomson Reuters Aranzadi, Cizur Menor (Navarra), 2020, pág. 52.

393 Apartado 26 del Preámbulo.

posición resulta desafortunada en este punto por indeterminada, en tanto parecería resultar suficiente una intervención humana meramente formal para dejar sin efecto la prohibición de automatización. Pero, a tenor de lo dispuesto en documentos interpretativos o aclaratorios del sentido del reglamento, por «decisión automatizada» debe entenderse también aquella que es el resultado de un tratamiento automatizado de la información sin que se produzca una intervención humana «significativa». Intervención que implica la supervisión del sistema automático por parte de una persona que tenga la autoridad y la competencia para cambiar la decisión emitida por aquel[394]. De manera que allí donde no se produzca este tipo de intervención cualificada alcanzaría aún la prohibición. Además, también por la vía jurisprudencial se está ampliando el ámbito de esta prohibición más allá de lo que implicaría una interpretación literal y restrictiva. En este sentido, recientemente, el Tribunal de Justicia de la Unión Europea ha considerado que debe entenderse incluida en el ámbito de aplicación del artículo 22 una predicción automatizada de carácter probabilístico cuando la misma ejerza una influencia determinante sobre la decisión final[395].

En segundo lugar, hay que tener en cuenta que esta prohibición *prima facie* puede ser excepcionada si la decisión automatizada es necesaria para la ejecución de un contrato, si se basa en el consentimiento explícito del interesado o, sobre todo, a los efectos que aquí nos interesan, si está autorizada por el Derecho de la Unión o del Estado miembro y se establecen garantías adecuadas para salvaguardar los derechos y libertades y los intereses legítimos del interesado (art. 22.2.b). Por tanto, prácticamente cualquier disposición normativa que habilite a las administraciones públicas a adop-

---

394 Cfr. DATA PROTECTION WORKING PARTY, *Guidelines on Automated individual decision-making and Profiling for the purposes of Regulation 2016/679*, European Commission, 2018, pág. 21. Aun así, ALMADA, M., "Human intervention in automated decision-making: Toward the construction of contestable systems", en *Seventeenth International Conference on Artificial Intelligence and Law (ICAIL'19)*, Montreal, 2019, considera que, en una interpretación estricta, podrían no considerarse decisiones automatizadas algunas en las que, pese a haber un humano que juegue un papel sustancial en la toma de la decisión, esta venga completamente modelada por el sistema, como sucedería, por ejemplo, si el decisor humano únicamente pudiera elegir entre varias decisiones posibles generadas por sistemas automatizados. Por ello, considera que la prohibición debería interpretarse en el sentido de incluir toda decisión basada en fuentes de información que provengan únicamente de sistemas automatizados (págs. 2-3).

395 Cfr. *Sentencia TJUE. Asunto C-634/21 (SCHUFA Holding (Scoring)) y en los asuntos acumulados C-26/22 y C-64/22 (SCHUFA Holding (Exoneración del pasivo insatisfecho))*, de 7 de diciembre de 2023.

tar decisiones automatizadas basadas únicamente en el procesamiento de datos servirá para sortear la prohibición. En este sentido, y en relación a nuestro ordenamiento jurídico, la habilitación genérica contenida en el artículo 41.2 de la *Ley 40/2015, de 1 de octubre, de régimen jurídico del sector público* (en adelante, *LRJSP*) para la realización de actuaciones administrativas automatizadas —a la que en seguida me referiré— parece suficiente para desactivar la operatividad de aquella prohibición[396]. Eso sí, siempre que resulte aplicable el Reglamento General de Protección de Datos por tratarse de decisiones basadas en el tratamiento de datos personales, la administración deberá establecer las garantías adecuadas para salvaguardar los derechos y libertades y los intereses legítimos del interesado. Garantías entre las cuales habrían de entenderse incluidas, al menos, las previstas en el artículo 22.3 del Reglamento para el resto de excepciones a la prohibición, esto es, el derecho a obtener intervención humana por parte del responsable del tratamiento de los datos, a expresar el propio punto de vista y a impugnar la decisión. Asimismo, en virtud de los artículos 13.2.f), 14.2.g) y 15.1.h), el responsable del tratamiento de datos deberá proporcionar al afectado por la decisión automatizada información significativa sobre la lógica aplicada, así como sobre la importancia y las consecuencias previstas de dicho tratamiento para el interesado.

En definitiva, y con todas las modulaciones apuntadas, por todas estas razones la aplicabilidad del *Reglamento General de Protección de Datos* a la toma de decisiones administrativas automatizadas resulta sumamente limitada.

Adentrándonos ya en el análisis del marco jurídico nacional, la primera nota a destacar es, en la línea de lo que ya se señaló con carácter general en relación a la mayoría de los ordenamientos jurídicos europeos, la ausencia de una regulación específica sobre el empleo de la inteligencia artificial en este ámbito, por lo que las decisiones administrativas adoptadas mediante esta tecnología o basadas en sus resultados están sujetas al régimen general de actuación de las administraciones públicas.

Ateniéndonos a dicho régimen, en nuestro Derecho Administrativo la actuación administrativa automatizada viene reconocida legalmente desde

---

396 Cfr. en este sentido BOIX PALOP, A., "Los algoritmos son reglamentos: la necesidad de extender las garantías propias de las normas reglamentarias a los programas empleados por la Administración para la adopción de decisiones", *Revista de Derecho Público: Teoría y Método*, vol. 1, 2020, pág. 245. Opinión que no parece compartir PONCE SOLÉ, J. "Seres humanos e inteligencia artificial: discrecionalidad artificial, reserva de humanidad y supervisión humana", en GAMERO CASADO, E. (dir.), *Inteligencia artificial y sector público. Retos, límites y medios*, cit., pág. 209.

la promulgación de la *Ley 11/2007, de 22 de junio, de acceso electrónico de los ciudadanos a los Servicios Públicos,* cuyo Anexo la definía como toda “actuación administrativa producida por un sistema de información adecuadamente programado sin necesidad de intervención de una persona física en cada caso singular”. Actuación en la que se incluía “la producción de actos de trámite o resolutorios de procedimientos, asi como de meros actos de comunicación”. Y su artículo 38 establecía que podrían “adoptarse y notificarse resoluciones de forma automatizada en aquellos procedimientos en los que así esté previsto”. En la actualidad, la *LRJSP* define la actuación administrativa automatizada, de forma un tanto diferente, como “cualquier acto o actuación realizada íntegramente a través de medios electrónicos por una Administración pública en el marco de un procedimiento administrativo y en la que no haya intervenido de forma directa un empleado público” (art. 41.1). Y el apartado siguiente de este mismo artículo establece que, en caso de actuación administrativa automatizada “deberá establecerse previamente el órgano u órganos competentes, según los casos, para la definición de las especificaciones, programación, mantenimiento, supervisión y control de calidad y, en su caso, auditoría del sistema de información y de su código fuente”[397]. Asimismo, “se indicará el órgano que debe ser considerado responsable a efectos de impugnación”.

Esta disposición legal ha sido desarrollada en relación a la actuación de la Administración General del Estado por el artículo 13 del *Reglamento de actuación y funcionamiento del sector público por medios electrónicos,* aprobado por Real Decreto 203/2021, de 30 de marzo. Esta regulación parte de la base de que es necesaria una previsión normativa que autorice en cada caso que la actuación administrativa se lleve a cabo de manera automatizada. La autorización deberá realizarse por resolución del titular del órgano administrativo competente por razón de la materia o del órgano ejecutivo competente del organismo o entidad de Derecho público, según corresponda, y se publicará

---

397 La interpretación de esta disposición resulta problemática por el alcance del elemento condicional que introduce la expresión «en su caso». En opinión de GAMERO CASADO, E., “Las garantías de régimen jurídico del sector público y del procedimiento administrativo común frente a la actividad automatizada y la inteligencia artificial”, en IDEM (dir.), *Inteligencia artificial y sector público. Retos, límites y medios,* cit., dicha expresión no debe entenderse como una condición restrictiva del alcance de las obligaciones impuestas a la Administración, sino en el sentido de que “todos y cada uno de estos controles deben imponerse sobre el sistema siempre que sea posible en función de las características del mismo” (pág. 412). Interpretación que, sin duda, resulta la más coherente con las exigencias del principio de legalidad en la actuación administrativa.

en su sede electrónica o sede electrónica asociada. En dicha resolución se expresarán los recursos que procedan contra la actuación, el órgano administrativo o judicial ante el que hubieran de presentarse y el plazo para interponerlos, estableciéndose asimismo las medidas adecuadas para salvaguardar los derechos y libertades y los intereses legítimos de las personas interesadas.

En el marco de este contexto normativo, y al hilo de las enormes posibilidades que abre la inteligencia artificial para la automatización de la toma de decisiones, se ha entablado en la doctrina administrativista de nuestro país un fructífero debate que gira principalmente en torno a dos problemas fundamentales: el primero de ellos concierne a la determinación de los supuestos en los que pueden emplearse sistemas basados en inteligencia artificial para la toma de decisiones plenamente automatizadas, sin intervención de una persona humana, y el segundo se refiere a los mecanismos de control a los que deberían estar sujetos los sistemas empleados para la adopción de decisiones administrativas.

3. Inteligencia artificial en el ejercicio de potestades regladas y discrecionales

En relación al primero de los problemas mencionados, se hace preciso delimitar tanto el tipo de potestades administrativas en las que cabría emplear la inteligencia artificial como la clase de actuaciones que podrían ser automatizadas. De entrada, como se puede observar en las ya mencionadas disposiciones legales de la *LRJSP* y su normativa de desarrollo relativas a esta materia, y a diferencia de lo que ocurre en otros países europeos, en ellas no se establece expresamente ningún tipo de límite ni respecto al tipo de actuaciones que la Administración puede llevar a cabo de manera automatizada ni respecto a la clase de potestades que aquella puede ejercer empleando sistemas automatizados.

En cuanto al tipo de actividades susceptibles de ser automatizadas, no parece haber dudas sobre la posibilidad de emplear la inteligencia artificial o cualquier otro tipo de tecnología o medio electrónico para automatizar actuaciones administrativas, formalizadas o no, tanto en la iniciación de un procedimiento administrativo —en el período de información o actuaciones previas dirigido a investigar las circunstancias del caso concreto y decidir la conveniencia o no de iniciar el procedimiento, que se recoge en el art. 55 de la *Ley 39/2015, de 1 de octubre, del procedimiento administrativo común de las administraciones públicas*— como en los actos de ordenación e instrucción del procedimiento, donde los sistemas de inteligencia artificial pueden servir a recopilar y analizar información relevante para la adopción de la decisión, y, finalmente, en su resolución sin intervención humana. En este sentido, como señala Gamero Casado, es importante tener en cuenta que el concepto de «actuación administrativa automatizada» del artículo 41 *LRJSP* no solo se refiere a las decisiones o actos administrativos definitivos, en sentido estricto, sino que también incluye las actuaciones automatizadas que apoyan la toma de decisiones, es decir, que se utilizan en el marco del procedimiento administrativo, ya sea como acto de trámite, ya como un *input* a tener en consideración para la decisión final, esto es, el acto administrativo resolutorio del procedimiento. Por tanto, cuando se utilice un sistema algorítmico para obtener información que sirva de base o apoyo para dictar la resolución definitiva del procedimiento, aquel también habrá de cumplir las exigencias legales[398].

Sin embargo, un problema distinto, y mucho más debatido en la doctrina, es si cabe la automatización de las decisiones en el ejercicio de cualquier clase de potestades administrativas, tanto las regladas como las discrecionales. En relación a las primeras no parece haber discusión: resulta prácticamente unánime la opinión favorable a la legalidad de la automatización de las decisiones administrativas regladas. Esto es, decisiones que sean el resultado del ejercicio de potestades en las que "la ley puede determinar agotadoramente todas y cada una de las condiciones de ejercicio de la potestad, de modo que construya un supuesto legal completo y una potestad aplicable al mismo también definida en todos sus términos y consecuencias"[399]. El ejercicio de estas potestades no admite margen de apreciación por parte de la Administración.

Son precisamente estas específicas características de las potestades regladas las que hacen que resulten especialmente propicias para la utilización de sistemas de inteligencia artificial basados en reglas (*code-driven*), cuyo diseño puede estar basado en árboles de decisión —o en un conjunto de árboles de decisión que forman un «bosque de árboles»— mediante los que, de manera ordenada y sucesiva, se van categorizando las diversas situaciones fácticas posibles y las respuestas jurídicas adecuadas a cada una de ellas, siguiendo una lógica determinista ("si x, entonces y"). De esta manera, por ejemplo, la Administración tributaria podría emplear un sistema de este tipo que fuera capaz de chequear las condiciones fácticas relevantes para la toma de decisión mediante su vinculación a las bases de datos pertinentes

---

398 Cfr. GAMERO CASADO, E., "Las garantías de régimen jurídico del sector público y del procedimiento administrativo común frente a la actividad automatizada y la inteligencia artificial", cit., págs. 405-406.

399 GARCÍA DE ENTERRÍA, E. y FERNÁNDEZ, T. R., *Curso de Derecho Administrativo*, Thomson Reuters, 2020, vol. I, págs. 496-497.

—agencia tributaria, seguridad social, cuentas bancarias, catastro, registro de la propiedad...—, aplicar a tales condiciones fácticas las reglas correspondientes contenidas en su base de conocimiento y, finalmente, emitir la decisión jurídica resultante —la determinación del importe a pagar por el contribuyente, la imposición de una sanción por detección de fraude fiscal...—[400]. Los sistemas *code-driven* posibilitan así la toma de decisiones administrativas plenamente consistentes con el ideal del imperio de la ley y el principio de legalidad en la actuación administrativa. Con la aplicación de este tipo de sistemas para la toma de decisiones regladas, como señala Andrés Boix, el paradigma de racionalización formal *ex ante* weberiano en el que se basa el funcionamiento de nuestras administraciones públicas sigue operando con total normalidad, y el incremento de las capacidades de computación permite que estas tareas decisorias sean llevadas a cabo de una manera perfectamente trazable y con mayor rapidez y eficiencia, e incluso con menos errores, que si fueran realizadas por seres humanos sin alterar el contenido de la resolución del caso[401]. En estos casos, afirma Juli Ponce, los algoritmos no aportan contenido normativo alguno, "pues se limitan a sustituir al decisor humano"[402].

---

400 Un caso real muy similar es el de la automatización de determinadas decisiones por parte de la Agencia Nacional de Financiación del Estudiante de Suecia, que gestiona las ayudas financieras —becas y préstamos— a los estudiantes. Una de las actuaciones administrativas automatizadas es la resolución de las solicitudes de reducción de las cuotas de devolución de los préstamos. Las decisiones son tomadas por un sistema basado en reglas que tiene acceso, además de a los datos de la propia Agencia, a otros datos públicamente disponibles, como los de la Administración tributaria, que son accesibles públicamente en aquel país. Una vez obtenidos de ese modo los datos relevantes para la determinación del supuesto de hecho, aplica al mismo las reglas correspondientes que han sido prefijadas por los expertos de la Agencia en su base de conocimiento para generar automáticamente la decisión. Decisión que, no obstante, es revisada por un administrador humano antes de ser notificada al interesado.

401 Cfr. BOIX PALOP, A., "Los algoritmos son reglamentos: la necesidad de extender las garantías propias de las normas reglamentarias a los programas empleados por la Administración para la adopción de decisiones", cit., pág. 230. En estos supuestos, en los que no existe autonomía del sistema, afirma HUERGO LORA, A., Ponencia "De la digitalización a la inteligencia artificial: ¿evolución o revolución?", *XVIII Congreso de la Asociación española de Profesores de Derecho Administrativo,* Vigo, 25-27 de enero de 2024, que "parece casi obligatorio hacer uso de la tecnología para acelerar este tipo de decisiones, de forma que el operador humano se ocupe de vigilar el funcionamiento de la aplicación, facilitar el acceso de la misma a los ciudadanos o facilitar la comprensión de sus resultados" (pág. 6).

402 PONCE SOLÉ, J., "Inteligencia artificial, Derecho Administrativo y reserva de humanidad: algoritmos y procedimiento administrativo tecnológico", *Revista General de Derecho Administrativo,* nº 50, 2019, pág. 28.

Este es, pues, un dominio en el que puede resultar especialmente atractiva la aplicación de la metodología *Better Rules* y, en su caso, la producción de normas jurídicas en formato de código ejecutable computacionalmente —*Law as Code*—, enfoques que fueron examinados en el capítulo relativo a la aplicación de la inteligencia artificial en el proceso de creación del Derecho. Particularmente, determinados sectores del Derecho Administrativo pueden resultar especialmente propicios para que la normativa reglamentaria, o al menos parte de ella, sea elaborada simultáneamente por el órgano competente tanto en lenguaje natural como en código ejecutable computacionalmente que pueda ser directamente incorporado en sistemas algorítmicos para la toma de decisiones administrativas automatizadas. De este modo, no sería necesaria la «traducción» de la norma reglamentaria a código informático por parte del órgano administrativo que ha de aplicarla. O de los diversos órganos, en plural, en cuyo caso se evitaría también el problema de las posibles divergencias entre las diferentes traducciones. Además, la aplicación de la metodología *Better Rules* desde el mismo inicio del proceso de creación de la norma reglamentaria permitiría no solo detectar posibles incoherencias, ambigüedades, imprecisiones conceptuales y otros errores lógicos, contribuyendo de este modo a mejorar su formulación, sino también testar la aplicación de la norma y sus efectos en innumerables escenarios posibles, facilitando así el diseño de potestades regladas más ajustadas a cada tipo de situación[403].

Visto que la toma de decisiones automatizadas en el ejercicio de potestades regladas, ya sea mediante el empleo de sistemas de inteligencia artificial basados en reglas o de otro tipo de sistemas automatizados, no suscita especiales problemas en relación al régimen general previsto en nuestro Derecho Administrativo, debemos plantearnos ahora qué sucede con el ejercicio de potestades administrativas discrecionales. En estos supuestos la norma jurídica solo define algunas de las condiciones de su ejercicio y remite a la estimación subjetiva de la Administración la determinación de las restantes, bien en relación a la integración última del supuesto de hecho, bien en cuanto al contenido concreto de la decisión aplicable, o bien de ambos elementos[404]. Por tanto, a la hora de aplicar la norma a un caso concreto, la Administración tiene la posibilidad de elegir entre diversas opciones, todas admitidas en Derecho, siempre y cuando no incurra en arbitrariedad y el

---

403 Cfr., en esta dirección, LAWSKY, S. B., "Formalizing the Code", *Tax Law Review*, nº 70, 2017, págs. 377-408, sobre las ventajas que podría reportar la codificación computacional de importantes áreas del Derecho Fiscal estadounidense.

404 Cfr. GARCÍA DE ENTERRÍA, E. y FERNÁNDEZ, T. R., *Curso de Derecho Administrativo*, cit., vol. I, pág. 497.

ejercicio de esa facultad se dirija al cumplimiento del fin previsto normativamente. Y para llevar a cabo la necesaria tarea de integración normativa puede tener en cuenta criterios técnicos, políticos o de mera oportunidad o conveniencia. De manera que el ejercicio de la discrecionalidad "consiste en una ponderación de los hechos, intereses y normas relevantes en cada caso y en la elección que se deriva de la misma", elección que es realizada en base a alguno de aquellos criterios de naturaleza extrajurídica que, en la mayoría de ocasiones, no están prefijados en el ordenamiento[405]. Por ello, a diferencia de lo que sucede con la automatización de potestades regladas, los sistemas que pudieran ser empleados para tomar decisiones discrecionales de manera totalmente automatizada habrían de aportar algo al contenido de esas decisiones que no se halla prefijado normativamente.

Una opción a considerar sería el empleo de sistemas basados en reglas también para adoptar este tipo de decisiones. Es decir, el órgano administrativo competente para adoptar la decisión podría, en un ejercicio de auto-disciplina, establecer una serie de reglas aplicables a diferentes tipos de situaciones posibles para embridar el ejercicio de su potestad discrecional, codificarlas e incorporarlas en un sistema *code-driven* que finalmente tomara la decisión de manera totalmente automatizada[406]. Ello, sin duda, promovería la realización de algunos valores importantes ligados al ideal del imperio de la ley, particularmente desde la óptica de sus concepciones más formalistas, como la consistencia y la predictibilidad de las decisiones jurídicas. Pero impediría la adecuada consideración de las circunstancias de cada caso particular, tal como parece demandar el ejercicio de una potestad discrecional, puesto que es precisamente esa capacidad del órgano administrativo de ajustar la respuesta jurídica a las singulares características de cada supuesto lo que da sentido precisamente a la concesión de aquella potestad por parte del legislador. En esta línea se pronuncia Juli Ponce, para quien el empleo de sistemas basados en reglas para la adop-

---

405 PONCE SOLÉ, J., *La lucha por el buen gobierno y el derecho a una buena administración mediante el estándar jurídico de diligencia debida*, Universidad de Alcalá — Defensor del Pueblo, Alcalá de Henares, 2019, pág. 27.

406 Dentro de los diversos modelos posibles de diálogo o de relación entre la inteligencia artificial y la Administración en el ejercicio de potestades discrecionales que categoriza RAGANELLI, B., "Decisioni pubbliche e algoritmi: modelli alternativi di dialogo tra forme di intelligenza diverse nell'assunzione di decisioni amministrative", *Federalismi.it.*, nº 22, 2020, nos adentraríamos así en el modelo de «auto-regulación». Se trataría de un ejercicio del poder de autolimitación de la Administración pública, como expresión de su autonomía organizativa y funcional. De este modo, predeterminaría su propia acción futura vinculándose a reglas específicas (págs. 259-260).

ción de decisiones en el ejercicio de potestades discrecionales supondría contradecir la intención del legislador de otorgar al decisor el margen de apreciación necesario para lograr en cada caso la mejor adecuación de la decisión a los objetivos perseguidos por la norma[407].

¿Y qué hay de la utilización para dicha tarea de sistemas de *machine learning* o *deep learning*, basados en el análisis de datos? Sin duda, la mayor flexibilidad de este enfoque inductivo hace técnicamente posible —si existen datos suficientes y de calidad— que, a partir del análisis de la información jurídica relevante y, particularmente, de la contenida en los expedientes de los casos previamente resueltos en aplicación de la norma que es necesario integrar para resolver el caso presente, este tipo de sistemas generen modelos predictivos complejos, basados en la ponderación simultánea de cientos o incluso miles de parámetros, que al ser aplicados a las circunstancias del nuevo caso ofrezcan una respuesta jurídica adecuada desde un punto de vista estadístico. Es decir, que generen una predicción sobre la decisión más probable de conformidad con las decisiones anteriores, lo que podría constituir el fundamento para la decisión en el caso presente. Mientras que un sistema basado en reglas explícitamente formuladas por un humano no puede efectuar las ponderaciones exigidas en el ejercicio de potestades discrecionales, ya que solo puede realizar inferencias deductivas, un sistema basado en datos sí puede ponderar la concurrencia o no de innumerables factores y generar, en función de esa ponderación, un criterio o una regla específica, que no estaba predeterminada normativamente, para aplicar al nuevo caso.

Precisamente, como señalan M. Ebers y P. K. Tupay, la razón por la que la adopción de los sistemas de *machine learning* en el sector público suscita el problema de la delegación de poder deriva de su intrínseca capacidad reguladora, esto es, de la posibilidad de que la inteligencia artificial sea utilizada para regular directamente la conducta humana, ejercitando así por sí misma potestades públicas, algo que hasta ahora ninguna otra tecnología era capaz de hacer. Un sistema de este tipo no solo es capaz de controlar la conducta humana sino de crear, a partir del análisis de la información suministrada, las reglas sobre la base de las cuales tiene lugar dicho control[408]. Es por ello que los algoritmos de aprendizaje automático "tie-

---

407 Cfr. PONCE SOLÉ, J., "¿Reserva de humanidad?", *Ponencia en el Internacional Congress AI & Law*, Universidad Pontificia Comillas — Fundación Notariado, 13-14 noviembre 2023. Disponible en https://www.fundacionnotariado.org/portal/video1.

408 Cfr. EBERS, M. y TUPAY, P. K., *Artificial intelligence and machine learning powered public service delivery in Estonia. Data Science, Machine Intelligence and Law*, Springer, Cham, 2023, vol. 2, págs. 86-87.

nen el potencial para transformar funciones gubernamentales esenciales en modos que no solo aumenten el juicio humano, sino que lo reemplacen por un análisis algorítmico automatizado"[409]. En este contexto, por tanto, la cuestión a responder es si resulta compatible el empleo de sistemas de *machine learning* para la toma de este tipo de decisiones con los principios legales que rigen la actuación de la Administración pública y con las garantías de los administrados. ¿Cabe, de conformidad con los postulados del imperio de la ley, y más específicamente con el principio de legalidad que ha de presidir toda actuación administrativa, delegar la toma de decisiones discrecionales en un sistema de inteligencia artificial *data-driven*?

Hay un importante sector doctrinal a nivel internacional que considera que solo el empleo de sistemas basados en reglas resulta compatible con los principios y valores del imperio de la ley cuando hablamos de la toma de decisiones administrativas de manera completamente automatizada, sin intervención humana. Markku Suksi sintetiza bien las razones de tipo técnico en las que se basa este rechazo de los sistemas de aprendizaje automático basados en datos para llevar a cabo esta tarea. En primer lugar, estos sistemas, y particularmente aquellos que están basados en redes neuronales de aprendizaje profundo, por su propia complejidad, plantean serios problemas de transparencia que dificultan la explicación de por qué, y sobre la base de qué información, ha sido adoptada una determinada decisión. Por el contrario, los sistemas basados en reglas explícitamente programadas garantizan la trazabilidad del proceso de toma de decisiones y pueden suministrar las razones de cada decisión señalando los hechos y las reglas sobre la base de los cuales aquella fue alcanzada. Y, en segundo lugar, las decisiones generadas por sistemas de *machine learning* están basadas, no en razones normativas, sino en correlaciones detectadas entre los datos de decisiones pretéritas, pero las decisiones de las administraciones públicas deben basarse en la aplicación de normas jurídicas, tanto de carácter procedimental como material, para satisfacer el principio de legalidad, por lo que la lógica de los sistemas de toma de decisiones administrativas automatizadas debe ser una lógica basada en la ejecución de reglas[410].

La incapacidad de los sistemas basados en datos para capturar esta lógica normativa se pone especialmente de manifiesto en relación a las nor-

---

409 COGLIANESE, C. y LEHR, D., "Regulating by robot: administrative decision making in the machine-learning era", *Georgetown Law Journal*, vol. 105, 2017, pág. 1176.

410 Cfr. SUKSI, M., "Administrative due process when using automated decision making in public administration: some notes from a Finnish perspective", *Artificial Intelligence and Law*, nº 29, 2021, págs. 100-105.

mas procedimentales que controlan la aplicación del Derecho material, difícilmente incorporables en aquellos sistemas, mientras que en un sistema basado en reglas resulta más fácil representar ambos tipos de normas —procedimentales y sustantivas— en su base de conocimiento y hacer así que el sistema funcione también de conformidad con las exigencias procedimentales. Además, si se produce una modificación legal o un cambio en la interpretación jurisprudencial que afecta a las normas a aplicar, un sistema basado en datos difícilmente puede reorientar o ajustar de manera inmediata sus decisiones a la nueva situación, puesto que, como se ha dicho, aquellas se basan en la detección de correlaciones en el contenido de decisiones previas. Sin embargo, la base de conocimiento de un sistema basado en reglas puede ser modificada en cualquier momento para introducir nuevas reglas de inferencia ajustadas a la nueva norma jurídica o a la nueva interpretación jurisprudencial[411].

También Monika Zalnieriute, Lyria B. Moses y George Williams comparten ese rechazo al empleo de sistemas *data-driven* en la toma automatizada

---

411 En opinión de OLSEN, H. P., SLOSSER, J. L. y HILDEBRANDT, T. T., "What's in the box? The legal requirement to explain computationally aided decision-making in public administration", en MICKLITZ, H. *et al.* (eds.), *Constitutional challenges in the algorithmic society*, Cambridge University Press, 2021, el empleo de sistemas de aprendizaje automático basados en datos podría superar algunos de estos problemas, como el de proporcionar razones normativas que justifiquen las decisiones jurídicas y adaptarse a los cambios normativos y jurisprudenciales, mediante un enfoque híbrido del proceso de toma de decisión que implicaría la colaboración entre el humano y la máquina y que se sustanciaría en la superación de una especie de «test de Turing administrativo» continuo. Se trataría de encomendar la redacción de la propuesta de resolución de un caso, por un lado, al administrador humano y, por otro, al sistema de aprendizaje automático, que generaría un borrador basado en una predicción a partir de las decisiones pretéritas y fundado en las argumentaciones recabadas de los casos similares. Ambas propuestas serían elevadas al órgano competente para la toma de la decisión, el cual, ignorando cuál proviene de la máquina y cuál del humano, emitiría la decisión final basándose en el borrador más convincente. Posteriormente, esta decisión final sería introducida en el *data set* del sistema para su continuo aprendizaje y adaptación a los posibles cambios (págs. 230-234). A nuestro juicio, si bien tal enfoque podría satisfacer las exigencias y garantías previstas en el Derecho Administrativo, puesto que al final la decisión es adoptada y justificada legalmente por un humano con el apoyo de un sistema que le puede proporcionar una información muy valiosa sobre casos precedentes —ya no se trataría de una decisión automatizada—, no se alcanzan a comprender sus ventajas operativas, ya que la introducción de este procedimiento comportaría una mayor carga de trabajo para la Administración y, probablemente, una mayor dilación en la resolución de los asuntos.

de decisiones administrativas. Después de analizar diversos casos de uso de sistemas basados en inteligencia artificial para la toma de decisiones administrativas en distintos países, concluyen que "el alineamiento de la toma automatizada de decisiones gubernamentales con los valores del imperio de la ley depende de unas elecciones de diseño apropiadas" y, entre estas elecciones, a su juicio, "el factor más significativo es si el sistema automatizado usa reglas explícitamente redactadas por humanos (generalmente al objeto de alinearse con los requisitos legales exigidos para la decisión relevante) o reglas derivadas empíricamente de datos históricos para realizar inferencias relevantes para las decisiones o para predecir (y así emular) las decisiones". Aunque, desde luego, ello no es óbice para que el empleo de sistemas basados en reglas pueda menoscabar también el imperio de la ley si su diseño no refleja adecuadamente los valores de dicho ideal que son apropiados para la clase de decisión que ha de tomarse[412].

Entre la doctrina administrativista de nuestro país, tal vez el principal exponente de esta posición contraria a la utilización de sistemas de inteligencia artificial para la toma automatizada de decisiones administrativas en el ejercicio de potestades discrecionales es Juli Ponce Solé. A su juicio, y dado que, como ya se ha señalado, actualmente el artículo 41 de la LRJSP no establece expresamente límite alguno a las actuaciones administrativas automatizadas, aquella posibilidad debería prohibirse legalmente, al igual de lo que sucede en la mayor parte de los países de nuestro entorno. Paradigmático en este sentido es el artículo 35a de la *Ley Federal de Procedimiento Administrativo* de Alemania, que establece que la producción totalmente automatizada de actos administrativos solo es admisible cuando lo haya autorizado una norma jurídica legal o reglamentaria y no exista discrecionalidad ni margen de apreciación[413].

La razón que, en su opinión, justificaría la introducción de esa prohibición en nuestro Derecho Administrativo es que el ejercicio de este tipo de potestades implica la necesidad de desplegar empatía —entendida como capacidad de ponerse en el lugar del otro— al objeto de poder considerar

---

412 ZALNIERIUTE, M., MOSES, L. B. y WILLIAMS, G., "The Rule of Law and automation of government decision-making", *The Modern Law Review*, vol. 82, nº 3, 2019, pág. 428.

413 Una posición que, en nuestro país, ha adoptado también el legislador catalán en la *Ley 26/2010, de 3 de agosto, de régimen jurídico y de procedimiento de las administraciones públicas de Cataluña*, según la cual "solo son susceptibles de actuación administrativa automatizada los actos que puedan adoptarse con una programación basada en criterios y parámetros objetivos" (art. 44.2).

y ponderar adecuadamente los hechos, intereses y derechos relevantes en el caso a decidir. La discrecionalidad no supone libertad de decisión, sino que comporta "una obligación y responsabilidad de decidir cumpliendo las obligaciones jurídicas de buena administración conforme al estándar de diligencia debida"[414]. Este deber de buena administración, que está adquiriendo carta de naturaleza como derecho del administrado en diversos ordenamientos europeos a partir de su reconocimiento en el art. 41 de la *Carta de los Derechos Fundamentales de la Unión Europea*[415], se está progresivamente afirmando también en nuestro Derecho Administrativo[416]. E introduce una nueva obligación jurídica de la Administración "consistente en la debida diligencia o el debido cuidado que debe desplegar el decisor administrativo en la ponderación de todos los hechos, intereses

---

414 PONCE SOLÉ, J., "Inteligencia artificial, Derecho Administrativo y reserva de humanidad: algoritmos y procedimiento administrativo debido tecnológico", cit., pág. 28.

415 Cfr., por ejemplo, EBERS, M. y TUPAY, P. K., *Artificial intelligence and machine learning powered public service delivery in Estonia. Data Science, Machine Intelligence and Law,* cit., sobre la elaboración de este derecho a la buena administración por parte del Tribunal Constitucional de Estonia, con anclaje en el artículo 14 de la Constitución, que afirma que es deber del poder legislativo, ejecutivo y judicial, y de los órganos de gobierno locales, garantizar los derechos y deberes de los individuos. Este derecho a la buena administración comprende, esencialmente, la exigencia de sujeción al principio de legalidad en la actuación administrativa y el compromiso a tratar a los ciudadanos con la diligencia debida, cortesía y respeto (págs. 106-107). Estonia, que es uno de los países en la vanguardia de la aplicación de la inteligencia artificial en la Administración pública, también limita en su *Ley de procedimiento administrativo* la toma automatizada de decisiones administrativas al ámbito de las potestades regladas.

416 Este derecho comenzó perfilándose en la doctrina administrativista. Ya hace unos años, MARTÍN REBOLLO, L., "Ayer y hoy de la responsabilidad patrimonial de la Administración", *Revista de la Administración Pública,* nº 150, 1999, afirmaba que en nuestra Constitución se encuentra implícito "el derecho al buen funcionamiento de una Administración cuya función es servir (artículo 103 CE)" (pág. 363). Y posteriormente encontró recepción jurisprudencial. El Tribunal Supremo se ha referido a él en numerosas ocasiones, entendiéndolo implícito en los artículos 9.3, 103 y 106 de la Constitución. Asimismo, se ha recogido explícitamente en algunas leyes específicas, como la *Ley 7/2007, de 12 de abril, del Estatuto Básico del Empleado Público* y la *Ley 9/2017, de 8 de noviembre, de contratos del sector público.* En el contexto digital, la *Carta de Derechos Digitales,* aprobada por el gobierno el 14 de julio de 2021, llama a reconocer el derecho a que las decisiones y actividades en el entorno digital respeten los principios de buen gobierno y el derecho a una buena administración digital (apartado 6,a de la sección XVIII), si bien este texto no constituye un instrumento jurídicamente vinculante.

y derechos relevantes para la toma de la decisión y en la motivación de esta"[417]. Ponderación en la que la empatía, en tanto capacidad exclusivamente humana que constituye un elemento importante de la sabiduría práctica o prudencia, está llamada a jugar un papel esencial[418]. Por todo ello, y en virtud de un principio de precaución social, el profesor Ponce Solé se muestra partidario de establecer "una reserva legal de ejercicio de potestades discrecionales en favor de seres humanos", esto es, una reserva de humanidad para la toma de decisiones administrativas en estos espacios de discrecionalidad[419].

Una posición similar es la mantenida por Valero Torrijos, para quien solo en el caso de las actuaciones regladas cabría aceptar su completa automatización. En el caso de las actuaciones de naturaleza discrecional, "el amplio margen de que dispone el titular del órgano para la adopción de decisiones diversas igualmente válidas desde una perspectiva jurídica determina que los medios informáticos solo puedan emplearse como meros instrumentos de apoyo, correspondiendo en última instancia al titular del órgano valorar directa y personalmente las ventajas e inconvenientes de cada una de las opciones a fin de decantarse por la que resulte más apropiada"[420]. También Bauzá Martorell considera que la actuación administrativa automatizada en la toma de decisiones debe quedar circunscrita únicamente a aquellos casos "que no requieran una labor de ponderación"[421].

---

417 PONCE SOLÉ, J., *La lucha por el buen gobierno y el derecho a una buena administración mediante el estándar jurídico de diligencia debida*, cit., pág. 38.

418 Cfr. PONCE SOLÉ, J., "Inteligencia artificial, Derecho Administrativo y reserva de humanidad: algoritmos y procedimiento administrativo debido tecnológico", cit., pág. 30. Como afirma BATEMAN, W., "Algorithmic decision-making and legality: Public Law dimensions", *Australian Law Journal*, vol. 94, nº 1, 2020, el ejercicio automatizado de una potestad discrecional sería «insensible» a las a menudo matizables circunstancias cuya debida consideración fue la razón que condujo a su creación (pág. 530).

419 PONCE SOLÉ, J, "Inteligencia artificial, Derecho Administrativo y reserva de humanidad: algoritmos y procedimiento administrativo debido tecnológico", cit., pág. 33. Posición que es refrendada y argumentada más extensamente en PONCE SOLÉ, J., "Seres humanos e inteligencia artificial: discrecionalidad artificial, reserva de humanidad y supervisión humana", cit., págs. 195-225.

420 VALERO TORRIJOS, J., *El régimen jurídico de la e-Administración*, Comares, Granada, 2007, pág. 75.

421 BAUZÁ MARTORELL, F. J., "Identificación, autentificación y actuación automatizada de las administraciones públicas", en GAMERO, E. (dir.), *Tratado de procedimiento administrativo común y régimen jurídico básico del sector público*, Tirant lo Blanch, Valencia, 2017, Tomo I, pág. 740.

Hay autores, sin embargo, que no descartan la plena automatización de determinados tipos de decisiones discrecionales. Es el caso del profesor Martín Delgado, quien considera que la adopción de decisiones automatizadas en el ejercicio de este tipo de potestades puede tener lugar sin vulnerar el principio de legalidad administrativa cuando "la discrecionalidad sea de baja intensidad", refiriéndose en concreto a aquellos supuestos de «discrecionalidad técnica» en los que resulte factible parametrizar los criterios técnicos de la decisión. En estos casos sería posible incluso traducir tales criterios en reglas formalizadas computacionalmente, eliminando así la discrecionalidad. De manera que, a su juicio, solo cuando exista discrecionalidad política o discrecionalidad técnica no parametrizable debería estarle vedado a la Administración el uso de sistemas automatizados para la toma de decisiones sin intervención de una persona humana[422]. Posición que parece contar con el respaldo de la mayoría de los administrativistas que han abordado esta problemática[423]. Dentro de esta discrecionalidad técnica, Susana de la Sierra aboga por admitir también, de manera excepcional, la plena automatización de decisiones discrecionales "de naturaleza técnica compleja (escenarios económicos, potencial advenimiento de una catástrofe ambiental o para la salud humana o animal)", donde es posible que "su índice de error sea inferior a decisiones equivalentes adoptadas por un ser humano a la luz de informes de personas expertas"[424].

---

422 Cfr. MARTÍN DELGADO, I., "Naturaleza, concepto y régimen jurídico de la actuación administrativa automatizada", *Revista de Administración Pública*, nº 180, 2009, págs. 369-371.

423 Un hecho indicativo de esta posición puede encontrarse en el documento *Carta de Derechos digitales y sector público: propuestas de mejora*, hecho público en diciembre de 2020 por la Red de Derecho Administrativo e Inteligencia Artificial (Red DAIA). Como indica su título, en él se contienen propuestas de mejora al borrador de la *Carta de Derechos Digitales* que en aquel momento se hallaba sometido a proceso de consulta pública. En relación a la cuestión que aquí estamos considerando, si bien el documento valoraba positivamente la cláusula general de reserva humana en la toma de decisiones discrecionales que contenía el borrador, proponía concretar dicha referencia, de manera más específica, a las "decisiones discrecionales políticas o bajo discrecionalidad técnica no parametrizable" (pág. 20). Finalmente, la Carta no recogió esa propuesta y su artículo XVIII llama a promover el reconocimiento, en el marco de la actuación administrativa, del derecho a "que la adopción de decisiones discrecionales quede reservada a personas, salvo que normativamente se prevea la adopción de decisiones automatizadas con garantías adecuadas" (apartado 6,d).

424 DE LA SIERRA MORÓN, S., Ponencia "El ejercicio de potestades mediante la inteligencia artificial. Cautelas jurídicas frente al imperio acrítico de la tecnología",

Pero, más allá de este punto, la opinión de la mayor parte de nuestra doctrina administrativista es que resulta incompatible con los principios del Derecho Administrativo y las garantías del administrado la automatización por cualquier medio de las decisiones administrativas discrecionales sin que exista una intervención humana significativa. Lo que no supone excluir el empleo de este tipo de sistemas como un elemento de apoyo o asistencia al administrador humano en el proceso de adopción de estas decisiones. En este sentido es bastante común la opinión —expresada en este caso por Agustí Cerrillo— de que en el ejercicio de potestades discrecionales que exijan el uso de criterios que no sean estrictamente técnicos, la inteligencia artificial "puede ser útil como apoyo en la toma de decisiones, por ejemplo, analizando grandes volúmenes de datos, previendo sus efectos o recomendando posibles decisiones que puedan resultar relevantes para que el decisor pueda tomar la decisión de mayor calidad". En estos casos, por tanto, la inteligencia artificial "constituye un aporte para amplificar la inteligencia humana, pero no una alternativa válida al decisor humano"[425]. La inteligencia artificial y el administrador humano se comprometerían así en un modelo cooperativo de toma de decisiones discrecionales[426].

Nos adentramos aquí, sin embargo, en un terreno resbaladizo, ya que la línea divisoria entre «toma de decisiones» y «apoyo a la toma de decisiones» puede resultar muy difusa. Es posible que el resultado del sistema constituya el elemento fundamental que conduce al administrador a la adopción del acto administrativo o que el contenido de este venga en gran medida predeterminado por decisiones automatizadas adoptadas a lo largo del procedimiento[427]. O, lisa y llanamente, que la decisión, recomen-

---

XVIII Congreso de la Asociación española de Profesores de Derecho Administrativo, cit., pág. 34.

425 CERRILLO I MARTÍNEZ, A., "¿Son fiables las decisiones de las Administraciones públicas adoptadas por algoritmos?", cit., pág. 24.

426 Cfr. RAGANELLI, B., "Decisioni pubbliche e algoritmi: modelli alternativi di dialogo tra forme di intelligenza diverse nell'assunzione di decisioni amministrative", cit., págs. 258-259.

427 Como señalan DAVIS, P. y SCHWEMER, S. F., "Rethinking decisions under article 22 of the GDPR: implications for semi-automated legal decision-making", en *Proceedings of the Third International Workshop on Artificial Intelligence and Intelligent Assistance for Legal Professionals in the Digital Workplace (LegalAIIA 2023)*, Braga, 2023, habitualmente, la decisión final es el producto de una serie de decisiones precedentes que van determinando diversos aspectos de aquella, de manera que algunas de esas decisiones podrían haber sido tomadas de manera totalmente automatizada por sistemas basados en *machine learning* y resultar cruciales para la determinación del contenido de la decisión final. A su juicio, al menos en el

dación o información algorítmica se convierta en el factor determinante de la resolución debido a factores más mundanos, como la falta de conocimiento experto necesario por parte del decisor humano para evaluar adecuadamente el resultado del sistema o la falta de tiempo para hacerlo. Por otra parte, es preciso tener en cuenta que los propios procesos de automatización se hallan caracterizados por "un *continuum* de niveles más que por un concepto de todo-o-nada"[428], de manera que un proceso decisorio puede ser automatizado total o parcialmente y, en este último caso, los sistemas tecnológicos pueden ser integrados en diferentes estadios y de diferentes modos en el marco del procedimiento institucionalizado de toma de decisiones, dependiendo en buena medida su incidencia sobre la decisión final del diseño global de ese procedimiento, en el que habrán de definirse los papeles del sistema y de los agentes humanos y sus interacciones. Además, como se pone de manifiesto en el estudio impulsado por el Consejo de Europa sobre el estado de la cuestión en los países miembros de la organización, en tanto la atención del Derecho Administrativo se suele focalizar fundamentalmente en la decisión final del órgano competente para la resolución del caso, es frecuente que el empleo de estos sistemas como instrumentos de apoyo pase totalmente desapercibido para el interesado[429]. Factores todos ellos que apelan a la necesidad de garantizar la total transparencia y el control de tales sistemas también cuando son empleados como herramientas de apoyo en la toma de decisiones.

Volviendo a la posición de nuestra doctrina administrativista, y justamente porque el «apoyo» de la tecnología, o la colaboración entre el humano y la máquina, en el procedimiento de toma de decisiones administrativas puede admitir diversos grados y niveles, es posible apreciar diferencias significativas entre los diversos autores en cuanto al papel que los sistemas de aprendizaje automático pueden jugar en la adopción de decisiones discrecionales. Así, buena parte de la doctrina se limita a señalar su utilidad como una herramienta que puede proporcionar información valiosa para mejorar la calidad del proceso de toma de decisión por parte del administrador humano. Incluso, a los efectos de minimizar el impacto de estos sistemas en la toma de de-

---

marco del Reglamento General de Protección de Datos, cabría una interpretación amplia del término «decisión» que permitiría aplicar a estas decisiones intermedias el régimen de protección previsto en el mismo.

428 PARASURAMAN, R. y RILEY, V., "Humans and Automation: Use, Misuse, Disuse, Abuse", *Human Factors*, vol. 39, n.º 2, 1997, pág. 232.

429 Cfr. WOLSWINKEN, J., *Comparative study on Administrative Law and the use of artificial intelligence and other algorithmic systems in administrative decision-making in the member States of the Council of Europe*, cit., pág. 26.

cisiones, el profesor Martín Delgado propone la configuración de un nuevo principio en el Derecho Administrativo: el "principio de mínima actividad algorítmica autónoma" de carácter decisorio[430].

Sin embargo, ascendiendo en ese *continuum* de los procesos de automatización, hay algunos autores que consideran que los sistemas de *machine learning* pueden contribuir de manera importante a la determinación de ciertos elementos o contenidos sustantivos de la decisión. De esta opinión es Alejandro Huergo Lora, quien considera que "es perfectamente posible y válido que la Administración utilice, entre otros factores, predicciones algorítmicas" en el ejercicio de potestades discrecionales, siempre que su utilización "esté adecuadamente motivada y se hayan respetado las normas procedimentales"[431]. Estos algoritmos de aprendizaje automático pueden emplearse, a su juicio, para diversas finalidades. Una de las áreas en las que cree que pueden resultar de mayor utilidad es la relacionada con las actividades de información e inspección previas a la iniciación de los procedimientos administrativos. Se trata de un dominio en el que la inteligencia artificial puede aportar información muy valiosa y en el que, además, las decisiones —sobre la iniciación o no de un procedimiento— están sometidas a un escaso o nulo control incluso cuando se toman sin el apoyo de sistemas algorítmicos, ya que, o no existen criterios expresos de actuación o, si los hay, no siempre es obligatorio darles a conocer a los ciudadanos, y además su incumplimiento no acarrea consecuencia alguna[432]. Razón por la cual, precisamente, la introducción de sistemas algorítmicos puede contribuir a racionalizar la actuación administrativa, introduciendo algunos criterios objetivos donde antes la decisión se tomaba sin motivación y evitando errores y sesgos humanos que hasta ahora podían pasar totalmente desapercibidos en estas zonas opacas e infiscalizables. Del mismo modo, las predicciones algorítmicas también pueden contribuir a fijar criterios de actuación en otros ámbitos de muy escasa programación normativa, como sucede con los actos de trámite.

---

430 MARTÍN DELGADO, I, "La aplicación del principio de transparencia a la actividad administrativa algorítmica", en GAMERO CASADO, E. (dir.), *Inteligencia artificial y sector público. Retos, límites y medios*, cit., pág. 178.

431 HUERGO LORA, A., "Una aproximación a los algoritmos desde el Derecho Administrativo", cit., págs. 78-79.

432 Cfr. *Ibidem*, págs. 77-78. Opinión refrendada en HUERGO LORA, A, "Hacia la regulación europea de la inteligencia artificial", en GAMERO CASADO, E. (dir.), *Inteligencia artificial y sector público. Retos, límites y medios*, cit., donde afirma que este es "el campo de aplicación más adecuado para la inteligencia artificial" (pág. 753).

Pero, a su juicio, también pueden ayudar a determinar, al menos en cierta medida, el contenido de las decisiones aplicativas del Derecho adoptadas en el ejercicio de potestades discrecionales. En este sentido, considera que, en algunos casos, el empleo de este tipo de sistemas puede aportar algo valioso en la toma de esta clase de decisiones administrativas. No en el sentido de que cambie el marco normativo, ni de que añada ningún elemento al mismo, sino en el sentido de que aporte algo al contenido de la decisión que no se hallaba predeterminado normativamente[433]. Con sus formidables capacidades de análisis de la información, los sistemas de *machine learning* pueden ayudar a concretar el alcance de un concepto jurídico indeterminado —especialmente de aquellos de carácter probabilístico— o a determinar ciertos elementos del contenido de la decisión, lo que contribuiría además a objetivar, en mayor o menor medida, el ejercicio de la potestad discrecional[434]. De este modo, cabría decir que la inteligencia artificial puede «acercarnos» o «aproximarnos» a la decisión[435], pero no tomarla, puesto que para ello es necesaria la in-

---

433 No debe perderse de vista, sin embargo, como apuntan BAYAMLIOGLU, E. y LEENES, R., "The «Rule of Law» implications of data-driven decision-making: a techno-regulatory perspective", cit., que esta aportación adicional puede conllevar riesgos desde la perspectiva del imperio de la ley y de la separación de poderes, en tanto la naturaleza opaca de algunos de estos sistemas —especialmente los basados en aprendizaje profundo— puede hacer muy difícil verificar que su impacto se mantenga dentro de los límites del marco determinado por el legislador y que el modelo predictivo o de toma de decisiones generado por el sistema —que, además, se va modificando continuamente a medida que este dispone de nueva información y «aprende» a realizar mejor su tarea— no incorpore criterios de política jurídica que desbordan la voluntad del legislador (pág. 306).

434 Por ejemplo, afirma HUERGO LORA, A., "De la digitalización a la inteligencia artificial: ¿evolución o revolución?", cit., "si uno de los requisitos necesarios para que la Administración pueda o deba tomar una determinada decisión es que se produzca una situación de «riesgo», que es un concepto predictivo y probabilístico, no parece haber ningún problema en que, en lugar o junto a otras técnicas que permitan verificar ese riesgo, se utilice un sistema de inteligencia artificial, un modelo predictivo basado en el análisis de datos pasados" (pág. 7). Y señala que, en el proceso de aplicación de normas administrativas, ya se utilizan tecnologías que plantean problemas similares para la concreción de conceptos indeterminados; por ejemplo, en asuntos relativos a obras o a responsabilidad patrimonial en el ámbito sanitario.

435 En una dirección similar, HERMSTRÜWER, Y., "Artificial Intelligence and Administrative decisions under uncertainty", en WISCHMEYER, T. y RADEMACHER, T. (eds.), *Regulating Artificial Intelligence*, Springer, 2020, afirma que los sistemas de aprendizaje automático pueden ayudar a mejorar la toma de decisiones ad-

tervención no solo formal, sino material, del órgano competente, que ha de completar definitivamente su contenido. En estos casos, por tanto, "el contenido del acto administrativo se explica, entre otras cosas, por la predicción algorítmica, puesto que es esta la que, junto con otros elementos, ha llevado a la Administración a darle ese contenido concreto"[436].

Lógicamente, en estos casos el resultado del sistema algorítmico debe formar parte de la motivación de la decisión administrativa pues, de lo contrario, se estaría hurtando al administrado uno de los elementos que han concurrido en la fundamentación de la decisión. La Administración tendrá que justificar que la herramienta tecnológica utilizada es un medio idóneo para llevar a cabo una adecuada determinación o concreción del precepto o del concepto legal. Y, desde luego, en la medida en que la predicción, recomendación o información de salida del sistema haya contribuido a determinar el contenido de la decisión administrativa, debe estar sujeta a revisión y control jurisdiccional[437]. Pero, a juicio de Huergo Lora, no existe diferencia significativa entre ese control y el que habitualmente vienen ejerciendo los tribunales sobre otro tipo de tecnologías complejas utilizadas por la Administración, así como sobre diversas clases de conocimientos científicos y de evaluaciones técnicas que aquella toma muy a menudo como base para la elaboración de decisiones administrativas[438]. Elementos todos ellos que son susceptibles de impugnación en el marco de los recursos dirigidos contra los actos administrativos y, por tanto, de control, que en estos casos normalmente es llevado a cabo a cabo por el tribunal con la ayuda de informes periciales[439].

---

ministrativas en condiciones de incertidumbre, como son las que típicamente se producen en el ejercicio de las potestades discrecionales, actuando como «micro-directivas» que guíen al decisor. Para ello serían especialmente útiles sistemas de aprendizaje supervisado, de modo que la Administración pueda llevar a cabo o supervisar su entrenamiento e incorporar exigencias normativas básicas en las funciones en el algoritmo (págs. 219-220).

436 HUERGO LORA, A., "Administraciones públicas e inteligencia artificial: ¿más o menos discrecionalidad?", *El cronista del Estado Social y Democrático de Derecho*, nº 96-97, 2021, pág. 91.

437 Cfr., en relación a este tema, DE LA SIERRA MORÓN, S., "Inteligencia artificial y justicia administrativa: una aproximación desde la teoría del control de la Administración pública", *Revista General de Derecho Administrativo*, nº 53, 2020.

438 En el mismo sentido, cfr. GAMERO CASADO, E., "Las garantías de régimen jurídico del sector público y del procedimiento administrativo común frente a la actividad automatizada y la inteligencia artificial", cit. pág. 439.

439 Cfr. HUERGO LORA, A., "Administraciones públicas e inteligencia artificial: ¿más o menos discrecionalidad?", cit., págs. 91-92.

En relación a la cuestión de hasta qué grado sería admisible el «apoyo» de la decisión en el sistema algorítmico, Huergo Lora señala que el límite vendría a estar constituido por el hecho de que en el ejercicio de toda potestad discrecional ha de mantenerse siempre un resto de decisión humana, incluso si esa decisión consiste en confiar al sistema de inteligencia artificial la determinación plena del contenido del acto discrecional. Esa decisión tiene que ser necesariamente humana, aunque —concluye— podría tratarse de una decisión de carácter general para delegar en el sistema la producción de decisiones discrecionales en relación a una determinada clase de actuaciones. Hasta este punto de casi completa automatización podría llegar, a su juicio, la producción de actos discrecionales, si eventualmente lo considerase oportuno el legislador[440]. También el profesor Gamero Casado considera que, fuera de los ámbitos expresamente vetados por alguna norma jurídica, no existe objeción dogmática que impida adoptar decisiones automatizadas en el ejercicio de potestades discrecionales. En su opinión, la discrecionalidad concede a la Administración un margen de apreciación para adaptarse a las circunstancias del caso concreto y, en consecuencia, "es perfectamente defendible que esa adaptación a las circunstancias tenga lugar mediante el desarrollo de un sistema algorítmico, de decisión automatizada y, finalmente, de inteligencia artificial, si las circunstancias concurrentes y la parametrización del sistema determinan que ese sea el mejor modo de ejercer la discrecionalidad en un concreto ámbito"[441]. Determinación que, en opinión de Agustí Cerrillo, pasaría por analizar el tipo de decisión que ha de adoptarse, el entorno en que ha de hacerse, la disponibilidad y calidad de datos, y la necesidad de estar dotado de determinadas capacidades para poder tomar una decisión de calidad[442].

En defensa de la utilización de este tipo de sistemas se pronuncia también Andrés Boix Palop, para quien es precisamente en el ejercicio de las potestades administrativas discrecionales, "aquellas en las que ha de inte-

---

440 Cfr. *Ibidem*, pág. 94.

441 GAMERO CASADO, E., "Las garantías de régimen jurídico del sector público y del procedimiento administrativo común frente a la actividad automatizada y la inteligencia artificial", cit., pág. 450. No obstante, este autor considera que, en el caso de que la resolución automatizada fuera desfavorable, el sistema de inteligencia artificial solo podría ser utilizado como apoyo a la decisión definitiva, que habría de ser adoptada por un humano (págs. 451-452).

442 CERRILLO I MARTÍNEZ, A., "Actividad administrativa automatizada y utilización de algoritmos", en AA.VV., *Las políticas de buen gobierno en Andalucía (I): Digitalización y transparencia*, Instituto Andaluz de Administración Pública, Sevilla, 2022, pág. 267.

grarse alguna evaluación sobre la concurrencia o no de ciertas circunstancias o elementos o donde haya que realizar una valoración respecto de la decisión a adoptar introduciendo consideraciones finalísticas y ponderativas, donde la ganancia cualitativa [de la utilización de estos sistemas] será mayor"[443]. El ejercicio de este tipo de potestades normalmente se halla ligado a entornos decisionales en los que la gestión de la incertidumbre y la evaluación de múltiples y complejas variables pueden resultar elementos esenciales para realizar una mejor identificación y valoración de las soluciones más adecuadas. Y es en esta clase de entornos donde los sistemas de aprendizaje automático basados en el análisis de datos están demostrando que son capaces de superar ampliamente las capacidades humanas y ofrecer un mejor rendimiento. Por ello, a su juicio sería positiva la introducción de este tipo de sistemas en los procesos de adopción de este tipo de decisiones[444]. Una opinión compartida por el profesor Cotino Hueso, quien —en sus propias palabras— "apuesta firmemente por el uso de los sistemas IA para el ejercicio de potestades discrecionales, precisamente como garantía frente a los humanos"[445].

En cualquier caso, la introducción de los sistemas de aprendizaje automático en el procedimiento administrativo, ya sea como herramienta de apoyo —en mayor o menor grado— en la toma de decisiones discreciona-

---

443 BOIX PALOP, A., "Los algoritmos son reglamentos: la necesidad de extender las garantías propias de las normas reglamentarias a los programas empleados por la Administración para la adopción de decisiones", cit., pág. 229.

444 Cfr. *Ibidem*, pág. 231. También HERNÁNDEZ CORCHETE, J. A., Ponencia "¿Un nuevo estatuto jurídico para el ciudadano?", *XVIII Congreso de la Asociación española de Profesores de Derecho Administrativo*, cit., considera que es en estas situaciones donde resulta especialmente aconsejable el empleo de estos sistemas por razones de eficacia (pág. 34).

445 COTINO HUESO, L., "Discriminación, sesgos e igualdad de la inteligencia artificial en el sector público", cit., pág. 276. A diferencia de la posición ya expuesta de Ponce Solé, el profesor Cotino Hueso considera que "es en estos ámbitos donde el uso de IA público más puede aportar para lograr mayor neutralidad y objetividad, reducir la discriminación y la discrecionalidad y los ineludibles sesgos y opacidad humanos, además de lograr mayor justicia con la personalización e individualización de los casos" (pág. 295). BERNING PRIETO, A. D., "El uso de sistemas basados en inteligencia artificial por las Administraciones públicas: estado actual de la cuestión y algunas propuestas *ad futurum* para un uso responsable", *Revista de Estudios de la Administración Local y Autonómica*, nº 20, 2023, se muestra favorable a "permitir la adopción de decisiones discrecionales mediante sistemas de inteligencia artificial introduciendo, al mismo tiempo, un elemento de control final de las decisiones" por parte de un administrador humano (pág. 178).

les o, directamente, como medio de adopción de las mismas, nos obliga a plantearnos la necesidad de evolución de nuestro Derecho Administrativo para ofrecer una respuesta jurídica adecuada a esta nueva realidad. Se trata, fundamentalmente, de establecer nuevas pautas normativas para el ejercicio, y el control, de esta "discrecionalidad digital"[446].

4. El control de los algoritmos empleados en la toma de decisiones administrativas

4.1. Sobre la naturaleza jurídica de los algoritmos

Más allá de las diversas posiciones existentes sobre el alcance que ha de darse a la inteligencia artificial en el ejercicio de las potestades administrativas, se advierte en la doctrina administrativista española un esfuerzo común por pergeñar un esquema regulador del procedimiento administrativo adaptado a esta nueva realidad, de manera que se puedan garantizar mejor los derechos de los administrados cuando se vean afectados por actuaciones administrativas en las que se hayan empleado sistemas basados en inteligencia artificial, especialmente cuando se trate de sistemas *data-driven* basados en técnicas de aprendizaje automático. En esta dirección, las propuestas se centran fundamentalmente en asegurar el debido control de los algoritmos que mueven estos sistemas, al objeto de sujetarles a las exigencias derivadas del principio de legalidad en la actuación administrativa.

Se trata este de un asunto que está estrechamente relacionado con el debate suscitado en relación a la supuesta naturaleza normativa de los algoritmos utilizados para la toma de decisiones administrativas. Una cuestión que tiene su razón de ser en la intrínseca capacidad reguladora de los algoritmos de aprendizaje automático. Como ya se indicó, estos algoritmos son capaces de crear, a partir del análisis de la información suministrada, las reglas sobre la base de las cuales se generará la predicción, recomendación o decisión que controlará la acción humana. Y este hecho ha llevado al profesor Boix Palop a considerar que esos algoritmos tienen una naturaleza plenamente normativa. A su entender, el código fuente con el que se escriben los algoritmos de estos sistemas de aprendizaje automático basados en datos y que son utilizados para evaluar las circunstancias concurrentes en cada caso —decantación del supuesto de hecho— y/o aportar

---

[446] Este término fue acuñado por BUSCH, P. A. y HENRIKSEN, H. Z., "Digital discretion: A systematic literature review of ICT and street-level discretion", *Information Polity*, vol. 23, nº 1, 2018, págs. 3-28.

valoraciones o elementos de juicio sobre la respuesta jurídica más adecuada —determinación de las consecuencias jurídicas—, al formar parte de las herramientas que emplea el Derecho para ordenar y dar respuestas a la realidad social, es también "código jurídico". Esta naturaleza jurídica derivaría del hecho de que aquellos algoritmos cumplen unas funciones sustancialmente equivalentes y "producen materialmente los mismos efectos que cualquier reglamento, al preordenar la decisión final del poder público y limitar el ámbito de discreción o de capacidad de determinación de quienes los han de aplicar a partir de los postulados contenidos en la programación". Devienen así en "reglamentos en un sentido jurídico material" y, en consecuencia, estima que como tales "han de ser tratados por el Derecho a la hora de regular cómo se producen, aplican y las garantías en torno a estos procesos"[447].

Esta equiparación entre algoritmos y normas reglamentarias determinaría, pues, el procedimiento a seguir para su elaboración y aprobación por parte de las administraciones públicas, lo que sin duda contribuiría a solventar o, al menos, paliar algunos de los principales problemas que en este momento plantea la utilización de la inteligencia artificial en la actuación administrativa[448]. Ello implicaría, en primer lugar, que los algoritmos habrían de estar sujetos en el proceso de su elaboración a mecanismos de evaluación normativa, tanto *ex ante* como *ex post*, y de participación democrática en la determinación de los fines y contenidos de la programación normativa algorítmica. Asimismo, de producirse esta equiparación con las normas reglamentarias, los algoritmos deberían ser promulgados y publicados oficialmente. Esta publicación oficial permitiría superar los déficits que, en relación a la transparencia algorítmica, muestran los actuales mecanismos de control de los algoritmos empleados por la Administración[449]. Por último, una garantía importante que comportaría la consideración de

---

447 BOIX PALOP, A., "Los algoritmos son reglamentos: la necesidad de extender las garantías propias de las normas reglamentarias a los programas empleados por la Administración para la adopción de decisiones", cit., pág. 237.

448 También DE LA CUEVA, J., "Datos, Derecho y nuevas tecnologías: privacidad y publicidad", *El Notario del Siglo XXI*, nº 77, 2018, sostiene que para la escritura del código fuente y de los algoritmos de los sistemas empleados para la toma de decisiones administrativas deben exigirse los mismos requisitos legales que se establecen para las fuentes del Derecho (disponible en https://www.elnotario.es/index.php/hemeroteca/revista-77/opinion/opinion/8382-codigo-fuente-algoritmos-y-fuentes-del-derecho).

449 Como señala GAMERO CASADO, E., "Sistemas automatizados de toma de decisiones en el Derecho Administrativo español", *Revista General de Derecho Adminis-*

los algoritmos como reglamentos es que posibilitaría el recurso directo e indirecto contra los mismos, y no únicamente contra las decisiones producto de su aplicación, lo que supondría un importante "instrumento de control *ex post* diversificado y desconcentrado" que permitiría fiscalizar de una manera más efectiva si la concreta programación con la que actúa la administración es ajustada a Derecho, detectando y corrigiendo los errores que se van poniendo de manifiesto con la práctica aplicativa[450].

Esta consideración de los algoritmos como fuentes de Derecho, que se presenta como una solución teórica aparentemente sencilla, y ventajosa desde un punto de vista práctico, para facilitar el control de los algoritmos no cuenta sin embargo con el respaldo mayoritario de la doctrina administrativista[451]. Uno de los primeros autores en rechazar ese enfoque fue el profesor Huergo Lora, quien alega dos razones fundamentales para ello. La primera alude a la amplitud del propio concepto de algoritmo, que hace que no sea posible considerar que todos tengan siempre la misma naturaleza o régimen jurídico. En este sentido distingue, en la línea de lo que venimos haciendo en esta exposición, entre los sistemas algorítmicos basados en reglas y los algoritmos de aprendizaje automático que formulan predicciones basadas en el análisis masivo de datos. Los primeros simplemente automatizan la aplicación de una norma mediante la formalización de todos los elementos relevantes para llevar a cabo dicha operación, ajustándose por tanto completamente a aquella y sin aportar ningún elemento nuevo, por lo que no tienen ninguna incidencia sobre el contenido de la decisión administrativa, en cuyo caso no tiene sentido decir que el algoritmo es una norma. Los segundos, los algoritmos de aprendizaje automático, sí aportan a la decisión un contenido nuevo, "de elaboración propia", a partir del análisis de los datos que se le han suministrado, por lo que, en todo caso, estos serían los únicos respecto de los que cabría plantear ese pretendido estatus normativo. Y la segunda razón es que, aunque aparentemente la tesis de Boix Palop supondría una limitación de carácter garantista al uso de los algoritmos, en realidad su aceptación produciría el efecto

---

trativo, nº 63, 2023, el reconocimiento del carácter normativo de los algoritmos resolvería el problema de la transparencia (pág. 5).

450 BOIX PALOP, A., "Los algoritmos son reglamentos: la necesidad de extender las garantías propias de las normas reglamentarias a los programas empleados por la Administración para la adopción de decisiones", cit., pág. 261.

451 Para una visión general de las posiciones doctrinales existentes en nuestro país en relación a esta cuestión, cfr. BERNING PRIETO, A. D., "La naturaleza jurídica de los algoritmos", en GAMERO CASADO, E. (dir.), *Inteligencia artificial y sector público. Retos, límites y medios*, cit., págs. 101-104.

contrario, puesto que convertiría a aquellos en reglamentos, algo que en este momento no son ni pueden ser. El algoritmo, en definitiva, o tiene un valor meramente auxiliar en la aplicación de la norma, o bien es "algo más" y entonces requiere la autorización de una norma. Pero, concluye el profesor Huergo Lora, "no podemos permitir que la Administración regule mediante algoritmos, porque debe hacerlo mediante reglamentos". Cuestión distinta es, a su juicio, que el reglamento se remita a un algoritmo, en cuyo caso este tendrá que cumplir todas las garantías de las normas[452].

Esta, como decimos, parece ser la posición mayoritariamente asumida por la doctrina administrativista española. El algoritmo no es, en sí mismo, un acto administrativo o una norma jurídica. Su naturaleza jurídica será, como concluye Gamero Casado, la "predicable de la actuación administrativa concreta en la que se inserta, pero no del algoritmo en sí"[453]. El algoritmo no es una categoría de naturaleza jurídica sino "una criatura empírica"[454]. Y el sistema automatizado de actuación administrativa puede ser establecido mediante un acto administrativo, mediante un reglamento o incluso mediante una norma con rango de ley. Así, el artículo 13.2 del *Real Decreto 203/2021, de 30 de marzo, por el que se aprueba el Reglamento de actuación y funcionamiento del sector público por medios electrónicos,* establece que en el ámbito estatal la determinación de una actuación administrativa como automatizada deberá ser autorizada por resolución del titular del órgano administrativo competente. Es decir, mediante un acto administrativo. Pero también nos encontramos con actuaciones automatizadas en el marco de normas de rango legal, como el caso ya mencionado del *Real*

---

452 HUERGO LORA, A., "Una aproximación a los algoritmos desde el Derecho Administrativo", cit., pág. 66. Una opinión similar en este punto sostiene PONCE SOLÉ, J., "Inteligencia artificial, Derecho Administrativo y reserva de humanidad: algoritmos y procedimiento administrativo tecnológico", cit., para quien, "en el caso de ejercicio de potestades administrativas, se puede decir que se delega en la IA tal ejercicio y el autómata toma el sitio del humano en función de las instrucciones que ha recibido", pero la fuente de Derecho "sigue siendo la norma jurídica que es ejecutada mediante el algoritmo y el código fuente" (pág. 35). Rechazando también el tratamiento de los algoritmos como normas reglamentarias, cfr. ARROYO JIMÉNEZ, L., "Algoritmos y reglamentos", *Almacén de Derecho,* 25 de febrero de 2020 (disponible en https://almacendederecho.org/algoritmos-y-reglamentos).

453 GAMERO CASADO, E., "Sistemas automatizados de toma de decisiones en el Derecho Administrativo español", cit., pág. 6.

454 Cfr. MORAL SORIANO, L., "Criaturas empíricas en un mundo normativo: la inteligencia artificial y el Derecho", *Revista de Derecho Público: Teoría y Método,* vol. 7, 2023, págs. 151-174.

Decreto-ley 2/2021, de 26 de enero, de refuerzo y consolidación de medidas sociales en defensa del empleo, que ha posibilitado la iniciación de procedimientos administrativos en el ámbito de la Seguridad Social mediante actas de infracción automatizadas.

4.2. Necesidad de nuevos mecanismos de garantía frente a la actuación administrativa algorítmica

En el fondo, el problema fundamental es el del establecimiento de las garantías y los mecanismos de control adecuados para asegurar que los algoritmos empleados por las administraciones públicas en la toma de decisiones administrativas sean respetuosos con el principio de legalidad y con los derechos e intereses legítimos de los afectados. Y, para ello, la mayor parte de la doctrina parece apostar —en nuestra opinión, de manera acertada— por el establecimiento de un régimen jurídico específico para la regulación de los algoritmos, de manera que se pueda dar una respuesta ajustada a las peculiaridades de esta tecnología disruptiva —o mejor dicho, de los distintos tipos de sistemas algorítmicos— y a la singular problemática que plantea su aplicación a la actividad administrativa, y no por forzar la aplicación del marco normativo previsto para la elaboración de los reglamentos, cuyo origen responde a preocupaciones y finalidades diferentes. Aunque las categorías generales y los principios del Derecho Administrativo —legalidad, transparencia, publicidad, responsabilidad, buena administración, motivación de los actos administrativos— permanecen vigentes frente a esta nueva realidad, su aplicación a la actividad administrativa algorítmica precisa, en algunos casos, de ajustes y reglas específicas para hacerlos valer en el entorno digital y, en otros, de la introducción de nuevas garantías.

Y, al margen de la discusión sobre la naturaleza jurídica del algoritmo, sí se observa en nuestra doctrina administrativista un consenso bastante generalizado acerca de los mecanismos y garantías jurídicas que es preciso instaurar para asegurar que el empleo de sistemas basados en inteligencia artificial en la toma de decisiones administrativas sea respetuoso con las exigencias del principio de legalidad[455]. Sin ánimo de ser exhaustivo, a

---

455 En cuanto a la forma en que debieran ser introducidas estas garantías, señala VELASCO RICO, C. I., Ponencia "Marco regulatorio de los sistemas algorítmicos y de inteligencia artificial: el papel de la Administración", *XVIII Congreso de la Asociación española de Profesores de Derecho Administrativo*, cit., que habría de "reflexionarse sobre la oportunidad de aprobar una Ley de Inteligencia Artificial para sentar las bases y establecer límites al uso de sistemas algorítmicos o de IA en el ámbito ad-

continuación me referiré a las principales medidas que sería preciso introducir en nuestro régimen jurídico administrativo.

4.2.1. Establecimiento de un «procedimiento administrativo debido tecnológico» para la elaboración y aprobación de los algoritmos, en el que se garantice la adecuada participación pública

Indudablemente, una de las estrategias más efectivas para el control de los sistemas de aprendizaje automático —especialmente, a la vista de las dificultades que en muchos casos plantea su transparencia, interpretabilidad y explicabilidad— es el establecimiento de una serie de garantías en su proceso de diseño, entrenamiento e implementación, así como de procedimientos de monitorización y supervisión de sus resultados. Garantías y procedimientos que puedan ser auditados por las propias administraciones y por agencias independientes, tanto en el mundo real como en el digital[456]. Esta es la idea básica que animó la aparición en los Estados Unidos de una corriente de literatura académica centrada en realizar una relectura de las exigencias de la garantía constitucional del «debido proceso legal» (*due process of law*) para adaptarlas a la problemática planteada por el empleo de sistemas algorítmicos en la toma de decisiones administrativas que afectan significativamente a los derechos de los afectados. Esta corriente tiene su inicio en la obra de Danielle K. Citron, quien demandaba hace ya más de una década el desarrollo de un concepto de "debido proceso tecnológico"[457], cuyo contenido vendría constituido por un conjunto de "procedi-

---

ministrativo o bien sobre si solo es necesario modificar puntualmente las distintas normas sectoriales, incluidas las básicas de procedimiento y régimen jurídico del sector público" (pág. 48). Esta última es la opción por la que parece decantarse BERMEJO LATRE, J. L., Ponencia "La aplicación de la inteligencia artificial en la actividad formal e informal de la Administración", *XVIII Congreso de la Asociación española de Profesores de Derecho Administrativo*, cit., pág. 29.

456 Para facilitar dichas auditorías, COPELAND, E., "10 principles for public sector use of algorithmic decision making", *Nesta Government Innovation Blog*, 20 February 2018, establece como un principio esencial para la utilización por parte de las administraciones públicas de un sistema algorítmico en los procesos de toma de decisiones administrativas la exigencia de poner a disposición de los auditores una versión *sandbox* idéntica para que estos puedan testar el impacto de diferentes condiciones del *input*.

457 Este concepto fue acuñado en CITRON, D. K., "Technological Due Process", *Washington University Law Review*, vol. 85, nº 6, 2008, págs. 1249-1313. Y ha sido recepcionado en la doctrina administrativista española, como denota el propio título del trabajo de J. Ponce Solé repetidamente citado: "Inteligencia artificial,

mientos que garanticen que los algoritmos predictivos satisfacen ciertos estándares de evaluación y revisión, al objeto de asegurar su imparcialidad y corrección"[458]. Idea que, desbordando los límites del Derecho Administrativo, ha inspirado conceptos más recientes, como los de "protección legal por diseño"[459], "regulación por diseño"[460] y otros similares, encaminados a incorporar en la arquitectura tecnológica de los sistemas empleados para tareas jurídicas, en los algoritmos que las animan y en los datos de los que se alimentan los valores jurídicos adecuados para garantizar el debido respeto a los derechos individuales y a los principios fundamentales del Estado de Derecho.

Mediante el establecimiento de un procedimiento administrativo debido tecnológico se trataría, pues, de incorporar garantías procedimentales administrativas básicas en el proceso de diseño y desarrollo de los sistemas algorítmicos que vayan a ser empleados en la toma de decisiones administrativas. De este modo, se buscaría profundizar en la realización del imperio de la ley "escribiéndolo en el lenguaje de las especificaciones técnicas de los sistemas de toma de decisiones y de apoyo a las decisiones empleados por el gobierno"[461].

Una de las garantías primordiales es, sin duda, la participación pública en el diseño y desarrollo de los sistemas algorítmicos, dando la oportunidad a los grupos interesados y a la ciudadanía en general de conocer y expresar sus puntos de vista sobre los objetivos perseguidos con la introducción del sistema, sus características, los datos utilizados para su entrenamiento y los resultados de sus pruebas[462]. Profundizando en esta dirección, Mireille Hildebrandt aboga por la adopción de un "enfoque agonístico" que incorpore la contestabilidad inherente al ideal del imperio de la ley en el diseño de los sistemas de *machine learning*[463].

Derecho Administrativo y reserva de humanidad: algoritmos y procedimiento administrativo tecnológico".

458 CITRON, D. K. y PASQUALE, F., "The Scored Society: Due Process for Automated Predictions", *Washington Law Review*, vol. 89, nº 1, 2014, pág. 19.

459 Cfr. HILDEBRANDT, M., "«Legal by design» or «legal protection by design»?", en IDEM, *Law for computer scientists and other folk*, Oxford University Press, 2020, págs. 251-280.

460 ALMADA, M., "Regulation by design and the governance of technological futures", *European Journal of Risk Regulation*, 2023, págs. 1-13.

461 ZALNIERIUTE, M., MOSES, L. B. y WILLIAMS, G., "The Rule of Law and automation of government decision-making", cit., pág. 444.

462 Cfr. CITRON, D. K., "Technological Due Process", cit., pág. 1312.

463 Cfr. HILDEBRANDT, M., "Algorithmic regulation and the Rule of Law", cit., pág. 7.

En este sentido es importante tener en cuenta que los procesos de diseño, desarrollo y entrenamiento de estos sistemas comportan una serie de elecciones metodológicas y de compromisos entre diversas magnitudes —una mayor velocidad puede disminuir la precisión, una mayor precisión requiere una mayor complejidad y dificulta la transparencia y la interpretabilidad de los resultados, la utilización de *data sets* más voluminosos aumenta el riesgo de correlaciones espurias…—, entre diferentes métricas de rendimiento del sistema no siempre compatibles entre sí —exactitud, exhaustividad, precisión, especificidad, pérdida logarítmica…— o entre diversos criterios de distribución del riesgo —¿minimización de la tasa de falsos negativos o de falsos positivos?—. Elecciones y compromisos que pueden tener importantes implicaciones en relación a la fiabilidad, comprensibilidad y contestabilidad de sus resultados. O incidir directamente en su propia legalidad. Por ejemplo, si nos referimos al ejercicio de potestades sancionadoras o a actuaciones restrictivas de derechos —como podría ser la revocación de beneficios sociales— parecería más conforme con los principios y garantías jurídicas un sistema que, por diseño, minimice la tasa de errores positivos —es decir, de aquellos casos en los que los ciudadanos sean injustamente sancionados o afectados en sus intereses—, aunque sea a costa de permitir un mayor porcentaje de casos en los que no sean detectados casos de incumplimiento —falsos negativos—[464]. En otras ocasiones, incluso, las normas jurídicas pueden exigir expresamente dar prioridad a unos determinados valores de diseño sobre otros, como ocurre con la *Ley 15/2022, de 12 de julio, integral para la igualdad de trato y no discriminación,* que establece que las administraciones públicas, "en el ámbito de los algoritmos involucrados en procesos de toma de decisiones, priorizarán la transparencia en el diseño y la implementación y la capacidad de interpretación de las decisiones adoptadas por los mismos" (art. 23.2).

Por ello, como señala Hidebrandt, debemos asegurarnos de que aquellas elecciones de diseño son el resultado de un debate agonístico entre tecnólogos y científicos de datos, expertos legales y los sujetos afectados por las decisiones que vayan a estar basadas en la información de salida del sistema, como una garantía de integridad metodológica que promueve la clase de transparencia y la posibilidad de contestación que demanda el

---

[464] Sobre la incidencia de estas elecciones de diseño en el cumplimiento de los criterios de legalidad, cfr. YEUNG, K. y HARKENS, A., "How do «technical» design-choices made when building algorithmic decision-making tools for criminal justice authorities create constitutional dangers?", *Public Law,* nº 2, 2023, págs. 265-286.

ideal del imperio de la ley[465]. Mediante este enfoque se trataría, pues, de construir sistemas «contestables por diseño», de modo que las exigencias de contradicción sean consideradas como atributos de calidad del *software* que han de ser aseguradas desde las fases iniciales de desarrollo del sistema a través del diseño participativo, incorporando el *feedback* de los grupos o roles relevantes[466].

Una pretensión que, desde luego, se encuentra bastante alejada de la práctica habitual de la compra o de la mera utilización con una licencia de uso por parte de las administraciones públicas de sistemas algorítmicos que han sido desarrollados por compañías privadas, sin que, por tanto, aquellas hayan intervenido en su desarrollo —mucho menos aún, claro, los administrados— o siquiera conozcan sus algoritmos y códigos fuente, a menudo protegidos como propiedad intelectual o industrial. Situación que puede plantear delicados problemas desde la óptica de la delegación de poder público en entidades privadas, pues, de este modo, aquellas importantes decisiones de diseño escapan al control de la Administración y del proceso democrático.

Otro aspecto importante a tener en cuenta en la fase de elaboración y entrenamiento de los sistemas algorítmicos, y a controlar tanto por parte de las agencias encargadas de su auditoría o supervisión como de los propios grupos de interés y sujetos afectados, es asegurar la "regularidad procedimental" en el modo cómo aquellos toman sus decisiones[467]. Esta es una exigencia básica que posibilita que todo interesado pueda conocer que en su caso se aplicó el mismo procedimiento que en cualquier otro caso y que ese procedimiento no fue diseñado de una manera que le discrimine o perjudique[468]. Se trata de una exigencia que deriva de la dimensión procedimental inherente al principio constitucional de igualdad, que demanda

---

465 Cfr. HILDEBRANDT, M., "Algorithmic regulation and the Rule of Law", cit., págs. 8-9.

466 Cfr. ALMADA, M., "Human intervention in automated decision-making: Toward the construction of contestable systems", cit., págs. 7-8. Como afirma NEMITZ, P., "Constitutional democracy and technology in the age of artificial intelligence", cit., solo si, por defecto, se incorporan en el diseño de la inteligencia artificial los principios de la democracia, el imperio de la ley y el cumplimiento de los derechos fundamentales aquella podrá ser utilizada para la toma de decisiones que afecten a nuestros derechos (pág. 13).

467 Cfr. CITRON, D. K. y PASQUALE, F., "The Scored Society: Due Process for Automated Predictions", cit., pág. 18.

468 Cfr. KROLL, J. A. *et al.*, "Accountable Algorithms", *University of Pennsylvania Law Review*, vol. 165, 2017, págs. 656-657.

que las normas sean aplicables con carácter general y no hayan sido creadas para casos individuales. Hoy, a través del empleo de diversas técnicas computacionales, como los compromisos criptográficos y las pruebas de conocimiento cero, es posible verificar esa regularidad o coherencia procedimental y proveer una explicación de lo que hace el sistema, mostrando cómo cada resultado o *output* es el resultado de aplicar la misma política o regla de decisión generada por el sistema a cada caso o *input* particular, sin necesidad de conocer cómo funciona su caja negra[469]. También el sometimiento de los algoritmos a evaluaciones de impacto es un mecanismo que contribuye a asegurar esta regularidad[470].

Sin duda, la regularidad procedimental es una de las grandes ventajas que presentan los sistemas de inteligencia artificial en relación a la toma humana de decisiones, en cuanto asegura la consistencia interna en los resultados, evitando que se den dos respuestas diferentes ante una misma situación. Eso sí, habrá que asegurarse también de que la regla codificada o el modelo generado por el sistema para la toma de decisiones es consistente con la ley o norma aplicable —consistencia externa—. Junto con la participación pública en el diseño del sistema y el control de la calidad de los datos utilizados para su desarrollo y entrenamiento, constituyen elementos fundamentales para la detección y corrección de posibles sesgos y resultados discriminatorios. A través de estos mecanismos se garantiza que la transparencia y el control de los algoritmos no se base solo en medidas de carácter reactivo, como remedios *post hoc*, sino que los derechos e intereses de los potenciales afectados sean tenidos en cuenta en el proceso de diseño, configuración y evaluación del sistema de inteligencia artificial previo a su implantación[471]. Las elecciones y decisiones metodológicas adoptadas en esta fase son, como afirma Lorenzo Cotino, en la mayoría de las ocasiones, "los elementos determinantes para generar el sesgo o la discriminación algorítmica". Sin embargo, lamentablemente, en la situación actual es muy posible que aquellas decisiones "queden al margen del reconocimiento normativo y se consideren potestades implícitas o inherentes", escapando así a cualquier control[472].

---

469 Cfr. *Ibidem*, págs. 672-674.

470 Un modelo para llevar a cabo la evaluación de impacto puede encontrarse en EUROPEAN LAW INSTITUTE, *Model Rules on Impact Assessment of Algorithmic Decision-Making Systems Used by Public Administration*, Vienna, 2022.

471 Cfr. CITRON, D. K., "Technological Due Process", cit., pág. 1312.

472 COTINO HUESO, L., "Discriminación, sesgos e igualdad de la inteligencia artificial en el sector público", pág. 276. En este trabajo podrá encontrar el lector interesado un profundo análisis de las causas de discriminación algorítmica, los

Por último, no debe olvidarse que la evaluación y el control del funcionamiento de los sistemas algorítmicos ha de llevarse a cabo de manera periódica a lo largo de todo su ciclo vital, no solo en el proceso inicial de su diseño y desarrollo.

4.2.2. Reconocimiento del derecho del interesado a obtener una explicación comprensible del funcionamiento de los algoritmos

Lógicamente, esta explicación ha de comprender, en primer lugar, la información al interesado de que la decisión administrativa ha sido tomada por un sistema de inteligencia artificial o está basada en *outputs* generados por aquel. Algo que no resulta en absoluto baladí, especialmente si se tiene en cuenta que los sistemas de inteligencia artificial empleados en estos momentos por las administraciones públicas no han sido, en su mayor parte, aprobados previamente con carácter formal ni tampoco difundidos públicamente, por lo que no pueden ser conocidos[473]. No obstante, aun cuando se subsanaran estos aspectos relativos a la publicidad de los algoritmos —a la que posteriormente me referiré—, aquella información seguiría siendo relevante, en la medida en que no resulta jurídicamente exigible que los ciudadanos tengan dicho conocimiento.

Más allá de ese pre-requisito formal, el contenido sustantivo de este derecho está, como puede suponerse, íntimamente asociado a la exigencia técnica de explicabilidad del funcionamiento de los sistemas algorítmicos. Una exigencia que, desde la perspectiva jurídica, deriva inmediatamente de la obligación de motivación de las decisiones administrativas (art. 35. 1 de la *Ley 39/2015, de 1 de octubre, del procedimiento administrativo común de las administraciones públicas*) y, en última instancia, de la interdicción de la arbitrariedad en la actuación de los poderes públicos (art. 9.3 de la Constitución), constituyendo además un elemento fundamental para garantizar

---

criterios para determinar su impacto, los medios de prueba de la discriminación y los posibles remedios. Sobre este tema véase también BELLOSO MARTÍN, N., "La problemática de los sesgos algorítmicos (con especial referencia a los de género). ¿Hacia un derecho a la protección contra los sesgos?", en LLANO ALONSO, F. (dir.), *Inteligencia artificial y Filosofía del Derecho*, cit., págs. 45-78.

473 Como indica MARTÍN DELGADO, I, "La aplicación del principio de transparencia a la actividad administrativa algorítmica", cit., el primer tipo de opacidad que el Derecho debe combatir, porque carece de justificación, es la "opacidad intencionada, esto es, la derivada de la ocultación por la Administración del uso de estos sistemas algorítmicos" (págs. 157-158).

el ejercicio efectivo del derecho a impugnar la decisión[474]. Es indiscutible que el deber de motivación alcanza a toda decisión administrativa, independientemente del medio a través del cual esta haya sido alcanzada, pero, indudablemente, la motivación de las decisiones tomadas por medio de sistemas de inteligencia artificial o basadas en sus resultados presenta perfiles y características singulares que han de ser objeto de una atención específica y, sobre todo, de un control adecuado.

Con todo, la problemática no es idéntica en relación a cualquier tipo de sistema. Como ya se puso de manifiesto al abordar el empleo de la inteligencia artificial en las potestades regladas y discrecionales, la utilización de sistemas basados en reglas para la automatización de las primeras no plantea dificultades especiales en relación a la motivación, puesto que aquellos garantizan la trazabilidad de la decisión y su explicabilidad en términos de la ejecución de alguna de las reglas de inferencia codificadas en su base de conocimiento. En ellos, la mera transparencia —esto es, el acceso a su código fuente— asegura la interpretabilidad de sus resultados, ya que son modelos fácilmente comprensibles, bien porque tienen una expresión matemática simple —por ejemplo, modelos lineales— o bien porque su representación permite a los usuarios entender su expresión matemática —por ejemplo, árboles de decisión—[475]. El propio sistema puede ser programado para generar automáticamente, junto con la decisión, una explicación de la misma en términos de la ejecución de la regla formalizada correspondiente, lo que equivale a una justificación normativa si esta regla se adecúa a la norma jurídica aplicable. Las decisiones generadas por este tipo de sistemas serían impugnables, por tanto, sobre la base de dos posibles argumentos: o bien la decisión está basada en condiciones legales que no son

---

474 En opinión de WACHTER, S., MITTELSTADT, B. y RUSELL, C., "Counterfactual explanations without opening the black box: automated decisions and the GDPR", *Harvard Journal of Law & Technology*, vol. 31, nº 2, 2018, la explicabilidad debería estar orientada a lograr estos tres fines: a) informar y ayudar al sujeto a entender por qué se alcanzó una determinada decisión, b) proporcionarle la información necesaria para que pueda impugnar las decisiones adversas, y c) que el sujeto comprenda qué puede cambiar para alcanzar el resultado deseado en el futuro (pág. 843). Tampoco debe olvidarse, sin embargo, desde la perspectiva de la Administración, que, como señalan BIBAL, A. *et al.*, "Legal requirements on explainability in machine learning", cit., otro objetivo de la explicabilidad es el de permitir a aquella ejercitar un control significativo y efectivo sobre la legalidad de la decisión (pág. 156).

475 Cfr. BIBAL, A. *et al.*, "Legal requirements on explainability in machine learning", *Artificial Intelligence and Law*, nº 29, 2021, pág. 157.

aplicables al caso porque el sistema estableció erróneamente los hechos, o bien la decisión está basada en una regla de la base de conocimiento del sistema que constituye una interpretación equivocada de la norma jurídica relevante[476].

Sin embargo, la situación es muy distinta cuando hablamos de decisiones discrecionales adoptadas o basadas en sistemas de *machine learning*. La complejidad de estos sistemas basados en el análisis de datos, capaces de ponderar un número potencialmente ilimitado de factores para generar el modelo predictivo que posteriormente se aplicará al caso presente, dificulta, cuando no imposibilita, la trazabilidad de la decisión. Tiene, pues, razón Gamero Casado al afirmar que el deber de motivación es uno de los principales obstáculos que se interpone en el empleo de este tipo de sistemas para la adopción de decisiones administrativas[477]. Exigencia de motivación que, además, no debe olvidarse que tiene un carácter reforzado en relación precisamente a la toma de decisiones discrecionales, al objeto de impedir que la discrecionalidad derive en arbitrariedad.

Para tratar de solventar estas dificultades se ha intentado recurrir a diversos expedientes. La primera solución propuesta ha sido la de garantizar el acceso a los algoritmos y el código fuente del sistema, una cuestión a la que me referiré posteriormente. Pero esta medida, con ser indispensable, especialmente a efectos de que se puedan testar y evaluar con carácter general sus resultados, puede resultar insuficiente e incluso inapropiada a los efectos que ahora estamos considerando, esto es, el derecho del interesado a obtener una explicación comprensible del funcionamiento del algoritmo en relación a la adopción de la decisión que incide negativamente en la esfera de sus derechos e intereses, puesto que los algoritmos y el código fuente son totalmente incomprensibles para cualquiera que no sea un experto. La mera publicidad o posibilidad de acceder al conocimiento de los algoritmos y del código fuente —o, como suele decirse más gráficamente, la apertura de la caja del sistema para ver cómo opera internamente— no garantiza generalmente la interpretabilidad de sus resultados, ya que se trata de modelos con una expresión matemática compleja que, además, no puede ser representada de una manera que sea fácilmente comprensible. Y si hablamos de sistemas basados en redes neuronales de aprendizaje profundo, no ya solo los legos en tecnología sino incluso los mismos expertos y

---

476 Cfr. HILDEBRANDT, M., "Algorithmic regulation and the Rule of Law", cit., págs. 2-3.

477 Cfr. GAMERO CASADO, E., "Sistemas automatizados de toma de decisiones en el Derecho Administrativo español", cit., pág. 18.

programadores se declaran incapaces de comprender las razones que han motivado sus decisiones.

Ante esta insuficiencia de la transparencia, entendida simplemente como acceso a los algoritmos, para asegurar la interpretabilidad de sus resultados, se ha recurrido a la noción de «explicabilidad» como forma de comprensión específica de los modelos de aprendizaje profundo. Dicha noción alude a la capacidad que tiene un sistema de aprendizaje automático de ser explicable empleando métodos o enfoques externos al propio modelo[478]. De manera que, a través de esta exigencia, demandamos que se proporcione una explicación inteligible de por qué el algoritmo alcanzó un resultado particular, sin que resulte necesario conocer o entender el *iter* lógico seguido por el sistema. La relación entre transparencia y explicabilidad se torna, así, compleja. La explicabilidad es, por un lado, una noción más limitada que la transparencia, en cuanto no implica necesariamente hacer accesibles los algoritmos y los códigos fuente, pero, a la vez, es más amplia y exigente, en cuanto va más allá de la mera provisión de información y comporta una explicación comprensible y una justificación de la información proporcionada[479].

Cada vez más países están poniendo énfasis en esta exigencia. El gobierno alemán ha subrayado que cuando se empleen sistemas basados en inteligencia artificial en los procedimientos administrativos debe resultar comprensible para el ciudadano por qué la administración alcanzó la decisión adoptada. En Francia, el artículo 311 del *Code des relations entre le public et l'administration* (2015) establece que una decisión individual tomada sobre la base de un procesamiento algorítmico incluirá una afirmación explícita informando de tal circunstancia a la persona afectada, incluyendo la finalidad del procesamiento. Asimismo, a requerimiento de la persona afectada, se le informará de una manera comprensible acerca de las siguientes circunstancias: a) grado y modo de contribución del procesamiento algorítmico a la toma de decisión; b) datos procesados y sus fuentes; c) parámetros del procedimiento y, cuando proceda, su ponderación en relación a la situación de la persona afectada; y d) las operaciones llevadas a cabo en el procesamiento. En Italia, el Consejo de Estado exige, para la aplicación de un sistema algorítmico en la toma de decisiones administrativas,

---

478 Cfr. BIBAL, A. *et al.*, "Legal requirements on explainability in machine learning", cit., págs. 157-159.

479 Cfr. FINK, M., "Automated decision-making and Administrative Law", en CANE, P. *et al.* (eds.), *The Oxford Handbook on Comparative Administrative Law*, Oxford University Press, 2020, pág. 573.

"el pleno conocimiento del módulo utilizado y de los criterios aplicados". Conocimiento del algoritmo que "debe garantizarse en todos los aspectos: desde sus autores hasta el procedimiento utilizado para su elaboración, el mecanismo de decisión, las prioridades asignadas en el procedimiento de evaluación y toma de decisiones y los datos seleccionados como relevantes (…), a fin de poder verificar que los criterios, condiciones y resultados del procedimiento robótico cumplen con las prescripciones y las finalidades establecidas por la ley o por la propia administración sobre dicho procedimiento y para que queden claras —y, por lo tanto, sean cuestionables— las modalidades y reglas a partir de las que se haya programado"[480]. Y, más recientemente, el Tribunal de Justicia de la Unión Europea, en su sentencia de la Gran Sala de 22 de junio de 2022 en el caso *Ligue des droits humans*, asunto C-817/19 (ECLI:EU:C:2022:491), ha subrayado la necesidad de que se ofrezca a los interesados una explicación suficiente de la decisión adoptada en base a un sistema de inteligencia artificial, de manera que el interesado pueda no solo conocer los criterios de evaluación predeterminados y los programas que aplican esos criterios sino también comprender su funcionamiento.

En esta línea de la comprensión de la transparencia como exigencia de explicabilidad se orienta también el Reglamento de Inteligencia Artificial de la Unión Europea. Conforme a su artículo 13, los sistemas de alto riesgo "se diseñarán y desarrollarán de un modo que se garantice que funcionan con un nivel de transparencia suficiente para que los responsables del despliegue interpreten y usen correctamente sus resultados de salida". Ello es necesario, además, al objeto de que estos responsables puedan "proporcionar información pertinente para explicar" tales resultados. Y es que el artículo 86 del Reglamento reconoce el derecho del ciudadano a obtener una explicación comprensible de la decisión individual que le afecta. Toda persona sujeta a una decisión adoptada sobre la base de la información de salida de un sistema de inteligencia artificial de alto riesgo que produzca efectos jurídicos o que le afecte significativamente de una manera que considera que perjudica a su salud, seguridad o derechos fundamentales, tiene "derecho a obtener del responsable del despliegue explicaciones claras y significativas acerca del papel que el sistema de IA ha tenido en el proceso de toma de decisiones y los principales elementos de la decisión adoptada". Aunque, recordemos, estas exigencias del Reglamento solo resultarán

---

480 Sentencia nº 8472, de 13 de diciembre de 2019, del Consejo de Estado italiano. Tomado de CERRILLO I MARTÍNEZ, A., "¿Son fiables las decisiones de las Administraciones públicas adoptadas por algoritmos?", cit., pág. 31.

aplicables en relación a aquellos sistemas que sean considerados de alto riesgo.

Resulta, por tanto, fundamental que el interesado pueda conocer y comprender la lógica que ha conducido al resultado generado por el sistema mediante una descripción inteligible de los criterios en los que se basa su diseño y funcionamiento, así como de los datos utilizados para su desarrollo y entrenamiento[481]. Incluso hay quien apunta que, en estos casos, cabría exigir que la motivación incluya también la acreditación de que el sistema ha sido sometido a los preceptivos mecanismos de control, supervisión y auditoría, como ocurre, por ejemplo, con los radares utilizados para imponer las multas de tráfico, en tanto, como se mencionará posteriormente, una adecuada motivación del acto administrativo requiere no solo conocer los aspectos ya señalados sobre los objetivos y la lógica del sistema —datos, parámetros principales de diseño, criterios de ponderación…— sino también garantizar que el sistema funciona correctamente y de manera regular[482].

La exigencia de explicabilidad como una condición indispensable para la adecuada motivación del acto administrativo plantea especialmente el problema de la legalidad o no del empleo de sistemas basados en redes neuronales de aprendizaje profundo (*deep learning*). Como ya se señaló, la información de salida de estos sistemas es el resultado de la ponderación de la interacción recíproca y simultánea de un número potencialmente ilimitado de indicadores distribuidos en diversas capas o niveles de análisis, de manera que resulta imposible descifrar el peso relativo de los distintos factores tomados en cuenta por el algoritmo. Además, los modelos predictivos generados automáticamente por el propio sistema para la determinación de los *outputs* cambian constantemente a medida que el sistema adquiere experiencia en la realización de su tarea y conoce nuevos datos. Pese a los esfuerzos por desarrollar diversos enfoques metodológicos para lograr una inteligencia artificial explicable, que permita garantizar el grado de inter-

---

481 En nuestro ordenamiento jurídico nacional, la única disposición legal relativa a esta cuestión es el ya citado artículo 23.2 de la *Ley 15/2023, de 12 de julio, integral para la igualdad de trato y la no discriminación*, que se limita a establecer que "las administraciones públicas, en el marco de sus competencias en el ámbito de los algoritmos involucrados en procesos de toma de decisiones, priorizarán la transparencia en el diseño y la implementación y la capacidad de interpretación de las decisiones adoptadas por los mismos".

482 Cfr., en este sentido, GAMERO CASADO, E., "Las garantías de régimen jurídico del sector público y del procedimiento administrativo común frente a la actividad automatizada y la inteligencia artificial", cit., pág. 438.

pretabilidad exigible para el empleo de este tipo de sistemas en el entorno jurídico, normalmente a partir de una combinación de explicaciones locales —cuáles han sido las variables más importantes en la determinación del resultado— y explicaciones contrafácticas —explicación del modo en que un *input* proporcionado al sistema tendría que haber sido diferente para que se hubiera alcanzado un resultado distinto—, lo cierto es que, a día de hoy, la explicabilidad de los sistemas de aprendizaje profundo sigue siendo un reto pendiente[483].

Por ello, algunos autores, como Gamero Casado, consideran que el empleo de los sistemas de *deep learning* es incompatible con nuestro marco legal no solo para la toma de decisiones automatizadas sino también para apoyar la toma de decisiones, en tanto no se regulen explícitamente nuevas formas de motivación en estos casos[484]. Una posición similar a la que ha defendido en el Reino Unido el *Select Committee on Artificial Intelligence* de la Cámara de los Lores, quien ha indicado que "no es aceptable desplegar un sistema de inteligencia artificial que pueda tener un impacto sustancial en la vida del individuo si no puede generar una explicación plena y satisfactoria de las decisiones que adoptará". Y, consecuentemente, recomienda que su uso sea demorado hasta que se encuentren soluciones técnicas que permitan su comprensibilidad plena[485].

Con todo, y para finalizar, es claro que la motivación del acto administrativo no puede agotarse en la exigencia técnica de explicabilidad del algoritmo. Esta es una condición necesaria, pero no suficiente, de aquella, ya que será preciso demostrar que los criterios de funcionamiento del sistema y sus resultados se ajustan a Derecho. La motivación exige siempre una justificación normativa[486]. De manera que se debe explicar la lógica de

---

483 Cfr., entre otras, las propuestas de EBERS, M. y TUPAY, P. K., *Artificial intelligence and machine learning powered public service delivery in Estonia. Data Science, Machine Intelligence and Law*, cit, págs. 103-128; WACHTER, S., MITTELSTADT, B. y RUSELL, C., "Counterfactual explanations without opening the black box: automated decisions and the GDPR", cit.; DOSHI-VELEZ, F. y KORTZ, M., *Accountability of AI under the Law: the role of explanation*, cit.; y SELBST, A. D. y BAROCAS, S., "The intuitive appeal of explainable machines", *Fordham Law Review*, nº 87, 2018, págs. 1085-1139.

484 Cfr. GAMERO CASADO, E., "Sistemas automatizados de toma de decisiones en el Derecho Administrativo español", cit., pág. 18.

485 UK HOUSE OF LORDS, *AI in the UK: ready, willing and able?*, Select Committee on Artificial Intelligence, Report of Session 2017-19, 16 April 2018, pág. 40.

486 Sobre las insuficiencias de las explicaciones causales ligadas a la apertura de la «caja negra» o al suministro de información sobre la lógica de funcionamiento

funcionamiento del sistema y justificar su adecuación a los criterios normativos que rigen la adopción del acto administrativo[487]. En este sentido, la *Carta de Derechos Digitales* proclama el derecho a "obtener una motivación comprensible en lenguaje natural de las decisiones que se adopten en el entorno digital, con justificación de las normas jurídicas relevantes, tecnología empleada, así como de los criterios de aplicación de las mismas al caso". De manera interesante, este instrumento de *soft law* recoge también el derecho a "que se motive o se explique la decisión administrativa cuando esta se separe del criterio propuesto por un sistema automatizado o inteligente" (sección XVIII, apartado 6, c).

4.2.3. Establecimiento de un deber de publicidad activa de los sistemas de inteligencia artificial implantados en la Administración pública y de un derecho de acceso a sus algoritmos y códigos fuente

Nos encontramos aquí, como indica el profesor Martín Delgado, con dos manifestaciones o dimensiones esenciales del deber de transparencia, que constituye un principio general de actuación de la Administración consagrado en el artículo 3 *LRJSP* y un derecho constitucional reconocido en el artículo 105 de la Constitución. De un lado, la "transparencia externa", referida a la difusión de la información relativa a la existencia de sistemas que hacen uso de técnicas de inteligencia artificial en el sector público y sus características. Y, de otro, la "transparencia interna", referida al funcionamiento práctico de la tecnología de la que se hace uso, y que, como hemos visto, guarda conexión con el deber de motivación de las decisiones adoptadas por, o sobre la base de, sistemas algorítmicos. Ambas dimensiones se hallan intrínsecamente vinculadas, en cuanto la difusión de la información sobre el diseño del sistema, su finalidad de uso, lógica de funcionamiento, los datos de entrenamiento, el margen de error testado y el nivel de precisión verificado o los resultados de las auditorías realizadas contribuye a la motivación de la decisión adoptada por la Administración en base al sistema. Por el contrario, cualquier motivación de la decisión en

---

del sistema para satisfacer la exigencia jurídica de proporcionar una explicación «legal», que implica el deber de dar razones normativas que justifiquen la decisión, cfr. OLSEN, H. P., SLOSSER, J. L. y HILDEBRANDT, T. T., "What's in the box? The legal requirement to explain computationally aided decision-making in public administration", cit., págs. 224-227.

487 Cfr. MORAL SORIANO, L., "Decisiones automatizadas, Derecho Administrativo y argumentación jurídica", en LLANO ALONSO, F. (dir.), *Inteligencia artificial y Filosofía del Derecho*, cit., págs. 486-487.

el caso concreto será insuficiente sin el conocimiento de aquella información: no bastan las razones, es imprescindible saber que el sistema funciona de forma correcta[488].

Esta doble dimensión ha de proyectarse, en consecuencia, sobre el régimen de control de los algoritmos. El cambio conceptual que implica el uso de sistemas algorítmicos en la toma de decisiones administrativas se concreta en la idea de que el control ha de focalizarse también en la programación y no solo en la adopción de la decisión. Y, en coherencia con ello, debería existir una doble vía de impugnación: directa, atacando la decisión individual adoptada por el sistema o en base a sus resultados por ser contraria al ordenamiento jurídico, e indirecta, por una deficiente interpretación del ordenamiento jurídico a la hora de diseñar el sistema algorítmico o por deficiencias en los datos de los que se nutre y en su entrenamiento[489]. En este sentido, la publicidad activa sobre los propósitos y las características técnicas del sistema —datos de entrenamiento, diseño del sistema, lógica de funcionamiento…— constituye una garantía imprescindible para la tutela de la colectividad frente a los riesgos de potenciales impactos masivos en el empleo de la inteligencia artificial y de sesgos discriminatorios, que no pueden ser abordados de manera efectiva exclusivamente desde la óptica tradicional de la impugnación de los actos administrativos singulares.

Sobre el deber de publicidad activa, cabe recordar que el artículo 45.4 de la *Ley 30/1992, de 26 de noviembre, de régimen jurídico de las administraciones públicas y del procedimiento administrativo común* establecía las obligaciones de las administraciones públicas de aprobar previamente a su entrada en funcionamiento los programas y aplicaciones electrónicos, informáticos y telemáticos que fueran a ser utilizados para el ejercicio de sus potestades y de difundir públicamente sus características. Pero esta disposición no se mantuvo en la *Ley 11/2007, de 22 de junio, de acceso electrónico de los ciudadanos a los Servicios Públicos*, ni fue posteriormente incorporada a la *LRJSP*[490]. En este sentido, parecía suponer un avance el *Real Decreto 203/2021, de 30*

---

488 MARTÍN DELGADO, I., "La aplicación del principio de transparencia a la actividad administrativa algorítmica", cit., págs. 159-160 y 169-170.

489 Cfr. *Ibidem*, págs. 184-185.

490 Solo en el ámbito tributario permanece una disposición similar. Se trata del artículo 96.4 de la *Ley 58/2002, de 17 de diciembre, General Tributaria*, que establece que "los programas y aplicaciones electrónicos, informáticos y telemáticos que vayan a ser utilizados por la Administración tributaria para el ejercicio de sus potestades habrán de ser previamente aprobados por esta en la forma que se determine reglamentariamente", si bien no hace referencia al deber de difundir públicamente sus características.

de marzo, por el que se aprueba el Reglamento de actuación y funcionamiento del sector público por medios electrónicos, cuyo artículo 11.1.i) obliga a publicar en cada sede electrónica la "relación actualizada de las actuaciones administrativas automatizadas vinculadas a los servicios, procedimientos y trámites descritos en la letra anterior". Cada una de ellas "se acompañará de la descripción de su diseño y funcionamiento, los mecanismos de rendición de cuentas y transparencia, así como los datos utilizados en su configuración y aprendizaje". Sin embargo, lo cierto es que hasta este momento la Administración no ha procedido a publicitar los sistemas algorítmicos empleados en la toma de decisiones, basándose al parecer en una interpretación bastante restrictiva de este precepto[491]. Hoy, en nuestro país, únicamente la pionera *Ley 1/2022, de 13 de abril, de Transparencia y Buen Gobierno de la Comunitat Valenciana*, impone este deber de publicidad activa, indicando que los sujetos obligados han de publicar "la relación de sistemas algorítmicos o de inteligencia artificial que tengan impacto en los procedimientos administrativos o la prestación de los servicios públicos con la descripción de manera comprensible de su diseño y funcionamiento, el nivel de riesgo que implican y el punto de contacto al que poder dirigirse en cada caso, de acuerdo con los principios de transparencia y explicabilidad" (art. 16).

Esta opacidad en cuanto a los sistemas algorítmicos que están siendo empleados por las administraciones públicas en la adopción de actos administrativos hace del todo imposible, como ha denunciado la red DAIA, delimitar con precisión los problemas jurídicos, el margen de discrecionalidad otorgado a los sistemas y su grado de influencia sobre las decisiones, así como la implementación de auditorías y mecanismos de verificación suficientes. Cuestiones que han de ser garantizadas no solo frente a las decisiones automatizadas sino también frente a las semiautomatizadas, incluyendo aquellas decisiones humanas que se apoyan en un sistema de inteligencia artificial en alguna fase de la actuación administrativa, incluidas las fases de información y actuaciones previas. Este conocimiento de los

---

491 Al respecto, afirma GAMERO CASADO, E., "Las garantías de régimen jurídico del sector público y del procedimiento administrativo común frente a la actividad automatizada y la inteligencia artificial", cit., que "cabe pensar que la aplicación del precepto se ha entendido circunscrita a los sistemas de actuación automatizada que actúen precisamente en la sede, no incluyendo al total de los que opera el órgano en cuestión (al margen de la sede)". Y concluye que, de ser esta la interpretación que se está haciendo de dicho precepto, "sus consecuencias prácticas serán verdaderamente pobres, y además, se producirá una clara e incomprensible diferenciación de regímenes jurídicos entre las actuaciones automatizadas que se realicen en sede y las que no" (pág. 409).

usos de la inteligencia artificial en las fases previas o de asistencia a las decisiones humanas, que normalmente quedan fuera de la actuación formal de la Administración pero que pueden predeterminar el contenido de las actuaciones administrativas, se revela fundamental para evitar la huida del Derecho y de sus garantías —transparencia, respeto del derecho a una buena administración, garantías del procedimiento, etc.—. Solo una adecuada trazabilidad y transparencia del uso de sistemas algorítmicos en cualquier fase y tipo de actuación administrativa, formal e informal, permitirá determinar el grado real de intervención humana en la toma de decisiones[492].

A nuestro juicio, la publicidad ha de abarcar no solo la especificación de las características técnicas del sistema, sino también otras dimensiones que tienen que ver con sus propósitos y contexto de acción. En este sentido no debe olvidarse que el sistema se integra siempre en un proceso de toma de decisiones que implica considerar objetivos, principios, derechos, políticas de actuación, etc., que, como hemos visto anteriormente, también se reflejan en su diseño. Por ello, L. Edwards y M. Veale señalan que cualquier explicación sobre el diseño e implementación de estos sistemas ha de contener información significativa acerca de su configuración —finalidad del sistema, tipo de sistema, parámetros de diseño, etc.—, datos de entrenamiento —descripciones estadísticas y cualitativas, origen, clasificaciones, etc.—, métricas de rendimiento —estrategias de medida, tasas de rendimiento generales y por subcategorías, etc.—, lógica global —información comprensible y simplificada sobre la lógica del sistema, importancia de los factores tomados en consideración, etc.— y proceso de desarrollo —cómo se entrenó, testó y protegió frente a propiedades no deseadas—[493]. Incluso, en aquellos casos en los que el sistema es empleado simplemente como un elemento de apoyo al decisor humano, parece imprescindible ofrecer una explicación acerca de su política de uso: qué valor tienen sus resultados, si está permitido o no apartarse de ellos, cuáles son las consecuencias asociadas a los distintos resultados, si la decisión ha de ser la misma en todos los casos en que los resultados son idénticos, etc.

Hasta ahora, la lucha contra la opacidad en el empleo de sistemas algorítmicos se ha instrumentado fundamentalmente a través de los mecanismos previstos en la *Ley 19/2013, de 9 de diciembre, de transparencia, acceso a*

---

492 Cfr. Red DAIA, *Declaración Final del II Seminario Internacional Derecho Administrativo e Inteligencia Artificial en el sector público: la importancia de las garantías jurídicas*, Universidad de Valencia, 10-11 de octubre de 2019, pág. 3.

493 Cfr. EDWARDS, L. y VEALE, M., "Slave to the Algorithm? Why a 'right to an explanation' is probably not the remedy you are looking for", cit., págs. 55-56.

la información pública y buen gobierno. En relación al deber de publicidad, su artículo 5.1. establece la obligación de las administraciones públicas de publicar "la información cuyo conocimiento sea relevante para garantizar la transparencia de su actividad relacionada con el funcionamiento y control de la actuación pública". Y, en opinión de Juli Ponce, el uso de sistemas algorítmicos para la toma de decisiones administrativas parece una categoría relevante a estos efectos, por lo que a su juicio debería publicitarse en los preceptivos portales de transparencia la información relativa a su existencia, ámbito de actuación y alcance[494]. Sin embargo, como ya se ha señalado, esta no ha sido la posición adoptada por la Administración. El principal vehículo utilizado para intentar conocer los algoritmos y los códigos fuente ha sido el derecho de acceso a la información pública reconocido en el artículo 12 de dicha ley. Información pública que, como se explicita en el artículo siguiente, comprende "los contenidos o documentos, cualquiera que sea su formato o soporte, que obren en poder de alguno de los sujetos incluidos en el ámbito de aplicación de este título y que hayan sido elaborados o adquiridos en el ejercicio de sus funciones".

En esta línea se manifestó la Comisión de Garantía del Derecho de Acceso a la Información Pública en su resolución de 21 de septiembre de 2016, en la que se afirma que un algoritmo, aunque se encuentre formulado en un lenguaje matemático o informático, no deja de ser un tipo de información que, hallándose en poder de la Administración pública, constituye información pública. Se trata de una doctrina que está en consonancia con lo que acontece en otros países de nuestro entorno, como Francia —resolución 20144578 de 8 de enero de 2015 de la *Commission d'Accès aux Documents Administratifs* y decisión del *Conseil Constitutionnel* 2018-765 DC de 12 de junio de 2018—[495], Italia —sentencias 3769 de de 22 de marzo

---

494 PONCE SOLÉ, J. "Inteligencia artificial, Derecho Administrativo y reserva de humanidad", cit., pág. 45.

495 En Francia el *Code des relations entre le public et l'administration* deja claro que el código fuente es un documento administrativo al que el administrado tiene derecho a acceder. La decisión del *Conseil Constitutionnel* 2018-765 DC, de 12 de junio de 2018, estableció que para que un algoritmo constituya la base de una decisión administrativa deben cumplirse tres condiciones: a) la decisión ha de mencionar explícitamente que ha sido adoptada sobre la base de un algoritmo y las características principales de su funcionamiento deben ser comunicadas al afectado; b) la decisión ha de poder ser revisada por un tribunal, que puede requerir a la Administración que haga público el algoritmo; y c) el uso de un algoritmo está excluido si el tratamiento de datos afecta a ciertas categorías de datos sensibles fijadas legalmente.

de 2017 y 9227 de 10 de septiembre de 2018 del Tribunal Administrativo Regional de Lazio, sentencias 2270 de 8 de abril de 2019 y 8472 de 13 de diciembre de 2019 del Consejo de Estado—[496] o Países Bajos —sentencia 5 de febrero de 2020 del Tribunal de Distrito de La Haya en el caso SyRI—[497].

Sin embargo, no debe olvidarse que esta vía del derecho de acceso a la información pública prevista en la Ley de transparencia está sujeta a una serie de límites recogidos en el artículo 14.1, como la protección del secreto empresarial y de la propiedad intelectual o la inaccesibilidad de los datos que puedan poner en riesgo la averiguación o persecución de delitos o faltas administrativas. En este sentido es bien conocido el caso

---

496 Sobre los fundamentos jurídicos de la importante sentencia 3769, de 22 de marzo de 2017, del Tribunal Administrativo Regional de Lazio, que abrió la puerta al acceso a los algoritmos empleados en la toma de decisiones administrativas al considerarlos un documento administrativo, cfr. LA DIEGA, G. N., "Against the dehumanisation of decision-making", *Journal of Intellectual Property, Information Technology and e-Commerce Law,* vol. 9, nº 1, 2018, págs. 27-32.

497 Este es el primer caso en el que un tribunal europeo ha declarado ilegal un algoritmo. Se trata del sistema SyRI (*System Risk Indication*), empleado por el gobierno de Páises Bajos para detectar fraudes mediante técnicas de perfilado en servicios de asistencia social. Este algoritmo secreto, propiedad de una fundación privada, se alimentaba de diversas bases de datos públicas con información sobre los ingresos familiares, propiedades, direcciones, pensiones, ayudas recibidas, deudas, seguros, multas, relaciones familiares, consumos de agua y energía, etc., cuya ponderación daba lugar a una puntuación final sobre el riesgo de fraude. Aquellos casos que se situaban en el nivel más alto de riesgo pasaban a ser investigados. Los ciudadanos escrutados no sabían qué datos personales eran recopilados y procesados. Y cada indicación de riesgo de una persona era registrada en una base que podía consultar si lo solicitaba, pero el interesado no recibía ningún aviso cuando era etiquetado como un caso de alto riesgo que debía ser investigado. En febrero de 2020 un tribunal de distrito de La Haya concluyó que el empleo de SyRI suponía una violación del artículo 8 del Convenio Europeo de Derechos Humanos, que garantiza el derecho al respeto de la vida privada y familiar, debido a su falta de transparencia y verificabilidad. Si bien la sentencia reconocía que la Administración podía emplear sistemas basados en el análisis de datos para identificar casos de fraude, la recopilación de datos procedentes de un amplio número de fuentes inconexas para crear perfiles individuales extremadamente detallados resultaba desproporcionada. Aspectos que, además, resultan especialmente problemáticos por sus potenciales efectos discriminatorios, ya que el sistema se utilizaba exclusivamente en los vecindarios humildes considerados problemáticos. Este es el primer caso en el que un tribunal europeo se pronunció sobre este problema. Sobre el mismo, cfr. COTINO HUESO, L., "«SyRI, ¿a quién sanciono?» Garantías frente al uso de inteligencia artificial y decisiones automatizadas en el sector público y la sentencia holandesa de febrero de 2020", *La Ley privacidad,* nº 4, 2020.

de la denegación a la Fundación Civio del acceso al sistema algorítmico BOSCO, desarrollado por el Ministerio para la Transición Ecológica y el Reto Demográfico y utilizado por las compañías energéticas para seleccionar a aquellos usuarios en situación de vulnerabilidad que podrían beneficiarse de descuentos en las facturas de luz y gas —el denominado «bono social»—. Aquella fundación, que había diseñado una aplicación web mediante la cual los ciudadanos podían comprobar si tenían derecho a ser beneficiarios de dicho bono, detectó algunos fallos en el funcionamiento del sistema, que denegaba aquel beneficio social a grupos de personas que cumplían las condiciones exigidas, como las viudas. Por ello, solicitó a la Administración la especificación técnica de BOSCO, el resultado de las pruebas realizadas y el código fuente del sistema. Ante el silencio de la Administración, Civio interpuso una reclamación ante el Consejo de Transparencia y Buen Gobierno. Y este, en su resolución 701/2018, de 18 de febrero de 2019, estimó parcialmente aquella reclamación, obligando a la Administración a proporcionar las especificaciones técnicas y los resultados de las pruebas, pero denegando el acceso al código fuente. La decisión fue recurrida ante la Administración de Justicia y en enero de 2022 el Juzgado Central de lo Contencioso-Administrativo también rechazó el acceso público al código fuente por razones de seguridad pública y seguridad nacional. Finalmente, esta sentencia fue apelada y, pese a que el Consejo de Transparencia y Buen Gobierno rectificó su posición inicial y apoyó el recurso, basándose en la idea de segmentar el código fuente de modo que se eliminaran aquellos elementos que afectasen a la seguridad nacional y se mantuvieran los que explican los criterios aplicados por el algoritmo, la Audiencia Nacional confirmó la sentencia del Juzgado Central de lo Contencioso Administrativo.

El establecimiento de un deber de publicidad activa y el reconocimiento de un derecho específico a acceder a los algoritmos y códigos fuentes de los sistemas empleados en los procesos de toma de decisiones administrativas permitiría, pues, superar las insuficiencias que el actual régimen de transparencia y acceso a la información pública contenido en la Ley 19/2013 presenta en relación a la actuación administrativa algorítmica. Además, posibilitaría también dar un tratamiento mucho más adecuado a este problema que el que se deriva de la otra óptica posible de abordaje del mismo, la del *Reglamento General de Protección de Datos,* que —en aquellos supuestos en los que resulte aplicable— se limita a exigir únicamente que se proporcione información sobre la lógica aplicada por el sistema, sin prever el acceso al algoritmo y el código fuente. En este sentido, la Carta de Derechos Digitales llama a reconocer un derecho amplio a "la transparencia sobre el uso de instrumentos de inteligencia artificial y sobre su funcionamiento y alcance en cada procedimiento concreto y, en particular, acerca de los datos utilizados, su margen de error, su ámbito de aplicación y su carácter decisorio o no decisorio", dejando a la determinación legal la regulación de "las condiciones de transparencia y el acceso al código fuente, especialmente con objeto de verificar que no produce resultados discriminatorios" (art. XVIII, 6,b).

III. INTELIGENCIA ARTIFICIAL EN LA ADMINISTRACIÓN DE JUSTICIA

1. *La innovación tecnológica como una oportunidad para la mejora de la Administración de Justicia: presupuestos para una reflexión realista*

En la actualidad, aunque con un cierto retraso respecto a lo acontecido en otros sectores de la práctica jurídica, gran parte de la atención sobre la aplicación de la inteligencia artificial en el Derecho se está focalizando en la posibilidad de emplear las capacidades de aquella y de otras tecnologías asociadas, como el *big data* y la cadena de bloques (*blockchain*), en la Administración de Justicia. Son bien conocidos los males que aquejan el funcionamiento de nuestros sobrecargados tribunales, incluso en los países más avanzados, y la adecuada aplicación de estas tecnologías puede representar una formidable oportunidad para lograr un sistema judicial más ágil, eficiente y accesible a todos los ciudadanos. Siempre, eso sí, como condición innegociable, que seamos capaces de garantizar un diseño y unos usos de tales herramientas que sean absolutamente respetuosos con las garantías procesales y los derechos del justiciable.

Como ya se señaló al inicio de este trabajo, esta preocupación motivó la adopción, en diciembre de 2018, de la *European Ethical Charter on the use of Artificial Intelligence in Judicial Systemas and their environment* por parte de la Comisión Europea para la Eficiencia de la Justicia (CEPEJ) del Consejo de Europa, que establecía cinco principios éticos básicos para el diseño, despliegue y utilización de la inteligencia artificial en el sistema judicial: respeto de los derechos humanos; no discriminación; calidad y seguridad en el procesamiento de las decisiones judiciales y los datos; transparencia, imparcialidad y equidad; y control del usuario. Y el Reglamento de Inteligencia Artificial de la Unión Europea incluye entre los sistemas de alto riesgo aquellos que vayan a ser empleados en la Administración de Justicia para asistir a las autoridades judiciales en la investigación e interpretación de los hechos y el Derecho y en la aplicación del Derecho a un conjunto concreto de hechos, dados los riesgos significativos de vulneración de los derechos fundamentales y de algunos de los principios y valores nucleares contenidos en el ideal del imperio de la ley que su utilización puede comportar.

Pese a estos potenciales riesgos, la Unión Europea, consciente de las posibilidades que estas nuevas tecnologías abren para la modernización del sistema judicial, ha situado la innovación tecnológica en el centro de su programa de reforma de la Administración de Justicia. En su *2019-2023 Estrategy on e-Justice*, el Consejo de la Unión consideraba que, particularmente, la inteligencia artificial y el *blockchain* han de constituir áreas de interés prioritario en este ámbito, en cuanto su adecuada utilización podría incrementar la eficiencia y fiabilidad del sistema judicial[498]. Y, en consonancia con esa estrategia, el *2019-2023 Action Plan European e-Justice* definió una serie de proyectos concretos para explorar el papel que estas tecnologías pueden jugar en el diseño de una justicia europea digital[499].

Papel que en ningún caso podrá ser el de sustituir a la autoridad judicial en el ejercicio de la función jurisdiccional. En este sentido, como ya se mencionó, el Reglamento de Inteligencia Artificial establece claramente que la utilización de herramientas de inteligencia artificial puede apoyar la toma de decisiones de los jueces o la independencia judicial, pero no debe sustituirlas, puesto que la toma de decisiones finales debe seguir siendo una actividad humana (Considerando 61). También es significativo en este sentido el verbo utilizado en el Anexo III del Reglamento al recoger, entre los sistemas de alto riesgo, aquellos destinados a ser utilizados para «ayudar» (*to assist*) a la autoridad judicial en su actividad aplicativa del Derecho.

En sintonía con estos planteamientos, en España, la Estrategia «Justicia 2030» contemplaba como uno de sus pilares esenciales una *Ley de Medidas de Eficiencia Digital del Servicio Público de Justicia* cuyo anteproyecto, aprobado por el Consejo de Ministros en noviembre de 2020, preveía también el empleo de la inteligencia artificial y el análisis de *big data* para la realización de ciertas tareas y la producción de actuaciones judiciales y procesales automatizadas, asistidas y proactivas. Previsiones que han sido recogidas en el *Real Decreto-ley 6/2023, de 19 de diciembre, por el que se aprueban medidas urgentes para la ejecución del Plan de Recuperación, Transformación y Resiliencia en materia de servicio público de justicia, función pública, régimen local y mecenazgo*, al que

---

498 Cfr. COUNCIL OF THE EUROPEAN UNION, *2019-2023 Strategy on e-Justice*, 2019/C 96/04, pág. 6.

499 Cfr. COUNCIL OF THE EUROPEAN UNION, *2019-2023 Action Plan European e-Justice*, 2019/C 96/05. En particular, los proyectos nº 11, 12 y 18.

luego me referiré más extensamente. En este momento baste señalar que, en la línea de lo establecido en el Reglamento europeo, esta norma dispone que "las tecnologías de la información en el ámbito de la Administración de Justicia tendrán carácter instrumental de soporte y apoyo a la actividad jurisdiccional, con pleno respeto a las garantías procesales y constitucionales" (art. 1.3). Disposición que se reitera en relación específicamente al empleo de sistemas basados en inteligencia artificial, que podrán ser aplicados únicamente a fines "que sirvan de apoyo a la función jurisdiccional, a la tramitación, en su caso, de procedimientos judiciales, y a la definición y ejecución de políticas públicas relativas a la Administración de Justicia" (art. 35, k).

A la vista de este horizonte inmediato, y asumiendo el enfoque del Reglamento en relación a la obligada evaluación del potencial impacto de los sistemas de alto riesgo sobre los derechos fundamentales de los ciudadanos, la democracia y el imperio de la ley, se hace preciso explorar los riesgos que implica el empleo de la inteligencia artificial en el sistema judicial. Tarea que resulta sumamente compleja por diversas razones.

En primer lugar, es preciso tener en cuenta la heterogeneidad de los diversos tipos de sistemas de inteligencia artificial susceptibles de ser empleados para la realización de muy diferentes clases de tareas en el seno de la Administración de Justicia. Pese a su aún incipiente implantación, como posteriormente expondremos, en la actualidad se ha desarrollado ya un amplio abanico de sistemas para la realización de tareas auxiliares e instrumentales, procesales e incluso resolutorias de las disputas, ya sea al objeto de automatizarlas plenamente o de auxiliar a las autoridades judiciales en su realización. Se trata, por tanto, de tareas de muy diferente relevancia procesal e impacto en la adjudicación judicial y para cuya realización se requieren sistemas de muy distinta naturaleza. En algunos casos, se trata básicamente de sistemas de búsqueda, recuperación y análisis de la información basados en procesamiento del lenguaje natural. En otros, de sistemas de aprendizaje automático basados en el análisis de datos que generan modelos predictivos a partir del perfilado de personas y grupos. La ejecución de otras tareas demanda sistemas basados en la aplicación de reglas y conocimientos de carácter científico o técnico.

Por otra parte, sistemas que tienen como finalidad la realización de una misma tarea pueden ser diseñados con arreglo a diferentes arquitecturas tecnológicas y enfoques metodológicos. Así, por ejemplo, un sistema desarrollado para seleccionar los casos a revisar por parte de un tribunal superior o para generar propuestas de sentencia puede estar basado, bien en la ejecución de una serie de reglas formuladas previamente por juristas expertos, o por los propios magistrados del tribunal, que trasladan directamente sus conocimientos a código ejecutable computacionalmente —sistemas basados en reglas o *code-driven*—, o bien en el análisis de enormes volúmenes de datos a partir de los que el algoritmo es capaz de detectar correlaciones y generar modelos predictivos para aplicarlos a las nuevas situaciones, ya sea mediante técnicas de *machine learning* o mediante el empleo de redes neuronales de *deep learning* —sistemas basados en datos o *data-driven*—. Y cada una de estas elecciones, que frecuentemente son el resultado de la búsqueda de compromisos entre diferentes criterios en tensión, puede determinar aspectos tan relevantes en el ámbito jurídico como el grado de transparencia en el funcionamiento del sistema o la explicabilidad de sus resultados, especialmente cuando estos *ouputs* pueden constituir el fundamento para la toma de decisiones judiciales. Asimismo, desde el diseño de los sistemas basados en el análisis de datos cabe establecer distintas posibilidades de interacción y de participación humana, tanto en la fase del desarrollo y entrenamiento del sistema[500] como en el proceso de su utilización[501], lo que determina el mayor o menor grado de autonomía del algoritmo y los distintos niveles de participación humana en la generación y control de sus resultados.

Pero el impacto del sistema no depende únicamente de aspectos técnicos como los mencionados, ya que no debemos olvidar que aquel es un elemento que opera siempre en un contexto específico, insertándose en un determinado procedimiento de toma de decisiones. Esto es especialmente importante en el ámbito judicial, donde las decisiones han de ser adoptadas en el marco de procedimientos altamente institucionalizados y garantistas con los derechos e intereses legítimos de los afectados. Como

---

500 Así, cabe distinguir entre sistemas supervisados, en los que es necesario llevar a cabo un proceso iterativo de entrenamiento del algoritmo por parte de un experto antes de su puesta en funcionamiento, y sistemas no supervisados, en los que no se requiere este entrenamiento. En los sistemas de inteligencia artificial jurídica son predominantes los enfoques supervisados, ya que, debido a la complejidad y singularidad de las tareas jurídicas, es preciso que un experto «enseñe» al sistema proporcionándole un conjunto de datos «etiquetados» o ejemplos de la tarea a realizar.

501 En este sentido cabe hablar de los modelos *human in the loop*, que permiten una interacción continua entre el sistema y su usuario que ayuda a retroalimentar el proceso de aprendizaje automático; *human on the loop*, en los que existe una supervisión humana del funcionamiento del sistema; y *human out of the loop*, en los que no hay ninguna acción humana involucrada.

ya se señaló, los sistemas de inteligencia artificial deben concebirse como sistemas socio-técnicos cuyo impacto no solo depende de su diseño técnico sino también del modo en el que son desarrollados, desplegados y empleados en un contexto social, organizativo y legal específico. Y ese contexto institucional habrá de determinar aspectos tan relevantes para la toma de decisión como la división de funciones o las posibilidades de interacción entre el humano y la máquina, el valor que ha de darse a sus resultados, de qué modo y para qué finalidades pueden ser empleados, y qué efectos o consecuencias pueden derivarse de los mismos para los sujetos afectados. Cuestiones todas ellas de carácter normativo, no técnico, y que no dependen del diseñador, desarrollador o proveedor del sistema sino del legislador y también, en buena medida, del responsable de su despliegue, en este caso la Administración de Justicia[502].

De manera que cualquier evaluación o balance sobre los beneficios y los riesgos de la aplicación de la inteligencia artificial en el proceso judicial no puede ignorar la diversidad de contextos jurisdiccionales y procesales, no ya solo entre diferentes países sino aun dentro de una misma Administración de Justicia[503]. Como en todo entramado organizativo, la actuación de cada tribunal se inscribe en el marco de un determinado contexto jurídico-institucional con arreglo al cual vienen definidas sus funciones y los criterios normativos a los que ha de ajustarse. Así, sistemas tecnológicos que pueden resultar admisibles en el orden jurisdiccional civil pueden no serlo en el campo penal, o requerir el cumplimiento de unas exigencias técnicas y legales más estrictas, dada la necesidad de salvaguardar determinados

---

502 En este sentido, el Considerando 93 del Reglamento europeo subraya el «papel crítico» de los responsables del despliegue del sistema a la hora de garantizar la protección de los derechos fundamentales, puesto que ellos "se encuentran en una posición óptima para comprender el uso concreto que se le dará al sistema de IA de alto riesgo y pueden, por lo tanto, detectar potenciales riesgos significativos que no se previeron en la fase de desarrollo, al tener un conocimiento más preciso del contexto de uso y de las personas o los colectivos de personas que probablemente se vean afectados". De modo que se les impone el deber de determinar las estructuras de gobernanza apropiadas en ese contexto específico de uso, tales como los mecanismos de supervisión humana, los procedimientos de tramitación de reclamaciones y las vías de recurso. Y, para ello, habrán de llevar a cabo una evaluación del impacto del uso del sistema en los derechos fundamentales antes de su puesta en funcionamiento, que deberá ir acompañado de un plan de mitigación de los riesgos detectados.

503 Sobre este asunto, cfr. más ampliamente SOLAR CAYÓN, J. I., "¿Jueces-robot? Bases para una reflexión realista sobre la aplicación de la inteligencia artificial en la Administración de Justicia", cit., págs. 270-275.

principios y garantías procesales y derechos fundamentales del acusado[504]. Tampoco son idénticas la posición institucional y las funciones que, aun dentro de un mismo orden jurisdiccional, desempeñan los tribunales de primera instancia y los tribunales superiores, y esas diferencias modulan también las posibilidades y limitaciones del empleo de la inteligencia artificial. Igualmente, los beneficios y los riesgos pueden ser muy diferentes en función del grado de complejidad de las distintas tareas y decisiones que el juez ha de tomar a lo largo de las distintas fases del proceso, de manera que aquellas relativas, por ejemplo, a la admisibilidad de una demanda o de una excepción procesal, o a aspectos formales como la determinación de la caducidad o prescripción de una acción, que versan sobre aspectos procesales bastante rutinarios y requieren una respuesta de carácter binario, pueden resultar más fácilmente automatizables sin afectar a los derechos de las partes[505]. Por tanto, aquí tampoco caben respuestas generales y unívocas, sino que se requiere un análisis particularizado del impacto de cada sistema en cada contexto judicial específico.

En definitiva, una reflexión rigurosa sobre las posibilidades de aplicación de la inteligencia artificial en la Administración de Justicia se enfrenta ineludiblemente a la necesidad de dar respuesta a una amplia serie de cuestiones específicas, tales como: ¿en relación a qué tareas o actividades del proceso judicial, y en qué clase de tribunales y de materias, cabe emplear de manera eficaz, sin menoscabar los derechos de las partes y las garantías procesales, la inteligencia artificial?, ¿qué tipo de sistemas inteligentes son los más adecuados para realizar cada tarea?, ¿conforme a qué metodologías han de ser diseñados y utilizados dichos sistemas al objeto de ajustarse a las distintas exigencias jurídicas y los valores y principios que han de salvaguardarse en los diferentes tipos de procesos?, ¿qué papel deben jugar los jueces u otro personal de la oficina judicial en el diseño, desarrollo,

---

504 Sobre la diferente incidencia de la introducción de la tecnología digital en los distintos principios de los procedimientos y procesos civiles y penales, cfr. BARONA VILAR, S., *Algoritmización del Derecho y de la justicia*, Tirant lo Blanch, Valencia, 2021, págs. 390-421.

505 Cfr., por ejemplo, en relación fundamentalmente a nuestro proceso civil, las propuestas de automatización de determinadas actuaciones de este tipo en NIEVA FENOLL, J., *Inteligencia artificial y proceso judicial*, Marcial Pons, Madrid, 2018, págs. 34-41; PÉREZ DAUDÍ, V., “La aplicación de las nuevas tecnologías al proceso: ¿realidad o ficción?”, en FUENTES, O. (dir.), *Era digital, sociedad y Derecho*, Tirant lo Blanch, Valencia, 2020, págs. 373-397; BARONA VILAR, S., *Algoritmización del Derecho y de la justicia*, cit., págs. 594-595 y 665-682; y PÉREZ ESTRADA, M. J., *Fundamentos jurídicos para el uso de la inteligencia artificial en los órganos judiciales*, Tirant lo Blanch, Valencia, 2022, pág. 101.

implementación y ciclo de funcionamiento de cada uno de estos sistemas?, ¿para qué propósitos pueden ser utilizados los resultados del sistema y qué valor ha de darse a los mismos?, ¿qué derechos deben reconocerse a las partes que pudieran verse afectadas por esos resultados y qué posibilidades tienen de verificar, rectificar y desafiar los datos utilizados (*input*) y los resultados obtenidos (*output*)?... Cuestiones todas ellas que requieren un análisis particularizado en cada caso y cuyas respuestas serán necesariamente diferentes en función de la clase de herramientas utilizadas, las tareas que realicen, el contexto procesal específico en el que se empleen y el diseño global del proceso de toma de decisiones.

2. *Usos de la inteligencia artificial en la Administración de Justicia*

Si bien el lector menos informado puede, tal vez, tener la impresión de que hablar de inteligencia artificial en la Administración de Justicia supone aún adentrarse en el dominio de lo utópico o de la ciencia-ficción, lo cierto es que una mirada al contexto internacional nos muestra la existencia de un ya relativamente amplio abanico de sistemas que están siendo utilizados para la realización de múltiples y heterogéneas tareas. En ocasiones estas herramientas sustituyen al humano en el desempeño de determinadas funciones o actividades, en otras —la mayoría— le auxilian en su realización y, casi siempre, propician cambios en sus métodos de trabajo, provocando en ocasiones transformaciones importantes en el funcionamiento de los tribunales y en el rol de los diversos participantes en el proceso judicial. Incluso, como veremos, en algún caso la introducción de la tecnología ha motivado cambios importantes en las normas procesales. Sin ánimo de ser exhaustivos, a continuación exponemos algunos de los casos de uso más relevantes de la inteligencia artificial en la Administración de Justicia hasta este momento, recogiendo prácticas ya en funcionamiento en diferentes jurisdicciones, al objeto de ilustrar la diversidad de tipos de sistemas existentes, la heterogeneidad de tareas para las que son empleados y el impacto de cada uno de ellos en el proceso judicial a la luz de la experiencia presente.

2.1. Utilización de la inteligencia artificial y otras tecnologías asociadas en tareas administrativas y auxiliares: la digitalización de la Administración de Justicia

Nos referimos en este epígrafe a la aplicación de la tecnología a tareas que no atañen directamente al ejercicio de las funciones específicamente judiciales, sino que tienen únicamente un carácter auxiliar en relación a las mismas. No se trata, estrictamente, de tareas jurídicas sino, fundamentalmente, de tareas administrativas y meramente instrumentales, que tienen que ver con el proceso de digitalización de los documentos y expedientes judiciales, la automatización de procesos de gestión, la tramitación electrónica de los procedimientos, las comunicaciones con los diversos participantes en el proceso, la gestión y utilización de la información, la realización de comparecencias y actuaciones procesales a distancia, etc.

Este es, desde un punto de vista técnico, el nivel más básico de automatización de los tribunales y se corresponde con lo que habitualmente suele denominarse la «digitalización» de la Administración de Justicia. En la actualidad existen tecnologías suficientemente testadas para la realización de este tipo de tareas cuya implantación generalizada puede redundar de manera directa e inmediata en una mejora muy significativa del funcionamiento de la Administración de Justicia, en cuanto a agilidad y eficiencia. Además, la digitalización de documentos y procesos constituye el presupuesto necesario para el posterior desarrollo de sistemas de *machine learning* basados en el análisis de datos, de manera que esta fase representa un presupuesto imprescindible para la posterior implementación de reformas más ambiciosas en el sistema judicial, como la introducción de herramientas de inteligencia artificial para la realización de tareas específicas más avanzadas en otros niveles, el rediseño de los procesos internos de trabajo y de las formas de administración de justicia, o incluso la creación de tribunales *online*.

Por otra parte, tampoco desde el punto de vista jurídico se plantean problemas relevantes en relación a la automatización de este tipo de tareas, por cuanto estas no implican el ejercicio de funciones propiamente procesales o judiciales, ni, mucho menos, decisorias en relación a ningún aspecto del litigio. Es significativo a este respecto que el Reglamento de Inteligencia Artificial, pese a considerar la Administración de Justicia como un dominio especialmente sensible para la utilización de la inteligencia artificial por los riesgos que implica en relación a los derechos fundamentales de los ciudadanos, excluye expresamente de la categoría de «alto riesgo» todos aquellos sistemas "destinados a actividades administrativas meramente accesorias que no afectan a la administración de justicia propiamente dicha en casos concretos, como la anonimización o seudonimización de resoluciones judiciales, documentos o datos, la comunicación entre los miembros del personal o las tareas administrativas" (Considerando 61).

No obstante, no puede descartarse completamente que determinadas tecnologías aplicadas para la realización de tareas auxiliares que, en principio, tendrían que ser completamente irrelevantes para la decisión de un caso, puedan tener un efecto —incluso sistémico— sobre el correcto ejercicio de las funciones jurisdiccionales, especialmente si aquellas son diseñadas y gestionadas por agentes externos al poder judicial. Un buen ejemplo nos lo proporciona la polémica suscitada en Polonia a raíz de la puesta en marcha en 2018 del *Random Allocation of Cases System*, un sistema algorítmico utilizado por el Ministerio de Justicia —cuyo titular es, a su vez, el Fiscal General— para distribuir los asuntos entre los jueces. El funcionamiento de esta herramienta ha suscitado enormes recelos por el desigual reparto de los casos y, sobre todo, desde el punto de vista de la independencia judicial, por la adjudicación de varios asuntos en los que se juzgaba a políticos importantes a un mismo juez considerado ideológicamente afín al gobierno. Pero, a mi juicio, los aspectos más problemáticos de este caso tienen que ver, más que con la tecnología en sí, con el marco institucional en el que aquella es desarrollada y desplegada, en tanto la aplicación ha sido diseñada y utilizada por un órgano ajeno al poder judicial que, además, en este supuesto acaba convirtiéndose de algún modo en juez y parte. Cuestión que, además, se veía agravada por la opacidad, ya que el Ministerio de Justicia se negó rotundamente a hacer público el código fuente del sistema. Una ONG reclamó judicialmente el acceso al mismo y, si bien los tribunales inferiores rechazaron esta pretensión, finalmente, en casación, el Tribunal Supremo Administrativo de Polonia reconoció el derecho de la organización reclamante a acceder al algoritmo[506].

Volviendo al objeto central de nuestro interés en este punto, el elemento básico para la digitalización de los procedimientos judiciales es la implantación de un sistema de gestión procesal eficiente que permita interactuar y recopilar, gestionar y compartir la información relativa al proceso entre todos los agentes y partícipes de la Administración de Justicia, tanto el personal interno de la propia administración como los diferentes participantes externos —profesionales intervinientes en el litigio, entidades con las que se relaciona habitualmente la Administración de Justicia, las partes y otras personas con un interés legítimo y directo en el proceso—, de manera que en cualquier momento puedan acceder a las aplicaciones y servicios correspondientes al objeto de conocer o aportar la información pertinente o de llevar a cabo las actuaciones que sean precisas. Este sistema puede incorporar aplicaciones para llevar a cabo múltiples funcionalidades o tareas, tanto en el *back-office* como en

---

506 Sobre este polémico caso, cfr. MAZUR, J., “Automated decision-making systems as a challenge for effective legal protection in European Union Law”, *European Law Review*, vol. 46, n° 2, 2021, págs. 194-210.

el *front-office* de la Administración de Justicia: acceso de los interesados a los datos y documentos del expediente digital, aportación de datos y documentos al proceso por las partes o los diversos intervinientes en el mismo, elaboración automatizada o semiautomatizada de documentos a partir de la información digitalizada, racionalización en la gestión de los flujos de información y la organización del trabajo de la oficina judicial, envío de comunicaciones electrónicas a usuarios externos y a instituciones o entidades…

Asimismo, en la era del *big data*, es posible incorporar en el sistema de gestión procesal herramientas de minería de datos para monitorizar el funcionamiento de los tribunales y analizar toda la información generada en el curso de su actividad, al objeto de tener un mejor conocimiento de la realidad del sistema judicial y ayudar en la toma de decisiones a la hora de formular las políticas públicas más adecuadas para su mejora —en el aspecto interno—, así como de elaborar estadísticas y gráficos para la visualización de datos que procuren —de cara al exterior— una mayor transparencia en el funcionamiento de la Administración de Justicia.

Dentro de las tecnologías para la realización de este tipo de tareas instrumentales y auxiliares se pueden incluir también aquellas herramientas basadas en inteligencia artificial que asisten a los potenciales usuarios de la Administración de Justicia proporcionándoles, de una forma ajustada a sus necesidades específicas, orientación sobre el Derecho sustantivo aplicable a su disputa y sus posibles vías de solución, como los asistentes digitales de voz y los *chatbots*. También, ya en el curso del proceso judicial, aquellas aplicaciones web o de móvil que ayudan a las partes a realizar determinadas tareas —aplicaciones para la elaboración, firma y presentación de documentos digitales; plataformas para alojar y compartir documentos y pruebas; plataformas colaborativas para la gestión de los expedientes digitales y el acceso a los documentos; aplicaciones de mensajería; etc.— o les permiten participar mediante videoconferencia en las actuaciones procesales. Recientemente, como consecuencia de la pandemia, muchos tribunales han impulsado la introducción de este tipo de aplicaciones que facilitan el desarrollo del litigio sin necesidad de que todos los agentes participantes en un determinado trámite se hallen físicamente presentes en la sala de justicia[507].

---

[507] En SOURDIN, T., *Judges, Technology and Artificial intelligence*, Edward Elgar Publishing, 2021, págs. 38-41, el lector puede encontrar una tabla que recoge las innovaciones tecnológicas introducidas por tribunales de distintos países de los cinco

En este sentido, es importante que las estrategias de digitalización tengan en cuenta estas capacidades de interacción de los litigantes con el tribunal a través del sistema de gestión procesal. Aspecto que es fundamental para la implementación de una justicia digital y que, al menos hasta ahora, ha sido, en general, bastante descuidado. En la mayoría de ocasiones la digitalización se ha orientado hacia el establecimiento de sistemas de gestión interna de los casos, con más o menos funcionalidades: organización y gestión de los expedientes judiciales, distribución de los casos entre los jueces, estructuración y racionalización de los flujos de trabajo en la oficina judicial, registro de los documentos y trámites del caso, agenda y programación automática de trámites procesales, generación de documentos judiciales, gestión de plazos y envío de avisos, generación de notificaciones automáticas, intercambio de información con otros tribunales y con los registros y bases de datos de otras entidades.... Pero el desarrollo de una justicia digital exige la implementación de otro tipo de aplicaciones tecnológicas, como las señaladas anteriormente, que permitan el acceso y la interacción de los litigantes y sus representantes con la infraestructura digital del tribunal[508].

---

continentes para dar respuesta a los problemas de funcionamiento originados por la crisis sanitaria.

508 En Estados Unidos, el *Institute for the Advancement of the American Legal System* (IAALS), en su informe *Eighteen Ways Courts Should Use Technology to Better Serve Their Costumers* (2018), ha diseñado la arquitectura de la próxima generación de tribunales tecnológicamente avanzados, con el punto de mira puesto en la prestación de un mejor servicio a los usuarios de la Administración de Justicia. El informe establece 18 áreas de desarrollo tecnológico orientadas hacia el exterior para facilitar el acceso de los usuarios a los servicios de la Administración de Justicia, posibilitar su interacción con la oficina judicial y realizar *online* las distintas fases del procedimiento judicial. La mayor parte de las aplicaciones están orientadas a la realización de tareas instrumentales: posibilitar que los usuarios accedan a información, documentos y servicios a través del móvil; que puedan presentar fotos, vídeos y otra información ante el tribunal a través del móvil; comparecer en el tribunal vía telefónica o videoconferencia; programar sus comparecencias a su conveniencia dentro de las posibilidades del calendario judicial; pagar multas, tasas y otras obligaciones financieras *online*; obtener información e impresos a distancia; simplificar el proceso de cumplimentación de formularios; generar y presentar documentos electrónicamente; generar automáticamente una orden o un mandato a la finalización del correspondiente trámite procesal; disponer de un portal de triaje que proporcione información a los usuarios sobre su problema legal y les oriente hacia los recursos y la vía más adecuada para su solución; creación de un sistema de envío de mensajes automáticos a los usuarios para guiarles en el proceso y avisarles de los distintas trámites y sus requisitos. La Unión Euro-

Y el problema, como apunta Tania Sourdin, es que muy pocos sistemas de gestión procesal han sido diseñados teniendo en cuenta este objetivo de interacción con el exterior[509]. Esto hace que, dadas además las diferentes tecnologías y *softwares,* frecuentemente, cuando se trata de incorporar a los sistemas ya operativos estas nuevas aplicaciones orientadas al exterior, no puedan ser integradas debido a los problemas de interoperabilidad[510]. Interoperabilidad que es importante lograr no solo entre las diferentes aplicaciones del tribunal para el desarrollo de las distintas funcionalidades, internas y externas, sino también entre los sistemas de información del tribunal y de todos los operadores que intervienen en los flujos de información virtual —otros tribunales, abogacía, procura, fiscalía, policía, expertos, registros de entes oficiales, etc.—[511]. De este modo, los sistemas de gestión procesal, concebidos inicialmente como sistemas separados y

---

pea también ha publicado en 2019 un *Toolkit for supporting the implementation of the Guidelines on how to drive change towards Cyberjustice* con recomendaciones específicas para el diseño e implementación de un nuevo modelo de sistema de gestión procesal orientado a los usuarios (págs. 28-34).

509 Cfr. SOURDIN, T., *Judges, Technology and Artificial intelligence,* cit. pág. 116.

510 Para evitar o mitigar estos problemas, el *Institute for the Advancement of the American Legal System,* en el informe ya mencionado, recomienda la implementación de un modelo de sistema de gestión procesal basado en diferentes componentes o módulos para la realización de las distintas funciones que se comuniquen entre sí a través de una interfaz estándar. De este modo, cada tribunal podrá elegir y ensamblar el conjunto de componentes tecnológicos que le aporte el máximo valor en función de sus necesidades específicas. Además, ello facilita la continua actualización tecnológica del sistema sin tener que cambiarlo completamente.

511 De la importancia de este factor dan cuenta los problemas que actualmente afronta la digitalización de la Administración de Justicia en nuestro país, donde en los últimos años se ha hecho un esfuerzo importante en innovación tecnológica por parte de las diversas administraciones competentes en esta materia —administración central y comunidades autónomas que tienen transferida esta competencia—, pero los resultados prácticos no son acordes a la inversión debido a las deficiencias de interoperabilidad entre los diversos sistemas de gestión procesal implantados. Por un lado, contamos con un sistema matriz, "Minerva NOJ", instaurado por la Oficina Judicial Informática, a través del cual se modula el expediente judicial electrónico y que sirve de soporte a la gestión del procedimiento. Al tiempo, existen diversos sistemas interconectados con diferentes aplicaciones procedimentales. Algunas comunidades autónomas disponen de sus propios sistemas y ello genera constantes problemas de interoperabilidad. Por otro lado, orientado hacia el exterior, disponemos del sistema "LexNet Abogacía", vinculado a "Minerva NOJ" y destinado a facilitar los actos de comunicación entre los tribunales y distintos operadores jurídicos, que también ha generado problemas de interoperabilidad. Cfr. BUENO DE MATA, F., "Macrodatos, inteligencia artificial

cerrados para la gestión de los expedientes electrónicos, se han constituido hoy en el corazón de la oficina judicial y en el núcleo de un sistema de información mucho más amplio que puede integrar o conectar múltiples funcionalidades basadas en la importación y exportación de datos generados por otras aplicaciones.

Esta digitalización de documentos y de procesos a través, fundamentalmente, de la automatización de los sistemas de gestión procesales es la fase en la que, a día de hoy, se está actuando en la mayoría de las jurisdicciones europeas, especialmente tras la experiencia derivada de la crisis de la pandemia del COVID-19[512]. Y en la que se encuentra también la Administración de Justicia en España. Esta situación quedaba reflejada de manera patente en el *Study on the use of innovative technologies in the justice field* de la Comisión Europea, de 2020, en el que se recogían todos los proyectos basados en inteligencia artificial que en aquel momento ya estaban funcionando o se encontraban en fase de desarrollo en los sistemas judiciales de la Unión Europea. En relación a España, dicho estudio recogía siete proyectos del Ministerio de Justicia y del Centro de Documentación Judicial (CENDOJ), basados en *machine learning* y procesamiento del lenguaje natural, que se hallaban aún en fase de desarrollo o simplemente de planeamiento. Por parte del Ministerio de Justicia se daba cuenta de un programa para la transcripción automática de archivos de audio y video a texto (en desarrollo), una aplicación para la clasificación automática de documentos (en desarrollo) y un proyecto de identificación biométrica que utiliza visión digital para facilitar el acceso a la información en el procedimiento

---

y proceso: luces y sombras", *Revista General de Derecho Procesal*, nº 51, 2020, págs. 13-15.

512 La Comisión Europea, en su Comunicación *Digitalisation of justice in the European Union. A toolbox of opportunities* (2020), afirma que "la pandemia del COVID-19 ha subrayado la necesidad de que la UE acelere las reformas nacionales para digitalizar la gestión de casos por parte de las instituciones judiciales, el intercambio de información y documentos con las partes y los abogados, y el acceso fácil y continuo a la justicia para todos", llamando a los países a llevar a cabo dicha tarea "a toda velocidad" (págs. 1 y 2). Consecuentemente, en el Mecanismo de Recuperación y Resiliencia, aprobado el 11 de febrero de 2021 y que constituye el eje central del plan de recuperación de la Unión Europea *Next Generation EU*, considera la transformación digital de la Administración de Justicia como uno de los sectores en los que se alienta fuertemente a los Estados a enfocar las reformas e inversiones. Sobre el estado actual de digitalización de los sistemas judiciales en la Unión Europea, cfr. la *Comunicación de la Comisión al Parlamento, al Consejo, al Banco Central Europeo, al Comité Económico y Social Europeo y al Comité de las Regiones, "Cuadro de Indicadores de la Justicia en la UE de 2024"*, de junio de 2024.

penal (planeado). Y por parte del CENDOJ se hallaban en fase de desarrollo un proyecto de clasificación automática de sentencias para mejorar su búsqueda y enlazarlas con otros documentos relacionados, otro de creación de datos estructurados que permitan la mejor identificación de una persona, una herramienta de *business intelligence* para mejorar la aplicación de búsqueda de documentos de diverso tipo y hacerla más intuitiva, y un programa para la seudonimización automática de sentencias[513].

Es de esperar que tras la promulgación del ya mencionado *Real Decreto-ley 6/2023, de 19 de diciembre, por el que se aprueban medidas urgentes para la ejecución del Plan de Recuperación, Transformación y Resiliencia en materia de servicio público de justicia, función pública, régimen local y mecenazgo*, y con la adecuada inversión de los 410 millones de euros de fondos europeos destinados a digitalizar nuestra Administración de Justicia, en los próximos años se produzca un importante avance en esta materia. En lo que se refiere al ámbito estrictamente normativo, la batería de medidas contempladas en el Real Decreto-ley se hallan dirigidas a promover un cambio sustancial en la cultura y el funcionamiento del sistema judicial, así como en las relaciones entre la Administración de Justicia y los profesionales participantes en la misma y los ciudadanos. Como se afirma en el Preámbulo, se trata fundamentalmente de impulsar la tramitación electrónica de los procedimientos judiciales y de hacer que la relación digital se convierta en la forma de "relación ordinaria y habitual" del ciudadano con la Administración de Justicia[514].

A tal efecto se establece la obligación de las administraciones con competencias en la Administración de Justicia de garantizar la prestación por medios digitales de una serie de servicios mínimos, entre los que se encuentran la itineración de expedientes electrónicos y transmisión de documentos electrónicos entre órganos judiciales y fiscales, la interoperabilidad de datos entre tales órganos[515], el derecho del ciudadano a un servicio

---

513 Cfr. EUROPEAN COMMISSION, *Study on the use of innovative technologies in the justice field*, Directorate-General for Justice and Consumers, 2020, págs. 134-135.

514 En este sentido, por ejemplo, se establece la preferencia de la práctica de las comunicaciones judiciales por vía telemática (art. 49.1). Asimismo, se introduce un artículo 258 bis en la *Ley de Enjuiciamiento Criminal* que dispone que todas las actuaciones procesales se realizarán preferentemente, salvo que el juez disponga otra cosa en atención a las circunstancias, mediante presencia telemática a través de un punto de acceso seguro, aunque se establecen un gran número de excepciones a esta regla.

515 A tal fin, el artículo 48.2 dispone que todas las administraciones públicas con competencias en Administración de Justicia asegurarán que sus sistemas de gestión

personalizado de acceso a los procedimientos, informaciones y servicios accesibles de la Administración de Justicia en los que sea parte o interesado legítimo[516], la presentación de escritos y comunicaciones dirigidos a órganos judiciales y fiscales, o la identificación y firma de los intervinientes en actuaciones y servicios no presenciales.

Pero, sobre todo, esta norma representa un cambio de paradigma, en tanto supone el tránsito de un sistema de gestión procesal orientado al documento a uno orientado al dato: todos los sistemas de información y comunicación utilizados en la Administración de Justicia deberán asegurar la entrada, incorporación y tratamiento de la información en forma de metadatos, conforme a esquemas comunes, y en modelos de datos comunes e interoperables (art. 35.1). Este cambio de modelo es sumamente importante de cara a la introducción de sistemas de inteligencia artificial en la Administración de Justicia con diferentes finalidades. Así, la aplicación de sistemas de inteligencia artificial para el análisis de esos datos permitirá, a nivel general, una mejor planificación y la elaboración de estrategias que coadyuven al diseño de mejores y más eficaces políticas públicas en la Administración de Justicia. Por otra parte, a nivel de gestión interna, la orientación al dato facilitará la interoperabilidad de los sistemas y posibilitará la aplicación de inteligencia artificial en la tramitación electrónica

---

procesal sean interoperables con un Sistema Común de Intercambio de documentos y expedientes judiciales. La preocupación por la interoperabilidad resulta patente a lo largo de todo el texto normativo y se halla plenamente justificada a la vista de la experiencia previa ya mencionada. Además de la interoperabilidad «interna» entre los distintos sistemas de gestión procesal de la Administración de Justicia, se exige la interoperabilidad «externa» con los sistemas de los Institutos de Medicina Legal, el Instituto Nacional de Toxicología y Ciencias Forenses, las oficinas de atención a las víctimas del delito y cualesquiera otras que, por razón de sus funciones o competencias, se relacionen directamente con aquella (art. 4.2). También con los de Notarías y Registros de la Propiedad, Bienes Muebles y Mercantiles y cualesquiera otros registros públicos con los que se relaciona la Administración de Justicia (art. 91). Y, por supuesto, con las aplicaciones y servicios que los Consejos Generales de la Abogacía, de la Procura y de Graduados Sociales pongan a disposición de sus profesionales (art. 90).

516 A tal objeto se establece la implantación del servicio denominado «Carpeta Justicia», que permitirá a los ciudadanos que sean parte o justifiquen un interés legítimo y directo en un procedimiento o actuación judicial acceder al expediente judicial, acceder y firmar los actos de comunicación, acceder a la información personalizada que conste en el Tablón Edictal Judicial Único, obtener y gestionar cita previa o acceder a una agenda personalizada de actuaciones ante la Administración de Justicia, entre otras funcionalidades (art. 15).

de los procedimientos judiciales, la anonimización y seudonimización de la información, la elaboración de cuadros de mando, la gestión de documentos y su transformación o la publicación de información en portales de datos abiertos, entre otras funcionalidades. Y, en lo que se refiere a las actuaciones judiciales, la orientación al dato permitirá la utilización de la información para la producción de actuaciones judiciales y procesales automatizadas, proactivas y asistidas.

Por actuación automatizada se entiende la "actuación procesal producida por un sistema de información adecuadamente programado sin necesidad de intervención humana en cada caso singular" (artículo 56.1). Y se establece que solo será posible "la automatización de las actuaciones de trámite o resolutorias simples, que no requieren interpretación jurídica" (art. 56.2), como por ejemplo el paginado de expedientes, la comprobación de representaciones, el cálculo de plazos para la declaración de firmeza u otros efectos procesales con base en fechas que aparecen como datos, o la comprobación automática de la situación concursal de una empresa en base a su NIF y tipo de proceso judicial. En tanto se trata de actuaciones plenamente automatizadas, en las que no hay intervención humana alguna, y dado que tanto el Reglamento europeo como el propio Real Decreto-ley establecen que el empleo de sistemas de inteligencia artificial únicamente podrá tener un carácter de apoyo a la función jurisdiccional, está claro que este tipo de actuaciones en ningún caso podrán referirse a las tareas de investigación e interpretación de los hechos y el Derecho y a la aplicación del Derecho a un conjunto concreto de hechos.

Dentro de estas actuaciones automatizadas se encuentran, como un subtipo de las mismas, las actuaciones proactivas, que son aquellas que aprovechan la información incorporada en un expediente o procedimiento de una Administración Pública con un fin determinado para generar efectos o avisos a otros fines distintos, en el mismo o en otros expedientes, de la misma o de otras administraciones públicas (art. 56.3).

Por último, y con un carácter radicalmente distinto a las anteriores por su diferente naturaleza y su transcendencia en relación al ejercicio de la función jurisdiccional, nos encontramos con las actuaciones asistidas. Sin duda, esta es la novedad más importante y potencialmente disruptiva contenida en esta legislación. Se considera actuación asistida aquella para la que el sistema de información "genera un borrador total o parcial de documento complejo basado en datos, que puede ser producido por algoritmos, y puede constituir fundamento o apoyo de una resolución judicial o procesal" (art. 57.1). Podría tratarse, por ejemplo, de un borrador de sentencia. El Decreto-ley establece que en ningún caso el borrador generado automáticamente "constituirá por sí una resolución judicial o procesal, sin validación de la autoridad competente", que será quien asuma en todo caso la responsabilidad de la resolución. Además, los sistemas empleados para la producción de actuaciones asistidas deberán asegurar que el borrador "solo se genere a voluntad del usuario y pueda ser libre y enteramente modificado por este" (art. 57.2). Puesto que este tipo de actuaciones se refieren a tareas decisorias inherentes al ejercicio de la función jurisdiccional, yendo mucho más allá del tema de la digitalización de las tareas meramente administrativas y auxiliares que estamos tratando en este momento, dejaremos esta cuestión para un momento posterior.

En cualquier caso, el Decreto-ley dispone que en todos estos tipos de actuaciones —automatizadas, proactivas y asistidas— "los criterios de decisión serán públicos y objetivos" (art. 58.2). Y, al objeto de asegurar el funcionamiento regular de los sistemas y su sujeción a tales criterios, se establece que "podrá realizarse por el Comité técnico estatal de la Administración judicial la definición de las especificaciones, programación, mantenimiento, supervisión y control de calidad y, en su caso, la auditoría del sistema de información y de su código fuente" (art. 58.1). Fórmula que, a nuestro juicio, resulta sumamente desafortunada y deficiente por dos razones fundamentales.

La primera, porque la utilización del término «podrá», en lugar de «deberá», pareciera indicar que el citado Comité técnico estatal de la Administración judicial no tiene la obligación de definir todas aquellas condiciones, que son importantes para garantizar el correcto funcionamiento del sistema y la sujeción de sus resultados al ordenamiento jurídico. Aunque es cierto que, posteriormente, una de las funciones generales que se le encomienda a dicho órgano es la de "definir y validar la funcionalidad y seguridad de los programas y aplicaciones que se pretendan utilizar en el ámbito de la Administración de Justicia, con carácter previo a su implantación" (art. 85.2.a). Sería deseable que el artículo 58.1, que es mucho más específico, dejara claro el carácter obligatorio de la definición de aquellos aspectos. Algo que resulta especialmente transcendente en relación a los sistemas empleados para las actuaciones asistidas. No obstante, hay que tener en cuenta que, en lo que concierne específicamente a este tipo de sistemas, serían aplicables los requisitos y las exigencias que el Reglamento de Inteligencia Artificial establece para los sistemas de alto riesgo cuando aquellos asistan a la autoridad judicial en la investigación e interpretación de los hechos y el Derecho y en la aplicación del Derecho a un conjunto concreto de hechos.

La segunda razón es que, incluso aunque el término «podrá» pudiera interpretarse con carácter imperativo, a tenor de la redacción del precepto parece que dicha obligatoriedad no alcanzaría necesariamente o siempre a la realización de la auditoría del sistema y de su código fuente, dado el elemento condicional que introduce la expresión «en su caso» (¿cuándo se daría tal caso?). Si recuerda bien el lector, la disposición que estamos analizando reproduce literalmente el tenor del artículo 41.2 *LRJSP*, con respecto al cual se plantea esta misma duda interpretativa. Como dijimos al analizar ese precepto en relación a la actuación administrativa, respaldando la interpretación propuesta por Gamero Casado, consideramos que también aquí, en el ámbito judicial, aquella expresión no debiera entenderse como una condición restrictiva del alcance de las obligaciones impuestas a la Administración de Justicia, sino en el sentido de que todos y cada uno de los controles deben imponerse sobre el sistema siempre que sea posible en función de las características del mismo. Con todo, pese a tales deficiencias, que tal vez sea posible salvar por la vía interpretativa, este Decreto-ley supone un paso adelante muy importante en la modernización de nuestra Administración de Justicia.

Para finalizar con el tema de la digitalización del sistema judicial, señalar que tal vez el proyecto más avanzado a nivel global lo encontramos en China. Este país se halla inmerso actualmente en un profundo proceso de reforma y modernización de su Administración de Justicia que tiene como principal objetivo la implantación de un modelo de *Smart Court*. Este término, acuñado por el Presidente del Tribunal Popular Supremo de China en 2016, no alude a un tribunal determinado sino al propósito de diseñar de manera planificada, centralizada y sistemática una Administración de Justicia basada en la explotación plena del potencial de tecnologías como internet, computación en la nube, *big data*, *blockchain* y diversas ramas de la inteligencia artificial —*deep learning*, procesamiento del lenguaje natural, reconocimiento óptico de caracteres, reconocimiento de voz y reconocimiento de entidades nominales, entre otras—[517]. El primer paso fue la

[517] China es hoy el líder global en el desarrollo de la tecnología legal: de las 933 patentes *lawtech* registradas en 2018 en el mundo, más de la mitad lo fueron en ese país, como se recoge en THOMPSON, B. y LIU, N., "China leads the way in legal technology patents, new figures show", *Financial Times*, February 17, 2019. El lector interesado puede encontrar información pormenorizada sobre la puesta en marcha de la reforma judicial, así como sobre el amplio abanico de tecnologías desarrolladas y las múltiples funciones que realizan, desde la perspectiva de quien era Presidente del Tribunal Supremo de Shanghai cuando este órgano fue designado centro piloto para liderar el proyecto a nivel nacional, en CUI, Y., *Artificial*

digitalización de contenidos: sentencias, expedientes judiciales, documentos procesales, etc. Una vez digitalizada esa información fue posible dar el salto desde la recopilación al análisis de los datos, lo que ha permitido desarrollar un amplio elenco de aplicaciones tecnológicas, tanto internas como hacia el exterior, interconectadas y orientadas a la digitalización de prácticamente toda la actividad procesal, incluida la grabación de los juicios y su retransmisión por *streaming*, que es legalmente obligatoria desde 2018, ofreciendo a los participantes en el litigio —jueces, fiscales, abogados, partes…— y, en general, al público, servicios inteligentes en línea a lo largo de todo el proceso a través de una serie de plataformas digitales multifuncionales[518].

Hoy, en gran parte de los tribunales del país las partes y los abogados pueden acceder *online* desde sus propios dispositivos electrónicos o desde terminales ubicadas en los tribunales a asistentes virtuales para obtener asesoramiento legal y a herramientas predictivas para conocer las posibilidades de éxito de su pretensión; consultar toda la información sobre el proceso judicial en el que toman parte; recibir notificaciones y actualizaciones automáticas; y realizar en línea operaciones como la presentación de la demanda y de todo tipo de documentos, la elaboración de documentos procesales, la aportación de pruebas y la asistencia y participación en las vistas. El sistema se halla soportado por la conjunción de un amplio abanico de tecnologías: *chatbots*, sistemas de análisis predictivo, herramientas para la generación automática de documentos, plataforma *blockchain* para el almacenamiento de evidencias, aplicaciones de mensajería instantánea, sistema de reconocimiento facial —que posibilita la identificación para el registro en la plataforma y la realización de los diversos trámites, así como el control de acceso al edificio del tribunal y sus diferentes áreas—, reconocimiento de imágenes —para identificar objetos en imágenes, leer textos e identificar palabras…—, reconocimiento del habla, video en la nube para el seguimiento de los juicios en línea y computación en la nube.

El desarrollo de este ecosistema tecnológico permitió lanzar en agosto de 2018 un proyecto de «Tribunal Móvil», que hoy se halla desplegado ya en al menos 12 provincias. Se trata de una *app* (*Mobile Micro Court*) que replica un tribunal físico en el ciberespacio, trasladando los procedimientos, fuera de la sala de justicia, a un teléfono móvil. En esta aplicación se han

---

intelligence and Judicial Modernization, Springer — Shanghai People's Publishing House, 2020.

518 Cfr. STERN, R. *et al.*, "Automating Fairness? AI in the Chinese Courts", *Columbia Journal of Transnational Law*, nº 59, 2021, págs. 521-524.

integrado muchos de los servicios que se pueden encontrar en las plataformas digitales de los tribunales, como el asesoramiento legal, la estimación de las probabilidades de éxito del caso, la presentación de la demanda, la generación y aportación de documentos y pruebas, el acceso a la información sobre el caso y la recepción de comunicaciones. Además, combinando la captura de audio y video remoto, por un lado, y tecnologías de reconocimiento facial y firma electrónica, por otro, posibilita que las partes participen en actividades procesales y comparezcan virtualmente ante el tribunal a través de la plataforma *WeChat*, la principal red social en China[519]. Este proyecto ha mostrado su eficacia durante la crisis del COVID-19, contribuyendo sustancialmente a fortalecer la resiliencia de la Administración de Justicia: en marzo de 2020 se presentaron 437.000 nuevos casos a través de la aplicación —un 287% más que en el mes anterior—, de los cuales, en más de un 72% el proceso de completar la demanda llevó menos de 15 minutos[520].

2.2. PretorIA: procesamiento del lenguaje natural en auxilio de la Corte Constitucional de Colombia

PretorIA es un sistema de *machine learning* basado en procesamiento del lenguaje natural que ha sido específicamente diseñado y desarrollado para asistir a los magistrados de la Corte Constitucional de Colombia en la tarea de selección de aquellas sentencias de tutela que serán objeto de revisión por parte de dicho tribunal. Hay que señalar al respecto que la acción de tutela es el principal mecanismo jurisdiccional de protección de los derechos fundamentales en aquel país. Se trata de una garantía constitucional que permite reclamar, de modo preferente y sumario, la protección inmediata de los derechos fundamentales. Y esta acción se puede interponer ante jueces y tribunales de cualquier jurisdicción, que actúan en estos casos como jueces constitucionales. Una de las principales funciones de la Corte Constitucional es la eventual revisión de las decisiones judiciales sobre tutela de los derechos constitucionales, las cuales deben ser remitidas a la Corte, junto a sus respectivos expedientes, por todos los jueces y tribunales del país.

---

519 Cfr. CHEN, B. M. y LI, Z., "How will technology change the face of Chinese justice?", cit., págs. 12-13.

520 Cfr. SHI, C., SOURDIN, T. y LI, B., "The Smart Court: A New Pathway to Justice in China?", *International Journal for Court Administration*, vol. 12, nº 1, 2021, pág. 12.

Para hacernos una idea del volumen de asuntos que dicha tarea comporta cabe señalar que actualmente la Corte Constitucional recibe una media de 3100 expedientes de tutela diarios, entre los cuales ha de seleccionar aquellos que serán revisados por el alto tribunal. Una carga de trabajo que, obviamente, desborda las capacidades de los magistrados. Y, en cuanto al carácter de la tarea, es preciso tener en cuenta que esa selección, al igual que la posterior revisión de los asuntos seleccionados, es una actuación de naturaleza plenamente jurisdiccional que se inserta en el *iter* procesal de la acción de tutela, la cual finaliza, ya sea por la no selección, ya sea por la revisión y pronunciamiento de la Corte mediante sentencia. La selección de tutelas es efectuada por una Sala de Selección compuesta rotatoriamente, con carácter mensual, por dos Magistrados de la Corte elegidos al azar. Sus decisiones sobre la selección o no selección de los asuntos tienen un carácter discrecional y no requieren motivación, puesto que no existe un derecho subjetivo a que un caso sea revisado por la Corte. Y por la misma razón tampoco son susceptibles de recurso.

No obstante, pese a este carácter discrecional, la Corte Constitucional ha establecido y publicado una lista no taxativa de criterios para orientar la toma de decisiones en la selección de los casos. Así, hay una serie de criterios objetivos, como la necesidad de unificación de jurisprudencia, el tratarse de un asunto novedoso, la necesidad de pronunciarse sobre una determinada línea jurisprudencial, la exigencia de aclarar el contenido y alcance de un derecho fundamental, o la posible violación o desconocimiento de un precedente de la Corte Constitucional. También se tienen en cuenta algunos criterios subjetivos, como la urgencia en la protección de un derecho fundamental o la necesidad de materializar un enfoque diferencial. Y, por último, existen algunos criterios complementarios, como la lucha contra la corrupción, el examen de pronunciamientos de instancias internacionales judiciales o cuasi judiciales, la tutela contra providencias judiciales en los términos de la jurisprudencia constitucional, la preservación del interés general y la grave afectación del patrimonio público[521].

PretorIA se inserta, desde su puesta en funcionamiento a finales del año 2020, como un sistema de apoyo a los magistrados en el curso de este proceso de selección de los expedientes de tutela[522]. Básicamente, se trata de

---

521 Cfr. CORTE CONSTITUCIONAL DE COLOMBIA, *Reglamento de la Corte Constitucional. Acuerdo 02 de 2015.*

522 Las fuentes de información básicas que se han empleado para la descripción del proceso de diseño, las funcionalidades y el modo de empleo de *PretorIA* han sido SAAVEDRA, V. y UPEGUI, J. C., *PretorIA y la automatización del procesamiento de cau-*

una herramienta basada en técnicas de procesamiento del lenguaje natural que toma las sentencias de tutela recibidas de los jueces de instancia y etiqueta o clasifica sus contenidos según categorías que han sido previamente fijadas con arreglo al conocimiento experto de los magistrados de la Corte Constitucional. De este modo, realiza un preprocesamiento de las sentencias con el objeto de proveer al decisor humano de una información ordenada que le facilite la selección. Este preprocesamiento se traduce fundamentalmente en las siguientes funciones: a) clasificación de los casos conforme a los criterios prefijados por la Corte para seleccionar las tutelas, b) búsqueda en los expedientes de toda aquella información que sea de interés para llevar a cabo el proceso de selección, c) realización automática de resúmenes no narrativos sobre los criterios, lo que se traduce en la presentación sintética de las categorías o criterios de selección concurrentes en la sentencia, y d) generación de información de naturaleza estadística construida sobre el etiquetado del conjunto de las sentencias de tutela, lo que proporciona información de contexto valiosa para la selección.

El sistema, pues, no selecciona los casos a revisar, sino que «únicamente» analiza, clasifica y presenta la información contenida en los expedientes con arreglo a una serie de criterios y categorías previamente definidas por el propio tribunal y que son relevantes para el proceso de selección. La toma de decisión se mantiene en manos de los magistrados que componen la Sala de Selección, pero con la enorme ventaja de que pueden realizar al menos una primera preselección, no ya sobre el análisis de un enorme volumen de textos en bruto —lo que conllevaría la irrealizable tarea de leer los millones de páginas de los expedientes de más de tres mil casos diarios— sino sobre la información depurada y proporcionada por el sistema acerca de la concurrencia o no en tales expedientes de las circunstancias o situaciones predefinidas por el tribunal. *PretorIA* no es, pues, una herramienta predictiva que genere una propuesta de decisión —a diferencia de *Prometea*, de la que luego hablaré, y que fue desarrollada por el mismo equipo técnico—, sino un sistema de análisis, clasificación y recuperación de la información que facilita la toma de decisión al agente humano.

---

sas de derechos humanos, Dejusticia — Derechos Digitales, 2021, y, sobre todo, la información proporcionada de primera mano por Ana María Ramos Serrano, Magistrada Auxiliar de la Corte Constitucional de Colombia, con quien tuve la oportunidad de coincidir en el *Conversatorio «La visión de la inteligencia artificial sobre la justicia»*, celebrado en la Suprema Corte de Justicia de la Nación de México los días 26 y 27 de septiembre de 2023.

Como se ha señalado, las clasificaciones que realiza automáticamente el sistema están basadas en reglas prefijadas por la propia Corte. A diferencia de los sistemas de *machine learning* basados en datos, en los que es el propio sistema el que va encontrando las funciones que relacionan los datos de entrada —el texto de la sentencia— y de salida —el etiquetado de sus contenidos—, en este caso han sido los propios magistrados quienes han determinado previamente dichas reglas, mediante programación explícita, a través del uso de términos clave, estructuras sintácticas y las relaciones entre estas. Precisamente por ello se hace precisa una revisión constante de tales reglas por parte de la Corte con nuevos procesos de etiquetamiento manual. A tal objeto, con cierta periodicidad la Corte etiqueta nuevos grupos de sentencias para comparar cómo está clasificando *PretorIA* y cómo está clasificando la Corte. Este etiquetado manual sirve así tanto para medir periódicamente la precisión del sistema como para actualizar unas etiquetas que no son necesariamente estáticas, en tanto están vinculadas a las necesidades de la Corte basadas en su conocimiento experto.

Otra de las características de *PretorIA* es que se trata de un sistema de código abierto. La Corte Constitucional ha hecho públicos tanto el código fuente de *PretorIA* como los tutoriales y manuales de uso de la herramienta. De hecho, la transparencia en el funcionamiento de *PretorIA* ha tenido la virtualidad de acercar la comprensión del proceso de selección a la ciudadanía, en tanto ha permitido revelar el pensamiento jurídico de la Corte, expresado en la definición de las categorías y reglas que utiliza el sistema, en relación a una operación jurisdiccional que legalmente tiene un carácter discrecional y que no precisa motivación.

Por último, un aspecto muy importante a destacar es la implicación de los magistrados de la Corte Constitucional a lo largo de todo el proceso de diseño y desarrollo del sistema, antes de su definitiva implantación. Desde el inicio de dicho proceso se conformó un equipo mixto dentro de la propia Corte constituido tanto por los técnicos que llevaron a cabo materialmente la programación del sistema como por magistrados y otros profesionales del tribunal. El hecho de que haya sido un equipo experto de la propia Corte quien determinó las funcionalidades e interfaz del sistema según sus necesidades y quien acompaña el desarrollo de la creación de capacidades técnicas tiene unas ventajas considerables. En primer lugar, permite comprender a los magistrados el funcionamiento real del sistema, qué hace y qué no. Además, dota de sostenibilidad al sistema y de autonomía a la Corte, evitando la dependencia del proveedor (*vendor lock-in*). Y, por último, facilita la escalabilidad del sistema mediante el desarrollo de nuevos módulos y servicios. En este sentido, el diseño del sistema responde a una arquitectura orientada a servicios, de manera que cada uno de los módulos tiene su propia lógica de implementación, autónoma e independiente de los restantes.

Para finalizar este apartado mencionaré más brevemente dos sistemas utilizados por el Tribunal Supremo Federal de Brasil para llevar a cabo tareas de selección y clasificación de los casos a revisar en distintos tipos de recursos. Funciones, por tanto, muy similares a las encomendadas por la Corte Constitucional colombiana a *PretorIA*. El primero de ellos es *Socrates*, un sistema basado en algoritmos de procesamiento del lenguaje natural y de aprendizaje automático no supervisado que fueron entrenados con un *data set* de 300.000 decisiones judiciales previas. *Socrates* lee los expedientes de los casos que llegan al tribunal en apelación y agrupa aquellos que versan sobre temas similares, para que puedan ser juzgados en bloques, rechazando también los tipos de causas que no corresponden a la competencia del tribunal. Adicionalmente, recomienda fuentes normativas y jurisprudenciales relevantes. Esta barrera digital es importante porque la Justicia brasileña ha creado una categoría llamada «demanda repetitiva» que se aplica a todo proceso cuyo problema legal es común a miles de casos, afectando potencialmente a millones de personas —por ejemplo, problemas legales derivados de los reajustes en los seguros de salud o los índices de corrección de tasas públicas—. En este tipo de situaciones, la identificación de una apelación como una demanda repetitiva hace que se devuelva al tribunal estatal de origen. Y cuando el Supremo Tribunal Federal decida sobre la cuestión litigiosa los tribunales estatales aplicarán esa decisión judicial a cada caso.

El segundo sistema, denominado *Victor*, se aplica para la tarea de clasificación de los recursos de casación, a través de los cuales se demanda la revocación o modificación de aquellas decisiones de los tribunales inferiores que los litigantes consideran que vulneran la Constitución Política de la Federación. Para hacernos una idea de la congestión del sistema judicial brasileño, en 2019, el año de la puesta en marcha de *Victor*, el Supremo Tribunal Federal, compuesto por once magistrados, recibió 72.000 recursos de casación. *Victor* analiza los recursos y los agrupa en razón de su identidad temática, asociándolos con aquellos temas que en sus decisiones previas el tribunal ha estimado de «repercusión general»[523]. Estas tareas representan actos de conocimiento fundados en valoraciones que, hasta la

---

[523] Cuando el Supremo Tribunal Federal de Brasil otorga a un caso sobre un determinado tema el estatus de «repercusión general», ello supone que la decisión del mismo servirá como directriz para todas las instancias judiciales.

puesta en marcha de *Victor*, realizaba un magistrado en el trámite procesal. Esa labor manual requería entre 30 y 40 minutos por escrito, con un margen de precisión de aproximadamente el 75%, debiéndose realizar nuevamente el 25% del trabajo. En julio de 2019 ya se habían estudiado 14.000 expedientes con *Victor*, que logró una precisión del 91% sin tomarse más de cinco segundos por expediente. Una vez agrupados automáticamente los recursos, y en función de la información proporcionada por el sistema, los magistrados deciden finalmente si el tema de cada caso es de repercusión general o no, deliberando cómo debe resolverse[524].

2.3. Codificación predictiva para la selección del material relevante en el litigio: un caso de éxito en el Derecho procesal anglosajón

Una de las etapas del procedimiento judicial en la que cada vez es más frecuente el empleo de diversas herramientas basadas en inteligencia artificial y otras tecnologías asociadas es la fase probatoria, donde estas aplicaciones pueden ser utilizadas para realizar tareas tan importantes como la identificación y selección de información relevante en el proceso, la prueba de determinados hechos o la validación, preservación y autenticación de las evidencias electrónicas. Y, de hecho, puede afirmarse que, hasta este momento, tal vez el principal caso de éxito en el desarrollo de una inteligencia artificial jurídica dirigida específicamente al sistema judicial viene representado por la codificación predictiva, una tecnología diseñada para seleccionar el material documental —entendiendo por documento, en sentido amplio, cualquier información contenida en un soporte electrónico— relevante en el litigio.

Mediante la combinación de técnicas de aprendizaje automático activo y de procesamiento del lenguaje natural, la codificación predictiva permite realizar la revisión automatizada de enormes volúmenes de datos registrados en cualquier tipo de formato digital —documentos de texto, imágenes y videos, audios, correos electrónicos, bases de datos, agendas, hojas de cálculo, programas informáticos, comunicaciones a través de internet, etc.—, procedentes de múltiples y heterogéneas fuentes —servidores, ordenadores, discos duros, memorias USB, tabletas, teléfonos móviles, correos electrónicos, CDs y DVDs, cintas de *backup*...—, e identificar cualquier tipo de

---

[524] Cfr. CALDERÓN-VALENCIA, F. *et al.*, "Sistemas de IA en la experiencia del Supremo Tribunal Federal brasileño y la Corte Constitucional colombiana: análisis prospectivo", *The Law, State and Telecommunications Review*, vol. 13, nº 1, 2021, págs. 147-152.

información relevante que pueda ser presentada como evidencia ante el tribunal en un caso concreto. Estos sistemas utilizan algoritmos de aprendizaje supervisado que «aprenden» los criterios de relevancia jurídica en relación al objeto del litigio mediante el análisis de un subconjunto de documentos estadísticamente significativos que han sido previamente codificados de manera manual —es decir, clasificados cada uno de ellos como «relevante» o «no relevante»— por un abogado conocedor del asunto. A partir de dichos ejemplos, y tras un proceso iterativo de entrenamiento y ajuste del algoritmo, el sistema genera un modelo predictivo que posteriormente aplica a todos los documentos del conjunto a revisar, no solo clasificándolos como relevantes o no relevantes, sino priorizándolos mediante la asignación a cada uno de ellos de un grado concreto de probabilidad de relevancia, lo que permite desechar directamente del litigio aquellos que no alcancen un grado mínimo de probabilidad y circunscribir la revisión manual únicamente a aquellos que superen este filtro de relevancia[525].

Se trata de una herramienta que, en el sistema anglosajón, puede ser utilizada válidamente por las partes para satisfacer el deber procesal de *discovery*, que obliga a proporcionar al contrincante, a solicitud de este, toda la información que sea relevante para la determinación de los hechos en los que se funda la acción o la defensa, salvo aquella que esté protegida por algún privilegio procesal. La aplicación de la codificación predictiva para automatizar esta tarea procesal fue admitida jurisprudencialmente por primera vez en los Estados Unidos, a raíz de la decisión en *Da Siva Moore* (2012)[526], y hoy es ya una práctica habitual también en los tribunales de Reino Unido, Australia, Irlanda y Canadá en muchos procesos civiles, mercantiles, administrativos o laborales en los que se hace necesario revisar ingentes volúmenes de información electrónica.

Los efectos de esta tecnología han sido claramente beneficiosos para el sistema judicial, permitiendo resolver un importante problema procesal. Con la ubicuidad de las TICs en todas las esferas de nuestra vida personal, social y profesional, y las inmensas capacidades de generación, registro y almacenamiento de datos de los dispositivos electrónicos, la hiperinflación de información electrónica disponible en cualquier disputa de cierta enti-

---

525 Sobre el desarrollo de esta tecnología y sus diversas metodologías, cfr. SOLAR CAYÓN, J. I., "La codificación predictiva: inteligencia artificial en la averiguación procesal de los hechos relevantes", *Anuario de la Facultad de Derecho de la Universidad de Alcalá*, nº 11, 2018, págs. 75-105.

526 *Da Silva Moore v. Predicis Groupe & MSL Group*, 11-Civ.-1279-ALC-AJP (S.D. New York, 2012).

dad había complicado extraordinariamente el desenvolvimiento de la fase procesal de *discovery*. Por un lado, incrementando notablemente el tiempo y el esfuerzo necesarios para efectuar la revisión manual de la información, así como su coste económico para las partes[527]. Y, por otro, multiplicando las posibilidades de disputa entre los contendientes en relación a cuestiones tales como la extensión de la información a revisar o el método adecuado para realizar la búsqueda, a menudo con el único objetivo de dilatar el proceso o, sencillamente, de dificultar la labor procesal del oponente. Hoy, la codificación predictiva ha demostrado que no solo es un método de revisión de la información electrónica más rápido, eficiente y proporcional en la relación coste-eficacia, sino también bastante más preciso que cualquier otro método alternativo, incluida la revisión manual por parte de equipos de abogados expertos, cuando se manejan grandes volúmenes de datos[528].

La historia del éxito de la codificación predictiva es interesante también desde la perspectiva jurídica, porque nos muestra cómo la introducción de la inteligencia artificial en el sistema judicial puede originar cambios importantes en los principios procesales e incluso en el rol de los participan-

---

527 Para hacernos una idea de las magnitudes, en el caso *Da Silva Moore* mencionado, en el que se ventilaba una demanda por discriminación de género presentada por cinco mujeres contra uno de los mayores grupos empresariales de publicidad del mundo, la compañía demandada, que solicitaba utilizar por primera vez esta tecnología, alegaba que debía examinar un total de aproximadamente 3 millones de correos electrónicos, entre otros documentos. Como dato indicativo, baste señalar que el coste de la revisión manual de los 40.000 primeros documentos priorizados por orden de relevancia, que eran los que inicialmente la compañía se comprometía a revelar a las demandantes en caso de que se le permitiera utilizar esta tecnología, se estimaba ya en 200.000$, esto es, 5$ por documento.

528 En los primeros años de desarrollo de esta tecnología fueron muchos los experimentos llevados a cabo para evaluar el rendimiento de los sistemas de codificación predictiva en comparación con la revisión manual efectuada por abogados expertos. En todos ellos aquellas herramientas demostraron mayores tasas de exhaustividad y de precisión que los revisores humanos. Cfr., entre otros, los tests realizados en GROSSMAN, M. R. y CORMACK, G. V., *Technology-Assisted Review in Electronic Discovery*, 2017 (https://judicialstudies.duke.edu/wp-content/uploads/2017/07/Panel-1_TECHNOLOGY-ASSISTED-REVIEW-IN-ELECTRONIC-DISCOVERY.pdf); CORMACK, G. V. y GROSSMAN, M. R., "Navigating Imprecision in Relevance Assessments on the Road to Total Recall: Roger and Me", *SIGIR'17*, August 7-11, 2017, Shinjuku, Tokyo, págs. 5-14 (https://doi.org/10.1145/3077136.3080812); y ROITBLAT, H. L., KERSHAW, A. y OOT, P., "Document Categorization in Legal Electronic Discovery: Computer Classification vs. Manual Review", *Journal of the American Society for Information Science and Technology*, vol. 61, nº 1, 2010, págs. 70-80.

tes en el litigio, incluida la autoridad judicial. Y es que la aceptación de esta tecnología ha impulsado una sustancial reforma de las normas que rigen esta importante etapa de la fase probatoria. Fundamentalmente, esto se ha traducido, en primer lugar, en un cambio de paradigma procesal basado en la sustitución de una cultura de la confrontación por una cultura de la cooperación entre las partes que permita el diseño de una metodología consensuada y transparente para el entrenamiento imparcial del algoritmo. Y, en segundo lugar, en un redimensionamiento del principio de proporcionalidad, que se convierte —junto con el de relevancia jurídica— en el principio rector del desarrollo de esta fase procesal para asegurar un proceso eficiente de *discovery* en términos de su relación coste-eficacia. Asimismo, estos cambios han incidido en el rol procesal de la autoridad judicial, atribuyéndose al juez un papel más activo en la dirección del *discovery* al objeto de impulsar y articular una pronta comunicación y cooperación entre las partes que posibilite el acuerdo sobre los protocolos de codificación predictiva y el intercambio de información[529].

2.4. Inteligencia artificial y blockchain como medios de prueba y como herramientas para la valoración de los medios de prueba

Dentro aún de la fase probatoria, la inteligencia artificial puede constituir también una herramienta importante de apoyo a la función jurisdiccional en la determinación de la premisa fáctica del razonamiento judicial. De particular relevancia es su incidencia en el proceso penal, donde cada vez es más frecuente que tecnologías basadas en técnicas de inteligencia artificial aporten información determinante para la investigación y enjuiciamiento de los hechos delictivos, especialmente en lo que se refiere a la determinación de su autoría.

En este ámbito, la inteligencia artificial, asociada a las técnicas de *big data* y minería de datos, puede utilizarse como una herramienta de búsqueda, selección y análisis de la información ya disponible en diferentes tipos de fuentes y bases de datos. En un contexto social y tecnológico en el que la disponibilidad de todo tipo de datos personales crece exponencialmente a partir de la huella digital que voluntaria o involuntariamente vamos generando en nuestra actividad cotidiana, y en el que se está pro-

---

[529] Sobre el impacto de la codificación predictiva en los roles de las partes y del juez, así como las reformas de las normas procesales que ha provocado, cfr. SOLAR CAYÓN, J. I., *La inteligencia artificial jurídica. El impacto de la innovación tecnológica en la práctica del Derecho y el mercado de servicios jurídicos*, cit., págs. 158-169.

duciendo —incluso en el plano jurídico— una progresiva difuminación de las fronteras entre los datos públicos y los datos privados, las diligencias de investigación tecnológica para el mapeo y análisis de datos a través de sistemas inteligentes parecen destinadas a ocupar una posición preeminente entre los métodos de investigación judicial[530]. En una dirección similar, la omnipresencia de dispositivos basados en inteligencia artificial que registran automáticamente información sobre nuestra ubicación, parámetros biológicos, comunicaciones, actividad, hábitos y otros aspectos personales, hace que ellos mismos puedan constituirse en fuentes de prueba en el contexto de un proceso judicial, pudiendo por tanto ser aportados al mismo como medios de prueba.

Por otra parte, también es cada vez más frecuente la utilización de sistemas basados en inteligencia artificial para la valoración de distintos medios de prueba[531]. Se incluyen aquí herramientas para identificar o establecer correspondencias entre individuos y materiales o rastros digitales, interpretar materiales o rastros digitales ambiguos, reconstruir hechos a partir de ciertas evidencias, etc. Además, es bastante habitual que prácticas estándar en la investigación de los hechos, como, por ejemplo, las pruebas de ADN, el análisis de huellas y otros rastros, las pruebas balísticas o los análisis de audios y de imágenes utilicen también técnicas basadas en inteligencia artificial para la determinación de los resultados. Por ello, no resulta en absoluto exagerado afirmar que, en la actualidad, gran parte de los métodos de trabajo de las ciencias forenses se sostienen en algoritmos.

Si bien es evidente que este tipo de pruebas científicas han mejorado sustancialmente las técnicas de investigación, comportan también ciertos riesgos desde la perspectiva jurídica. Y es una realidad innegable que su expansión está generando cambios profundos en el desarrollo de la actividad probatoria que pueden incidir en los valores y garantías procesales. En este sentido, se ha señalado cómo esta irrupción tecnológica está acentuando el creciente énfasis del Derecho Penal en la seguridad y la prevención de riesgos. La aplicación de tecnologías inteligentes para tareas de vigilancia y prevención de posibles delitos, y la posterior utilización de sus resultados en la investigación policial y la prueba procesal, está provocando un desdibujamiento de la línea divisoria entre la función preventiva y el proceso penal: las herramientas tecnológicas que permitieron detectar riesgos se

---

530 Cfr. BUENO DE MATA, F., "Macrodatos, inteligencia artificial y proceso: luces y sombras", cit., págs. 1-3.

531 Cfr. NIEVA FENOLL, J., *Inteligencia artificial y proceso judicial*, cit., págs. 79 y ss.

adentran en la investigación policial para convertirse posteriormente en elementos de prueba procesal, incluso favoreciendo las medidas de seguridad postcondena[532]. De manera que la introducción de estas tecnologías no solo supone la aparición de nuevas fuentes o elementos de prueba e instrumentos de valoración de la prueba, sino también de un nuevo paradigma de *modus operandi* probatorio que se refleja en aspectos como su forma de incorporación al proceso, la aparición de nuevos sujetos intervinientes en la prueba y los efectos de sus resultados científicos[533].

Un nuevo *modus operandi* que, precisamente, tiende a elevar a categoría de «prueba plena» esos resultados. Y es que cada vez es más frecuente que estas tecnologías resulten determinantes en la fijación de los hechos, resultando sumamente difícil para las defensas desafiar la validez de sus resultados[534]. Como señala Montserrat de Hoyos, en estos casos se corre el riesgo de que la eficiencia tecnológica —real o presunta— se constituya en un criterio autosuficiente sobre la fiabilidad de la prueba, reemplazando totalmente el juicio humano y dejando prácticamente sin efecto la presunción de inocencia[535]. Además, su empleo puede afectar también a la igualdad

---

532 Como afirma GUZMÁN FLUJA, V. C., "Ideas para un debate sobre la predicción del crimen", en CALAZA, S. y LLORENTE, M (dirs.), *Inteligencia artificial legal y Administración de Justicia*, Aranzadi, Cizur Menor, 2022, el empleo de herramientas predictivas del crimen nos ubica en "los límites del Derecho procesal penal y, como toda frontera poco explorada, es peligrosa". El cruce de la frontera "nos sitúa dentro del proceso penal, pero este va a estar ya condicionado de alguna manera por lo acontecido fuera" (pág. 298).

533 Cfr. BARONA VILAR, S., *Algoritmización del Derecho y de la justicia*, cit., págs. 502 y 600-602.

534 Se produce así, como señala GALETTA, A., "The changing nature of the presumption of innocence in today's surveillance societies: rewrite human rights or regulate the use of surveillance technologies?", *European Journal of Law and Technology*, vol. 4, nº 2, 2013, una auténtica inversión de la carga de la prueba, que pasa del acusador al acusado (pág. 4).

535 Cfr. HOYOS SANCHO, M. de, "El uso jurisdiccional de los sistemas de inteligencia artificial y la necesidad de su armonización en el contexto de la Unión Europea", *Revista General de Derecho Procesal*, nº 55, 2021, págs. 7-8. Por ello, BORRÁS ANDRÉS, N., "La verdad y la ficción de la inteligencia artificial en el proceso penal", en CONDE, J. y SERRANO, G. (dirs.), *La justicia digital en España y la Unión Europea*, Editorial Atelier, Barcelona, 2019, afirma que la utilización de esta tecnología para la valoración de pruebas ha de tener en todo caso un carácter auxiliar, pues "la información arrojada por sistemas de inteligencia artificial debe ser tenida en cuenta por el juez únicamente para su propia valoración posterior, sin darles carta de verdad de forma automática" (pág. 36). El problema es que para desafiar la validez de los resultados del sistema es necesario poseer unos conocimientos que,

de armas entre las partes si no se garantiza la adecuada transparencia y el acceso a los datos y los algoritmos del sistema, pues de lo contrario resulta prácticamente imposible cuestionar o impugnar sus resultados[536]. Especialmente cuando se deniega el acceso a la información necesaria para evaluar su funcionamiento, ya sea en aras a proteger el secreto empresarial de los códigos fuente de los sistemas —en aquellos casos en los que los algoritmos son desarrollados por una empresa privada, lo que sucede en la mayoría de las ocasiones—[537] o como consecuencia de prácticas procesales poco transparentes en relación a su empleo[538]. De ahí la urgente necesidad de

---

desde luego, el juez no posee, por lo que deberá contar con el asesoramiento de expertos. En una dirección similar, MARTÍN DIZ, F., "Derechos y garantías procesales penales fundamentales: una lectura en clave tecnológica", *Ius et Scientia*, vol. 10, nº 1, 2024, considera que el resultado de una herramienta tecnológica de este tipo no puede ser una prueba de cargo suficiente para desvirtuar completamente la presunción de inocencia, debiendo concurrir, para fundamentar una condena, otros elementos probatorios que corroboren aquel resultado (pág. 65).

536 Cfr. SAN MIGUEL CASO, C., "La aplicación de la inteligencia artificial en el proceso: ¿un nuevo reto para las garantías procesales?, *Ius et Scientia*, vol. 7, nº 1, 2021, págs. 286-303, y ASÍS PULIDO, M. de, "Derecho al debido proceso e inteligencia artificial", en LLANO, F. H. y GARRIDO, J. (eds.), *Inteligencia artificial y Derecho. El jurista ante los retos de la era digital*, Aranzadi, Cizur Menor (Navarra), 2021, págs. 67-89. En este sentido, y con carácter general en relación a la utilización de los sistemas de inteligencia artificial en el proceso judicial, este autor, en ASÍS PULIDO, M. de, "Bases de un derecho al debido proceso tecnológico", *Universitas*, nº 40, 2023, propone el reconocimiento de la "igualdad de armas tecnológicas" como una garantía inherente a un nuevo "derecho al debido proceso tecnológico" que, a su juicio, debería incorporarse al artículo 24 de nuestra Constitución (pág. 129).

537 En Estados Unidos, *People v. Superior Court* (*Chubbs*), nº. B258569, 2015 WL 139069 (Cal. Ct. App. Jan. 9, 2015) fue el primer caso en el que un tribunal de apelación reconoció un *privilege* procesal en beneficio del secreto empresarial en el campo penal. En él se rechazó el acceso del acusado al código fuente del software que evaluó la probabilidad de que su ADN formara parte de una muestra compleja de varios ADNs mezclados extraída de la escena del crimen. E idéntica situación se ha reproducido en *Commonwealth of Pennsylvania v. Michael Robinson*, Court of Common Pleas, Allegheny County, Pennsylvania (Feb. 4, 2016) y *State v. Fair*, nº 10-1-09274-5 SEA (Wash. Super. Ct. King City, Jan. 12, 2017). Posición que, hasta ahora, los tribunales estadounidenses han mantenido también en relación a los códigos fuente de otros sistemas algorítmicos utilizados en la justicia penal, como los sistemas de evaluación de riesgos de reincidencia, a los que me referiré posteriormente.

538 En otros casos se ha impugnado la utilización de este tipo de sistemas por entender que no se ha proporcionado a la defensa información suficiente sobre su empleo, aunque también con muy poco éxito. Así, en *State v. Hickerson*, 228 So. 3d 251 (La. Ct. App. 2018), el fiscal utilizó, sin conocimiento de la defensa, un siste-

realizar una relectura en clave tecnológica de las garantías y los derechos fundamentales procesales, al objeto de determinar las exigencias y límites de la aplicación de la inteligencia artificial al proceso penal[539].

Y es que, como han puesto de manifiesto sendos informes institucionales en los Estados Unidos y Reino Unido, la proliferación de este tipo de herramientas en el proceso no ha ido, en general, acompañada de las adecuadas garantías de transparencia, y se advierte una falta de estándares explícitos, de buenas prácticas de referencia y de publicidad en el empleo de estos sistemas algorítmicos. Déficits que pueden suponer un serio menoscabo del derecho al proceso debido, profundizando el ya de por sí significativo desequilibrio de poder que existe en el proceso penal entre el Estado y el acusado. Por ello, recomiendan reformar las reglas procesales del *discovery* para facilitar la supervisión de estos sistemas y asegurar que la defensa tenga acceso a una información plena sobre ellos, la cual debería incluir aspectos como el tipo de herramienta que ha sido empleada, la finalidad para la que fue diseñada, los datos sobre los que opera y otras especificaciones técnicas[540].

A este respecto hay que recordar que, en el contexto de la Unión Europea, el apartado 6 del Anexo III del Reglamento de Inteligencia Artifi-

---

ma algorítmico de evaluación de riesgos, entre cuyas funcionalidades se hallaba la elaboración automática de gráficos que mostraban las conexiones entre distintos individuos a partir de la información disponible en su base de datos, para determinar la pertenencia del acusado a una banda responsable de diversos delitos, cuestión que resultó determinante para su condena. Cuando la defensa tuvo conocimiento de ese hecho solicitó la nulidad del juicio, pero el tribunal rechazó la solicitud argumentando que aquel sistema no jugó ningún papel en la resolución del caso. Del mismo modo, en *Lynch v. State*, 260 So. 3d 1166 (Fla. Dist. Ct. App. 2018), se apelaba la condena impuesta a un acusado cuya identificación se realizó mediante un sistema de reconocimiento facial a partir de una foto de móvil. El software, además del condenado, identificó a otros cuatro posibles sospechosos cuyas fotografías no fueron proporcionadas a la defensa. No obstante, el tribunal de apelación confirmó la condena bajo el argumento de que la defensa no pudo demostrar que el resultado del juicio habría sido diferente si hubiera tenido acceso a las fotografías.

539 Cfr., en este sentido, MARTÍN DIZ, F., "Derechos y garantías procesales penales fundamentales: una lectura en clave tecnológica", cit., págs. 62-71.

540 Cfr. RICHARDSON, R., SCHULTZ, J. y SOUTHERLAND, V., *Litigating Algorithms 2019 US Report*, AI Now Institute, 2019, en relación a los Estados Unidos, y THE LAW SOCIETY OF ENGLAND AND WALES, *Algorithms in the Criminal Justice System*, The Law Society Commission on the Use of Algorithms in the Justice System, 2019, en relación al Reino Unido.

cial incluye específicamente entre los sistemas de «alto riesgo» varios tipos de herramientas que las autoridades encargadas de la aplicación de la ley pueden emplear en la investigación y prueba de los hechos: sistemas destinados a ser utilizados como polígrafos o herramientas similares, sistemas para evaluar la fiabilidad de las pruebas durante la investigación o el enjuiciamiento de delitos, sistemas utilizados para evaluar el riesgo de que una persona física cometa un delito o reincida en la comisión de un delito atendiendo no solo a la elaboración de perfiles de personas físicas o para evaluar rasgos y características de la personalidad o comportamientos delictivos pasados de personas físicas o colectivos, y sistemas para elaborar perfiles de personas físicas durante la investigación o el enjuiciamiento de delitos. Por tanto, en todos estos casos deberán observarse las exigencias ya descritas en relación a su diseño y funcionamiento.

Lo que parece incuestionable es que, con las debidas garantías, la inteligencia artificial, en conjunción con tecnologías asociadas como la «cadena de bloques» o *blockchain* —que puede constituir una herramienta fundamental para la preservación y validación del material probatorio—, está llamada a desempeñar un papel cada vez más importante en la investigación y prueba de los hechos. Un buen ejemplo del potencial que presenta la conjunción de ambas tecnologías nos lo proporciona el proyecto que actualmente están desarrollando la ONG *Global Legal Action Network* y la Universidad de Swansea (Gales) para probar ante los tribunales británicos el empleo de bombas de racimo en la guerra de Yemen, una iniciativa que tiene vocación de extenderse a otros conflictos armados y jurisdicciones internacionales[541].

El proyecto consta de dos fases. La primera fue la creación de una base segura de datos que actualmente consta ya de cientos de miles de horas de videos de ataques aéreos procedentes de todo tipo de fuentes abiertas: imágenes de satélites, grabaciones de periodistas, activistas y población civil con móviles y otros dispositivos electrónicos, etc. Al objeto de garantizar los principios procesales de publicidad e igualdad de armas de cara a su posible utilización ante los tribunales, para la creación de este repositorio se establecieron una serie de requisitos y protocolos muy estrictos de verificación, autenticación y preservación del material en base a la creación de una cadena de custodia mediante *blockchain*. La segunda fase, en la que

[541] Cfr. HAO, K., "Human rights activists want to use AI to help prove war crimes in court", *MIT Technology Review*, June 25, 2020 (https://www.technologyreview.com/2020/06/25/1004466/ai-could-help-human-rights-activists-prove-war-crimes/).

se encuentra actualmente el proyecto, consiste en la selección de pruebas mediante inteligencia artificial. A tal efecto se ha desarrollado y entrenado un sistema basado en *machine learning* para detectar aquellas secuencias de video en cuyos fotogramas aparezcan rastros de bombas de racimo. Hasta el momento los resultados son prometedores: más del 90 por ciento del material seleccionado por el algoritmo y sometido a la posterior verificación de expertos contenía, efectivamente, muestras del empleo de ese tipo de bombas. Habrá que estar, pues atentos, al recorrido judicial de este asunto, así como al posible empleo de este tipo de técnicas y metodologías en relación a otros conflictos bélicos actuales[542].

Este potencial de la inteligencia artificial y el *blockchain* ya está siendo aprovechado por algunos tribunales para validar y almacenar en plataformas digitales datos y evidencias electrónicas que pudieran ser relevantes en futuros litigios. El ejemplo más prominente son los *Internet Courts* implantados en diversas provincias chinas a partir de agosto de 2017. Se trata de tribunales especializados con competencia para resolver once tipos de disputas relacionadas con internet: comercio electrónico, prestación de servicios en línea, préstamos *online*, controversias sobre derechos de propiedad intelectual en relación a los nombres de dominio, etc. Como se recoge en el *White Paper on the Aplication of Internet Technology in Judicial Practice*, publicado en agosto de 2019 por el *Beijing Internet Court*, estos tribunales han utilizado la tecnología de cadena de bloques, en combinación con *big data* y el almacenamiento en la nube, para construir un ecosistema seguro de evidencias electrónicas mediante el desarrollo de una plataforma digital (*Balance Chain System*) que permite a las partes almacenar y validar este tipo de evidencias, asegurando su preservación, así como registrar y confirmar derechos de propiedad intelectual. El sistema garantiza la trazabilidad de las evidencias y su autenticidad —no falsificación—. En caso de disputa, esto reduce el coste para las partes y facilita la admisibilidad judicial de las pruebas. En el momento de publicarse el mencionado Libro Blanco (agosto de 2019) solo en la plataforma del *Beijing Internet Court* se habían descargado y almacenado casi 6,5 millones de evidencias electrónicas, de las cuales más de 1300 habían sido utilizadas en centenares de litigios sin que se produjera disputa alguna en relación

---

542 Sobre este proyecto y otros que han surgido a su estela en relación a diversos conflictos bélicos, cfr. BAENA PEDROSA, M., "Inteligencia artificial en la persecución de crímenes internacionales", en SOLAR CAYÓN, J. I. y SÁNCHEZ MARTÍNEZ, M. O. (dirs.), *El impacto de la inteligencia artificial en la teoría y la práctica jurídica*, cit., págs. 325-333.

a la autenticidad de la evidencia[543]. En cuanto a los tribunales ordinarios, a finales de 2019 los tribunales de 22 provincias chinas estaban ya conectados a una plataforma nacional de evidencias electrónicas basada en *blockchain* —con más de 194 millones de evidencias almacenadas— que se halla interconectada con 27 instituciones, como el *National Time Service Center*, centros de investigación forense, oficinas notariales, plataformas de resolución negociada de disputas, etc[544].

2.5. Los sistemas algorítmicos de evaluación de riesgos de reincidencia criminal: el problema del perfilado y de los sesgos

En ocasiones la tarea judicial no consiste en determinar hechos ya acaecidos sino en evaluar la probabilidad de que se produzcan determinados acontecimientos futuros. Así sucede fundamentalmente en relación a la adopción de algunas medidas cautelares, como la prisión provisional, cuya determinación requiere, entre otras consideraciones, una apreciación judicial acerca del riesgo de reincidencia criminal del acusado. Para auxiliar al juez en dicha tarea, en la justicia penal estadounidense se ha generalizado el empleo de los sistemas algorítmicos de evaluación de riesgos. Se trata de herramientas que inicialmente fueron diseñadas para ser utilizadas en el ámbito de la administración penitenciaria, con el objetivo de ayudar a las comisiones competentes a diseñar programas de tratamiento y de rehabilitación que contemplasen las necesidades individuales de cada preso —adicciones, necesidades psicológicas y psiquiátricas, orientación laboral, contexto familiar, etc.—, así como a tomar las decisiones adecuadas sobre la concesión o no de la libertad condicional y, en su caso, la determinación del grado adecuado de supervisión de dicho régimen. Sin embargo, en los últimos años su empleo se ha extendido también al proceso judicial. En la actualidad son ya habitualmente empleadas en la mayoría de jurisdicciones estatales durante la fase del *pre-trial* para informar las decisiones judiciales relativas a la adopción de medidas cautelares, particularmente la concesión o no de libertad provisional. Y algunas han ido incluso más allá, permitiendo que sus resultados puedan ser tenidos en cuenta en la fase del *trial* como un elemento más para la determinación y graduación de la sentencia condenatoria. De este modo, la aplicación de estas herramientas

---

543 Cfr. BEIJING INTERNET COURT, *White Paper on the application of Internet technology in judicial practice*, Beijing, 2019, págs. 17-18.

544 Cfr. SUPREME PEOPLE'S COURT OF CHINA, *Chinese Courts and Internet Judiciary*, 2019, pág. 75 (accesible en: https://www.chinajusticeobserver.com/law/x/chinese-courts-and-internet-judiciary).

predictivas ha ido progresivamente permeando todas las áreas y etapas del sistema penal de aquel país.

Los sistemas de evaluación de riesgos de reincidencia criminal se basan en algoritmos de *machine learning* que, a partir del análisis de grandes volúmenes de datos correspondientes a casos pretéritos, son capaces de detectar una serie de correlaciones entre determinados factores personales y sociales y el riesgo de comisión de futuros delitos, generando automáticamente un modelo predictivo para determinar el riesgo de reincidencia en nuevos casos. Normalmente, estos modelos suelen tomar en cuenta indicadores relativos a las circunstancias personales del acusado —edad y sexo, nivel de estudios, contexto familiar, situación socio-laboral, consumo de drogas…—, elementos socio-demográficos —lugar de residencia, contexto socioeconómico, relaciones sociales…— y su historial policial y judicial —detenciones policiales, delitos previos, historial de violencia, precedentes de incomparecencia ante el tribunal…— como factores predictores del riesgo de reincidencia, asignando a cada uno de ellos un peso relativo en función del análisis de los casos pretéritos. De manera que, ante un caso determinado, estas herramientas proporcionan al juez una evaluación del riesgo de reincidencia del acusado, cuantificando la probabilidad de que vuelva a cometer un delito y determinando, en función de dicha probabilidad, el nivel de riesgo —bajo, moderado o alto— que ha de atribuirse al individuo.

El empleo de estos sistemas ha suscitado objeciones importantes por parte de algunos sectores legales y, sobre todo, académicos estadounidenses, que han cuestionado su compatibilidad con el derecho del acusado al debido proceso judicial[545]. Como he analizado con mayor profundidad en otro trabajo al hilo de la polémica sentencia del Tribunal Supremo de Wis-

---

545 Aunque es obligado reseñar que han contado con el beneplácito no solo de las administraciones, sino también de la abogacía y de instituciones tan relevantes como el *American Law Institute* [cfr. AMERICAN BAR ASSOCIATION, *State Policy Implementation Project*, 2017 (https://www.americanbar.org/content/dam/aba/administrative/criminal_justice/spip_overview.pdf) y AMERICAN LAW INSTITUTE, *Model Penal Code*, 2017, Section 6B.09 (2)]. Los principales argumentos empleados para su defensa son que estos sistemas pueden contribuir a reducir la población reclusa, y sus costes, mediante la identificación de aquellos casos de «riesgo bajo» de reincidencia en los que es posible decretar la libertad provisional, acortar la duración de la condena o incluso sustituir la pena privativa de libertad por otra alternativa; a facilitar la rehabilitación y reinserción de esos individuos de bajo riesgo mediante el diseño de programas personalizados; y a racionalizar y uniformizar la evaluación judicial del riesgo de reincidencia, basándola en datos procedentes

consin en el caso *State v. Loomis* (2016), en el que se cuestionaba la constitucionalidad del empleo de COMPAS —el sistema de evaluación de riesgos de reincidencia más utilizado por los tribunales estadounidenses[546]—, los aspectos potencialmente más problemáticos de estas aplicaciones tienen que ver con tres cuestiones: la falta de transparencia de los algoritmos, que puede menoscabar el derecho de defensa del acusado; el uso de «perfiles» para tomar decisiones que recaen sobre personas individualizadas, que puede afectar a la presunción de inocencia; y la existencia de posibles sesgos, que podría vulnerar el derecho del acusado a un juicio imparcial y el principio de igualdad[547].

La falta de transparencia puede obedecer a razones jurídicas, como la ya mencionada protección del secreto empresarial cuando la propiedad de los algoritmos corresponde a compañías privadas, como sucedió en el caso de COMPAS, en el que el Tribunal Supremo de Wisconsin denegó el acceso al código fuente del sistema precisamente por este motivo. En estos casos, las soluciones pueden ser múltiples y relativamente sencillas: arbitrar mecanismos procesales para que la compañía pueda revelar el algoritmo a la defensa o a expertos con las debidas garantías de confidencialidad[548]; exigir a las compañías que proporcionen estos sistemas a la Administración de Justicia que renuncien al secreto empresarial; utilizar sistemas de código abierto[549]; o que sea la propia administración la que, por sí misma

---

de decenas o centenares de miles de casos previos en lugar de en las intuiciones subjetivas y valoraciones discrecionales del juzgador.

546 Hasta el año 2022, inclusive, se estimaba que más de un millón de acusados habían sido sometidos a evaluaciones de riesgo utilizando este sistema algorítmico, propiedad de la compañía *Equivant*.

547 Cfr. SOLAR CAYÓN, J. I., "Inteligencia artificial en la justicia penal: los sistemas algorítmicos de evaluación de riesgos", en IDEM (ed.), *Dimensiones éticas y jurídicas de la inteligencia artificial en el marco del Estado de Derecho*, cit., págs. 125-172.

548 Esta es la vía que, en relación a otro caso más reciente en el que también se cuestionaba la utilización de COMPAS, pero esta vez en el ámbito penitenciario, ha abierto el Tribunal Federal de Apelación para el Segundo Circuito en *Flores v. Stanford* (28 de septiembre de 2021). Cfr. CORTEZ, E. K. y MASLEJ, N., "Adjudication of Artificial Intelligence and automated decision-making cases in Europe and the USA", *European Journal of Risk Regulation*, 2023, págs. 12-14.

549 De hecho, existen sistemas de este tipo que son utilizados en diversas jurisdicciones estatales, como, por ejemplo, el *Sentence Risk Assessment Instrument*, aplicado en Pennsylvania, y el *Public Safety Assessment (PSA)*, desarrollado por la Fundación Laura y John Arnold y puesto gratuitamente a disposición de cualquier jurisdicción, que se utiliza ya en Arizona, Kentucky, Nueva Jersey y Utah, además de en un amplio número de tribunales locales.

o en colaboración con compañías privadas, desarrolle sus propios sistemas, lo que además permitiría arbitrar mecanismos de participación, escrutinio público e incluso aprobación por parte de entidades independientes e incluso de los grupos de interés —asociaciones judiciales, fiscalía, colegios de abogados y otras entidades—[550].

Pero las razones de la falta de transparencia pueden ser también técnicas, como sucede con aquellos sistemas que emplean redes neuronales de aprendizaje profundo (*deep learning*). Como es sabido, los resultados de estos sistemas no son el producto de fórmulas o reglas de decisión predeterminadas, sino de modelos predictivos que son generados automáticamente por el propio sistema a partir del análisis de la interacción entre un número potencialmente ilimitado de indicadores distribuidos en múltiples capas neuronales. Modelos que, además, son modificados constantemente a medida que se suministran nuevos datos al sistema y este adquiere experiencia en la realización de su tarea. Se trata, por tanto, de auténticas cajas negras en las que ni siquiera el acceso al código fuente permite desentrañar el peso relativo que ha tenido cada uno de los indicadores analizados en el resultado de la evaluación del riesgo. De manera que, en este caso, la imposibilidad de interpretar o explicar los resultados debería llevar a plantear la inidoneidad de los sistemas que emplean algoritmos de aprendizaje profundo para realizar esta tarea, por el impacto negativo que pueden tener en el derecho a la defensa del acusado[551].

En relación al empleo de estos sistemas se plantea también el problema del «perfilado», en tanto las evaluaciones automáticas del riesgo de reincidencia se basan en datos de grupos de población que comparten deter-

---

550 Este es, por ejemplo, el caso del sistema de evaluación de riesgos *Prisoner Assessment Tool Targeting Estimated Risk and Needs (PATTERN)*, creado en Estados Unidos por el *Federal Bureau of Prisons* y el *National Institute of Justice* y sometido al escrutinio de una serie de entidades del ámbito jurídico independientes designadas por el Departamento de Justicia. Cfr. HAMILTON, Z. *et al.*, "Tailoring to a mandate: The development and validation of the Prisoner Assessment Tool Targeting Estimated Risk and Needs (PATTERN)", *Justice Quarterly*, vol. 39, nº 6, 2022, págs. 1129-1155.

551 El Consejo de la Unión Europea, en el informe *Council Conclusions "Access to Justice — seizing the opportunities of digitalization"*, 2020/C 342 I/01, se ha referido específicamente a este tipo de sistemas, indicando que "esta falta de transparencia podría socavar la posibilidad de impugnar efectivamente las resoluciones basadas en sus resultados y, por tanto, vulnerar el derecho a un juicio justo y a la tutela judicial efectiva, y limita los ámbitos en los que estos sistemas puedan ser utilizados legalmente" (par. 41).

minadas características, y no en las circunstancias específicas y singulares del individuo sometido a evaluación. Nos hallamos aquí ante uno de los efectos característicos de la justicia «actuarial». Como explica Dominique Robert, una de las características fundamentales de este enfoque es que reconstruye los fenómenos individuales y sociales como factores de riesgo. Por tanto, la unidad de análisis no es ya el individuo o sujeto biográfico sino un perfil de riesgo. A través de técnicas actuariales, "la identidad individual es fragmentada y reconfigurada en una combinación de variables asociadas con diferentes categorías y niveles de riesgo"[552]. Un perfil no se ajusta, por tanto, a las características de ningún individuo específico, sino que es una construcción algorítmica resultante de la combinación de diferentes variables identificadas a partir de coincidencias entre algunos de los atributos del individuo sometido a análisis y los perfiles inferidos a partir de un conjunto de atributos extraídos de una masa de individuos[553]. De manera que se atribuye al individuo una peligrosidad sencillamente por el hecho de compartir ciertas características o circunstancias grupales. Circunstancias que, además, en gran parte, no son el resultado de elecciones personales, sino que vienen determinadas por factores sociales, económicos, familiares, etc[554].

Por último, se halla el delicado y complejo problema de los sesgos. El caso de COMPAS resulta muy ilustrativo en este punto. Prácticamente al mismo tiempo que se estaba desarrollando el caso *State v. Loomis* un estudio de la ONG *ProPublica* denunció la existencia de un sesgo racial en el algoritmo de COMPAS, indicando que mostraba una tendencia a etiquetar erróneamente a los acusados negros como individuos de alto riesgo de reincidencia con más frecuencia que a los detenidos blancos e, inversamente, a etiquetar erróneamente a los detenidos blancos como individuos de bajo riesgo de reincidencia con más frecuencia que a los detenidos negros[555]. Esta acusación fue rechazada por la compañía propietaria de COMPAS mediante un informe que señalaba que el análisis de *ProPublica* contenía algunos errores técnicos. Por un lado, omitía cualquier consideración de la «tasa base» en la interpretación de sus resultados, no teniendo en cuenta

---

552 ROBERT, D., "Actuarial Justice", en BOSWORTH, M. (ed.), *Encyclopedia of Prisons & Correctional Facilities*, Sage, London, 2005, pág. 11.

553 Cfr. YEUNG, K., "Algorithmic Regulation: A Critical Interrogation", *Regulation & Governance*, vol. 12, nº 2, 2018, pág. 515.

554 Cfr. sobre este aspecto DANCY, T., *Artificial Justice*, Oxford University Press, 2023, págs. 78-86.

555 Cfr. LARSON, J. *et al.*, *How We Analyzed the COMPAS Recidivism Algorythm*, ProPublica, 2016.

las diferentes tasas de reincidencia realmente existentes entre los detenidos de raza negra (51%) y de raza blanca (39%) en la jurisdicción, como mostraban las estadísticas históricas. Y, por otro, ignoraba diversas métricas de «imparcialidad» que COMPAS satisface plenamente, como la «paridad predictiva» —sus resultados poseen valores predictivos similares para individuos de distintos grupos raciales— y la «calibración» —el sistema discrimina entre reincidentes y no reincidentes igualmente bien en los diversos grupos—[556].

Más allá de las complejidades y sutilezas estadísticas, lo que la discusión venía a poner de manifiesto, fundamentalmente, es que el algoritmo parecía reflejar de manera fiel, a partir del análisis de los datos de los casos judiciales previos, el sesgo racista del sistema policial y judicial, como demuestra el hecho de que sus tasas de acierto en la predicción de la reincidencia —como reconocía incluso el estudio de *ProPublica*— eran similares en ambos grupos. Dicho de otra manera: si el sistema judicial está racialmente sesgado, las predicciones solo podrán ser igualmente precisas para ambos grupos si el algoritmo refleja adecuadamente ese sesgo. Es también significativo a este respecto que COMPAS sí aplica directamente modelos predictivos diferentes para hombres y mujeres, en tanto estas tienen tasas históricas de reincidencia notablemente inferiores a las de los varones, por lo que un algoritmo que fuera neutro o imparcial desde el punto de vista del género conduciría a una sobreestimación sistemática del riesgo de reincidencia de las mujeres y, por tanto, a resultados injustos para ellas. Y el tribunal aceptó esta diferenciación como justificada. Lo que muestra también cómo la precisión —y, en definitiva, la justicia— puede requerir, en ocasiones, la toma en consideración de criterios técnicos que, a priori, podrían considerarse jurídicamente discriminatorios[557].

Señalar, finalmente, que en este caso el Tribunal Supremo de Wisconsin, pese a reconocer la existencia de los tres problemas señalados, resolvió la constitucionalidad de la utilización judicial de este tipo de sistemas de evaluación del riesgo de reincidencia siempre que se adopten determinadas cautelas, entre las cuales las principales son el carácter meramente

---

556 Cfr. DIETERICH, W., MENDOZA, C. y BRENNAN, T., *COMPAS Risk Scales: Demonstrating Accuracy Equity and Predictive Parity*, Northpointe, 2016.

557 Para un análisis más pormenorizado de las complejas cuestiones técnicas que plantea la medición de la imparcialidad, cfr. SOLAR CAYÓN, J. I., “Inteligencia artificial en la justicia penal: los sistemas algorítmicos de evaluación de riesgos”, cit., págs. 156-166.

orientativo, no imperativo, de sus resultados y la prohibición de que la decisión judicial se base únicamente en ellos.

En lo que se refiere al ámbito de la Unión Europea es interesante destacar que, tras las diversas posiciones adoptadas en relación a la permisibilidad o no de este tipo de sistemas por la Comisión y el Parlamento a lo largo del proceso de tramitación del Reglamento de Inteligencia Artificial[558], finalmente el texto aprobado solo admite su utilización (aunque no se señala con qué finalidad: ¿adopción de medidas cautelares, determinación de la gravedad de la sentencia condenatoria, ejecución de la pena...?) si la evaluación del riesgo de comisión de delitos no se basa únicamente en la elaboración del perfil de una persona física o en la evaluación de los rasgos y características de su personalidad. Y en este caso, por supuesto, serán considerados sistemas de alto riesgo.

2.6. Sistemas de negociación automatizada de disputas en línea: una puerta abierta a los tribunales digitales

Como es sabido, los sistemas de resolución de disputas en línea o sistemas ODR —por sus siglas en inglés: *Online Dispute Resolution*— fueron originariamente desarrollados por las grandes plataformas de comercio electrónico ante la necesidad de resolver los conflictos mercantiles a través de un cauce fácil, rápido y barato que pudiera ser utilizado por sus usuarios desde cualquier lugar del mundo y en cualquier momento. En ese entorno digital la resolución de disputas en línea se configuraba como la única opción viable para dar respuesta a este tipo de conflictos. Y estos sistemas ODR han ido evolucionando al ritmo de la innovación tecnológica. En una primera fase se limitaron a replicar y transponer al espacio virtual los mecanismos presenciales de resolución alternativa de disputas, de manera que las tecnologías de la información y comunicación se utilizaban únicamente como herramientas instrumentales que permitían gestionar el conflicto superando las barreras de espacio y tiempo. Posteriormente se introdujeron algoritmos que, mediante árboles de decisión, aplicaban una serie de reglas predeterminadas a las distintas situaciones posibles para formular propuestas de resolución. Y, en la actualidad, con el desarrollo del *big data* y el *machine learning*, los sistemas son capaces por sí mismos de recolectar,

[558] Mientras que la propuesta inicial de la Comisión admitía sin más el uso de estos sistemas, considerándolos de alto riesgo, en las Enmiendas introducidas por el Parlamento se proponía su prohibición.

analizar y reutilizar millones de datos para detectar patrones que permiten generar automáticamente propuestas de resolución de las disputas[559].

Ciertamente, hoy, la combinación de las técnicas de *big data*, minería de datos e inteligencia artificial —a través, sobre todo, de los algoritmos de *deep learning*— permite analizar rápida y eficientemente los datos generados en los millones de interacciones y transacciones entre compradores y vendedores, así como en las disputas previas, extrayendo patrones de conducta que una inteligencia humana sería incapaz de discernir, y diseñar *softwares* que automatizan completamente la resolución de estos conflictos de baja intensidad. Estos *softwares* codifican sistemas de negociación colaborativa basados en diversas reglas estratégicas para maximizar el interés común de las partes en sus propuestas de solución. Además, a medida que se incrementa el volumen de datos disponibles y de disputas resueltas, el sistema va aprendiendo a ajustar esas propuestas: identificando y asignando valores a los intereses de las partes, detectando potenciales áreas de acuerdo entre ellas a partir de sus respuestas y preferencias, otorgando prioridades a las distintas opciones de resolución en función de las elecciones realizadas por las partes en disputas precedentes, etc. De este modo, grandes volúmenes de disputas pueden ser gestionadas y resueltas de manera completamente automatizada a un coste muy bajo.

En los últimos años, los sistemas ODR han ido progresivamente expandiéndose por diversos sectores, particularmente en el ámbito del Derecho privado[560]. Pero también han dado el salto al sector público. En el ámbi-

---

559 Sobre la evolución de estos sistemas, cfr. KATSCH, E. y RABINOVICH-EINY, O., *Digital Justice: Technology and the Internet of Disputes*, Oxford University Press, New York, 2017, págs. 33-38.

560 Sobre esta expansión, cfr. BARNETT, J. y TRELEAVEN, P., "Algorithmic Dispute Resolution — The automation of profesional dispute resolution using AI and blockchain technologies", *The Computer Journal*, vol. 61, nº 3, 2018, págs. 399-408. Uno de los ámbitos más recientes en los que se están implantando sistemas automáticos de resolución negociada de disputas en línea es el de los *smart contracts* codificados en plataformas de *blockchain*, un dominio para cuya regulación aún no existe un sistema claro y articulado de reglas jurídicas. Sobre este tema, cfr. SCHMITZ, A. J. y RULE, C., "Online Dispute Resolution for Smart Contracts", *Journal for Dispute Resolution*, nº 2, 2019, págs. 103-125, y RABINOVICH-EINY, O. y KATSCH, E., "Blockchain and the Inevitability of Disputes: The Role for Online Dispute Resolution", *Journal for Dispute Resolution*, nº 2, 2019, págs. 47-75. En esta dirección cabe resaltar la constitución de la *Blockchain Arbitration Society* (BAS), una asociación con más de cincuenta empresas afiliadas cuyo objeto es resolver los conflictos privados que puedan surgir entre los usuarios pertenecientes a una red *blockchain*. Considerada la primera jurisdicción virtual del mundo, su Corte

to administrativo es creciente el número de agencias gubernamentales en distintos países que están introduciendo sistemas de negociación automatizada para resolver disputas de baja intensidad en materia de protección de consumidores y usuarios, reclamaciones de indemnizaciones de baja cuantía, pago de impuestos, relaciones laborales, etc. Y estas herramientas tecnológicas están comenzando también a ser empleadas en determinadas áreas de la justicia civil. Como afirma Maria R. Covelli, antes de emplear la inteligencia artificial para la toma de decisiones judiciales y de plantearse escenarios hipotéticos sobre la introducción de jueces-robots, parecería conveniente impulsar el desarrollo y la utilización de este tipo de sistemas algorítmicos, que no solo pueden reducir la carga de trabajo de los jueces sino que, además, promueven la autodeterminación de las personas[561]. Determinadas materias de Derecho de familia, como la negociación de los acuerdos de divorcio o el reparto de herencias, las reclamaciones de deudas monetarias de no muy elevada cuantía o reclamaciones de indemnización por responsabilidad civil en determinadas materias parecen algunos de los ámbitos más propicios para la operatividad de este tipo de sistemas algorítmicos, y en ellas se han centrado fundamentalmente los proyectos pioneros en este campo. En este sentido, a nivel europeo, cabe resaltar el desarrollo del proyecto *Conflict Resolution with Equitative Algorithms* (CREA), impulsado por el «Programa Justicia» de la Unión Europea, en el que participan diversas universidades europeas. Su finalidad es el diseño de algoritmos para resolver de manera amistosa disputas que implican un reparto de bienes —divorcios, herencias, disolución de sociedades…—, optimizando la propuesta de solución a partir de las preferencias expresadas por cada una de las partes sobre los bienes en disputa[562].

En muchos casos este tipo de sistemas son concebidos como mecanismos extrajudiciales de resolución de los conflictos, ubicados en plataformas digitales externas a la Administración de Justicia, y frecuentemente surgidos de iniciativas privadas. De hecho, la propia Comisión Europea para la Eficiencia de la Justicia ha llamado la atención sobre el creciente número de plataformas ODR puestas en marcha en muchos países europeos desde el sector privado, bien sea como complemento o en competencia con el

---

Arbitral emitió el 10 de noviembre de 2021 su primer laudo en relación con una transacción de criptomonedas.

561 Cfr. COVELLI, M. R., "Dall'informatizzazione della giustizia alla decisione robotica? Il giudice del merito", en CARLEO, A. (ed.), *Decisione robotica*, Il Mulino, Bologna, 2019, pág. 129.

562 Cfr. https://crea-project.eu.

sector público[563]. Resulta significativa en este sentido la experiencia de la plataforma digital *Rechtwijzer* en Holanda. Implantada en 2014 dentro de la Administración de Justicia como una vía voluntaria y alternativa al proceso judicial, ofrecía una serie de servicios —algunos de ellos automatizados— de información, negociación y mediación en materias de divorcio, reclamaciones de deuda y arrendamientos. Pero el proyecto fue cancelado en julio de 2017 a la vista de su excesivo coste económico y de sus pobres resultados: se estima que apenas en el 1% de los conflictos en materia de divorcio las partes recurrieron a este mecanismo. Sin embargo, hoy, dicha plataforma funciona con éxito al margen de la Administración de Justicia, explotada por una compañía privada, habiendo ampliado incluso su campo de acción a la resolución de disputas en materia de consumo, reclamación de deudas y relaciones laborales[564].

Pero también existen en algunos países experiencias exitosas de inclusión de plataformas digitales de negociación automatizada en el seno de la Administración de Justicia. Esta opción tiene la ventaja de que, si están integradas en el sistema general de información de los servicios judiciales, en caso de que el proceso de negociación no llegue a buen término el tribunal cuenta ya con la información y la documentación sobre el asunto, de manera que el caso queda prácticamente listo para la adjudicación judicial. Las experiencias más interesantes en este ámbito vienen proporcionadas por algunos tribunales digitales implantados en los últimos años, que, más allá de la integración en su arquitectura tecnológica de este tipo de sistemas de negociación automatizada, aportan también una forma innovadora de administrar justicia.

La noción de tribunal digital o en línea alude a la virtualización del propio tribunal, el cual, como explica Richard Susskind, ya no es un lugar sino un servicio. La sala de justicia como espacio físico es sustituida por una plataforma digital. Y esta desmaterialización de la sede judicial abre un nuevo paradigma que comporta cambios sustanciales en las formas de administrar justicia e incluso en nuestra concepción secular acerca de lo que es, y de lo que puede hacer, un tribunal. En relación al desarrollo del proceso judicial, esta virtualización posibilita la interacción asíncrona en línea entre los participantes en el mismo, que ya no precisan concurrir simultáneamente en un espacio —ya sea físico o virtual— y en un momento determinado: los documentos, pruebas y argumentos pueden ser presentados y alojados por

---

[563] Cfr. EUROPEAN COMMISSION FOR THE EFFICIENCY OF JUSTICE, *Guidelines on how to drive change towards Cyberjustice*, 2016, pág. 22.

[564] Cfr. https://rechtwijzer.nl.

las partes en la plataforma digital en cualquier momento —las 24 horas del día, los 365 días del año— y la decisión judicial es emitida también a través de aquella. Este desplazamiento desde un universo judicial síncrono a uno asíncrono, además de posibilitar nuevas formas de actuación que facilitan la accesibilidad al tribunal y mejoran su eficiencia, supone también una revisión de ciertos principios básicos del funcionamiento de nuestro proceso judicial —por ejemplo, la sustitución del principio de oralidad por el de escritura—. Por otra parte, esta desmaterialización permite que el tribunal en línea pueda expandir su alcance más allá del ámbito y la función de los tribunales tradicionales, proveyendo a través de una serie de tecnologías integradas en la plataforma digital servicios adicionales a la adjudicación judicial. El tribunal en línea se convierte así en una especie de tribunal «extendido» o «ampliado», capaz de asumir nuevas funciones jurídicas en relación al tratamiento y resolución de los conflictos[565].

De este modo, se promueve el acceso a la justicia en un doble sentido. Por un lado, el tribunal en línea permite un acceso más fácil, rápido y barato, desde cualquier lugar y en cualquier momento, a los servicios de la Administración de Justicia. Y, por otro, abre paso a una concepción más amplia de justicia que no se limita a la adjudicación judicial de las disputas, sino que comprende el acceso a una serie de mecanismos y herramientas tecnológicas que empoderan jurídicamente a los ciudadanos, como sistemas expertos que proporcionan información y asesoramiento sobre el problema legal y las posibles vías de solución, herramientas de auto-ayuda que contribuyen a la promoción de la «salud jurídica» y de una cultura de prevención de disputas, aplicaciones para la generación automática de documentos legales, sistemas predictivos y herramientas para la negociación automatizada de las disputas, entre otras posibilidades.

El proyecto pionero en este ámbito, y el primer tribunal en integrar en su seno estas herramientas de negociación automatizada, fue el *British Columbia Civil Resolution Tribunal*, un tribunal en línea que desde 2016 resuelve disputas relativas a reclamaciones monetarias —hasta 5000$—, accidentes de tráfico, condominio y en materia de asociaciones y cooperativas[566]. Este tribunal canadiense fomenta un enfoque colaborativo entre las partes, promoviendo que estas utilicen un amplio abanico de herramientas y procedimientos para resolver sus disputas lo antes posi-

---

565 Cfr. SUSSKIND, R., *Online Courts and the future of Justice*, cit., págs. 60-61.
566 Se accede al tribunal en: https://civilresolutionbc.ca/.

ble, sin renunciar en última instancia a la adjudicación judicial. Antes de plantear una demanda judicial, el potencial demandante que accede a la página web del tribunal ha de usar el «Explorador de Soluciones» de la plataforma: expone su situación y, automáticamente, un sistema experto de inteligencia artificial basado en reglas diagnostica su problema y le proporciona información sobre su posición legal y las distintas opciones de solución disponibles, ofreciéndole una serie de recursos para resolver por sí mismo el problema si es posible. Si no es posible la auto-resolución del problema, entonces el reclamante puede iniciar una demanda. Esta demanda se traslada a las partes implicadas para que presenten una respuesta y se inicia un rápido proceso de negociación entre ellas mediante una herramienta de negociación automatizada. Aún en esta fase de resolución amistosa de la disputa, si la negociación automatizada no tiene resultado, entra en juego un *case manager* o facilitador humano para intentar que las partes alcancen un acuerdo. En caso de no lograrse, la disputa pasa a la fase de la adjudicación judicial: el procedimiento es rápido porque los documentos y las pruebas aportadas por las partes ya están alojados en la plataforma y, de ser necesaria una vista, se realiza a través de *Skype*[567].

Esta experiencia canadiense ha sido una de las principales fuentes de inspiración del ambicioso programa de reforma de la Administración de Justicia británica —Inglaterra y Gales— actualmente en marcha, dotada con un

567 Para hacernos una idea de la eficiencia del tribunal resultan muy ilustrativas las estadísticas del último año judicial disponible, que abarca desde el 1 de abril de 2022 al 31 de marzo de 2023. A lo largo de este año, el «Explorador de Soluciones» de la plataforma fue utilizado en 30.453 ocasiones y solo en 7.260 de esas ocasiones (el 24%) la consulta acabó generando una demanda. En ese mismo período el tribunal cerró o resolvió 4.755 demandas. De ellas, solo 1.259 (26,5%) fueron resueltas mediante adjudicación judicial. Más de un 47% (2.252) fueron resueltas por las propias partes mediante las herramientas de negociación; otro 19% (874) fueron resueltas antes de la intervención judicial por incomparecencia del demandado, al no atender el requerimiento del tribunal para negociar ante la presentación de la demanda; en un 5% de los casos (237) el tribunal rehusó resolver porque el demandante no presentó la documentación requerida o desatendió sus normas; y en el 3% restante (139) las demandas presentadas no eran de competencia del tribunal. El tiempo medio de resolución de las disputas fue de 64 días. Y solo 21 decisiones del tribunal fueron recurridas. Cfr. BRITISH COLUMBIA CIVIL RESOLUTION TRIBUNAL, *2022/2023 Annual Report*, págs. 16-32 (https://civilresolutionbc.ca/wp-content/uploads/CRT-Annual-Report-2022-2023.pdf).

presupuesto de más de 1.200 millones de libras[568]. El elemento central de la reforma es un tribunal civil en línea (*Online Solutions Court*) que, una vez esté plenamente operativo, resolverá la mayoría de las disputas civiles[569]. Siguiendo el modelo del precedente canadiense, este tribunal en línea está diseñado conforme a una arquitectura de tres capas que refleja perfectamente las distintas funciones que asume en relación a la resolución de las disputas legales:

a) La primera capa, de acceso a la plataforma digital, tiene como objetivo la prevención del conflicto mediante la evaluación del mismo y el asesoramiento legal al potencial demandante. Este nivel se halla completamente automatizado. A través de una interfaz simple, el navegador guía al usuario de un modo interactivo mediante una serie de preguntas estructuradas —utilizando para ello un sistema de inteligencia artificial basado en árboles de decisión— a los contenidos relevantes en el caso específico, ayudándole a categorizar jurídicamente sus pretensiones, a entender el Derecho aplicable así como sus derechos y obligaciones, a conocer las opciones y recursos a su disposición, y conectándole con los servicios judiciales, legales, sociales y asistenciales pertinentes en cada caso para la resolución del problema, incluida la generación y presentación de los documentos oportunos ante dichos servicios.

b) El objetivo de la segunda capa es la contención y resolución amistosa de la disputa. En este nivel se da entrada a las herramientas de negociación automatizada en línea para que las partes puedan llegar a un acuerdo por sí solas, pero, en caso de ser necesario, puede

---

568 Parte del presupuesto proviene de la venta de edificios de tribunales a medida que se implantan servicios de Administración de Justicia en línea. Hasta finales de marzo de 2019 se habían obtenido por este concepto 124 millones de libras: de los 127 tribunales cerrados hasta ese momento, se habían vendido 114, y se preveía la venta de otros 77, estimándose que los ingresos por este capítulo —258 millones— sufragarán el 22% del coste total de la reforma. Cfr. HM COURTS & TRIBUNALS SERVICE, *Transforming Courts and Tribunals — A progress update*, Report by the Comptroller and Auditor General, 2019, pág. 7.

569 Aunque esta virtualización de los servicios judiciales no se limita únicamente al ámbito civil. En el campo penal, en febrero de 2017, al amparo de la *Criminal Justice & Courts Act 2015*, se puso en marcha el *Single Justice Procedure*, que permite que los casos relativos a determinados delitos menores sin víctimas —superación de los límites de velocidad, conducir sin seguro, impago de ciertas tarifas, no tener una licencia legal de televisión, entre otros— y que no conllevan pena de prisión puedan desarrollarse íntegramente y resolverse en línea cuando el acusado se declara culpable o no responde a los cargos.

intervenir un «facilitador» a través de internet e incluso telefónicamente. El facilitador, ejerciendo funciones jurisdiccionales bajo la supervisión de un juez, asistirá a las partes para gestionar la disputa y facilitar un acuerdo entre ellas a través del procedimiento más adecuado en cada caso —mediación, conciliación o arbitraje—.

c) La tercera capa es la correspondiente a la resolución judicial de la disputa. Para ello se establece un proceso estructurado, sin necesidad de concurrencia presencial ni síncrona, que se lleva a cabo a través de internet. Este proceso se basa en un sistema de *continuous online hearing*, en el que las partes pueden presentar documentos, aportar pruebas y realizar sus argumentaciones sobre el caso, con la intervención activa del juez para guiarles en la explicación y comprensión de sus respectivas posiciones, durante un período razonable de tiempo, de manera que los temas en disputa puedan ser explorados y clarificados. Una vez concluido ese plazo, el juez puede emitir su decisión sin necesidad de una vista, aunque, en caso de considerarlo necesario, puede llevarse a cabo de manera no presencial.

Conforme avanza el desarrollo del programa de reforma, se van implementando diversos servicios judiciales en línea sobre diferentes materias. Una de las primeras áreas en las que se ensayó este rediseño de las formas de administrar justicia fue el Derecho de Familia, con la puesta en marcha en junio de 2017 del servicio *Probate Online*, para la gestión de procedimientos hereditarios en casos no contenciosos, y en abril de 2018 de *Divorce and Financial Remedy Online*, para la resolución de solicitudes de divorcio y de los asuntos económicos asociados, a los que se ha sumado más recientemente la reforma del proceso judicial e implementación del servicio digital en materia de *Family Public Law and Adoption*. Un hito importante en la reforma fue la implementación en marzo de 2018 del servicio *Online Civil Money Claims* para la resolución de reclamaciones monetarias inferiores a 10.000 libras, que en la actualidad ha resuelto ya más de 450.000 casos. Y desde mayo de 2021 se halla operativo el *Damages Claims Portal*, para determinadas reclamaciones de indemnización por daños[570].

Si bien en la puesta en marcha de esta primera generación de tribunales en línea británicos la presencia de sistemas basados en inteligencia artificial es aún muy limitada, al menos en lo que se refiere a tareas pro-

---

570 El lector interesado puede encontrar información periódicamente actualizada sobre la implantación y el desarrollo de los distintos servicios en línea en: https://www.gov.uk/government/collections/hmcts-reform-programme-fact-sheets.

piamente jurídicas, como señala Richard Susskind, uno de los principales impulsores de esta reforma, el potencial de estos sistemas es enorme en la próxima fase de su desarrollo, donde está previsto que realicen tareas jurídicas y tomen decisiones que en este momento son asumidas por humanos[571]. Especialmente en las dos primeras capas de su arquitectura, donde pueden resultar sumamente útiles herramientas como los sistemas de análisis predictivo, para predecir las probabilidades de éxito de la reclamación y ayudar así a los usuarios a elegir la vía más apropiada para su resolución, y sistemas de negociación automatizada capaces de formular automáticamente propuestas de solución a partir del análisis de los datos generados en casos previos. Sin excluir tampoco el empleo futuro de sistemas automatizados de toma de decisiones judiciales en determinadas áreas[572].

Para finalizar, señalar que, si bien estos tribunales digitales han sido pioneros en la introducción de herramientas tecnológicas para la resolución de disputas en línea y representan en este momento la innovación más disruptiva en las formas de administrar justicia, en la actualidad hay unos cincuenta tribunales presenciales en Estados Unidos y otros en Holanda, Canadá, Reino Unido, India, Brasil y China que también han incorporado mecanismos para la resolución amistosa de disputas en línea con diferentes grados de automatización en el procedimiento[573].

2.7. Sistemas para la generación automática de (propuestas de) decisiones judiciales: ¿jueces robotizados?

2.7.1. Algunas experiencias internacionales: PROMETEA y el Juez Sabio

Pocos temas han suscitado en los últimos tiempos tanto interés académico como el relativo a la hipotética implantación de jueces-robot, esto

---

571 Cfr. SUSSKIND, R., *Online Courts and the future of Justice*, cit., págs. 274-275.

572 Cfr. *Ibidem*, págs. 277-292. También el *British Columbia Civil Resolution Tribunal* ha explorado la posibilidad de introducir sistemas de inteligencia artificial para la toma de decisiones judiciales automatizadas en determinados asuntos básicos, de pequeña cuantía y que no impliquen significativas consideraciones de política pública, siendo susceptibles de ser resueltos conforme a criterios jurídicos bien establecidos. En estos casos todo el proceso estaría completamente automatizado, salvo cuando fuera precisa la intervención humana para fijar determinados hechos, y la decisión del sistema sería apelable ante un tribunal «humano». Cfr. MASUHARA, D., "Artificial intelligence and adjudication: some perspectives", *Amicus Curiae*, nº 11, 2017, págs. 2-15.

573 Cfr. MARTINEZ, J. K., "Designing Online Dispute Resolution", *Journal of Dispute Resolution*, nº 1, 2020, pág. 1.

es, de sistemas de inteligencia artificial que puedan suplantar a los jueces humanos en la toma de decisiones[574]. Interés que ha sido espoleado incluso por los llamativos anuncios realizados por algunos gobiernos europeos, como Estonia y Francia, sobre la inminente introducción en sus sistemas judiciales de robots para automatizar la resolución de determinados tipos de disputas contractuales, cuyas resoluciones serían recurribles ante jueces

---

574 Cfr., solo a modo de muestra, MORISON, J. y McINERNEY, T., "When should a computer decide? Judicial decision-making in the age of automation, algorithms and generative artificial intelligence", en TURENNE, S. y MOUSSA, M. (eds.), *Research handbook on judging and the judiciary*, Edward Elgar — Routledge, 2024; SOURDIN, T., "Judge v. Robot? Artificial Intelligence and judicial decision-making", cit.; LUCIANI, M., "La decisione giudiziaria robotica", en CARLEO, A. (a cura di), *Decisione robotica*, Il Mulino, Bologna, 2019, págs. 63-95; ANZALONE, A., "¿Robotización judicial? Breves reflexiones críticas", *Journal of Ethics and Legal Technologies*, vol. 1, n°1, 2019, págs. 95-114; VOLOKH, E., "Chief Justice Robots", *Duke Law Journal*, n° 68, 2019, págs. 1135-1192; PUNZI, A., "*Judge in the machine.* E se fossero le macchine a restituirci l'umanità del giudicare?", en CARLEO, A. (a cura di), *Decisione robotica*, cit., págs. 305-316; RE, R. y SOLOW-NIEDERMAN, A., "Developing artificially intelligent justice", *Stanford Technology Law Review*, n° 22, 2019, págs. 242-289; SCHERER, M., *Artificial Intelligence and Legal Decision-Making: The Wide Open? Study on the Example of International Arbitration*, Queen Mary University of London, School of Law Legal Studies Research Paper, N° 318/2019; MARTÍNEZ ZORRILLA, D., "El juez artificial: ¿próxima parada?", *Oikonomics*, n° 12, 2019, págs. 1-12; BATTELLI, E., "La decisión robótica: algoritmos, interpretación y justicia predictiva", *Revista de Derecho privado*, n° 38, 2020, págs. 45-86; MORISON, J. y HARKENS, A., "Algorithmic Justice: Dispute Resolution and the Robot Judge?", en MOSCATI, M., PALMER, M. y ROBERTS, M. (eds.), *Comparative Dispute Resolution*, Edward Elgar Publishing, 2020, págs. 339-352; RUBIM, P., "Paths to digital justice: judicial robots, algorithmic decision-making, and due process", *Asian Journal of Law and Society*, vol. 7, n° 3, 2020, págs. 1-17; CÁRDENAS KRENZ, R., "¿Jueces robot? Inteligencia artificial y Derecho", *Justicia & Derecho*, vol. 4, n° 2, 2021, págs. 1-10; BELLOSO MARTÍN, N., "Inteligencia artificial en la teoría de la decisión judicial. ¿Del juez-robot al asistente-robot del juez?", en HERRERA, F., PERALTA, A. y TORRES, L. S. (coords.), *El Derecho y la inteligencia artificial*, Comares, Granada, 2022, págs. 341-364; SOLAR CAYÓN, J. I., "¿Jueces-robot? Bases para una reflexión realista sobre la aplicación de la inteligencia artificial en la Administración de Justicia", cit.; CONDE FUENTES, J., "El juez robot y la independencia judicial", en JIMÉNEZ CONDE, F. *et al.* (dirs.), *Logros y retos de la justicia civil en España*, Tirant lo Blanch, Valencia, 2023, págs. 649-664; DELGADO MARTÍN, J., "El juez robot", en AA. VV., *Innovación y tendencias. Sector legal 2023*, La Ley, Madrid, 2022, págs. 274-283; y GÓMEZ COLOMER, J. L., *El juez robot. La independencia judicial en peligro*, Tirant lo Blanch, Valencia, 2023.

humanos[575]. Aunque lo cierto es que, hasta ahora, tales proyectos, pasados ya unos años desde aquellos anuncios a bombo y platillo, no han llegado a materializarse.

Ya hace un tiempo tuve la oportunidad de exponer mi punto de vista sobre este asunto, poniendo de manifiesto que la perspectiva distópica de un robot-juez era un escenario irreal, dada la existencia de una serie de obstáculos técnicos y jurídicos que impedirían la suplantación total del juez humano por una máquina[576]. Pero recientemente la cuestión ha quedado completamente zanjada en el ámbito de la Unión Europea tras la aprobación del Reglamento de Inteligencia Artificial. Como ya se ha señalado previamente, este establece claramente que los sistemas de inteligencia artificial pueden «ayudar» o «asistir» a la autoridad judicial en la toma de decisiones, pero no deben suplantarla, pues la toma de decisiones finales debe seguir siendo una actividad humana. Posición que, como no podía ser de otra manera, se refleja, en el contexto nacional, en el ya citado Real Decreto-ley 6/2023, que establece reiteradamente que los sistemas basados en inteligencia artificial únicamente podrán ser empleados como soporte o apoyo a la actividad jurisdiccional (artículos 1.3 y 35,k)[577].

En esta dirección, fuera ya del marco europeo, podemos encontrar algunas experiencias sobre la utilización de la inteligencia artificial para asistir a los jueces en la toma de decisiones mediante el desarrollo de sistemas capaces de generar automáticamente propuestas de sentencia a partir del análisis de la jurisprudencia. Es preciso aclarar que, en todo caso, se requiere la previa fijación de los hechos por parte de la autoridad judicial. Una vez establecidos estos, el sistema puede emitir su propuesta

---

575 Cfr. NIILER, E., "Can AI be a fair judge in Court? Estonia thinks so", *Wired*, March 25, 2019 (https://www.wired.com/story/can-ai-be-fair-judge-court-estonia-thinks-so/) y MARISSAL, P., "Réforme Belloubet. Des logiciels à la place des juges, mirage de la justice predictive", *l'Humanité*, 20 Avril 2018 (https://www.humanite.fr/reforme-belloubet-des-logiciels-la-place-des-juges-mirage-de-la-justice-predictive-654139).

576 Me refiero a SOLAR CAYÓN, J. I., "¿Jueces-robot? Bases para una reflexión realista sobre la aplicación de la inteligencia artificial en la Administración de Justicia", ya citado.

577 No podemos compartir, por tanto, la opinión de DELGADO MARTÍN, A., "El juez robot", cit., quien considera que "se puede reflexionar su admisión [de la inteligencia artificial] como sustitutiva (decisión judicial automatizada) en supuestos repetitivos, de escasa complejidad y sin presencia de prueba personal, siempre que se respete la posibilidad de un recurso efectivo ante juez-humano" (pág. 276).

de resolución del caso basándose en analogías con otros casos similares decididos previamente. De nuevo, los proyectos más avanzados en este campo, al menos desde el punto de vista estrictamente tecnológico, los encontramos en China, en el contexto del desarrollo del ya mencionado programa *Smart Court*. A partir del análisis de los datos contenidos en la plataforma *China Judgments Online*, que publica todas las sentencias de todos los tribunales del país —actualmente cuenta ya con más de 100 millones de sentencias en su base de datos—, diversos Tribunales Supremos provinciales han diseñado sistemas de este tipo utilizando técnicas de *big data, deep learning* y procesamiento del lenguaje natural, con el propósito declarado de asegurar que casos que versan sobre hechos similares sean resueltos de manera similar.

El proyecto más emblemático viene constituido por la aplicación *Juez Sabio* (*Rui Fa Guan*), desarrollada por el Tribunal Supremo de Beijing y que puede ser utilizada por cualquier tribunal de esa provincia: es capaz de identificar las cuestiones legales planteadas en un caso, de buscar y recuperar materiales legales relevantes para su resolución y de elaborar una propuesta de decisión basada en sentencias pretéritas. Sistemas similares han sido implantados en Hainan, Shanghai, Guangzhou, y también en algunos *Internet Courts*, como del de Beijing[578]. Si bien los jueces son libres de seguir la propuesta de sentencia generada automáticamente, hay algunos tribunales superiores que están empleando dichos sistemas para monitorizar el funcionamiento de los tribunales inferiores y detectar anomalías en las decisiones judiciales a través de un sistema de alerta automática que identifica aquellas que difieren significativamente de otras en casos similares[579]. Dado el contexto institucional chino, lo que en teoría se presenta como un mecanismo de gestión de riesgos dirigido a fortalecer la integridad judicial, puede representar, sin embargo, como apunta Tania Sourdin, una amenaza para la independencia judicial[580], que es sin duda uno de los

---

578 Cfr. SHI, C., SOURDIN, T. y LI, B., "The Smart Court: A New Pathway to Justice in China?", cit, págs. 9-11, y STERN, R. *et al.*, "Automating Fairness? AI in the Chinese Courts", cit., págs. 540-542.

579 Cfr. CHEN, B. M. y LI, Z., "How will technology change the face of Chinese justice?", cit., págs. 18-19. Un ejemplo nítido de este enfoque nos lo proporciona el Tribunal Popular Intermedio de Taizhou, en la provincia de Zhejiang, que ha implementado un sistema de alerta que consta de 60 indicadores de riesgo y emite etiquetas de alerta en azul, amarillo y rojo según el nivel de riesgo de actuación judicial incorrecta. Cfr. SUPREME PEOPLE'S COURT OF CHINA, *Chinese Courts and Internet Judiciary*, cit., pág. 82.

580 Cfr. SOURDIN, T., *Judges, Technology and Artificial intelligence*, cit., págs. 190-191.

principales peligros que comportan este tipo de sistemas si no se establecen las condiciones y garantías institucionales adecuadas.

Una experiencia mucho más sencilla y limitada en su alcance viene constituida por el empleo del sistema PROMETEA en el Tribunal Superior de Justicia de la Ciudad Autónoma de Buenos Aires. Con el apoyo de informáticos y expertos en datos, esta herramienta fue diseñada y puesta en funcionamiento en noviembre de 2017 por la Fiscalía General Adjunta de ese tribunal, que es quien recibe los asuntos judiciales en tercera instancia y, una vez estudiados, formula una propuesta de sentencia que eleva al tribunal, al cual corresponde finalmente la decisión del caso. La fiscalía utiliza PROMETEA, entre otras funciones, para generar automáticamente propuestas de decisión en el área contencioso administrativo, concretamente en casos de amparo habitacional —en los que están involucradas cuestiones constitucionales relativas al derecho a una vivienda digna, a la salud integral y a los derechos de personas en situación de vulnerabilidad— y en otros tipos de amparo en materia de empleo público, ejecuciones fiscales, denegaciones de licencias de taxi... Temáticas que vienen a representar las tres cuartas partes del volumen de casos que llega al tribunal y sobre las que ya existe una jurisprudencia abundante, consolidada y relativamente estable.

Se trata de un sistema de *machine learning* supervisado que fue entrenado con un *data set* de más de 2400 sentencias del propio tribunal. Para ello, previamente estas sentencias fueron mapeadas y etiquetadas de manera manual por la fiscalía, al objeto de agruparlas por una serie de temas y subtemas, programándose posteriormente el sistema para que reconociera ciertos patrones. Con ello se inició un proceso iterativo de sucesivas rondas de entrenamiento del sistema, a lo largo de las cuales se le tuvieron que suministrar nuevas sentencias al objeto de calibrar adecuadamente la función predictiva y su capacidad para comparar y resolver casos nuevos por analogía. Es muy importante remarcar el hecho de que el modelo predictivo de PROMETEA se basa en árboles de decisión mediante los que se representan y categorizan de manera sucesiva los diferentes tipos de situaciones posibles y las correspondientes reglas de decisión jurídica formuladas por la propia fiscalía, de manera que la propuesta de sentencia generada automáticamente por el sistema es el resultado de la aplicación de dichas reglas[581]. Ello hace que el funcionamiento del sistema sea completamente trazable y que la propuesta de resolución

[581] Esta fijación por parte de la propia fiscalía de las reglas de decisión del sistema es un aspecto muy importante porque, como afirma GRIFFI, F. P., "La decisione robotica e il giudice amministrativo", en CARLEO, A. (ed.), *Decisione robotica*, cit., si

de cada caso pueda ser interpretada y explicada de una manera clara y sencilla conforme a tales reglas.

Una vez que el sistema genera la propuesta de decisión, esta es revisada por un fiscal, quien puede modificarla o rechazarla antes de elevarla al tribunal. Entre las funcionalidades del sistema está la inclusión en el documento generado de hipervínculos para acceder directamente a las normas, sentencias y documentos en los que se basa la propuesta, lo que permite al fiscal verificar fácilmente sus fundamentos jurídicos e incorporar directamente a aquella otros argumentos y referencias. Es importante también subrayar en este aspecto la dinamicidad del sistema, cuya «inteligencia» puede ser actualizada y optimizada continuamente por la fiscalía para mejorar su rendimiento, lo que permite adaptarlo inmediatamente a los cambios de jurisprudencia o de criterio del tribunal. Finalmente, una vez revisada —confirmada, modificada o ignorada— la información de salida del sistema por la fiscalía, la propuesta de sentencia es elevada al Tribunal, que obviamente no conoce si la misma se corresponde o no, o en qué grado lo hace, con el borrador generado automáticamente.

En cuanto a sus resultados, PROMETEA no solo ha incrementado notablemente la eficiencia de la fiscalía —y, por tanto, del tribunal—, en cuanto ha pasado de tardar un promedio de tres meses en concluir un expediente con su respectiva propuesta de sentencia a hacerlo en cinco días, sino que no ha supuesto una merma en la calidad de su trabajo. Según arrojan los datos de la propia fiscalía, en el año 2018 el porcentaje de concordancia entre las propuestas generadas automáticamente por PROMETEA y el criterio de los fiscales encargados de la revisión alcanzó el 96%. Y, una vez elevadas al tribunal, las propuestas generadas por el sistema fueron confirmadas en el 100% de los casos. Estableciendo un término comparativo, en el año 2017, el último antes de la puesta en funcionamiento de este sistema, las propuestas elaboradas manualmente por la fiscalía fueron confirmadas por el tribunal en el 92% de los casos[582].

---

el tribunal debe ser imparcial, "la elaboración del algoritmo que decide una causa no puede ser sustraída al aparato jurisdiccional" (pág. 171).

582 Para una información más detallada del desarrollo, las funcionalidades y los resultados de PROMETEA, cfr. CORVALÁN, J. G., *PROMETEA. Inteligencia artificial para transformar organizaciones públicas*, Editorial Astrea — Editorial Universidad del Rosario, Buenos Aires — Bogotá, 2019, y ESTÉVEZ, E., LEJARRAGA, S. L. y FILLOTTRANI, P., *PROMETEA. Transformando la Administración de Justicia con herramientas de inteligencia artificial*, Banco Interamericano de Desarrollo, Washington, 2020.

La experiencia de PROMETEA me parece reseñable no solo por la eficiencia del sistema, cuyo coste declarado no superó los 80.000$, sino sobre todo, a tenor de los datos publicados por la propia fiscalía, por el grado de calidad y fiabilidad que parece que pueden alcanzar las propuestas de decisiones automatizadas en determinadas áreas jurisdiccionales —básicamente, disputas en las que el tribunal ya no ha de discutir los hechos y relativas a sectores jurídicos bien delimitados en los que existan normas y jurisprudencia claras y relativamente estables— mediante el diseño de sistemas algorítmicos transparentes cuyos resultados pueden ser explicados y justificados conforme a razones jurídicas, y en el marco de un contexto institucional que garantiza la independencia judicial y la libre toma de decisiones.

2.7.2. Reflexiones sobre las actuaciones judiciales «asistidas» por sistemas de inteligencia artificial introducidas por el Real Decreto-ley 6/2023

Como ya se señaló anteriormente, en nuestro país, el *Real Decreto-ley 6/2023, de 19 de diciembre, por el que se aprueban medidas urgentes para la ejecución del Plan de Recuperación, Transformación y Resiliencia en materia de servicio público de justicia, función pública, régimen local y mecenazgo,* ha introducido la posibilidad de emplear sistemas de inteligencia artificial para llevar a cabo «actuaciones asistidas», entendiendo por tales aquellas para las que el sistema genera un borrador total o parcial de documento complejo basado en datos que puede constituir fundamento o apoyo de una resolución judicial o procesal. De manera que bien podría tratarse incluso de un borrador de sentencia, que es el tipo de resolución judicial al que me referiré específicamente en este apartado[583]. La primera consideración a tener en cuenta es, pues, que los sistemas que se empleen para llevar a cabo este tipo de actuaciones judiciales han de ser considerados de alto riesgo conforme a las previsiones del Reglamento de Inteligencia Artificial, en tanto han de ser incluidas entre las herramientas destinadas a asistir a las autoridades

---

583 Como indica ARIZA COLMENAREJO, M. J., "Impugnación de las decisiones judiciales dictadas con auxilio de inteligencia artificial", en CALAZA, S. y LLORENTE, M (dirs.), *Inteligencia artificial legal y Administración de Justicia,* cit., a efectos de análisis, es preciso tener en cuenta el tipo de resolución concreto que se adopte, puesto que "no será lo mismo que [el sistema] intervenga en decisiones de carácter interlocutorio, como puede suceder con incidentes de recusación, cuestiones de competencia o conflictos jurisdiccionales, o decisiones de admisión de demandas o recursos (por poner algunos ejemplos), y, sobre todo, la adopción de medidas cautelares, como puede ser una sentencia que pone fin al proceso, con todo tipo de expresiones, valoraciones y pretensiones" (pág. 31).

judiciales en las tareas de búsqueda e interpretación de los hechos y del Derecho y en la aplicación del Derecho a unos hechos concretos.

En consonancia con esa función exclusivamente de apoyo a la función jurisdiccional que según el Reglamento pueden tener estas herramientas, el Real Decreto-ley dispone que en ningún caso el borrador generado automáticamente constituirá por sí mismo una resolución judicial o procesal sin la validación de la autoridad competente, que será quien asuma en todo caso la responsabilidad de la resolución. Además, en la línea de lo previsto también en el Reglamento para la utilización de los sistemas de alto riesgo, el legislador español añade que deberán establecerse los mecanismos necesarios para asegurar que aquel borrador solo se genere a voluntad del usuario y pueda ser libre y enteramente modificado por este. Es decir, que la autoridad judicial podrá, en primer término, decidir si emplea o no el sistema de inteligencia artificial, y, aun en caso de que decida utilizarlo, podrá no tomar en consideración y rechazar la propuesta de solución generada por el sistema o modificarla libremente. Aunque no se especifica, a la vista de la redacción del precepto parece que el juez en ningún caso debería justificar por qué su decisión se aparta de la propuesta del sistema. Premisa que, a nuestro juicio, resulta obligada al objeto de asegurar la independencia judicial, puesto que lo contrario convertiría a dicha propuesta en cuasi-obligatoria o, si se quiere decir de otro modo, en obligatoria por defecto. Con todo, tal vez no hubiera estado de más dejar clara esta importante cuestión de una manera expresa.

Este es el parco marco normativo, a todas luces insuficiente, que se establece en el Real Decreto-ley en relación al empleo de sistemas de inteligencia artificial para la producción de estas actuaciones judiciales asistidas. Seguramente porque el legislador nacional estaba pensando en la inminente aprobación del Reglamento europeo, a cuya detallada y exigente regulación quedarán sujetos como sistemas de alto riesgo. Aun así, hay algunos aspectos muy importantes en relación a la introducción y uso de este tipo de sistemas que precisarían una regulación específica. En este sentido es pertinente recordar el hecho de que la norma europea contiene una regulación aplicable uniformemente a todos los sistemas considerados de alto riesgo en una serie de ámbitos muy heterogéneos: identificación biométrica, gestión de infraestructuras esenciales, educación y formación profesional, empleo, acceso a servicios públicos y privados esenciales, gestión de la migración, el asilo y el control fronterizo, aplicación de la ley y la propia Administración de Justicia. Ámbitos en los que, más allá de los requisitos técnicos y operativos establecidos en el Reglamento, pueden ser requeridas exigencias jurídicas muy diferentes en función de la propia naturaleza de las actividades que se pretende automatizar. Como es fácil de entender, un sistema de alto riesgo empleado para la gestión del tráfico no tiene la misma relevancia constitucional que un sistema utilizado para asistir a los tribunales en la toma de decisiones judiciales. Y, desde luego, este tendrá que satisfacer una serie de exigencias jurídicas que no tiene sentido demandar a aquel: por ejemplo, en relación a la explicabilidad de sus propuestas de decisión o a la necesidad de salvaguardar las garantías procesales y los derechos de las partes.

Así pues, sería deseable que, a pesar de la reciente aprobación del Reglamento europeo, y antes de la puesta en funcionamiento de este tipo de sistemas en nuestra Administración de Justicia, se estableciera una regulación específica de los mismos en la que se aborden una serie de aspectos básicos relativos a su diseño, desarrollo, utilización y monitorización, algunos de los cuales saldrán a relucir en las consideraciones que se realizan a continuación[584].

2.7.2.1. Algunas precisiones conceptuales y metodológicas

Lo cierto es que la admisión en nuestra Administración de Justicia de la posibilidad de adoptar resoluciones judiciales fundadas o apoyadas en «borradores» —¿por qué no decir claramente «propuestas»?— generados automáticamente por sistemas de inteligencia artificial basados en datos nos introduce de lleno en el polémico dominio de la habitualmente denominada «justicia predictiva». Debo señalar que, aunque son muy diferentes los tipos de resoluciones que caben dentro de estas actuaciones asistidas, y que, por otra parte, estas no se limitan a actuaciones judiciales, ya que en el precepto en el que son definidas se hace referencia también a resoluciones procesales que han de ser validadas por los fiscales o por los letrados de la Administración de Justicia, mis consideraciones se circunscribirán exclusivamente al empleo de sistemas «predictivos» para la generación de propuestas de sentencia. Una actuación que, hasta este momento, no se ha

---

[584] En esta línea se han pronunciado también recientemente las Juezas y los Jueces Decanos de España en las conclusiones de sus XXXII Jornadas Nacionales, celebradas en Jerez de la Frontera del 17 al 19 de abril. En relación al Real Decreto-ley 6/2023, exponen: "Mostramos nuestra preocupación ante la escasa regulación de la inteligencia artificial a través de las denominadas actuaciones asistidas que permitirán generar borradores de resoluciones judiciales. Debería regularse esta materia de modo específico con arreglo a la normativa comunitaria por tratarse de sistemas de alto riesgo que pueden afectar a derechos fundamentales y que deben contar con un régimen jurídico riguroso en cuanto a su control, supervisión y transparencia que no contiene la actual reforma" (conclusión 8).

implementado en ningún país europeo, pese a diversos anuncios realizados hace ya unos años por parte de algunos gobiernos, como ya se mencionó anteriormente.

Mis primeras reflexiones, de carácter preliminar y naturaleza estrictamente conceptual, tienen que ver con el empleo del propio término «justicia predictiva» que parece haberse impuesto en la literatura académica para aludir al fenómeno de la inclusión de sistemas algorítmicos en la Administración de Justicia. Y es que el empleo del término «predicción» en este campo a veces distorsiona la comprensión de ciertos aspectos. Es obvio que existe una gran diferencia entre «predecir» el resultado de un caso y «decidir» un caso. Una predicción, entendida en el sentido de vaticinio o juicio anticipado acerca de un evento futuro —tal como se refleja, por ejemplo, en la famosa definición holmesiana del Derecho como profecías acerca de las decisiones de los tribunales—, no es evidentemente una decisión. Por otra parte, la inteligencia artificial no puede «decidir» un caso. Ni en un sentido psicológico, puesto que decidir es un acto de voluntad y esta es una capacidad intrínsecamente humana, de manera que no tiene sentido aplicar dicha categoría mental a una actividad mecánica. Ni, al menos de momento, tampoco en un sentido jurídico, puesto que afortunadamente la competencia constitucional para adoptar decisiones judiciales solo la tienen los jueces humanos, y precisamente por ello estos sistemas no pueden servir más que como apoyos a la función jurisdiccional[585].

Una vez sentado esto, es preciso, sin embargo, aclarar el significado del término «predicción» utilizado en *machine learning* —especialmente cuando se habla de los «modelos predictivos» en los que se basa esta técnica— al objeto de evitar ciertas distorsiones comunicativas, ya que aquel significado no es coincidente con el que asociamos al término «predicción» cuando lo utilizamos en el lenguaje común. Efectivamente, todos los *outputs* o respuestas de los sistemas de *machine learning* —sean estos resultados la búsqueda y selección de una información, su clasificación, la elaboración de un documento, la toma de decisiones y la realización de ciertas acciones cuando se den determinadas circunstancias, la formulación de recomendaciones, e incluso la formulación de predicciones, entre otros— se basan en modelos

585 Así lo subrayaba el Consejo General del Poder Judicial en su *Informe al Anteproyecto de Ley de eficiencia digital del servicio público de justicia,* adoptado por el Pleno del Consejo el 24 de febrero de 2022. El artículo 24 de la CE, en conexión con el principio de exclusividad jurisdiccional (art. 117.3 CE) garantiza a los ciudadanos el derecho a obtener una resolución fundada en Derecho dictada por un juez o tribunal (Conclusión Sexagesimoctava).

predictivos (*predictive*), pero ello no quiere decir que esas respuestas se refieran necesariamente a predicciones sobre hechos futuros (*forecasts*)[586].

Técnicamente, el término «predicción» en *machine learning* se refiere a la realización de cualquier inferencia dirigida a expandir o aplicar la información disponible a un determinado problema, ya sea en el pasado, el presente o el futuro[587]. Si estas inferencias se proyectan hacia el futuro la *prediction* puede convertirse en una *forecast*, como sucede cuando se usa la inteligencia artificial para hacer prognosis clínica, intentando anticiparse al desarrollo de una enfermedad futura. Pero las inferencias también pueden pertenecer al pasado o al presente, como ocurre cuando se utiliza para el diagnóstico clínico. Aquí el resultado del sistema, siendo técnicamente una predicción —en cuanto resulta de la aplicación de un modelo que utiliza determinados factores como predictores—, no puede interpretarse como una profecía de un hecho por acontecer: el sistema no está diciendo que la persona desarrollará en el futuro determinada enfermedad, sino que ya la padece. Y el médico actuará en consecuencia. Del mismo modo, en el ámbito jurídico, cuando utilizamos las herramientas de búsqueda de la información para la identificación y selección de las normas y la jurisprudencia relevante en relación a determinado problema legal, las normas y sentencias que aparecen como resultados de nuestra búsqueda son, técnicamente, el resultado de la aplicación de una serie de predictores por parte del sistema, pero tales normas son reales y relevantes aquí y ahora. De hecho, como hemos visto en el capítulo anterior, hoy prácticamente todo nuestro conocimiento del Derecho, en tanto está mediado por este tipo de sistemas, se basa en sus predicciones (*predictions*), y se trata de un conocimiento firme y fiable. Y lo mismo sucede con los sistemas de *machine learning* utilizados para elaborar contratos, para realizar tareas de *compliance* o para asesorar legalmente en determinadas materias: todos se basan en predictores, pero de ningún modo sus resultados pueden entenderse como lo que en el lenguaje común denominamos «predicciones». Recurriendo a la terminología utilizada en el Reglamento de Inteligencia Artificial, la información de salida de los sistemas puede realizar distintas funciones, e incluye predicciones, contenidos, recomendaciones y decisiones (Considerando 12).

---

586 Cfr. GALLI, F. y SARTOR, G., "AI approaches to predictive justice: a critical assessment", *Humanities and Rights Global Network Journal*, vol. 5, nº 2, 2023, pág. 179.

587 Adviértase que, desde este punto de vista, no hay una diferencia sustancial entre la operación que lleva a cabo el sistema y la que lleva a cabo un juez al decidir un caso, que también consiste en realizar inferencias dirigidas a aplicar la información jurídica de la que dispone a un problema determinado.

Por eso, la etiqueta de justicia «predictiva» que se ha generalizado para aludir a la introducción de los sistemas de inteligencia artificial en el sistema judicial no resulta en mi opinión muy adecuada. Si hacemos un repaso de los sistemas empleados en la Administración de Justicia que hemos mencionado, la mayoría no realizan predicciones sobre hechos futuribles sino diversos tipos de tareas cognitivas con una precisión y una eficiencia incomparablemente mayor que cualquier humano: clasificación y selección de la información jurídica, determinación de la información jurídicamente relevante, prueba de los hechos, formulación de propuestas de solución susceptibles de satisfacer a las partes en conflicto... Ciertamente, la *prediction* de la resolución de un caso presente, en tanto este no ha sido aún decidido por la autoridad judicial, puede interpretarse como una *forecast* de un hecho futuro —un futuro muy inmediato—, y así lo hace de hecho un abogado cuando emplea este tipo de sistemas, puesto que ese es el objetivo que persigue: predecir la decisión judicial. Y, precisamente por ello, en aras de dicho objetivo utilizará un sistema basado en una serie de predictores muy diferentes a los que contendrá un sistema destinado a ser empleado por la autoridad judicial como apoyo en la toma de decisiones. Así, los sistemas empleados por la abogacía tienen habitualmente en cuenta predictores tales como la identidad del juez o de los magistrados que componen el tribunal, el contenido de sus sentencias pretéritas, su *background* profesional, su ideología, la identidad del otro litigante y de su abogado, etc. Sin embargo, lógicamente, el sistema de apoyo al juez deberá basarse en otro tipo de predictores orientados a conseguir que el *output* generado automáticamente sea la respuesta más probable resultante de aplicar la información jurídica relevante al caso particular, de manera que pueda ofrecer una guía u orientación al decisor, en tanto expresiva del punto de vista predominante entre los jueces que previamente han decidido casos similares. El hecho de que la respuesta del sistema asuma el significado de una *forecast* o de una guía depende, por tanto, básicamente del punto de vista y de los intereses del usuario, y ello deberá reflejarse ineludiblemente tanto en la elección de los enfoques metodológicos de diseño y desarrollo del sistema como en los datos utilizados para su entrenamiento. Y, ya sea interpretado el resultado como una *forecast* o como una guía, aquel puede, desde luego, influir en la conducta del usuario.

Hechas estas precisiones conceptuales y metodológicas, procederé a realizar una serie de consideraciones acerca de algunas condiciones y exigencias básicas que, en mi opinión, habrían de tenerse en cuenta para garantizar que la utilización de este tipo de sistemas como apoyo a la toma de decisiones judiciales, en la línea de las actuaciones asistidas establecidas por el Real Decreto-ley 6/2023, sea respetuosa con el ideal del imperio de la ley y con los principios y garantías que han de regir la actuación de la Administración de Justicia.

2.7.2.2. ¿En qué tipo de decisiones judiciales pueden resultar de mayor utilidad este tipo de sistemas?

En mi opinión, una primera cuestión a considerar sería la determinación de en qué áreas jurídicas y tipos de problemas legales sería más factible introducir, al menos inicialmente, este tipo de sistemas. Y es que, desde mi punto de vista, la utilidad que pueden reportar pasa en todo caso por el empleo de aplicaciones diseñadas y entrenadas específicamente para operar en áreas jurídicas bien delimitadas. Hallándonos aún lejos de alcanzar una inteligencia artificial fuerte o general, los actuales sistemas pueden ser sumamente eficientes y precisos solo en la realización de tareas cognitivas específicas, y dadas las enormes complejidades y diferencias que presenta la aplicación del Derecho en los distintos sectores del ordenamiento jurídico no es una opción realista intentar diseñar un sistema que pueda dar respuesta a cualquier problema legal. Incluso los sistemas de búsqueda de respuestas jurídicas más sofisticados o los modelos de lenguaje de gran tamaño que están siendo ya utilizados por algunos grandes despachos solo son capaces de operar eficientemente en áreas jurídicas específicas después de un intensivo proceso de entrenamiento por parte de expertos en las materias jurídicas correspondientes.

En este sentido, un aspecto importante a tener en cuenta para seleccionar aquellas áreas de problemas jurídicos más adecuadas para la introducción de estos sistemas de asistencia al juez es la existencia de criterios normativos y jurisprudenciales claros y relativamente estables. Como afirma Pérez Daudí, una premisa importante para la implementación eficaz de la inteligencia artificial en este ámbito es la previsibilidad de las decisiones. Un factor que, además, resulta esencial para lograr una justicia efectiva, pero que en nuestro sistema judicial se ve, en su opinión, sumamente dificultado, no ya solo por el carácter no vinculante de los precedentes judiciales sino por la incidencia negativa de una serie de factores, tales como la existencia de un ordenamiento jurídico multinivel, el frenesí legislativo, la sumarización del proceso, la no recurribilidad de muchas resoluciones judiciales ante los tribunales superiores o los intentos de excluir del conocimiento judicial determinados litigios[588].

---

[588] Cfr. PÉREZ DAUDÍ, V., “El precedente judicial. La previsibilidad de la sentencia y la decisión automatizada del conflicto”, *Revista General de Derecho Procesal*, nº 54, 2021.

Esta situación general no impide, sin embargo, que existan determinadas áreas o tipos de problemas jurídicos específicos respecto de los cuales cabe un grado notable de previsibilidad de las decisiones debido a la existencia de criterios claros y susceptibles de ser objetivados. Problemas, incluso, en los que las cuestiones centrales a decidir versan sobre aspectos cuantificables. En este sentido, la profesora Nuria Belloso aboga por introducir estos sistemas en procesos judiciales relativos a materias como multas y liquidaciones en procesos administrativos, revisión de rentas y fijación de cantidades en el ámbito contractual, aplicación de penalizaciones, faltas leves de tráfico o indemnizaciones que estén sujetas a fórmulas o baremos complejos[589]. Podemos incluir también aquí disputas en materias fiscales, cláusulas suelo y otras reclamaciones sobre cláusulas generales bancarias, o reclamaciones frente a compañías aéreas y otras de carácter similar en materia de protección de consumidores y usuarios, respecto de las que puede ser interesante la ya amplia experiencia proporcionada por algunas plataformas privadas de negociación automatizada y de adjudicación de disputas en línea. Se trata de problemas de una limitada relevancia jurídica y cuantía económica, por lo que constituyen también áreas apropiadas para la implementación de estos sistemas desde la óptica de un principio de precaución. Y, además, su solución es fácil de estandarizar mediante inteligencia artificial, dándoles así una solución rápida[590].

También determinadas áreas del Derecho de familia pueden ser particularmente idóneas para la introducción de este tipo de aplicaciones. Un buen ejemplo nos lo proporciona el sistema *Split-Up*, que asiste a los tribunales de familia australianos en casos de divorcio y otras disputas familiares en relación al reparto de bienes. Se trata de un sistema basado en *machine*

En relación con este tema, el pasado 1 de febrero se publicó el *Observatorio de la actividad de la Justicia. Informe 2023*, Fundación Aranzadi La Ley, 2024, en el que, a partir del análisis de 10 indicadores de nuestro sistema judicial, J. Mora-Sanguinetti y M. Pasqual del Riquelme corroboran la escasa predictibilidad de las decisiones de nuestros tribunales. Un factor que, además, genera mayor litigiosidad.

589 Cfr. BELLOSO MARTÍN, N., "Inteligencia artificial en la teoría de la decisión judicial. ¿Del juez-robot al asistente-robot del juez?", cit., pág. 360.

590 Cabe recordar en este punto cómo, en nuestro país, el colapso de los juzgados mercantiles provocado por las miles de demandas de viajeros frente a las compañías aéreas llevó al Gobierno en noviembre de 2022 a modificar la *Ley Orgánica 7/2022, de 27 de julio, de modificación de la Ley Orgánica 6/1985, de 1 de julio, del Poder Judicial, en materia de Juzgados de lo Mercantil*, para traspasar la competencia objetiva de los juzgados de lo mercantil a los juzgados civiles de primera instancia, mucho más numerosos, al objeto de que se pudiera repartir la carga de trabajo entre todos ellos.

learning que combina razonamiento basado en reglas y redes neuronales, tomando en consideración hasta 94 posibles factores relevantes como predictores. En los casos de divorcio, que es donde se aplica mayoritariamente, *Split-Up* identifica los bienes que han de ser incluidos en el reparto y determina el porcentaje que cada parte debe recibir basándose en factores relativos a aspectos como la aportación de cada una de ellas a los bienes comunes, la cuantía de sus recursos o sus futuras necesidades. Además, proporciona una explicación de su propuesta de decisión, utilizando estructuras del «argumento de Toulmin» para representar cómo alcanzó ese resultado[591].

Jordi Nieva Fenoll apunta también su posible uso en procedimientos civiles prácticamente idénticos, como desahucios y otros procedimientos posesorios, y hasta con reclamaciones de cantidad, como la práctica totalidad de los procedimientos monitorios. Supuestos en los que, además, en muchos casos no existe siquiera oposición, por lo que podrían ser tramitados de principio a fin de manera automática[592]. Sin descartar tampoco su empleo en relación a determinadas áreas del Derecho penal. En este sentido, se refiere al enjuiciamiento de determinadas conductas delictivas en aquellos supuestos en los que los hechos no estén en discusión, como pueden ser la conducción bajo los efectos del alcohol, hurtos y daños, delitos de tráfico de estupefacientes y no pocos casos de violencia de género y de lesiones sin móvil machista. Casos, afirma irónicamente, que de hecho "ya están automatizados, aunque empleando a seres humanos que rellenan siempre los mismos formularios muy burocratizados"[593].

Esto no quiere decir que los sistemas de asistencia a la toma de decisiones judiciales no puedan ser empleados, e incluso resulten de utilidad, también en otras áreas jurídicas. De hecho, el Real Decreto-ley 6/2023 no establece ningún límite a su utilización, ni respecto de órdenes jurisdiccionales, ni de grado jerárquico de los tribunales, ni de ningún otro tipo, por lo que potencialmente pueden ser aplicados por cualquier tribunal en

---

591 Cfr. WU, J., "AI goes to Court: the growing landscape of AI for Access to justice", *Legal Design and Innovation,* August 6, 2019 (AI Goes to Court: The Growing Landscape of AI for Access to Justice | by Jonah Wu | Legal Design and Innovation | Medium).

592 Cfr. NIEVA FENOLL, J., "Inteligencia artificial y proceso judicial: perspectivas ante un alto tecnológico en el camino", en CALAZA, S. y LLORENTE, M. (dirs.), *Inteligencia artificial legal y Administración de Justicia,* cit., pág. 421.

593 NIEVA FENOLL, J., "El tránsito de la fe a la tecnología en el proceso penal", *Diario La Ley,* nº 9986, 11 de enero de 2022.

relación a cualquier clase de materia y problema jurídico. Sin embargo, creemos que, en razón de un principio de precaución y del carácter más fácilmente objetivable y estandarizable de las respuestas a las cuestiones en disputa, la implementación de este tipo de sistemas habría de llevarse a cabo primero en áreas como las señaladas y otras similares. Y no debería extenderse su aplicación a otros dominios jurídicos más complejos hasta que, existiendo ya una experiencia suficientemente probada en su empleo por parte de los tribunales, se pudiera analizar su impacto sobre la calidad de las decisiones judiciales.

2.7.2.3. ¿Qué características técnicas deben tener?

A los efectos que aquí nos interesan podemos distinguir entre dos opciones básicas de diseño de este tipo de sistemas, aunque, como veremos, cada opción presenta a su vez diversos enfoques metodológicos posibles. Y cada una de estas elecciones puede comportar efectos importantes sobre el ejercicio de la función jurisdiccional.

Una de las opciones es el diseño de sistemas basados en la representación formal de la base de conocimiento jurídico relevante para la toma de las decisiones judiciales en el área correspondiente. Esta representación se lleva a cabo mediante la formalización de un conjunto de categorías conceptuales que conforman una ontología semántica del dominio y de una serie de reglas de decisión. Y, a partir de ese conocimiento formalizado, el algoritmo puede realizar inferencias para aplicar esos conceptos y reglas a las situaciones particulares. Este es el enfoque propio de la inteligencia artificial simbólica tradicional, cuyo ejemplo más prominente son los sistemas expertos jurídicos. Enfoque que puede llevarse a cabo a través de dos métodos.

El primero consiste en la formalización directa de las más o menos complejas redes de reglas necesarias para dar una respuesta jurídica a las distintas situaciones posibles, normalmente mediante el diseño de árboles de decisión a través de los que se representa el orden en el que han de ser abordadas las distintas cuestiones conceptuales. En este caso, obviamente, aquellas reglas deberían ser definidas por la propia autoridad judicial, de manera que reflejasen su interpretación autoritativa del Derecho aplicable[594]. El se-

---

594 Cabe recordar, a efectos de su régimen jurídico, que este tipo de sistemas basados en la ejecución automática de reglas definidas únicamente por personas físicas se hallan excluidos del concepto de inteligencia artificial asumido por el Reglamento europeo (Considerando 12), por lo que quedan fuera de su ámbito de aplicación.

gundo método se basa en el etiquetado manual de la información contenida en los precedentes judiciales. Es decir, en lugar de basarse en la ejecución de una serie de reglas predefinidas, estos sistemas extraen el conocimiento jurídico relevante y las reglas para la toma de decisiones de un repositorio de decisiones judiciales previamente anotadas. La operación de etiquetado consiste en que un experto —en este caso, para preservar la independencia judicial, habría de ser la propia autoridad judicial— «anota» en cada una de las sentencias del repositorio la información contenida en ella sobre los distintos factores relevantes para la resolución de cada caso, así como sobre su incidencia para la resolución del mismo en un sentido u otro, de manera que pueda ser reconocida y posteriormente utilizada por el sistema. Entonces, ante un nuevo caso a decidir, el sistema compara la información sobre aquellos factores relevantes en los casos previos con los factores presentes en el nuevo caso, al objeto de determinar el sentido que habría de tener la resolución conforme a aquellos precedentes. Con arreglo a esta segunda metodología, la representación del conocimiento se lleva a cabo, por tanto, no a través de la formalización de reglas y conceptos sino de factores relevantes en los casos[595]. Pero en ambos enfoques es necesaria la intervención de un humano que identifique el conocimiento y las reglas jurídicas relevantes. Aunque hoy el desarrollo de las técnicas de procesamiento del lenguaje natural está facilitando mucho esta tarea de asignación o identificación de los factores relevantes en la resolución de los casos.

Este tipo de sistemas basados en la representación formal de una base de conocimiento jurídico tienen dos limitaciones principales: exigen invertir bastante tiempo y esfuerzo en la tarea de formalización de la información y no son aptos para el tratamiento de problemas en los que sea preciso tomar en consideración la interacción recíproca de una gran cantidad de factores. Pero sí pueden ser una opción sencilla y practicable para la resolución de los tipos de cuestiones mencionadas en el apartado anterior. Además, su empleo como herramientas de apoyo a la función jurisdiccional no plantea especiales problemas desde un punto de vista jurídico, particularmente los basados en la ejecución de reglas predeterminadas: si

595 Este tipo de sistemas sí están incluidos dentro del ámbito de aplicación del Reglamento europeo —y, por tanto, sujetos a sus exigencias— debido a su capacidad de inferencia. Como señala el ya mencionado Considerando 12, las técnicas que permiten la inferencia al construir un sistema de inteligencia artificial incluyen estrategias de aprendizaje automático que aprenden de los datos cómo alcanzar determinados objetivos y "estrategias basadas en la lógica y el conocimiento que infieren a partir de conocimientos codificados o de una representación simbólica de la tarea que debe resolverse".

los conocimientos jurídicos y las reglas de inferencia del sistema han sido establecidos por la propia autoridad judicial conforme a lo que constituye su interpretación autoritativa del Derecho aplicable en la materia, la independencia judicial parece salvaguardada. Y, verdaderamente, bien podría atribuirse la resolución del caso de manera directa al propio juez; el cual, por supuesto, siempre ha de ser libre para descartar o modificar la resolución generada automáticamente si considera que no es una respuesta jurídicamente satisfactoria para el caso presente. Situación que podría deberse a diversas circunstancias: que no hubiera previsto una regla para ese tipo de casos, que la regla prevista no proporcionara una solución adecuada o coherente, o, sencillamente, que el juez decida cambiar su criterio interpretativo. Circunstancias que, en cualquier caso, conducirían a introducir cambios en la base de conocimiento del sistema, ya sea para introducir una nueva regla o para reformular alguna o algunas de las reglas del sistema[596].

Sin embargo, el Real Decreto-ley no se refiere a este tipo de sistemas de inteligencia artificial simbólica, sino únicamente a los basados en el análisis de datos. Frente a aquellos enfoques tradicionales basados en la representación formal del conocimiento jurídico, en los actuales sistemas de aprendizaje automático basados en datos el conocimiento que utiliza el algoritmo para generar una respuesta jurídica no es proporcionado por un experto en la materia sino que es inferido por el propio sistema a partir de la información que se le suministra o a la que tiene acceso. En el campo específico de la inteligencia artificial jurídica este aprendizaje autónomo del sistema puede llevarse a cabo mediante dos métodos distintos.

Uno de los enfoques posibles, el más habitual, es el aprendizaje automático supervisado. Aquí es necesaria también la intervención de un experto en la tarea que se pretende automatizar para entrenar los algoritmos. El experto —en este caso, por las razones ya señaladas, habría de ser la propia autoridad judicial— proporciona al sistema la información relativa a un conjunto suficientemente representativo de casos con sus correspondientes soluciones jurídicas y, a partir de tales ejemplos, el algoritmo genera un modelo predictivo que relaciona diferentes factores presentes en la información de entrada —la información sobre el caso— con el resultado —la resolución del caso—, aplicándolo posteriormente a los nuevos casos. El

---

596 Tiene razón en este sentido CREGO, J., "Una clasificación de la inteligencia artificial jurídica desde la perspectiva de la filosofía del Derecho", cit., cuando afirma que las operaciones de formalización del Derecho se dirigen a la reformulación del sistema jurídico para lograr un mayor grado de plenitud, coherencia y precisión (pág. 313).

ajuste del algoritmo es un proceso iterativo en el que se suceden diferentes rondas de entrenamiento y de revisión de los resultados, en cada una de las cuales el experto va proporcionando nuevos ejemplos al sistema para corregir sus errores, hasta que se considera que el rendimiento del algoritmo es suficientemente preciso. El otro método posible es el aprendizaje automático no supervisado. Aquí el sistema no recibe ningún tipo de «instrucción» mediante ejemplos sino que genera de manera completamente autónoma su modelo predictivo a partir de la detección de correlaciones y patrones en la información a la que tiene acceso, modificando incluso dicho modelo a medida que tiene acceso a nueva información y adquiere experiencia en la realización de su tarea.

Con independencia del enfoque utilizado, supervisado o no supervisado, los sistemas de *machine learning* basados en el análisis de datos generan su propuesta de resolución del caso basándose en un modelo predictivo generado automáticamente a partir de la identificación de similitudes con casos previos. Sin embargo, como hemos visto, el grado de influencia o de control del usuario sobre el funcionamiento del sistema, y, por tanto, sobre sus resultados, así como su capacidad para corregir los errores de aquel, no es, evidentemente, la misma en los sistemas supervisados y en los no supervisados. En los primeros, a través de su entrenamiento, el experto puede orientar en cierta medida la «atención» del sistema hacia aquellos factores o predictores estimados más relevantes para la resolución de los problemas jurídicos. Esta es la razón por la que la mayor parte de los sistemas de inteligencia artificial jurídica son de carácter supervisado.

Pero también hay otros aspectos a considerar en el diseño y desarrollo de estos sistemas basados en el análisis de datos, en tanto la elección de determinadas técnicas y enfoques metodológicos puede afectar a dimensiones muy importantes en el ejercicio de la función jurisdiccional. Simplificando mucho la cuestión, en todo sistema de aprendizaje automático basado en el análisis de datos existen dos componentes fundamentales: el algoritmo utilizado para su aprendizaje o entrenamiento (*learning algorithm* o *training algorithm*), que es el que generará el modelo predictivo a partir de la información proporcionada, y el algoritmo «aprendido» (*learned algorithm*), que es, en definitiva, el modelo predictivo que se aplicará a los nuevos casos. En función del diseño del sistema, este algoritmo predictivo puede estar basado en árboles de decisión, técnicas estadísticas de análisis de regresión, máquinas de vectores de soporte, algoritmos evolutivos, o redes neuronales de aprendizaje profundo, entre otras técnicas posibles. Y la elección de uno u otro de estos métodos incide directamente en un parámetro tan importante en el ámbito jurisdiccional como la transparencia o explicabilidad de los resultados del sistema.

Como se ha dicho, todos los sistemas de aprendizaje automático identifican, de un modo u otro, patrones o correlaciones en los datos, pero sus diferencias en cuanto al grado de inteligibilidad o interpretación de sus resultados, e incluso en relación a la posibilidad misma de ofrecer o no una explicación suficiente de estos, dependerán en buena medida del enfoque metodológico y del tipo de algoritmos utilizados. Si el modelo predictivo consiste en árboles de decisiones puede ser fácilmente visto "como una representación de un proceso de toma de decisiones, donde el algoritmo va progresivamente dividiendo los datos en subconjuntos basándose en los rasgos o atributos más relevantes, conduciendo finalmente a una decisión o predicción"[597]. De manera que el funcionamiento del árbol puede ser comprendido como una secuencia de pasos o de decisiones perfectamente trazables que conducen a una determinada conclusión. Sin embargo, si —como sucede en el caso del sistema *Juez Sabio* chino— el modelo predictivo se basa en redes neuronales de aprendizaje profundo, las cuales constituyen hoy sin duda las técnicas predictivas más afinadas por su capacidad para ponderar complejas relaciones estadísticas entre miles de factores, el *iter* de la decisión será completamente inescrutable, resultando imposible obtener una explicación comprensible de la misma. Entendiendo por explicación comprensible aquella que es capaz de ofrecer las razones por las que el sistema atribuyó determinada solución a un caso particular de una manera que sea comprensible o significativa para la mente humana[598].

Si bien en otros contextos de toma de decisiones, como puede ser, por ejemplo, el campo del diagnóstico médico, resulta completamente razonable la utilización de estos sistemas por su alta precisión y eficiencia, a pesar de la inexplicabilidad de sus conclusiones, no puede decirse lo mismo respecto de su aplicación en el ámbito judicial. A nuestro juicio no puede admitirse que una propuesta generada automáticamente pueda ser con-

---

597 GALLI, F. y SARTOR, G., "AI approaches to predictive justice: a critical assessment", cit., págs. 176-177.

598 En este caso, la única trazabilidad o explicación de cómo se ha llegado a un resultado consiste en desandar el *iter* lógico y seguir el rastro de cómo la activación de una neurona ubicada en una capa subsiguiente es el resultado de complejos cálculos matemáticos provocados por otras neuronas de la capa previa, y así sucesivamente a través de las decenas o cientos de capas de neuronas del sistema. En definitiva, una explicación técnica que no equivale a una explicación de las razones del resultado. Y mucho menos, obviamente, a una explicación jurídicamente relevante.

siderada una base o un fundamento adecuado para adoptar una decisión judicial si no va acompañada de una explicación de las razones que han conducido a aquella y que pueda funcionar o dar lugar a una justificación de carácter normativo. Como mínimo, indicando qué elementos fácticos y jurídicos han sido tomados en consideración por el sistema y qué precedentes judiciales han sido estimados relevantes.

En este sentido, no serían de ninguna utilidad sistemas «predictivos» como los que son utilizados en ocasiones por la abogacía, orientados a pronosticar (*forecast*) la conducta futura del juez o tribunal, que toman en cuenta como predictores no solo factores jurídicos, como las normas o los precedentes judiciales, sino también otros de carácter extrajurídico, ajenos al contenido de las decisiones, tales como, por ejemplo, la identidad del otro litigante y de sus abogados, o la del juez o los magistrados que componen el tribunal, así como su orientación ideológica y su *background* profesional, entre otros elementos posibles. Tales sistemas pueden, efectivamente, ser útiles a los abogados para realizar las profecías holmesianas, pero no podrían ser utilizados como guía u orientación para la toma de decisiones judiciales. Para servir de apoyo a la función jurisdiccional el diseño del sistema debe responder a un modelo de predictores basados únicamente en conocimiento jurídicamente relevante, esto es, basado en la identificación de modelos de razonamiento jurídico. Un aspecto para el que resultan fundamentales las técnicas de procesamiento del lenguaje natural, al objeto de identificar correlaciones léxicas, sintácticas y semánticas en el contenido de las decisiones judiciales pretéritas y de compararlas con la información del caso a decidir. Un dominio en el que, con toda seguridad, en un futuro muy inmediato tendrán un impacto muy importante los modelos de lenguaje de gran tamaño[599].

---

599 En esta dirección, con la financiación de los fondos europeos *Next Generation*, el gobierno italiano ha impulsado el proyecto PRO.DI.GI.T. para el desarrollo de aplicaciones de inteligencia artificial que asistan a los jueces y abogados en en ámbito del Derecho tributario. El proyecto, que se está desarrollando con la participación de diversas universidades, se ha centrado inicialmente en las resoluciones en materia de impuestos registrales, lo que comprende un *corpus* de casi un millón de decisiones judiciales. Hasta este momento, uno de los aspectos más prominentes del proyecto es la aplicación de modelos de lenguaje de gran tamaño, particularmente GPT-4, para la generación automática de sumarios de las decisiones y la extracción de información relacionada, como la identificación de las cuestiones jurídicas y de los criterios de toma de decisión. Los resultados, según una evaluación realizada por abogados y jueces expertos en la materia, han sido satisfactorios. Y, sobre dicha base, se está desarrollando un prototipo para la auto-

Este es un aspecto fundamental que, a nuestro juicio, ha de determinar la exclusión de la utilización de aquellos sistemas que no sean capaces de ofrecer esta clase de explicación, aunque el Real Decreto-ley no establezca ninguna limitación al respecto. Entendemos que un sistema destinado a ser utilizado como asistente judicial que no satisfaga esta condición vulneraría el artículo 13 del Reglamento de Inteligencia Artificial, que exige que los sistemas de alto riesgo se diseñen y desarrollen de un modo que garantice que funcionan con un nivel de transparencia suficiente para que los usuarios, en este caso los jueces, interpreten y usen correctamente su información de salida.

Resulta realmente difícil de justificar, desde un punto de vista jurídico, que una propuesta generada automáticamente pueda ser considerada una base o un fundamento adecuado de una sentencia judicial si no va acompañada de una explicación en términos jurídicamente significativos. Entre otras cosas, porque puede suceder que casos que el algoritmo trata como similares —debido, por ejemplo, a la identificación de correlaciones estadísticas entre ciertos términos o combinaciones de palabras presentes en la información del caso a resolver y en el contenido de las decisiones pretéritas— fueran considerados por el juez como diferentes por alguna razón que considera relevante[600]. O viceversa, al identificar el algoritmo diferencias textuales que no son jurídicamente relevantes[601]. Y estas situaciones quedarían ocultas si el sistema no es capaz de propor-

---

matización de estas tareas. Una exposición de los detalles técnicos del proyecto, su desarrollo, la evaluación de sus resultados y las conclusiones obtenidas se encuentra en DAL PONT, T. *et al.*, "Legal summarisation through LLMs: The PRODIGIT Project", *arXiv:2308.04416v1*, 2023 (https://arxiv.org/pdf/2308.04416.pdf).

600 Es significativo a este respecto cómo el proyecto piloto iniciado en Francia en 2017 para utilizar el sistema *Predictice* en la toma de decisiones de los Tribunales de Apelación de Rennes y de Douai tuvo que ser zanjado debido a los errores de razonamiento del algoritmo, que llevaron a resultados anómalos o inadecuados, motivados por la confusión entre las simples frecuencias lexicales de las motivaciones judiciales de casos pretéritos y las causalidades que habían sido decisivas en el razonamiento de los jueces. Cfr. RONSIN, X. y LAMPOS, V., "In-depth study on the use of AI in judicial systems, notably AI applications processing judicial decisions and data", en EUROPEAN COMMISSION FOR THE EFFICIENCY OF JUSTICE, *European Ethical Charter on the Use of Artificial Intelligence in Judicial Systems and their environment*, Strasbourg, 2018, pág. 34.

601 Cfr. BEX, F. y PRAKKEN, H., "Can predictive justice improve the predictability and consistency of judicial decisión-making?, en SCHWEIGHOFER, E. (ed.), *Legal knowledge and information systems: JURIX2021. Proceedings of the Thirty-fourth Annual Conference*, Vilnius, 8-10 December 2021, págs. 209-210.

cionar una explicación —no una mera racionalización *ex post*— de su propuesta[602]. De manera que estos sistemas podrán asistir a los jueces en la toma de decisiones únicamente si sus resultados van acompañados de una explicación que posibilite que el juez entienda los factores o las razones que condujeron a los jueces previos —en cuyas decisiones se basa el sistema— a decidir los casos pretéritos en un determinado sentido. Solo así podrá el juez actual evaluar adecuadamente la similitud de los casos y, consecuentemente, valorar si la decisión propuesta por el sistema es una buena decisión o, al menos, puede proporcionarle una buena guía u orientación para la resolución del caso presente. Sin una explicación de este tipo, aquella propuesta no pasaría de ser un mero oráculo que el juez habría de seguir ciegamente.

En definitiva, compartiendo la opinión de Galli y Sartor, consideramos que para que un sistema de inteligencia artificial pueda ser empleado como un asistente en la toma de decisiones judiciales es absolutamente imprescindible que cumpla estas dos condiciones por diseño: primero, que los predictores del sistema sean jurídicamente relevantes, y, segundo, que sus resultados sean técnicamente explicables[603]. Unas exigencias que, de momento, limitarían severamente la posibilidad de emplear determinados sistemas de aprendizaje automático basados en el análisis de datos, particularmente aquellos basados

---

602 Utilizo aquí el término «racionalización» en el sentido empleado generalmente por el realismo jurídico americano para denunciar la forma en la que la argumentación jurídica es, a su juicio, utilizada por los jueces para ofrecer *ex post* razones justificativas de una decisión que ha sido tomada previamente sobre la base de otro tipo de consideraciones, generalmente de carácter extra-jurídico. Cfr. FRANK, J., *Law and the modern mind*, Stevens & Sons Limited, London, 1949, págs. 28-31. Y es que, con los actuales desarrollos de las técnicas de procesamiento del lenguaje natural, estos sofisticados sistemas de *deep learning* pueden ser capaces, una vez generada su propuesta de resolución, de identificar, extraer y utilizar la información contenida en el *corpus* jurisprudencial para replicar las argumentaciones jurídicas en las que se fundaron las decisiones en idéntico sentido de casos pretéritos. De este modo, independientemente de la inescrutabilidad de las razones que han conducido a un determinado *output*, el sistema podría ofrecer una «racionalización» de su respuesta proporcionando argumentos que la apoyen. Más allá de que, como denunciaran los realistas, no es descartable que en ocasiones los jueces puedan tomar decisiones en base a consideraciones extrajurídicas, procediendo después a revestirlas formalmente mediante argumentos jurídicos, ello no puede ser aceptado como una forma válida de justificación de las decisiones judiciales.

603 Cfr. GALLI, F. y SARTOR, G., "AI approaches to predictive justice: a critical assessment", cit., págs. 185 y 209-210.

en redes neuronales de aprendizaje profundo, puesto que este tipo de explicabilidad es aún un escollo prácticamente insalvable para estos.

Y, en todo caso, al objeto de garantizar el cumplimiento de estas condiciones, se hace imprescindible la participación de la autoridad judicial en los procesos de diseño, desarrollo, despliegue, entrenamiento y testeo de la fiabilidad de estos sistemas y de la calidad de sus explicaciones, antes de su puesta en funcionamiento. Como muestra la experiencia del desarrollo de *PretorIA*, la implicación de la propia autoridad judicial en las decisiones de diseño, en la definición o identificación de los criterios relevantes a tener en cuenta para la tarea a realizar y en la determinación de las funcionalidades e interfaz del sistema de acuerdo a sus necesidades e intereses, constituyen factores importantes para asegurar la utilidad del sistema y que su funcionamiento se ajuste a las exigencias jurídicas. Dicha participación ha de extenderse también, lógicamente, a los procedimientos de monitorización, revisión periódica y actualización de los sistemas que han de seguirse una vez puestos en funcionamiento, como demanda el Reglamento de Inteligencia Artificial. Todo ello resulta obligado, además, desde la perspectiva de la salvaguarda de la independencia judicial, consagrada en nuestra Constitución como garantía de imparcialidad y de sujeción de los tribunales exclusivamente al imperio de la ley[604]. Esto, por supuesto, excluye no solo la utilización de sistemas adquiridos a compañías privadas cuyos algoritmos y códigos fuente sean inaccesibles por hallarse protegidos como propiedad intelectual, sino también de aquellos que, siendo de código abierto, han sido no obstante diseñados y desarrollados sin tener en cuenta las necesidades de sus usuarios —los jueces— y las exigencias a las que estos están sometidos en el ejercicio de su función jurisdiccional.

---

604 Resulta muy elocuente en este sentido la exigencia formulada por el Consejo General del Poder Judicial en la Conclusión Novena de su *Informe al Anteproyecto de Ley de eficiencia digital del servicio público de justicia*: "...las exigencias derivadas de los principios consagrados en el artículo 117 CE, y del artículo 24.1 CE, imponen la necesidad de los debidos controles, evaluaciones y las garantías adecuadas en la configuración, en la utilización y en el resultado de los mecanismos de inteligencia artificial aplicados a la función jurisdiccional, no solo en cuanto a los algoritmos empleados, sino también, y específicamente, en orden a salvaguardar el ejercicio de la función jurisdiccional, consustancial y ontológicamente anudada a la naturaleza humana, con independencia, imparcialidad, exclusividad y exclusivo sometimiento al imperio de la ley. Y en esa función de garantía, vinculada a la función de garantía institucional de la independencia judicial que representa el Consejo General del Poder Judicial, no puede orillarse la participación de este órgano constitucional" (pág. 150).

2.7.2.4. ¿Cómo han de ser utilizados estos sistemas y sus resultados?

Como se ha señalado en diversas ocasiones a lo largo de este trabajo, los sistemas de inteligencia artificial deben ser considerados como sistemas socio-técnicos cuyo impacto no solo depende de su diseño técnico sino también del modo en el que son desarrollados, desplegados y empleados, así como del uso que se hace de sus decisiones o recomendaciones, en un contexto social, organizativo y legal específico. En este sentido, avanzamos a continuación algunas observaciones generales a tener en cuenta para la adecuada utilización de estos asistentes judiciales.

Una primera consideración al respecto, obvia, es que, conforme a nuestro sistema de fuentes del ordenamiento jurídico, los precedentes judiciales no tienen, en general, carácter vinculante. Sin embargo, las propuestas de decisión emitidas por estos sistemas se basan en el análisis de los precedentes judiciales, algunos de los cuales incluso pueden haber perdido todo valor jurídico como consecuencia de cambios normativos. Este es un factor a tener debidamente en cuenta por el juez. La sobreestimación del valor de los resultados del sistema, la excesiva confianza en los mismos o su progresiva aceptación en la práctica por parte de los jueces —por razones de eficiencia o de otro tipo— como una especie de respuesta por defecto, admisible *prima facie* salvo que resulte claramente inaceptable, puede conducir a una especie de inversión, por la vía de los hechos, de nuestro sistema de fuentes, otorgando un lugar de privilegio, si no de exclusividad, a la jurisprudencia en detrimento de la legislación.

Pero no es este el único riesgo de reduccionismo. Del mismo modo que, cuando analizábamos el empleo por parte de la abogacía de este tipo de sistemas, alertábamos de que un uso inadecuado de los mismos podría, a la larga, alterar las prácticas argumentativas de los abogados en modos que acabasen afectando a la propia textura normativa del Derecho, restringiendo las opciones interpretativas en función de lo que se considere óptimo desde un punto de vista estadístico, algo similar podría acontecer en el ámbito judicial. Me refiero al riesgo de imposición de las interpretaciones jurisprudenciales mayoritarias o dominantes, que resultarían privilegiadas por el sistema en perjuicio de otras perspectivas alternativas de resolución del problema legal en cuestión, las cuales permanecerían ignoradas y ocultas a los ojos del juez para su posible consideración. Situación que podría conducir a largo plazo no solo a un empobrecimiento de la argumentación jurídica sino incluso a una especie de petrificación del orden jurídico en la materia correspondiente, obstaculizando el desarrollo de una jurisprudencia innovadora. Esta es una de las principales críticas que Garapon y Lassègue plantean al empleo de estos asistentes robóticos: a su juicio, muchos jueces se adaptarán a lo que sugiera el sistema, especialmente cuando el grado de probabilidad asignado al resultado sea alto, y no se comprometerán en la resolución del caso particular y el desarrollo de nuevas soluciones jurídicas. De este modo, el juez poco corajudo y temeroso de disentir de sus colegas se adherirá acríticamente a la propuesta que representa la opinión mayoritaria de aquellos, sin acometer una búsqueda personal de la solución que estime correcta. El "efecto rebaño" conducirá así hacia un conformismo que minará la independencia judicial[605].

Es cierto —cabría replicar— que este efecto se puede producir igualmente con los actuales sistemas de búsqueda de la información, que nos permiten acceder fácilmente a las decisiones de todos los tribunales. Incluso es muy probable que, echando la vista aún más atrás, la disponibilidad de las recopilaciones jurisprudenciales también hubiera tenido en su momento efectos similares en los jueces, buscando el respaldo de la jurisprudencia mayoritaria para decidir. Por otra parte, ¿no es esa precisamente una de las funciones de la jurisprudencia: influir en la decisión del caso presente al objeto de uniformizar las respuestas jurídicas de todos los tribunales en los casos similares o, al menos, de reducir en lo posible la diversidad de criterios judiciales? Que el juez haga un uso inadecuado del conocimiento atesorado en las decisiones judiciales pretéritas, aplicándolo mecánicamente —al estilo de un corta y pega— al nuevo caso, constituye un riesgo que es completamente independiente del medio o soporte en el que se proporcione la información y que resulta fundamentalmente achacable a la persona que utiliza esa información[606].

Es posible, sin embargo, que el aura de «cientificidad» y sofisticación que a menudo rodea a los sistemas de inteligencia artificial haga que para el juez sea más difícil oponerse a las propuestas del sistema que a la opinión

---

605 Cfr. GARAPON, A. y LASSÈGUE, J., *La giustizia digitale. Determinismo tecnologico e libertà*, cit., págs. 184-185.

606 Cabe recordar aquí la denuncia formulada hace ya más de un siglo por parte de Roscoe Pound sobre la «jurisprudencia mecánica» que, en su opinión y en la de los realistas que recogieron y profundizaron su crítica, caracterizaba la actuación judicial de su época. Se trataba de un momento en el que en Estados Unidos se hallaba vigente una concepción extremadamente formalista del Derecho, considerándose que la función de los tribunales debía limitarse a aplicar mecánicamente la *ratio* de un conjunto de precedentes judiciales previamente seleccionados y recopilados en colecciones jurisprudenciales como paradigmáticos de la solución lógicamente correcta para cada problema jurídico. Cfr. POUND, R., "Mechanical Jurisprudence", *Columbia Law Review*, vol. 8, nº 8, 1908, págs. 605-623.

mayoritaria de sus colegas recogida en las recopilaciones jurisprudenciales. En este sentido, los riesgos de sobreestimación e imposición acrítica de la posición mayoritaria pueden verse reforzados por el denominado «sesgo de automatización», esto es, la tendencia de los humanos a confiar en la supuesta objetividad de los resultados del sistema y, por tanto, a deferir sus decisiones en la máquina. Pese a su carácter legalmente no vinculante, para el juez puede resultar mucho más sencillo, por diversas razones prácticas y psicológicas, adherirse a la propuesta de resolución emitida por el sistema que apartarse de ella.

La reciente literatura científica en sociología cognitiva y economía conductual muestra que es psicológicamente muy difícil desatender las recomendaciones de los sistemas algorítmicos. Una respuesta proporcionada por un sofisticado programa de *software* que, sobrepasando cualquier capacidad humana de análisis, es capaz de tomar en cuenta millones de datos y cientos de variables de miles de casos previos parece más fiable, científica y legítima que otras fuentes de información o de conocimiento humanas. Especialmente cuando la utilización de tales programas es promovida precisamente bajo el argumento, y con el objetivo proclamado, de contribuir a erradicar la subjetividad y los errores humanos[607]. En este contexto, ¿cómo oponerse a lo que dicen los datos y las ecuaciones? Máxime si se carece de la mínima formación técnica o estadística para interpretarlos adecuadamente[608].

En este sentido, los sistemas algorítmicos de apoyo a la toma de decisiones pueden constituir una poderosa forma de arquitectura de elección que modele las percepciones y la conducta del usuario de manera sutil, pero efectiva, mediante la utilización de técnicas de *hypernudge*, minando de ese modo la capacidad del decisor para ejercitar libremente su discreción[609].

---

607 Cfr. CHRISTIN, A., ROSENBLAT, A y BOYD, D., *Courts and Predictive Algorithms*, Primer for the Data & Civil Rights Conference: A New Era of Policing and Justice, Washington D.C., October 27, 2015, pág. 8.

608 Como afirma SURDEN, H., "Artificial Intelligence and Law: An Overview", *Georgia State University Law Review*, vol. 35, nº 4, 2019, refiriéndose específicamente a los sistemas algorítmicos de evaluación de riesgos, "si un juez recibe un informe que indica que un acusado tiene un 80,2% de probabilidades de volver a delinquir según el modelo de aprendizaje automático, esa predicción tiene un aura de neutralidad e infalibilidad mecánica" (pág. 1336).

609 Cfr. YEUNG, K., "Hypernudge: Big Data as a mode of regulation by design", *Information, Communication and Society*, vol. 20, nº 1, 2017, págs. 118-136. La técnica del *nudge* —literalmente, «empujón»— fue descrita en 2008, en el ámbito de la economía conductual, por el Premio Nobel de Economía Richard H. Thaler y por Cass R. Sunstein en su obra *Nudge: Improving Decisions about Health, Wealth,*

De ahí que desde el campo de la psicología se haya apuntado el peligro de que mucha gente tome "el camino del menor esfuerzo cognitivo y, en lugar de analizar sistemáticamente cada decisión, utilice reglas prácticas o heurísticas", de manera que "los sistemas automatizados de ayuda a la toma de decisiones pueden actuar como una de estas reglas y ser utilizados como un sustitutivo de sistemas de toma de decisión o de monitoreo más vigilantes"[610].

Por todo ello, es muy importante diseñar no solo sistemas sino también contextos decisionales adecuados para evitar el riesgo de que el empleo de estos asistentes judiciales algorítmicos promueva el desarrollo de jueces (humanos) robóticos o robotizados, excesivamente proclives, o empujados por el contexto, a deferir las decisiones en el sistema[611]. Jueces, como señalan F. Bex y H. Prakken, "perezosos intelectualmente", sobre todo a la hora de afrontar casos especialmente complicados[612]. En este sentido se

---

and Happiness, Yale University Press, 2008. Un *nudge* es "cualquier aspecto de una arquitectura de elección que altera la conducta del individuo de un modo predecible sin prohibir ninguna opción ni cambiar significativamente sus incentivos económicos" (pág. 6). Y en dicha obra muestran cómo el diseño del sistema y del contexto decisional puede influenciar sistemáticamente la toma de decisiones humanas en determinadas direcciones.

610 SKITKA, L. S., MOSIER, K. L. y BURDICK, M., "Does automation bias decision-making?", *International Journal of Human-Computer Studies*, nº 51, 1999, pág. 992. Este artículo expone los resultados de un experimento en el que se trató de determinar el efecto del «sesgo de automatización» comparando las tasas de error cometidas en unos vuelos simulados por parte de dos grupos de pilotos, uno asistido por un sistema algorítmico de toma de decisiones y otro sin tal asistencia. En la mayoría de los eventos analizados el rendimiento de los pilotos asistidos por el sistema fue superior, de manera que, globalmente, aquel ayudó a reducir los errores humanos. Pero también se constató que esos pilotos tendían a disminuir su atención, por lo que cuando el sistema no detectó algún evento o hizo recomendaciones incorrectas, aunque aquellos disponían de toda la información necesaria para detectar ese mal funcionamiento, incurrieron en tasas de errores superiores a las del otro grupo.

611 Entiendo que es en este sentido en el que apunta también el Consejo General del Poder Judicial, en el ya citado *Informe al Anteproyecto de Ley de eficiencia digital del servicio público de justicia*, cuando afirma que la generación automática de borradores de resolución, si bien "puede verse como una ayuda o apoyo al ejercicio de la función constitucional de juzgar", constituye también "un riesgo para la vigencia del principio de exclusividad jurisdiccional que exige que la tutela de derechos e intereses de los ciudadanos sea prestada exclusivamente por jueces y magistrados" (Conclusión Sexagesimoctava, pág. 174).

612 Cfr. BEX, F. y PRAKKEN, H., "Can predictive justice improve the predictability and consistency of judicial decision-making?, cit., pág. 209. En relación al «juez

han sugerido algunas soluciones técnicamente viables para mitigar tanto el posible «efecto rebaño» como el «sesgo de automatización». Así, Galli y Sartor sugieren que, por diseño, el sistema proporcione no solo la propuesta de resolución sino que, adicionalmente, indique —si las hubiera— la existencia de otras tendencias jurisprudenciales y los argumentos jurídicos en que se sustentan[613]. Incluso sería posible que estas aplicaciones, al estilo de los sistemas de codificación predictiva ya analizados en este mismo capítulo, asignasen a sus propuestas una puntuación que indique, conforme a los predictores del modelo, el grado de probabilidad de resolución en ese sentido con arreglo a los casos previamente decididos. También puede resultar útil el «análisis de redes», que ayuda a detectar tendencias jurisprudenciales ocultas mostrando las complejas relaciones entre distintos precedentes. Todo ello contribuiría a proporcionar al juez una visión más completa del panorama jurisprudencial en la materia, ayudándole a calibrar el grado de dificultad del caso y la diversidad de criterios jurisprudenciales existentes sobre el problema.

Pero, aparte de estas y otras posibles medidas técnicas de diseño del sistema y de sus funcionalidades y de configuración del contexto decisional, nos parece imprescindible en todo caso proporcionar a los jueces una formación específica, incluyendo un entrenamiento en el empleo del sistema, que les permita percibir y evitar los riesgos señalados. Una formación que, en la línea de las exigencias establecidas en el Reglamento europeo en relación al deber de vigilancia humana sobre el funcionamiento de los sistemas de alto riesgo, debería capacitarles al menos para:

a) comprender las capacidades y limitaciones del sistema y controlar debidamente su funcionamiento,

b) ser conscientes de la posible tendencia a confiar excesivamente o a sobreestimar las propuestas del sistema, e

c) interpretar correctamente la información de salida del sistema, teniendo en cuenta en particular sus características y las herramientas y los métodos de interpretación disponibles.

---

perezoso» podríamos preguntarnos si, en caso de que acepte la propuesta de sentencia generada por el sistema, puede motivar su decisión simplemente remitiéndose a la misma. Es decir, ¿puede constituir la mera adhesión a la propuesta del sistema, aun cuando esta se halle suficientemente explicada y argumentada, una motivación suficiente de la decisión judicial?

613 Cfr. GALLI, F. y SARTOR, G., "AI approaches to predictive justice: a critical assessment", cit. págs. 201-202.

En definitiva, como se puede observar, son aún muchos los aspectos relativos al diseño, desarrollo, despliegue y utilización de los sistemas de inteligencia artificial destinados a generar borradores o propuestas de resolución judicial que es preciso determinar en aras a asegurar que su empleo resulte compatible con el respeto a los principios y garantías institucionales consustanciales al ejercicio de la función jurisdiccional y a los derechos de los justiciables. Aspectos que no vienen abordados ni en la escueta disposición relativa a las actuaciones judiciales asistidas contenida en el Real Decreto-ley 6/2023 ni en la detallada regulación de los sistemas de alto riesgo prevista en el Reglamento europeo, que, lógicamente, establece un régimen general aplicable a los sistemas utilizados en diversos ámbitos, sin atender a las exigencias específicas o singulares que, por razones constitucionales, demanda el empleo de estos sistemas para la toma de decisiones judiciales.

Creemos que algunas de las cuestiones apuntadas en estas consideraciones generales deberían ser reguladas jurídicamente, como por ejemplo las relativas a la delimitación del ámbito decisional en el que cabe aplicar el sistema; la clase de predictores que han de tenerse en cuenta en su diseño y desarrollo; la trazabilidad de sus propuestas de decisión y el tipo de explicación jurídicamente relevante que debe acompañar a las mismas, lo que implica establecer —o excluir— determinadas características de diseño y tipos de algoritmos; cómo pueden —o no pueden— ser utilizados sus resultados y el valor que ha de darse a los mismos; si la explicación proporcionada por el sistema, en caso de que el juez asuma la propuesta, puede constituir por sí misma una motivación suficiente de la resolución judicial, o si, por el contrario, en caso de que no la asuma, el juez debe motivar las razones por las que se apartó de la misma; u otras similares que puedan venir exigidas para garantizar el correcto ejercicio de la función jurisdiccional[614]. En cuanto a otros aspectos señalados que tienen que ver más bien con asuntos de orden práctico, pero que pueden incidir también en el correcto desempeño de la función judicial, como pueden ser los relativos al modo de empleo de los sistemas, las funcionalidades que habrían de tener, la preparación de los jueces para el adecuado uso de sus resultados o

---

614 Sobre la necesidad de plantearse el estatus normativo de los sistemas predictivos utilizados por las autoridades públicas en procesos decisionales y sus resultados, cfr. MADRID PÉREZ, A., "El uso de sistemas predictivos automatizables en la actividad decisional de las autoridades públicas: aportaciones para un análisis iusfilosófico sobre la digitalización del proceso decisional", *Anuario de Filosofía del Derecho*, tomo XL, 2024, págs. 233-234.

la selección de aquellas áreas jurídicas por las que deberían comenzarse a implementar, nos parece esencial que antes de su puesta en funcionamiento se lleven a cabo, con la imprescindible participación de la autoridad judicial, las pruebas necesarias para asegurar su correcta determinación[615]. Del mismo modo, sería interesante, una vez puestos en funcionamiento estos asistentes algorítmicos, realizar estudios empíricos para verificar si la combinación máquina-humano conduce o no a una mejora, o al menos no a un empeoramiento, en la calidad de la toma de decisiones judiciales.

En todo caso, nos parece importante remarcar, para concluir, que independientemente incluso de la funcionalidad de generación de propuestas de sentencia, el empleo de este tipo de sistemas puede servir, en el contexto del paradigma de una «inteligencia aumentada» mediante la conjunción de las capacidades del humano y la máquina, para ampliar y enriquecer las capacidades cognitivas del juez, proporcionando de una manera rápida y comprehensiva información sobre el problema jurídico en cuestión. A través de las avanzadas técnicas de búsqueda y recuperación de la información pueden identificar y seleccionar de una manera más exhaustiva y precisa los materiales jurídicos relevantes en relación a un determinado problema legal, extraer de los mismos la información específica relevante para la resolución del caso presente y proporcionar un acceso directo —por ejemplo, a través de hipervínculos— a las fuentes originales, de manera que el juez pueda consultarlas directamente para verificar si la propuesta se ajusta verdaderamente al contenido de esos materiales. Las capacidades de análisis de las actuales técnicas de procesamiento del lenguaje natural permiten asimismo organizar y clasificar la información conforme a las categorías deseadas por el usuario, identificar similitudes y diferencias en el tratamiento de las cuestiones legales por parte de diferentes jueces y tribunales, detectar inconsistencias en la utilización y en el significado atribuido a los conceptos y categorías legales en diversas sentencias, obtener sumarios de documentos, extraer información para su posterior reutilización, etc. También, mediante técnicas de visualización del Derecho y otras herramientas de diseño legal se pueden generar automáticamente estadísticas o gráficos

---

615 En este sentido puede jugar un papel importante el *sandbox* puesto en marcha recientemente por el gobierno español mediante el *Real Decreto 817/2023, de 8 de noviembre, que establece un entorno controlado de pruebas para el ensayo del cumplimiento de la propuesta de Reglamento del Parlamento Europeo y del Consejo por el que se establecen normas armonizadas en materia de inteligencia artificial.* Este entorno controlado de pruebas posibilita la cooperación entre potenciales proveedores y responsables del despliegue de sistemas de inteligencia artificial al objeto de que puedan desarrollar y probar la correcta implementación de sistemas confiables.

para visualizar información de contexto relevante para la toma de decisión, como, por ejemplo, la evolución en el tiempo de la jurisprudencia en una determinada materia, la interrelación existente entre distintos precedentes, información sobre las distintas tendencias jurisprudenciales en una materia o las posiciones de distintos tribunales.

Estas y otras funcionalidades pueden contribuir, si las herramientas son adecuadamente diseñadas, desarrolladas y utilizadas, a que los jueces tengan un conocimiento más profundo de las cuestiones legales y de sus posibles perspectivas de tratamiento, al objeto de poder adoptar una decisión mejor informada y fundamentada en cada caso. Pero, en todo caso, este paradigma de inteligencia judicial aumentada ha de estar sujeto a un límite insoslayable: el imperio de la ley no puede ser suplantado por un gobierno de máquinas.

Referencias bibliográficas

ABA COMMISSION ON ETHICS 20/20, *Report to the House of Delegates*, 8, 2012.

AD HOC COMMITTEE ON ARTIFICIAL INTELLIGENCE (CAHAI), *Artificial Intelligence in the Public Sector*, CAHAI-PDG(2021)06, Strasbourg, 2021.

AIDID, A. y ALARIE, B., *The legal singularity. How artificial intelligence can make Law radically better*, University of Toronto Press, 2023.

ALARIE, B., "The path of the law: Towards legal singularity", *The University of Toronto Law Journal*, vol. 66, nº 4, 2016, págs. 443-455.

ALARIE, B., NIBLETT, A. y YOON, A. H., "How Artificial Intelligence will affect the practice of Law", *University of Toronto Law Journal*, nº 68, 2018, págs. 106-124.

ALMADA, M., "Human intervention in automated decision-making: Toward the construction of contestable systems", en *Seventeenth International Conference on Artificial Intelligence and Law (ICAIL'19)*, Montreal, 2019.

ALMADA, M., "Regulation by design and the governance of technological futures", *European Journal of Risk Regulation*, 2023, págs. 1-13.

ALTMAN WEIL, *2023 Chief Legal Officers Survey*, 2023.

ÁLVAREZ RUBIO, J., "Respuestas jurídicas a la personalización de ofertas mediante tratamientos automatizados de datos", en SOLAR CAYÓN, J. I. y SÁNCHEZ MARTÍNEZ, M. O. (dirs.), *El impacto de la inteligencia artificial en la teoría y la práctica jurídica*, La Ley (Wolters Kluwer), 2022, págs. 43-93.

AMERICAN BAR ASSOCIATION, *Report on the Future of Legal Services in the United States*, ABA Commission on the Future of Legal Services, 2016.

AMERICAN BAR ASSOCIATION, *Resolution 105 on ABA Model Regulatory Objectives for the Provision of Legal Services*, February 8, 2016.

AMERICAN BAR ASSOCIATION, *State Policy Implementation Project*, 2017 (https://www.americanbar.org/content/dam/aba/administrative/criminal_justice/spip_overview.pdf).

AMERICAN BAR ASSOCIATION, *Resolution 112 and Report*, August 12-13, 2019.

AMERICAN BAR ASSOCIATION, *Best practice guidelines for online legal document providers*, August 2019.

AMERICAN LAW INSTITUTE, *Model Penal Code*, 2017, Section 6B.09 (2).

ANDREWS, P., "Government as a Platform: the foundation for Digital Government and Gov 2.0", *The Mandarin*, October 24, 2019 (https://www.themandarin.com.au/118672-government-as-a-platform-the-foundation-for-digital-government-and-gov-2-0/).

ANZALONE, A., "¿Robotización judicial? Breves reflexiones críticas", *Journal of Ethics and Legal Technologies*, vol. 1, nº1, 2019, págs. 95-114.

AÑÓN ROIG, M. J., "Desigualdades algorítmicas: conductas de alto riesgo para los derechos humanos", *Derechos y Libertades,* nº 47, 2022, págs. 17-49.

ARIZA COLMENAREJO, M. J., "Impugnación de las decisiones judiciales dictadas con auxilio de inteligencia artificial", en CALAZA, S. y LLORENTE, M. (dirs.), *Inteligencia artificial legal y Administración de Justicia,* Aranzadi, Cizur Menor, 2022, págs. 29-54.

ARROYO JIMÉNEZ, L., "Algoritmos y reglamentos", *Almacén de Derecho,* 25 de febrero de 2020 (https://almacendederecho.org/algoritmos-y-reglamentos).

ASAMBLEA GENERAL DE LAS NACIONES UNIDAS, *Informe del Relator Especial sobre la extrema pobreza y los derechos humanos,* 11 de octubre de 2019.

ASHLEY, K. D., *Artificial Intelligence and Legal Analytics,* Cambridge University Press, 2017.

ASKEW, P. y DUNPHY, J., "Can artificial intelligence make legal research more cost-effective without compromising quality?", *Wagner Sidlofsky Blog,* July 27, 2020 (https://www.wagnersidlofsky.com/ai-legal-research/).

ATKINSON, C., "Disruptive trade technologies will usher in the internet of rules", *LSE Business Review,* April 26th, 2018 (https://blogs.lse.ac.uk/businessreview/2018/04/26/disruptive-trade-technologies-will-usher-in-the-internet-of-rules).

ÁVILA, H., *Teoría de la seguridad jurídica,* trad. de L. Criado, Marcial Pons, Madrid, 2012.

ÁVILA, H., "Indicadores de seguridad jurídica", en CRUZ MORATONES, C., FERNÁNDEZ BLANCO, C. y FERRER BELTRÁN, J. (eds.), *Seguridad jurídica y democracia en Iberoamérica,* Marcial Pons, 2015, págs. 211-225.

BAENA PEDROSA, M., "Inteligencia artificial en la persecución de crímenes internacionales", en SOLAR CAYÓN, J. I. y SÁNCHEZ MARTÍNEZ, M. O. (dirs.), *El impacto de la inteligencia artificial en la teoría y la práctica jurídica,* La Ley (Wolters Kluwer), Madrid, 2022, págs. 317-336.

BARNETT, J. y TRELEAVEN, P., "Algorithmic Dispute Resolution — The automation of profesional dispute resolution using AI and blockchain technologies", *The Computer Journal,* vol. 61, nº 3, 2018, págs. 399-408.

BARONA VILAR, S., *Algoritmización del Derecho y de la justicia,* Tirant lo Blanch, Valencia, 2021.

BARRACLOUGH, T., FRASER, H. y BARNES, C., *Legislation as Code for New Zealand: opportunities, risks, and recommendations,* Brainbox — The New Zealand Law Foundation, March 2021.

BARRIO ANDRÉS, M. (dir.), *Legal Tech. La transformación digital de la abogacía,* Wolters Kluwer, Madrid, 2019.

BATTELLI, E., "La decisión robótica: algoritmos, interpretación y justicia predictiva", *Revista de Derecho privado,* nº 38, 2020, págs. 45-86.

BATEMAN, W., "Algorithmic decision-making and legality: Public Law dimensions", *Australian Law Journal,* vol. 94, nº 1, 2020, págs. 520-530.

BAUZÁ MARTORELL, F. J., "Identificación, autentificación y actuación automatizada de las administraciones públicas", en GAMERO, E. (dir.), *Tratado de procedimiento ad-*

ministrativo común y régimen jurídico básico del sector público, Tirant lo Blanch, Valencia, 2017, Tomo I, págs. 769-794.

BAYAMLIOGLU, E. y LEENES, R., "The «Rule of Law» implications of data-driven decision-making: a techno-regulatory perspective", *Law, Innovation and Technology*, vol. 10, nº 2, 2018, págs. 295-313.

BEIJING INTERNET COURT, *White Paper on the application of Internet technology in judicial practice*, Beijing, 2019.

BELLOSO MARTÍN, N., "Los desafíos iusfilosóficos de los usos de la inteligencia artificial en los sistemas judiciales: a propósito de la decisión judicial robótica *vs.* decisión judicial humana", en IDEM (dir.), *Sociedad plural y nuevos retos del Derecho*, Aranzadi, Cizur Menor (Navarra), 2021, págs. 327-341.

BELLOSO MARTÍN, N., "La problemática de los sesgos algorítmicos (con especial referencia a los de género). ¿Hacia un derecho a la protección contra los sesgos?", en LLANO ALONSO, F. (dir.), *Inteligencia artificial y Filosofía del Derecho*, Laborum, Murcia, 2022, págs. 45-78.

BELLOSO MARTÍN, N., "Inteligencia artificial en la teoría de la decisión judicial. ¿Del juez-robot al asistente-robot del juez?", en HERRERA, F., PERALTA, A. y TORRES, L. S. (coords.), *El Derecho y la inteligencia artificial*, Comares, Granada, 2022, págs. 341-364.

BENESTY, M., "The impartiality of some French judges undermined by machine learning", *Supralegem*, December 19, 2016 (https://medium.com/@supralegem/the-impartiality-of-some-judges-undermined-by-artificial-intelligence-c54cac85c4c4).

BERMEJO LATRE, J. L., Ponencia "La aplicación de la inteligencia artificial en la actividad formal e informal de la Administración", *XVIII Congreso de la Asociación española de Profesores de Derecho Administrativo*, Vigo, 25-27 de enero de 2024.

BERNING PRIETO, A. D., "La naturaleza jurídica de los algoritmos", en GAMERO CASADO, E. (dir.), *Inteligencia artificial y sector público. Retos, límites y medios*, Tirant lo Blanch, Valencia, 2023, págs. 95-130.

BERNING PRIETO, A. D., "El uso de sistemas basados en inteligencia artificial por las Administraciones públicas: estado actual de la cuestión y algunas propuestas *ad futurum* para un uso responsable", *Revista de Estudios de la Administración Local y Autonómica*, nº 20, 2023, págs. 165-185.

BEX, F. y PRAKKEN, H., "Can predictive justice improve the predictability and consistency of judicial decisión-making?, en SCHWEIGHOFER, E. (ed.), *Legal knowledge and information systems: JURIX2021. Proceedings of the Thirty-fourth Annual Conference*, Vilnius, 8-10 December 2021, págs. 207-214.

BIAGIOLI, C., MERCATALI, P. y SARTOR, G., "Legimatica: dal drafting al proceso di produzione legislativa", en BIAGIOLI, C., MERCATALI, P. y SARTOR, G. (eds.), *Legimatica: Informatica per legiferare*, Edizioni Scientifiche Italiane, Napoli, 1995.

BIBAL, A. *et al.*, "Legal requirements on explainability in machine learning", *Artificial Intelligence and Law*, nº 29, 2021, págs. 149-169.

BOIX PALOP, A., "Los algoritmos son reglamentos: la necesidad de extender las garantías propias de las normas reglamentarias a los programas empleados por la

Administración para la adopción de decisiones", *Revista de Derecho Público: Teoría y Método*, vol. 1, 2020, págs. 223-269.

BORRÁS ANDRÉS, N., "La verdad y la ficción de la inteligencia artificial en el proceso penal", en CONDE, J. y SERRANO, G. (dirs.), *La justicia digital en España y la Unión Europea*, Editorial Atelier, Barcelona, 2019, págs. 31-39.

BRITISH COLUMBIA CIVIL RESOLUTION TRIBUNAL, *2022/2023 Annual Report* (https://civilresolutionbc.ca/wp-content/uploads/CRT-Annual-Report-2022-2023.pdf).

BRKAN, M., "Do algorithms rule the world? Algorithmic decision-making and data protection in the framework of the DGPR and beyond", *International Journal of Law and Information Technology*, vol. 27, nº 2, 2019, págs. 91-121.

BROWNSWORD, R., "What the world needs now: techno-regulation, human rights and human dignity", en IDEM (ed.), *Global governance and the quest for justice: Volume 4 — Human rights*, Hart Publishing, Oxford, 2004, págs. 203-234.

BROWNSWORD, R., "Code, control and choice: why East is East and West is West", *Legal Studies*, vol. 25, nº 1, 2005, págs. 1-22.

BUCHHOLTZ, G., "Artificial Intelligence and Legal Tech: Challenges to the Rule of Law", en WISCHMEYER, T. y RADEMACHER, T. (eds.), *Regulating Artificial Intelligence*, Springer, Cham, 2020, págs. 175-195.

BUENO DE MATA, F., "Macrodatos, inteligencia artificial y proceso: luces y sombras", *Revista General de Derecho Procesal*, nº 51, 2020, págs. 1-31.

BUSCH, C. y DE FRANCESCHI, A., "Granular Legal Norms: Big Data and the Personalization of Private Law", en MAK, V., TAI, E. T. T. y BERLEE, A. (eds.), *Research Handbook on Data Science and Law*, Edward Elgar Publishing, 2018, págs. 408-424.

BUSCH, P. A. y HENRIKSEN, H. Z., "Digital discretion: A systematic literature review of ICT and street-level discretion", *Information Polity*, vol. 23, nº 1, 2018, págs. 3-28.

CALDERÓN-VALENCIA, F. *et al.*, "Sistemas de IA en la experiencia del Supremo Tribunal Federal brasileño y la Corte Constitucional colombiana: análisis prospectivo", *The Law, State and Telecommunications Review*, vol. 13, nº 1, 2021, págs. 143-169.

CANADIAN BAR ASSOCIATION, *Futures: Transforming the Delivery of Legal Services in Canada*, CBA Legal Futures Initiative, 2014.

CANADIAN LAWYER, *2020 Legal Fees Survey* (https://cdn-res.keymedia.com/cms/files/ca/120/0299_637245655342367595.pdf).

CANTADOR, I. y QUIJANO-SÁNCHEZ, L., "Semantic annotation and retrieval of parliamentary content: A case study on the Spanish Congress of Deputies", *Proceedings of the Joint Conference of the Information Retrievals Communities in Europe (CIRCLE 2020)*, Samatan (France), 2020.

CÁRDENAS KRENZ, R., "¿Jueces robot? Inteligencia artificial y Derecho", *Justicia & Derecho*, vol. 4, nº 2, 2021, págs. 1-10.

CASANOVAS, P., "Comments on Cracking the Code. A short note on the OECD Working Paper Draft on Rules as Code", en AA. VV., *Comments on Cracking the Code: Rulemaking for humans and machines*, Law Tech La Trobe Research Group, 2020, págs. 11-23.

CASEY, A. J. y NIBLETT, A., "Self Driving Laws", *The University of Toronto Law Journal*, vol. 66, 2016, págs. 429-442.

CASEY, A. J. y NIBLETT, A., "The death of rules and standards", *Indiana Law Journal*, vol. 92, nº 4, 2017, págs. 1401-1447.

CERRILLO I MARTÍNEZ, A., "El impacto de la inteligencia artificial en el Derecho Administrativo ¿nuevos conceptos para nuevas realidades técnicas?", *Revista General de Derecho Administrativo*, nº 50, 2019.

CERRILLO I MARTÍNEZ, A., "¿Son fiables las decisiones de las Administraciones públicas adoptadas por algoritmos?", *European Review of Digital Administration & Law*, vol. I, nº 1-2, 2020, págs. 17-36.

CERRILLO I MARTÍNEZ, A., "Actividad administrativa automatizada y utilización de algoritmos", en AA.VV., *Las políticas de buen gobierno en Andalucía (I): Digitalización y transparencia*, Instituto Andaluz de Administración Pública, Sevilla, 2022, págs. 259-287.

CITRON, D. K., "Technological Due Process", *Washington University Law Review*, vol. 85, nº 6, 2008, págs. 1249-1313.

CITRON, D. K. y PASQUALE, F., "The Scored Society: Due Process for Automated Predictions", *Washington Law Review*, vol. 89, nº 1, 2014, págs. 1-33.

CHAVES GARCÍA, J. R., "Difusión de la información jurídica: blogs, wikis...", en CARO, A. I. y GÓMEZ, C. A (coords.), *E-juristas: más allá de la tecnología legal*, Aranzadi, Cizur Menor (Pamplona), 2017, págs. 51-66.

CHEN, D. L., "Machine learning and the Rule of Law", en LIVERMORE, M. y ROCKMORE, D. (eds.), *Law as Data*, Santa Fe Institute Press, 2019, págs. 433-441.

CHEN, B. M. y LI, Z., "How will technology change the face of Chinese justice?", *Columbia Journal of Asian Law*, vol. 34, nº 1, 2020, págs. 1-58.

CHRISTIN, A., ROSENBLAT, A y BOYD, D., *Courts and Predictive Algorithms*, Primer for the Data & Civil Rights Conference: A New Era of Policing and Justice, Washington D.C., October 27, 2015.

CLAY, T. y SEEGER, E., *2019 Law Firms in Transition*, Altman Weil, 2019.

CLIO, *2023 Legal Trends Report* (https://www.clio.com/resources/legal-trends/).

COBBE, J., "Legal singularity and the reflexivity of Law", en DEAKIN, S. y MARKOU, C. (eds.), *Is Law computable? Critical perspectives on Law and Artificial Intelligence*, Hart Publishing, Oxford, 2020, págs. 107-134.

COGLIANESE, C. y LEHR, D., "Regulating by robot: administrative decision making in the machine-learning era", *Georgetown Law Journal*, vol. 105, 2017, págs. 1147-2017.

COMPETITION AND MARKETS AUTHORITY, *Review of the legal services market study in England and Wales*, December 2020.

CONDE FUENTES, J., "El juez robot y la independencia judicial", en JIMÉNEZ CONDE, F. *et al.* (dirs.), *Logros y retos de la justicia civil en España*, Tirant lo Blanch, Valencia, 2023, págs. 649-664.

CONSEJO GENERAL DE LA ABOGACÍA ESPAÑOLA, *Inteligencia artificial & Abogacía. Abogacía Futura 2021: Prospectiva de negocio emergente*, 2021.

CONSEJO GENERAL DE LA ABOGACÍA ESPAÑOLA, *Conclusiones del XIII Congreso de la Abogacía Española*, Salou, 5 de mayo de 2023.

CONSEJO GENERAL DEL PODER JUDICIAL, *Informe al Anteproyecto de Ley de eficiencia digital del servicio público de justicia*, adoptado por el Pleno del Consejo el 24 de febrero de 2022.

COPELAND, E., "10 principles for public sector use of algorithmic decision making", *Nesta Government Innovation Blog*, 20 February 2018.

CORMACK, G. V. y GROSSMAN, M. R., "Navigating Imprecision in Relevance Assessments on the Road to Total Recall: Roger and Me", *SIGIR'17*, August 7-11, 2017, Shinjuku, Tokyo, págs. 5-14 (https://doi.org/10.1145/3077136.3080812).

CORTE CONSTITUCIONAL DE COLOMBIA, *Reglamento de la Corte Constitucional. Acuerdo 02 de 2015*.

CORTÉS, I., "ChatGPT llega a los bufetes: Allen & Overy lanza una herramienta interna de IA que redacta textos legales", *El Confidencial*, 15 de febrero de 2023 (https://www.elconfidencial.com/juridico/2023-02-15/allen-overy-lanza-una-herramienta-de-ia-para-redactar-textos-legales_3576481/).

CORTEZ, E. K. y MASLEJ, N., "Adjudication of Artificial Intelligence and automated decisión-making cases in Europe and the USA", *European Journal of Risk Regulation*, 2023, págs. 1-19.

CORVALÁN, J. G., "Inteligencia artificial: retos, desafíos y oportunidades — Prometea: la primera inteligencia artificial de Latinoamérica al servicio de la justicia", *Revista de Investigações Constitucionais*, vol. 5, nº 1, 2018, págs. 295-316.

CORVALÁN, J. G., *PROMETEA. Inteligencia artificial para transformar organizaciones públicas*, Editorial Astrea — Editorial Universidad del Rosario, Buenos Aires — Bogotá, 2019.

COTINO HUESO, L., "«SyRI, ¿a quién sanciono?» Garantías frente al uso de inteligencia artificial y decisiones automatizadas en el sector público y la sentencia holandesa de febrero de 2020", *La Ley privacidad*, nº 4, 2020.

COTINO HUESO, L., "Discriminación, sesgos e igualdad de la inteligencia artificial en el sector público", en GAMERO CASADO, E. (dir.), *Inteligencia artificial y sector público. Retos, límites y medios*, Tirant lo Blanch, Valencia, 2023, págs. 257-351.

COUNCIL OF BARS AND LAW SOCIETIES IN EUROPE, *Guide on the use of Artificial-Intelligence based tools by lawyers and law firms in the EU*, 2022.

COUNCIL OF THE EUROPEAN UNION, *2019-2023 Strategy on e-Justice*, 2019/C 96/04.

COUNCIL OF THE EUROPEAN UNION, *2019-2023 Action Plan European e-Justice*, 2019/C 96/05.

COUNCIL OF THE EUROPEAN UNION, *Council Conclusions "Access to Justice — seizing the opportunities of digitalization"*, 2020/C 342 I/01.

COVELLI, M. R., "Dall'informatizzazione della giustizia alla decisione robotica? Il giudice del merito", en CARLEO, A. (ed.), *Decisione robotica*, Il Mulino, Bologna, 2019, págs. 125-137.

CREGO, J., "La singularidad jurídica y el retorno del filósofo-rey: potenciales consecuencias para el imperio de la ley y la democracia", *Persona y Derecho*, vol. 85, 2021, págs. 249-281.

CREGO, J., "Una clasificación de la inteligencia artificial jurídica desde la perspectiva de la filosofía del Derecho", en GUIMARÃES, M. R. y TEIXEIRA, R. (eds.), *Direito e Inteligência Artificial*, Ediçoes Almedina, Coimbra, 2023, págs. 303-330.

CREGO, J., "La personalización del Derecho como culminación ideal de la inteligencia artificial jurídica", en BALLESTEROS SORIANO, A. (ed.), *Inteligencia Artificial y Derecho: perspectivas iusfilosóficas*, Thomson Reuters-Aranzadi, Cizur Menor (Navarra), 2024.

CUI, Y., *Artificial intelligence and Judicial Modernization*, Springer — Shanghai People's Publishing House, 2020.

CURTOTTI, M., HAAPIO, H. y PASSERA, S., "Interdisciplinary cooperation in legal design and communication", en SCHWEIGHOFER, E., *et al.* (eds.), *Co-operation. Proceedings of the 18th International Legal Informatics Simposium IRIS*, Österreichische Computer Gesellschaft OCG, Viena, 2015, pags. 1-11.

DA SILVA, N. F. *et al.*, "Evaluating topic models in portuguese political comments about bills from Brazil's Chamber of Deputies", en BRITTO, A. y VALDIVIA, K. V. (eds.), *Intelligent Systems. BRACIS 2021. Lecture Notes in Computer Science*, Springer, part II, 2021, págs. 104-120.

DAL PONT, T. *et al.*, "Legal summarisation through LLMs: The PRODIGIT Project", *arXiv:2308.04416v1*, 2023 (https://arxiv.org/pdf/2308.04416.pdf).

DANAHER, J., "The threat of algocracy: reality, resistance and accommodation", *Philosophy and Technology*, vol. 29, nº 3, 2016, págs. 245-268.

DANCY, T., *Artificial Justice*, Oxford University Press, 2023.

DATA PROTECTION WORKING PARTY, *Guidelines on Automated individual decision-making and Profiling for the purposes of Regulation 2016/679*, European Commission, 2018.

DATA61, *Case Study on CSIRO's Data61, Australia: Contribution to the OECD TIP Digital and Open Innovation Project*, 2019.

DAVIS, S., *Future Perfect*, Addison-Wesley Publishing Co., Reading (Massachusetts), 1987.

DAVIS, P. y SCHWEMER, S. F., "Rethinking decisions under article 22 of the GDPR: implications for semi-automated legal decision-making", en *Proceedings of the Third International Workshop on Artificial Intelligence and Intelligent Assistance for Legal Professionals in the Digital Workplace (LegalAIIA 2023)*, Braga, 2023.

DE ASÍS PULIDO, M., "Derecho al debido proceso e inteligencia artificial", en LLANO, F. H. y GARRIDO, J. (eds.), *Inteligencia artificial y Derecho. El jurista ante los retos de la era digital*, Aranzadi, Cizur Menor (Navarra), 2021, págs. 67-89.

DE ASÍS PULIDO, M., "La justicia predictiva: tres posibles usos en la práctica jurídica", en LLANO ALONSO, F. (dir.), *Inteligencia artificial y Filosofía del Derecho*, Laborum, Murcia, 2022, págs. 285-312.

DE ASÍS PULIDO, M., "Bases de un derecho al debido proceso tecnológico", *Universitas*, nº 40, 2023, págs. 115-138.

DE FILIPPI, P. y HASSAN, S., "Blockchain Technology as a Regulatory Technology: From «Code is Law» to «Law is Code»", *First Monday*, vol. 21, nº 12, 2016.

DE LA CUEVA, J., "Datos, Derecho y nuevas tecnologías: privacidad y publicidad", *El Notario del Siglo XXI*, nº 77, 2018 (https://www.elnotario.es/index.php/hemeroteca/revista-77/opinion/opinion/8382-codigo-fuente-algoritmos-y-fuentes-del-derecho).

DE LA SIERRA MORÓN, S., "Inteligencia artificial y justicia administrativa: una aproximación desde la teoría del control de la Administración pública", *Revista General de Derecho Administrativo*, nº 53, 2020.

DE LA SIERRA MORÓN, S., Ponencia "El ejercicio de potestades mediante la inteligencia artificial. Cautelas jurídicas frente al imperio acrítico de la tecnología", *XVIII Congreso de la Asociación española de Profesores de Derecho Administrativo*, Vigo, 25-27 de enero de 2024.

DE SOUSA, T., "Rules as Code — NSW joins the worldwide movement to make Better Rules", *Digital. NSW*, 25 January 2019 (https://www.digital.nsw.gov.au/article/rules-as-code-nsw-joins-worldwide-movement-to-make-better-rules).

DE SOUSA, T., *5 Rules engines and APIs*, December 8, 2020 (https://github.com/Rules-as-Code-League/RaC-Handbook/wiki/5-Rules-engines-and-APIs).

DE SOUSA, T. y ANDREWS, P., "When we code the rules on which our society runs, we can create better results and new opportunities for the public and regulators, and companies looking to make compliance easier", *The Mandarin*, October 1, 2019 (https://www.themandarin.com.au/116681-when-machines-are-coding-the-rules-on-which-our-society-runs-we-get-better-results-new-opportunities-for-the-public-and-regulators-and-companies-looking-to-make-compliance-easier/?utm_source=-TheJuice&utm_medium=email&utm_source=newsletter).

DEBAENE, S., Van KUYCK, R. y Van BUGGENHOUT, B., "Legislative technique as basis of a legislative drafting system", *Jurix*, 1999, págs. 23-35.

DELGADO MARTÍN, J., "El juez robot", en AA. VV., *Innovación y tendencias. Sector legal 2023*, La Ley, Madrid, 2022, págs. 274-283.

DELOITTE, *Future Trends for Legal Services. Global Research Study*, 2016.

DELOITTE, *Developing legal talent. Stepping into the future law firm*, February 2016.

DEMIDOVA, E. *et al.*, "Analysing and enriching focused semantic web archives for parliament applications", *Future Internet*, nº 6, 2014, págs. 433-456.

DÍAZ, E., *Estado de Derecho y sociedad democrática*, Cuadernos para el diálogo, Madrid, 1966.

DIETERICH, W., MENDOZA, C. y BRENNAN, T., *COMPAS Risk Scales: Demonstrating Accuracy Equity and Predictive Parity*, Northpointe, 2016.

DIVER, L. y McBRIDE, P., "High Tech, Low Fidelity? Statistical Legal Tech and the Rule of Law", *VerfBlog*, 1 de abril de 2022 (https://verfassungsblog.de/roa-high-tech-low-fidelity/).

DOHERTY, M., "Comprehensibility as a rule of law requirement: the role of legal design in delivering access to law", *Journal of Open Access to Law*, vol. 8, nº 1, 2020.

DOSHI — VELEZ, F. y KORTZ, M., *Accountability of AI under the Law: the role of explanation*, Berkman Klein Center Working Group on Explanation and the Law — Berkman Klein Center for Internet & Society working paper, 2017.

DWORKIN, R., *Law's Empire*, Harvard University Press, 1986.

EBERS, M. y TUPAY, P. K., *Artificial intelligence and machine learning powered public service delivery in Estonia. Data Science, Machine Intelligence and Law*, Springer, Cham, 2023, vol. 2, págs. 103-128.

EDWARDS, L. y VEALE, M., "Enslaving the algorithm: from a "right to explanation" to a "right to better decisions"? *IEEE Security & Privacy*, vol. 16, nº 3, 2018, págs. 46-54.

ENGSTROM, D. F. *et al.*, *Government by algorithm: Artificial intelligence in Federal Administrative Agencies*, NYU School of Law, Public Law Research Paper nº 20-54, 2020.

EUROPEAN COMMISSION, *Digitalisation of justice in the European Union. A toolbox of opportunities*, COM(2020) 540 final.

EUROPEAN COMMISSION, *Study on the use of innovative technologies in the justice field*, Directorate-General for Justice and Consumers, 2020.

EUROPEAN COMMISSION FOR DEMOCRACY THROUGH LAW (VENICE COMMISSION), *Report on the Rule of Law*, Strasbourg, 4 April 2011.

EUROPEAN COMMISSION FOR DEMOCRACY THROUGH LAW (VENICE COMMISSION), *Rule of Law Checklist*, Strasbourg, 18 March 2016.

EUROPEAN COMMISSION FOR THE EFFICIENCY OF JUSTICE, *Guidelines on how to drive change towards Cyberjustice*, 2016.

EUROPEAN COMMISSION FOR THE EFFICIENCY OF JUSTICE, *European Ethical Charter on the Use of Artificial Intelligence in Judicial Systems and their environment*, Strasbourg, 2018.

EUROPEAN COMMISSION FOR THE EFFICIENCY OF JUSTICE, *Toolkit for supporting the implementation of the Guidelines on how to drive change towards Cyberjustice*, Council of Europe CEPEJ(2019)7.

EUROPEAN COMMISSION FOR THE EFFICIENCY OF JUSTICE, *Assessment Tool for the Operationalisation of the European Ethical Charter on the use of Artificial Intelligence in judicial systems and their environment*, 4-5 December 2023.

EUROPEAN COURT OF HUMAN RIGHTS, *Guide on Article 8 of the European Convention on Human Rights*, updated on 31 August 2022.

EUROPEAN LAW INSTITUTE, *Model Rules on Impact Assessment of Algorithmic Decision-Making Systems Used by Public Administration*, Vienna, 2022.

EY, *Inteligencia artificial en el sector público (España). Perspectivas europeas para 2020 y años siguientes*, 2020.

FALLON, R., "«The Rule of Law» as a concept in constitutional discourse", *Columbia Law Review*, vol. 97, nº 1, 1997, págs. 1-56.

FERNÁNDEZ SAMANIEGO, J. y ESTEBAN, M., "Los «ALSP» (proveedores alternativos de servicios legales) como catalizadores del cambio de la abogacía de negocios", en *Innovación y tendencias. Sector legal 2021*, Wolters Kluwer, Madrid, 2020.

FINK, M., "Automated decisión-making and Administrative Law", en CANE, P. *et al.* (eds.), *The Oxford Handbook on Comparative Administrative Law*, Oxford University Press, 2020, págs. 658-676.

FITSILIS, F., "Artificial intelligence (AI) in Parliaments — preliminary analysis of the Eduskunta experiment", *The Journal of Legislative Studies*, vol. 27, nº 4, 2021, págs. 621-633.

FITSILIS, F. y Von LUCKE, J., "Beyond contemporary parliamentary practice. Unfolding the institutional potential of Artificial Intelligence", *The Parlamentarian*, vol. 104, nº 1, 2023, págs. 58-59.

FORNASIER, M., "Artificial Intelligence and Democratic Rule of Law", *Revista de Estudos Constitucionais, Hermenêutica e Teoria do Direito*, vol. 13, nº 3, 2021, págs. 351-369.

FRANK, J., *Law and the Modern Mind*, Peter Smith, Gloucester, 1970.

FULLER, L. L., *The Morality of Law*, Yale University Press, 1969.

GALETTA, A., "The changing nature of the presumption of innocence in today's surveillance societies: rewrite human rights or regulate the use of surveillance technologies?", *European Journal of Law and Technology*, vol. 4, nº 2, 2013.

GALLI, F. y SARTOR, G., "AI approaches to predictive justice: a critical assessment", *Humanities and Rights Global Network Journal*, vol. 5, nº 2, 2023, págs. 165-217.

GAMERO CASADO, E., "Las garantías de régimen jurídico del sector público y del procedimiento administrativo común frente a la actividad automatizada y la inteligencia artificial", en IDEM (dir.), *Inteligencia artificial y sector público. Retos, límites y medios*, Tirant lo Blanch, Valencia, págs. 397-461.

GAMERO CASADO, E., "Necesidad de motivación e invalidez de los actos administrativos sustentados en inteligencia artificial o en algoritmos", *Almacén de Derecho*, 4 de febrero de 2021.

GAMERO CASADO, E., "Sistemas automatizados de toma de decisiones en el Derecho Administrativo español", *Revista General de Derecho Administrativo*, nº 63, 2023.

GARAPON, A. y LASSÈGUE, J., *La giustizia digitale. Determinismo tecnologico e libertà*, trad. de F. Marini, Il Mulino, Bologna, 2021. Traducción italiana de GARAPON, A. y LASSÈGUE, J., *Justice digitale: Révolution graphique et rupture anthropologique*, Presses Universitaires de France, 2018.

GARCÍA DE ENTERRÍA, E., *Justicia y seguridad jurídica en un mundo de leyes desbocadas*, Civitas, Madrid, 1999.

GEORGETOWN LAW & LEGAL EXECUTIVE INSTITUTE, *2023 Report on the State of the Legal Market*, Georgetown Law and Thomson Reuters Institute, 2023.

GOLDSWORTHY, D., "Dworkin's dream: Towards a singularity of law", *Alternative Law Journal*, vol. 44, nº 4, 2019, págs. 286-290.

GÓMEZ COLOMER, J. L., *El juez robot. La independencia judicial en peligro*, Tirant lo Blanch, Valencia, 2023.

GOODMAN, B., *Robots in Law: How Artificial Intelligence is Transforming Legal Services*, ARK Group, London, 2016.

GOODMAN, B. y FLAXMAN, S., "European Union regulations on algorithmic decision-making and a right to explanation", *ICML Workshop on Human Interpretability in Machine Learning*, 2016 (https://arxiv.org/pdf/1606.08813.pdf).

GOVERNMENT OF DENMARK — AGENCY FOR DIGITAL GOVERNMENT, *Guidance on digital-ready legislation. On incorporating digitisation and implementation in the preparation of legislation*, 2018.

GOVERNMENT OF NEW ZEALAND — SERVICE INNOVATION LAB, *Better Rules for Government. Discovery Report*, March 2018 (https://www.digital.govt.nz/dmsdocument/95-better-rules-for-government-discovery-report/html).

GOWDER, P., "Transformative legal technology and the rule of law", *The University of Toronto Law Journal*, vol. 68, Suplement 1: Artificial Intelligence, Technology and the Law, 2018, págs. 82-105.

GRAHAM, M., "How the ABA is using technology to make legal services more accessible", *Chicago Tribune*, March 16, 2015.

GREACEN, J. M., *Eighteen Ways Courts Should Use Technology to Better Serve Their Costumers*, Institute for the Advancement of the American Legal System (IAALS), 2018.

GREENSTEIN, S., "Preserving the rule of law in the era of artificial intelligence", *Artificial Intelligence and Law*, nº 30, 2022, págs. 291-323.

GRIFFI, F. P., "La decisione robotica e il giudice amministrativo", en CARLEO, A. (ed.), *Decisione robotica*, Il Mulino, Bologna, 2019, págs. 165-175.

GROSSMAN, M. R. y CORMACK, G. V., "The Grossman-Cormack Glossary of Technology-Assisted Review", *Federal Courts Law Review*, vol. 7, nº 1, 2013, págs. 1-34.

GROSSMAN, M. R. y CORMACK, G. V., *Technology-Assisted Review in Electronic Discovery*, 2017 (https://judicialstudies.duke.edu/wp-content/uploads/2017/07/Panel-1_TECHNOLOGY-ASSISTED-REVIEW-IN-ELECTRONIC-DISCOVERY.pdf).

GUASTINI, R., *Distinguiendo. Estudios de Teoría y Metateoría del Derecho*, trad. de J. Ferrer, Gedisa, Barcelona, 1999.

GUASTINI, R., "Problemas de conocimiento del Derecho vigente", en CRUZ MORATONES, C., FERNÁNDEZ BLANCO, C. y FERRER BELTRÁN, J. (eds.), *Seguridad jurídica y democracia en Iberoamérica*, Marcial Pons, 2015, págs. 19-28.

GUZMÁN FLUJA, V. C., "Ideas para un debate sobre la predicción del crimen", en CALAZA, S. y LLORENTE, M. (dirs.), *Inteligencia artificial legal y Administración de Justicia*, Aranzadi, Cizur Menor, 2022, págs. 289-338.

HAMILTON, Z. *et al.*, "Tailoring to a mandate: The development and validation of the Prisoner Assessment Tool Targeting Estimated Risk and Needs (PATTERN)", 1129-1155, *Justice Quarterly*, vol. 39, nº 6, 2022, págs. 1129-1155.

HAO, K., "Human rights activists want to use AI to help prove war crimes in court", *MIT Technology Review*, June 25, 2020 (https://www.technologyreview.com/2020/06/25/1004466/ai-could-help-human-rights-activists-prove-war-crimes/).

HART, H. L. A., *El concepto de Derecho*, trad. de G. R. Carrió, Abeledo-Perrot, Buenos Aires, 1990.

HERMSTRÜWER, Y., "Artificial intelligence and administrative decisions under uncertainty", en WISCHMEYER, T. y RADEMACHER, T. (eds.), *Regulating Artificial Intelligence*, Springer, 2020, pás. 199-223.

HERNÁNDEZ CORCHETE, J. A., Ponencia "¿Un nuevo estatuto jurídico para el ciudadano?", *XVIII Congreso de la Asociación española de Profesores de Derecho Administrativo*, Vigo, 25-27 de enero de 2024.

HILDEBRANDT, M., "Legal and Technological Normativity: more (and less) than twin sisters", *Techné*, vol. 12, nº 3, 2008, págs. 169-183.

HILDEBRANDT, M., "A visión of Ambient Law", en BROWNSWORD, R. y YEUNG, K. (eds.), *Regulating Technologies*, Hart Publishing, Oxford, 2008, págs. 175-191.

HILDEBRANDT, M., "Legal protection by design. Objections and refutations", *Legisprudence*, vol. 5, nº 2, 2015, págs. 223-248.

HILDEBRANDT, M., "Law as Information in the Era of Data-Driven Agency", *The Modern Law Review*, vol. 79, nº 1, 2016, págs. 1-30.

HILDEBRANDT, M., "Law as Computation", *The University of Toronto Law Journal*, 2018, vol. 68, págs. 12-35.

HILDEBRANDT, M., "Algorithmic regulation and the Rule of Law", *Philosophical Transactions A*, 376, 2018, págs. 1-11.

HILDEBRANDT, M., "The adaptive nature of text-driven law", *Journal of Cross-Disciplinary Research in Computational Law*, vol. 1, nº 1, 2020, págs. 1-12.

HILDEBRANDT, M., "Normative alterity", *Journal of Cross-Disciplinary Research in Computational Law*, vol. 1, nº 1, 2020, pág. 15.

HILDEBRANDT, M., "Code-driven Law: Freezing the future and scaling the past", en DEAKIN, S. y MARKOU, C. (eds.), *Is Law computable? Critical perspectives on Law and Artificial Intelligence*, Hart Publishing, Oxford, 2020, págs. 67-83.

HILDEBRANDT, M., "«Legal by design» or «legal protection by design»?", en IDEM, *Law for computer scientists and other folk*, Oxford University Press, 2020, págs. 251-280.

HM COURTS & TRIBUNALS SERVICE, *Transforming Courts and Tribunals — A progress update*, Report by the Comptroller and Auditor General, 2019.

HOLMES, O. W., *La senda del Derecho*, trad. de J. I. Solar, Marcial Pons, Madrid, 2012.

HOYOS SANCHO, M. de, "El uso jurisdiccional de los sistemas de inteligencia artificial y la necesidad de su armonización en el contexto de la Unión Europea", *Revista General de Derecho Procesal*, nº 55, 2021, págs. 1-29.

HUERGO LORA, A., "Una aproximación a los algoritmos desde el Derecho Administrativo", en IDEM (dir.), *La regulación de los algoritmos*, Thomson Reuters Aranzadi, Cizur Menor (Navarra), 2020, págs. 23-87.

HUERGO LORA, A., "Administraciones públicas e inteligencia artificial: ¿más o menos discrecionalidad?, *El cronista del Estado Social y Democrático de Derecho*, nº 96-97, 2021, págs. 78-95.

HUERGO LORA, A., "Hacia la regulación europea de la inteligencia artificial", en GAMERO CASADO, E. (dir.), *Inteligencia artificial y sector público. Retos, límites y medios*, Tirant lo Blanch, Valencia, 2023, págs. 743-761.

HUERGO LORA, A., Ponencia "De la digitalización a la inteligencia artificial: ¿evolución o revolución?", *XVIII Congreso de la Asociación española de Profesores de Derecho Administrativo*, Vigo, 25-27 de enero de 2024.

HUQ, A. Z., "Artificial Intelligence and the Rule of Law", *Public Law and Legal Theory Working Paper Series*, nº 794, 2021.

IBIS, *Law Firms Industry in the US: Market Research Report*, 2022.

IBIS, *Legal Activities: UK Market Research Report*, 2022.

INTERNATIONAL BAR ASSOCIATION, *Bar Issues Commission: Unregulated providers of legal services*, January 2021.

KAMINSKI, M., "The Right to Explanation, Explained", *Berkeley Technology Law Journal*, vol. 34, 2019, págs. 189-218.

KAPLOW, L., "A Model of the Optimal Complexity of Legal Rules", *Journal of Law, Economics and Organization*, vol. 11, nº 1, 1995, págs. 150-163.

KATSCH, E. y RABINOVICH-EINY, O., *Digital Justice: Technology and the Internet of Disputes*, Oxford University Press, New York, 2017.

KENNEDY, R. "The Rule of Law and algorithmic governance", en BARFIELD, W. (ed.), *The Cambridge Handbook of the Law of the Algorithms*, Cambridge University Press, 2020, págs. 209-232.

KOBAYASHI, B. y RIBSTEIN, L. E., "Law's Information Revolution", *Arizona Law Review*, nº 53, 2011, págs. 1169-1220.

KORYZIS, D. *et al.*, "ParlTech: Transformation Framework for the Digital Parliament", *Big Data and Cognitive Computing*, vol. 5, nº 1, 2021.

KROLL, J. A. *et al.*, "Accountable Algorithms", *University of Pennsylvania Law Review*, vol. 165, 2017, págs. 633-705.

KUMM, M., "The Cosmopolitan turn in Constitutionalism: An integrated conception of Public Law", *Indiana Journal of Global Legal Studies*, vol. 20, nº 2, 2013, págs. 605-628.

KURZWEIL, R., *The singularity is near: when humans transcend biology*, Viking Penguin, New York, 2006.

LA DIEGA, G. N., "Against the dehumanisation of decision-making", *Journal of Intellectual Property, Information Technology and e-Commerce Law*, vol. 9, nº 1, 2018.

LAPORTA, F. J., *El imperio de la ley. Una visión actual*, Trotta, Madrid, 2007.

LARSON, J. *et al.*, *How We Analyzed the COMPAS Recidivism Algorythm*, ProPublica, 2016.

LAWSKY, S. B., "Formalizing the Code", *Tax Law Review*, nº 70, 2017, págs. 377-408.

LEGAL SERVICES BOARD, *The Legal Services Board's submission to the Competition and Markets Authority's review of the legal services market study in England and Wales*, September 2020.

LEGAL SERVICES CONSUMER PANEL, *Tracker Survey 2023: How consumers are using legal services*, London, 2023.

LEGAL SERVICES CORPORATION, *Report of the Summit on the Use of Technology to Expand Access to Justice*, Washington, 2013.

LEGAL SERVICES CORPORATION, *The Justice Gap: Measuring the Unmet Civil Legal Needs of Low-Income Americans*, NORC at the University of Chicago, 2017.

LESSIG, L., *El código y otras leyes del ciberespacio*, trad. de E. Alberola, Taurus, Madrid, 2001.

LUBAN, D., *Lawyers and Justice. An Ethical Study*, Princeton University Press, 1988.

LUCIANI, M., "La decisione giudiziaria robotica", en CARLEO, A. (a cura di), *Decisione robotica*, Il Mulino, Bologna, 2019, págs. 63-95.

MACINTOSH, A., "Characterizing e-participation in policy-making", *Proceedings of the 37th Hawaii International Conference on System Sciences*, 2004, págs. 1-10.

MADRID PÉREZ, A., "El uso de sistemas predictivos automatizables en la actividad decisional de las autoridades públicas: aportaciones para un análisis iusfilosófico sobre la digitalización del proceso decisional", *Anuario de Filosofía del Derecho*, tomo XL, 2024, págs. 217-240.

MALGIERI, G. y COMANDÉ, G., "Why a right to legibility of automated decision-making exists in the General Data Protection Regulation", *International Data Privacy Law*, vol. 7, nº 4, 2017, págs. 243-265.

MARISSAL, P., "Réforme Belloubet. Des logiciels à la place des juges, mirage de la justice predictive", *l'Humanité*, 20 Avril 2018 (https://www.humanite.fr/reforme-belloubet-des-logiciels-la-place-des-juges-mirage-de-la-justice-predictive-654139).

MARKOU, C. y DEAKIN, S., "From Rule of Law to Legal Singularity", en DEAKIN, S. y MARKOU, C. (eds.), *Is Law computable? Critical perspectives on Law and Artificial Intelligence*, Hart Publishing, Oxford, 2020, págs. 1-30.

MARKOU, C. y DEAKIN, S., "Ex Machina Lex: Exploring the limits of legal computability", en DEAKIN, S. y MARKOU, C. (eds.), *Is Law computable? Critical perspectives on Law and Artificial Intelligence*, Hart Publishing, Oxford, 2020, págs. 31-66.

MARTÍN DELGADO, I., "Naturaleza, concepto y régimen jurídico de la actuación administrativa automatizada", *Revista de Administración Pública*, nº 180, 2009, págs. 353-386.

MARTÍN DELGADO, I., "La aplicación del principio de transparencia a la actividad administrativa algorítmica", en GAMERO CASADO, E. (dir.), *Inteligencia artificial y sector público. Retos, límites y medios*, Tirant lo Blanch, Valencia, 2023, pág. 131-194.

MARTÍN DIZ, F., "Derechos y garantías procesales penales fundamentales: una lectura en clave tecnológica", *Ius et Scientia*, vol. 10, nº 1, 2024, págs. 52-81.

MARTÍN REBOLLO, L., "Ayer y hoy de la responsabilidad patrimonial de la Administración", *Revista de la Administración Pública*, nº 150, 1999, págs. 317-371.

MARTINEZ, J. K., "Designing Online Dispute Resolution", *Journal of Dispute Resolution*, nº 1, 2020, págs. 1-16.

MARTÍNEZ GARCÍA, J. I., *La imaginación jurídica*, Debate, Madrid, 1992.

MARTÍNEZ GARCÍA, J. I., "Derecho inteligente", *Cuadernos Electrónicos de Filosofía del Derecho*, nº 37, 2018, págs. 95-114.

MARTÍNEZ ZORRILLA, D., "El juez artificial: ¿próxima parada?", *Oikonomics*, nº 12, 2019, págs. 1-12.

MASUHARA, D., "Artificial intelligence and adjudication: some perspectives", *Amicus Curiae*, nº 11, 2017, págs. 2-15.

MAYSON, S., *Reforming Legal Services: Regulation beyond the eco chambers*, Center for Ethics & Law, University College London, June 2020.

MAZUR, J., "Automated decision-making systems as a challenge for effective legal protection in European Union Law", *European Law Review*, vol. 46, nº 2, 2021, págs. 194-210.

McGINNIS, J. y PEARCE, R., "The Great Disruption: How Machine Intelligence Will Transform the Role of Lawyers in the Delivery of Legal Services", *Fordham Law Review*, vol. 82, nº 6, 2014, págs. 3041-3066.

McNAUGHTON, S., "Week 46 — Rules as Code and other musings", *Medium*, January 25, 2020 (Week 46 — Rules as Code And Other Musings | by Scott McNaughton | Medium).

McNAUGHTON, S., “Week 47 — Lessons learned from regulatory AI projects. Part 1”, *Medium,* February 1, 2020 (Week 47 — Lessons Learned from Regulatory AI Projects Part 1 | by Scott McNaughton | Medium).

McNAUGHTON, S., “Week 48 — Lessons learned from regulatory AI projects. Part 2”, *Medium,* February 8, 2020 (Week 48 — Lessons Learned from Regulatory AI Projects Part 2 | by Scott McNaughton | Medium).

McNAUGHTON, S., “Week 51 — What a year of innovation has taught me. Part 1”, *Medium,* February 28, 2020 (Week 51 — What A Year of Innovation Has Taught Me Part 1 | by Scott McNaughton | Medium).

McNAUGHTON, S., “Week 52 — What a year of innovation has taught me. Part 2”, *Medium,* March 6, 2020 (Week 52 — What A Year of Innovation Has Taught Me Part 2 | by Scott McNaughton | Medium).

McNAUGHTON, S., “Week 55 — Adjusting to a new way of working”, *Medium,* March 27, 2020 (https://scottamcnaughton.medium.com/week-55-adjusting-to-a-new-way-of-working-66355f829de3).

McNAUGHTON, S., “Week 64 — The state of Rules as Code in the Government of Canada”, *Medium,* May 29, 2020 (https://scottamcnaughton.medium.com/week-64-the-state-of-rules-as-code-in-the-government-of-canada-8f3cb327448d).

MELERO DE LA TORRE, M., “El imperio de la ley como ideal político independiente”, *Eunomía. Revista en Cultura de la Legalidad,* nº 7, 2015, págs. 57-75.

MOCHALES, R. y MOENS, M. F., “Argumentation Mining”, *Artificial Intelligence and Law,* vol. 19, nº 1, 2011, págs. 1-22.

MOHUN, J. y ROBERTS, A., *Cracking the code: Rulemaking for humans and machines,* OECD Working Papers on Public governance, nº 42, 2020.

MORA SANGUINETTI, J. y PASQUAL DEL RIQUELME, M., “La previsibilidad de la justicia. Aspectos jurídicos y económicos”, en *Observatorio de la actividad de la Justicia. Informe 2023,* Fundación Aranzadi La Ley, 2024.

MORAL SORIANO, L., “Decisiones automatizadas, Derecho Administrativo y argumentación jurídica”, en LLANO ALONSO, F. (dir.), *Inteligencia artificial y Filosofía del Derecho,* Laborum, Murcia, 2022, págs. 477-502.

MORAL SORIANO, L., “Criaturas empíricas en un mundo normativo: la inteligencia artificial y el Derecho”, *Revista de Derecho Público: Teoría y Método,* vol. 7, 2023, pags. 151-174.

MORISON, J. y HARKENS, A., “Algorithmic Justice: Dispute Resolution and the Robot Judge?”, en MOSCATI, M., PALMER, M. y ROBERTS, M. (eds.), *Comparative Dispute Resolution,* Edward Elgar Publishing, 2020, págs. 339-352.

MORISON, J. y McINERNEY, T., “When should a computer decide? Judicial decision-making in the age of automation, algorithms and generative artificial intelligence”, en TURENNE, S. y MOUSSA, M. (eds.), *Research handbook on judging and the judiciary,* Edward Elgar — Routledge, 2024.

MORRIS, J., “Playing along with Rules as Code”, *Medium,* March 5, 2020 (Playing Along with Rules As Code: Part 6 | by Jason Morris | Medium).

MOSES, L. B., "Not a single singularity", en DEAKIN, S. y MARKOU, C. (eds.), *Is Law computable? Critical perspectives on Law and Artificial Intelligence,* Hart Publishing, Oxford, 2020, págs. 205-222.

MOWBRAY, A., CHUNG, P. y GREENLEAF, G., "Utilising AI in the legal asistance sector. Testing a role for Legal Information Institutes", *Computer Law and Security Review,* vol. 38, 2020, págs. 1-9.

NEMITZ, P., "Constitutional democracy and technology in the age of artificial intelligence", *Philosophical Transactions of the Royal Society A,* nº 376, 2018, págs. 1-14.

NIEVA FENOLL, J., *Inteligencia artificial y proceso judicial,* Marcial Pons, Madrid, 2018.

NIEVA FENOLL, J., "El tránsito de la fe a la tecnología en el proceso penal", *Diario La Ley,* nº 9986, 11 de enero de 2022.

NIEVA FENOLL, J., "Inteligencia artificial y proceso judicial: perspectivas ante un alto tecnológico en el camino", en CALAZA, S. y LLORENTE, M (dirs.), *Inteligencia artificial legal y Administración de Justicia,* Aranzadi, Cizur Menor, 2022, págs. 417-437.

NIILER, E., "Can AI be a fair judge in Court? Stonia thinks so", *Wired,* March 25, 2019 (https://www.wired.com/story/can-ai-be-fair-judge-court-estonia-thinks-so/).

O'REILLY, T., "Government as a Platform", *Innovations,* vol. 6, nº 1, 2011, págs. 13-40.

OECD, *Promise and Problems of E-Democracy,* OECD Publication Services, Paris, 2003.

OECD, *Recommendation of the Council on Digital Government Strategies* [C(2014)88].

OLSEN, H. P., SLOSSER, J. L. y HILDEBRANDT, T. T., "What's in the box? The legal requirement to explain computationally aided decision-making in public administration", en MICKLITZ, H. *et al.* (eds.), *Constitutional challenges in the algorithmic society,* Cambridge University Press, 2021, págs. 219-235.

OSTER, J., "Code is code and law is law — the law of digitalization and the digitalization of law", *International Journal of Law and Information Technology,* nº 29, 2021, págs. 101-117.

PALMIRANI, M. *et al., Legal Drafting in the Era of Artificial Intelligence and Digitisation,* European Commission, Directorate-General for Informatics, April 2022.

PARASURAMAN, R. y RILEY, V., «Humans and Automation: Use, Misuse, Disuse, Abuse», *Human Factors,* vol. 39, n.º 2, 1997, págs. 230-253.

PASQUALE, F., "A Rule of Persons, not Machines: The limits of legal automation", *The George Washington Law Review,* vol. 87, nº 1, 2019, págs. 1-55.

PASCUALE, F. y CASHWELL, G., "Prediction, Persuasion, and the Jurisprudence of Behaviorism", *University of Toronto Law Journal,* vol. 68, nº 1, 2018, págs. 63-81.

PEÑA CARLOS, J. S., "Inteligencia artificial para la seguridad jurídica. Superando el problema de la cognoscibilidad del Derecho", *Revista Oficial del Poder Judicial,* vol. 14, nº 17, 2022, págs. 55-117.

PÉREZ DAUDÍ, V., "La aplicación de las nuevas tecnologías al proceso: ¿realidad o ficción?", en FUENTES, O. (dir.), *Era digital, sociedad y Derecho,* Tirant lo Blanch, Valencia, 2020, págs. 373-397.

PÉREZ DAUDÍ, V., "El precedente judicial. La previsibilidad de la sentencia y la decisión automatizada del conflicto", *Revista General de Derecho Procesal,* nº 54, 2021, págs. 1-30.

PÉREZ ESTRADA, M. J., *Fundamentos jurídicos para el uso de la inteligencia artificial en los órganos judiciales,* Tirant lo Blanch, Valencia, 2022.

PÉREZ LUÑO, A. E., *Manual de informática y Derecho,* Ariel, Barcelona, 1996.

PÉREZ LUÑO, A. E., *El desbordamiento de las fuentes del Derecho,* La Ley, Madrid, 2011.

PONCE SOLÉ, J., *La lucha por el buen gobierno y el derecho a una buena administración mediante el estándar jurídico de diligencia debida,* Universidad de Alcalá — Defensor del Pueblo, Alcalá de Henares, 2019.

PONCE SOLÉ, J., "Inteligencia artificial, Derecho Administrativo y reserva de humanidad: algoritmos y procedimiento administrativo tecnológico", *Revista General de Derecho Administrativo,* nº 50, 2019.

PONCE SOLÉ, J., "Seres humanos e inteligencia artificial: discrecionalidad artificial, reserva de humanidad y supervisión humana", en GAMERO CASADO, E. (dir.), *Inteligencia artificial y sector público. Retos, límites y medios,* Tirant lo Blanch, Valencia, págs. 195-225.

PONCE SOLÉ, J., "¿Reserva de humanidad?", *Ponencia en el Internacional Congress AI & Law,* Universidad Pontificia Comillas — Fundación Notariado, 13-14 noviembre 2023 (https://www.fundacionnotariado.org/portal/video1).

POPE, R., "A working definition of Government as a Platform", *Medium,* Jule 22, 2019 (https://medium.com/digitalhks/a-working-definition-of-government-as-a-platform-1fa6ff2f8e8d).

POUDYAL, P. *et al.*, "ECHR: Legal Corpus for Argument Mining", *Proceedings of the 7th Workshop on argument mining,* Barcelona, 2020, págs. 67-75.

POUND, R., "Mechanical Jurisprudence", *Columbia Law Review,* vol. 8, nº 8, 1908, págs. 605-623.

POUND, R., "Law in Books and Law in Action", en FISHER, W. W., HORWITZ, M. H. y REED, T. A. (eds.), *American Legal Realism,* Oxford University Press, 1993, págs. 39-44.

PUNZI, A., "Judge in the machine. E se fossero le macchine a restituirci l'umanità del giudicare?", en CARLEO, A. (a cura di), *Decisione robotica,* Il Mulino, Bologna, 2019, págs. 305-316.

RABINOVICH-EINY, O. y KATSCH, E., "Blockchain and the Inevitability of Disputes: The Role for Online Dispute Resolution", *Journal for Dispute Resolution,* nº 2, 2019, págs. 47-75.

RAGANELLI, B., "Decisioni pubbliche e algoritmi: modelli alternativi di dialogo tra forme di intelligenza diverse nell'assunzione di decisioni amministrative", *Federalismi.it.*, nº 22, 2020, págs. 242-261.

RAGAZZI, F. *et al.*, *Biometric and Behavioural Mass Surveillance in EU Member States,* Report for the Greens/EFA in the European Parliament, October 2021.

RAMIÓ MATAS, C., *Inteligencia artificial y administración pública. Robots y humanos compartiendo el servicio público,* Los Libros de la Catarata, Madrid, 2019.

RANGONE, N., "Artificial intelligence challenging core state functions. A focus on law-making and rule-making", *Revista de Derecho Público: Teoría y Método,* vol. 8, 2023, págs. 95-121.

RAZ, J., *La autoridad del Derecho*, trad. de R. Tamayo, Ediciones UNAM, México, 1985.

RAZ, J., *The Law's Own Virtue*, King's College London Dickson Poon School of Law Legal Studies Research Paper nº 2019-17, 2019.

RE, R. y SOLOW-NIEDERMAN, A., "Developing artificially intelligent justice", *Stanford Technology Law Review*, nº 22, 2019, págs. 242-289.

Red DAIA, *Declaración Final del II Seminario Internacional Derecho Administrativo e Inteligencia Artificial en el sector público: la importancia de las garantías jurídicas*, Universidad de Valencia, 10-11 de octubre de 2019.

Red DAIA, *Carta de Derechos digitales y sector público: propuestas de mejora*, diciembre 2020.

RICHARDSON, R., SCHULTZ, J. y SOUTHERLAND, V., *Litigating Algorithms 2019 US Report*, AI Now Institute, 2019.

ROBERT, D., "Actuarial Justice", en BOSWORTH, M. (ed.), *Encyclopedia of Prisons & Correctional Facilities*, Sage, London, 2005, págs. 11-13.

RODRÍGUEZ PUERTO, M., "¿Puede la inteligencia artificial interpretar normas jurídicas? Un problema de razón práctica", *Cuadernos Electrónicos de Filosofía del Derecho*, nº 44, 2021.

ROITBLAT, H. L., KERSHAW, A. y OOT, P., "Document Categorization in Legal Electronic Discovery: Computer Classification vs. Manual Review", *Journal of the American Society for Information Science and Technology*, vol. 61, nº 1, 2010, págs. 70-80.

RONSIN, X. y LAMPOS, V., "In-depth study on the use of AI in judicial systems, notably AI applications processing judicial decisions and data", en EUROPEAN COMMISSION FOR THE EFFICIENCY OF JUSTICE, *European Ethical Charter on the Use of Artificial Intelligence in Judicial Systems and their environment*, Strasbourg, 2018, págs. 11-49.

ROTENBERG, M., "Stifled Justice: The Unauthorized Practice of Law and Internet Legal Resources", *Minnesota Law Review*, nº 97, 2012, págs. 709-741.

RUBIM, P., "Paths to digital justice: judicial robots, algorithmic decision-making, and due process", *Asian Journal of Law and Society*, vol. 7, nº 3, 2020, págs. 1-17.

RUNDLE, K., *Revisiting the Rule of Law*, Cambridge University Press, 2022.

SAAVEDRA, V. y UPEGUI, J. C., *PretorIA y la automatización del procesamiento de causas de derechos humanos*, Dejusticia — Derechos Digitales, 2021.

SAN MIGUEL CASO, C., "La aplicación de la inteligencia artificial en el proceso: ¿un nuevo reto para las garantías procesales?, *Ius et Scientia*, vol. 7, nº 1, 2021, págs. 286-303.

SÁNCHEZ MARTÍNEZ, M. O., "La fragilidad de la verdad en la sociedad digital", en LLANO ALONSO, F. H. (dir.), *Inteligencia artificial y Filosofía del Derecho*, Ediciones Laborum, Murcia, 2022, págs. 115-139.

SCHERER, M., *Artificial Intelligence and Legal Decision-Making: The Wide Open? Study on the Example of International Arbitration*, Queen Mary University of London, School of Law Legal Studies Research Paper, Nº 318/2019.

SCHMITZ, A. J. y RULE, C., "Online Dispute Resolution for Smart Contracts", *Journal for Dispute Resolution*, nº 2, 2019, págs. 103-125.

SCHULZ, W. y DANKERT, K., "Governance by Things as a challenge to regulation by law", *Internet Policy Review*, vol. 5, nº 2, 2016, págs. 1-20.

SELBST, A. D. y BAROCAS, S., "The intuitive appeal of explainable machines", *Fordham Law Review*, nº 87, 2018, págs. 1085-1139.

SHEPPARD, B., "Warming up to inscrutability: How technology could challenge our concept of law", *The University of Toronto Law Journal*, vol. 68, 2018, págs. 36-62.

SHI, C., SOURDIN, T. y LI, B., "The Smart Court: A New Pathway to Justice in China?", *International Journal for Court Administration*, vol. 12, nº 1, 2021, págs. 1-19.

SIMMONDS, N. E., "Reflexivity and the idea of Law", *Jurisprudence*, vol. 1, nº 1, 2010, págs. 1-23.

SKITKA, L. S., MOSIER, K. L. y BURDICK, M., "Does automation bias decision-making?", *International Journal of Human-Computer Studies*, nº 51, 1999, págs. 991-1006.

SHKLAR, J., "Political Theory and the Rule of Law", en HUTCHINSON, A. C. y MONAHAN, P. (eds.), *The Rule of Law: Ideal or Ideology?*, Carswell, Toronto 1987, págs. 1-16.

SOLAR CAYÓN, J. I., "La codificación predictiva: inteligencia artificial en la averiguación procesal de los hechos relevantes", *Anuario de la Facultad de Derecho de la Universidad de Alcalá*, nº 11, 2018, págs. 75-105.

SOLAR CAYÓN, J. I., *La inteligencia artificial jurídica. El impacto de la innovación tecnológica en la práctica del Derecho y el mercado de servicios jurídicos*, Aranzadi, Cizur Menor (Navarra), 2019.

SOLAR CAYÓN, J. I., "Inteligencia artificial en la justicia penal: los sistemas algorítmicos de evaluación de riesgos", en IDEM (ed.), *Dimensiones éticas y jurídicas de la inteligencia artificial en el marco del Estado de Derecho*, Universidad de Alcalá — Defensor del Pueblo, Alcalá de Henares, 2020, págs. 125-172.

SOLAR CAYÓN, J. I., "Retos de la deontología de la abogacía en la era de la inteligencia artificial jurídica", *Derechos y Libertades*, nº 45, 2021, págs. 123-161.

SOLAR CAYÓN, J. I., "¿Jueces-robot? Bases para una reflexión realista sobre la aplicación de la inteligencia artificial en la Administración de Justicia", en SOLAR CAYÓN, J. I. y SÁNCHEZ MARTÍNEZ, M. O. (dirs.), *El impacto de la inteligencia artificial en la teoría y la práctica jurídica*, La Ley (Wolters Kluwer), Madrid, 2022, págs. 245-280.

SOLAR CAYÓN, J. I., "Inteligencia artificial y justicia digital", en LLANO ALONSO, F. H. (dir.), *Inteligencia artificial y Filosofía del Derecho*, Laborum, Murcia, 2022, págs. 381-427.

SOURDIN, T., "Judge v. Robot? Artificial Intelligence and judicial decision-making", *UNSW Law Journal*, vol. 41, nº 4, 2018, págs. 1114-1133.

SOURDIN, T., *Judges, Technology and Artificial intelligence*, Edward Elgar Publishing, 2021.

SOUZA, E. *et al.*, "An information retrieval pipeline for legislative documents from the Brazilian Chamber of Deputies", en SCHWEIGHOFER, E. (ed.), *Legal Knowledge and Information Systems*, IOS Press, 2021, págs. 119-126.

STAMMLER, R., *Tratado de Filosofía del Derecho*, trad. de W. Roces, Reus, Madrid, 2007.

STERN, R. *et al.*, "Automating Fairness? AI in the Chinese Courts", *Columbia Journal of Transnational Law*, nº 59, 2021, págs. 515-553.

SUKSI, M., "Administrative due process when using automated decision making in public administration: some notes from a Finnish perspective", *Artificial Intelligence and Law*, nº 29, 2021, págs. 87-110.

SUPREME PEOPLE'S COURT OF CHINA, *Chinese Courts and Internet Judiciary*, 2019 (https://www.chinajusticeobserver.com/law/x/chinese-courts-and-internet-judiciary).

SURDEN, H., "Artificial Intelligence and Law: An Overview", *Georgia State University Law Review*, vol. 35, nº 4, 2019, págs. 1306-1337.

SURDEN, H., "Is Law Computable?", *Ponencia en el International Congress AI & Law*, Universidad Pontificia Comillas — Fundación Notariado, 13-14 noviembre 2023 (https://www.fundacionnotariado.org/portal/video1).

SUSSKIND, R., *Tomorrow's Lawyers*, Oxford University Press, 2017.

SUSSKIND, R., *Online Courts and the future of Justice*, Oxford University Press, 2019.

SUSSKIND, R. y SUSSKIND, D., *El futuro de las profesiones*, trad. de J. C. Ruiz, Editorial Teell, Zaragoza, 2016.

TAN, J., WESTERMANN, H. y BENYEKHLEF, K., "ChatGPT as an artificial lawyer?", en *Workshop on Artificial Intelligence for Access to Justice (AI4AJ 2023)*, June 19, 2023, Braga (https://ceur-ws.org/Vol-3435/short2.pdf).

TANGI, L. *et al.*, *AI Watch. European landscape on the use of Artificial Intelligence by the Public Sector*, Publications Office of the European Union, Luxembourg, 2022.

THALER, R. H. y SUNSTEIN, C. R., *Nudge: Improving Decisions about Health, Wealth, and Happiness*, Yale University Press, 2008.

THE FREE ACCESS TO LAW MOVEMENT, *Declaration on Free Access to Law*, Montreal, 2002. Amended in Sydney (2003), Paris (2004), Montreal (2007) and Ithaca (2012) (http://www.fatlm.org./declaration/).

THE LAW SOCIETY, *Lawtech, Ethics and the Rule of Law*, Discussion Paper, October 2020.

THE LAW SOCIETY, *Technology, Access to Justice and the Rule of Law*, London, 2019.

THE LAW SOCIETY OF ENGLAND AND WALES, *The Future of Legal Services*, London, 2016.

THE LAW SOCIETY OF ENGLAND AND WALES, *Algorithms in the Criminal Justice System*, The Law Society Commission on the Use of Algorithms in the Justice System, 2019.

THE SELECT COMMITTEE ON THE MODERNIZATION OF CONGRESS, *Final Report*, nº 116-562, Washington, October 2020.

THOMPSON, B. y LIU, N., "China leads the way in legal technology patents, new figures show", *Financial Times*, February 17, 2019.

TIEN, L., "Architectural Regulation and the Evolution of Social Norms", *Yale Journal of Law and Technology*, vol. 7, 2003-2004, págs. 1-22.

TOMILLO URBINA, J., "La responsabilidad por la prestación de servicios a través de plataformas de intermediación *on line*", en SOLAR CAYÓN, J. I., (ed.), *Dimensiones éticas y jurídicas de la inteligencia artificial en el marco del Estado de Derecho*, Colección "Cuadernos de la Cátedra de Democracia y Derechos Humanos de la Universidad de Alcalá y el Defensor del Pueblo", UAH, 2020, págs. 333-364.

TORRECILLA-SALINAS, C. *et al.*, "¿Para qué sirve la inteligencia artificial en el sector público? Casos de uso y perspectivas de aplicación", en GAMERO CASADO, E. (dir.), *Inteligencia artificial en el sector público. Retos, límites y medios,* Tirant lo Blanch, Valencia, 2023, págs. 73-91.

TSENG, M. *et al.*, "Mass Customization", en LAPERRIÈRE, L. y REINHART, G. (eds.), *CIRP Encyclopedia of production Engineering,* Springer, Berlin, 2017.

UK HOUSE OF LORDS, *AI in the UK: ready, willing and able?,* Select Committee on Artificial Intelligence, Report of Session 2017-19, 16 April 2018.

UNIÓN INTERPARLAMENTARIA, "Artificial Intelligence: innovation in Parliaments", *Innovation tracker,* nº 4, 2020 (https://www.ipu.org/innovation-tracker/story/artificial-intelligence-innovation-in-parliaments).

UNIÓN INTERPARLAMENTARIA, *Informe mundial de 2020 sobre el Parlamento electrónico,* 2021.

UNIÓN INTERPALAMENTARIA, *Informe mundial de 2022 sobre el parlamento electrónico. Los parlamentos después de la pandemia,* 2022.

VALERO TORRIJOS, J., *El régimen jurídico de la e-Administración,* Comares, Granada, 2007.

VELASCO RICO, C. I., Ponencia "Marco regulatorio de los sistemas algorítmicos y de inteligencia artificial: el papel de la Administración", *XVIII Congreso de la Asociación Española de Profesores de Derecho Administrativo,* Vigo, 25-27 de enero de 2024.

VERHEIJ, B., "Artificial Intelligence as Law", *Artificial Intelligence and Law,* nº 28, 2020, págs. 181-206.

VOERMANS, W., "Computer-assisted legislative drafting in the Netherlands: the LEDA-system", *A National Conference on Legislative Drafting in the Global Village,* Centre for Legislative Studies, Tilburg University, 2000.

VOERMANS, W. y VERHAREN, E., "Leda: a semi-intelligent legislative drafting-support system", *Jurix,* 1993, págs. 81-94.

VOLOKH, E., "Chief Justice Robots", *Duke Law Journal,* nº 68, 2019, págs. 1135-1192.

Von LUCKE, J., FITSILIS, F. y ETSCHEID, J., "Using Artificial Intelligence for Legislation — Thinking about and selecting realistic topics", *EGOV-CeDEM-ePart 2022,* Linköping, Sweden, 6-8 September 2022, págs. 32-42.

WACHTER, S., MITTELSTADT, B. y FLORIDI, L., "Why a right to explanation of automated decision-making does not exist in the General Data Protection Regulation", *International Data Privacy Law,* vol. 7, nº 2, 2017, págs. 76-99.

WACHTER, S., MITTELSTADT, B. y RUSELL, C., "Counterfactual explanations without opening the black box: automated decisions and the GDPR", *Harvard Journal of Law & Technology,* vol. 31, nº 2, 2018, págs. 841-887.

WADDINGTON, M., "Rules as Code", *Law in Context,* vol. 37, nº 1, 2020, págs. 179-186.

WALDRON, J., "The Concept and the Rule of Law", *Georgia Law Review,* vol. 43, nº 1, 2008, págs. 1-61.

WALDRON, J., "The Rule of Law and the importance of procedure", *Nomos,* nº 50, 2011, págs. 3-31.

WEISER, B., "ChatGPT Lawyers are ordered to consider seeking forgiveness", *The New York Times*, June 22, 2023.

WOLSWINKEN, J., *Comparative study on Administrative Law and the use of artificial intelligence and other algorithmic systems in administrative decision-making in the member States of the Council of Europe*, Council of Europe, 2022.

WORLD JUSTICE PROJECT, *Measuring the Justice Gap: A People-Centered Assessment of Unmet Justice Needs Around the World*, 2019.

WORLD JUSTICE PROJECT, *Global Insights on Access to Justice. Findings from the World Justice Project General Population Poll in 101 Countries*, 2019.

YEUNG, K., "Hypernudge: Big Data as a mode of regulation by design", *Information, Communication and Society*, vol. 20, nº 1, 2017, págs. 118-136.

YEUNG, K., "Algorithmic Regulation: A Critical Interrogation", *Regulation & Governance*, vol. 12, nº 2, 2018, págs. 505-523.

YEUNG, K., "Regulation by Blockchain: the emerging battle for supremacy between the Code *of* Law and Code *as* Law", *The Modern Law Review*, vol. 82, nº 2, 2019, págs. 2017-239.

YEUNG, K. y HARKENS, A., "How do «technical» design-choices made when building algorithmic decision-making tools for criminal justice authorities create constitutional dangers?", *Public Law*, nº 2, 2023, págs. 265-286.

ZALNIERIUTE, M. *et al.*, "From Rule of Law to statute drafting: legal issues for algorithms in government decisión-making", en BARFIELD, W. (ed.), *Cambridge Handbook on the Law of Algorithms*, Cambridge University Press, 2019, págs. 251-272.

ZALNIERIUTE, M., MOSES, L. B. y WILLIAMS, G., "The Rule of Law and automation of government decision-making", *The Modern Law Review*, vol. 82, nº 3, 2019, págs. 425-455.

ZELEZNIKOW, J., "Comments Re Cracking the Code — Rulemaking for humans and machines", en AA. VV., *Comments on Cracking the Code: Rulemaking for humans and machines*, Law Tech La Trobe Research Group, 2020, págs. 25-27.